PC-Schnittstellen angewandt

ISBN 3-928051-42-3
Elektor-Verlag, Aachen

© 1993 Elektor-Verlag GmbH, Aachen

Die in diesem Buch veröffentlichten Beiträge, insbesondere alle Aufsätze und Artikel sowie alle Entwürfe, Pläne, Zeichnungen, Illustrationen und Programme sind urheberrechtlich geschützt. Sie dürfen weder teilweise noch vollständig ohne schriftliche Genehmigung des Herausgebers kopiert, gespeichert oder in irgendeiner Weise, sei es elektronisch, mechanisch, gedruckt, fotografiert oder mikroverfilmt, veröffentlicht werden. Die Informationen im vorliegenden Buch werden ohne Rücksicht auf einen eventuellen Patentschutz veröffentlicht. Bei der Zusammenstellung von Texten und Abbildungen wurde mit größter Sorgfalt vorgegangen. Trotzdem können Fehler nicht vollständig ausgeschlossen werden. Verlag, Herausgeber und Autoren können für fehlerhafte Angaben und deren Folgen weder eine juristische Verantwortung noch irgendeine Haftung übernehmen. Für die Mitteilung eventueller Fehler sind Verlag und Autor dankbar.

Die in diesem Buch erwähnten Hardware-Bezeichnungen können auch dann eingetragene Warenzeichen sein, wenn darauf nicht besonders hingewiesen wird. Sie gehören den jeweiligen Warenzeicheninhabern und unterliegen gesetzlichen Bestimmungen.

Umschlaggestaltung: Eva Maria Peschke
Grafische Gestaltung: Laurent Martin
Satz und Aufmachung: Birgit Broecheler, Hans Koerfer-Bernstein
Druck: Giethoorn/NND – Meppel, Niederlande

Printed in the Netherlands
ISBN 3-928051-42-3
Elektor-Verlag, Aachen

Inhalt

	Vorwort	6
1.	**Einleitung**	7
2.	**Die serielle Schnittstelle**	9
2.1.	Portzugriffe in Basic	17
2.2.	Portzugriffe in Pascal	19
3.	**Direkte digitale Ausgaben**	23
3.2.	Ansteuerung von Servos	24
3.2.	Ansteuerung von Servos	26
3.3.	Schrittmotorsteuerung	30
4.	**Direkte digitale Eingaben**	35
4.1.	Zeitliche Registrierung von Ereignissen	35
4.2.	Nachbildung logischer Schaltungen	37
5.	**Einfache Analog/Digital-Wandler**	41
5.1.	Messung von Widerständen	41
5.2.	Spannungsmessung	43
5.3.	Ein 4-Kanal-A/D-Wandler	48
5.4.	Messung an einem Transistor	51
6.	**Frequenzmessung**	55
6.1.	Temperatur- und Luftfeuchtemessung	58
6.2.	Ein Spannungs/Frequenz-Wandler	63

7.	**Serielle Datenübertragung**	**69**
7.1.	Serielle Ausgabe	69
7.2.	Serielle Eingabe	74
7.3.	Ein seriell auslesbarer A/D-Wandler	75
7.4.	Ein digitaler Recorder	77
8.	**Ein Mehrzweck-Interface**	**89**
8.1.	Automatischer IC-Test	93
9.	**Der parallele Druckerport**	**97**
10.	**Parallele Datenausgaben**	**105**
10.1.	Ein Funktionsgenerator	105
10.2.	Steuerung einfacher Maschinen	108
11.	**16-Bit-Porterweiterung**	**113**
11.1.	Erweiterung auf 32 Portleitungen	116
11.2.	Ein Eprommer	120
12.	**Der I^2C-Bus**	**129**
12.1.	Ansteuerung über die parallele Schnittstelle	132
12.2.	Anschluß an die serielle Schnittstelle	136
12.3.	Der Porterweiterungsbaustein PCF 8574	139
12.4.	Der A/D – D/A-Wandler PCF 8591	145
12.5.	Ein Speicheroszilloskop	147
13.	**Der Joystick-Port**	**157**
13.1.	Spannungsmessung	162
13.2.	Grenzwertüberwachung	165
13.3.	Ein Schaltausgang	168
13.4.	Ein Digitalzähler	170
A.	**Anhang**	**173**
A.1.	Literaturverzeichnis	174
A.2.	Stichwortverzeichnis	175
A.3.	Die Diskette zum Buch	180
A.3.1.	Inhalt der Diskette	181

Vorwort

Der PC hat in den letzten Jahren auf breiter Front Einzug in den Hobbybereich gehalten. Neben der Nutzung immer besserer Software bieten Versuche mit Hardware-Erweiterungen zum Messen und Steuern realer Prozesse einen besonderen Reiz. Es mangelt nicht an Bauanleitungen und Vorschlägen für umfangreiche und interessante Projekte. Fachzeitschriften und Bücher beschäftigen sich intensiv mit diesem Themenbereich.

Meist werden Projekte mit erheblichem Hardwareaufwand vorgestellt, die den Geldbeutel arg strapazieren. Ausgangspunkt der Arbeit an diesem Buch war die Frage: Könnte es nicht auch einfacher gehen? Für sehr viele Anwendungen lassen sich Lösungen mit minimalen Hardwarekosten finden, wenn man auf extreme Leistungsfähigkeit verzichtet. Solche Einschränkungen erscheinen grundsätzlich gerechtfertigt, wenn es in erster Linie darum geht, neue Erfahrungen zu sammeln und sich spielerisch mit der Prozeßdatenverarbeitung zu beschäftigen.

Ich hoffe, mit diesem Buch vielen Lesern Anregungen für eigene, kreative Betätigung auf dem Gebiet der computergestützten Meß-, Steuer- und Regelungstechnik geben zu können.

B.Kainka

1. Einleitung

Jeder Versuch, mit Computern reale Prozesse zu steuern oder zu überwachen, erfordert zunächst einmal eine geeignete Verbindung zur Außenwelt des Rechners. Ein Programm muß in der Lage sein, Informationen von außen zu erfassen und Steuersignale an äußere Geräte weiterzugeben. Die verarbeiteten Informationen können in binärer Form, also als Ja/Nein- Entscheidungen, oder als analoge Größen (größer/kleiner) vorliegen.

Das erforderliche Tor zur Außenwelt wird durch Interfaces geöffnet. Für PCs nach dem Industriestandard haben sich folgende Formen von Interfaces durchgesetzt:

- **Erweiterungskarten** werden in den Rechner gesteckt und erlauben höchste Arbeitsgeschwindigkeiten, sind allerdings auch mit hohen Kosten verbunden.

- **Standardschnittstellen** verbinden den PC mit externen Interface-Schaltungen. Üblich sind z. B. Interfaces an der seriellen RS232-Schnittstelle, die sich relativ preiswert aufbauen lassen.

- **Interfaces mit einem eigenen Prozessor** führen Aufgaben weitgehend ohne Datenaustausch mit dem PC durch. Der Anwender muß sich dabei zusätzlich mit der Programmierung dieser Systeme auseinandersetzen.

- Die ohnehin vorhandenen **Schnittstellen des PCs**, also die serielle Schnittstelle, die Druckerschnittstelle und oft auch der Joystick-Anschluß, lassen sich direkt als Interface nutzen. Damit erübrigt sich für zahlreiche Anwendungen jegliche zusätzliche Hardware.

1. Einleitung

Die direkte Verwendung vorhandener Schnittstellen eignet sich besonders für einfache Versuche. So lassen sich z. B. an die serielle Schnittstelle ohne weiteres Schalter oder Leuchtdioden direkt anschließen, wodurch viele interessante Projekte möglich werden. Die Druckerschnittstelle stellt eine größere Zahl direkt ansprechbarer Leitungen zu Verfügung, mit denen hohe Übertragungsgeschwindigkeiten zu erreichen sind.

Viele Einschränkungen lassen sich durch einfache Zusatzschaltungen überwinden. So ist die Erfassung von Spannungen mit wenigen zusätzlichen Bauteilen möglich, wenn man etwas komplexere Programme und geringere Geschwindigkeiten in Kauf nimmt. Auch Projekte mit vielen Ein/Ausgabeleitungen lassen sich mit geringem zusätzlichen Aufwand durchführen.

Allgemein werden in diesem Buch Verfahren vorgestellt, die mit weniger Hardware und etwas rechenzeitintensiveren Programmen arbeiten. Der Leser sollte Vorerfahrungen mit einer Programmiersprache haben und über Grundkenntnisse der Elektronik verfügen. Die vorgestellten Schaltungen sind meist so einfach, daß sie problemlos auf Lochrasterplatinen aufgebaut werden können. Alle Projekte in diesem Buch sind in sich geschlossenen und eignen sich für den direkten Nachbau. Darüberhinaus stellen sie Bausteine für weitergehende Entwicklungen zur Verfügung, wobei die komplexeren Verfahren die sichere Anwendung geeigneter Meßgeräte erforderlich machen. Der interessierte Leser sollte hierzu z. B. über ein Oszilloskop verfügen.

Die in diesem Buch verwendeten Programmiersprachen sind GW-Basic (bzw. kompatible Nachfolger wie z. B. Q-Basic) und Turbo-Pascal ab Version 4.0. Alle Programme in diesem Buch sind auch auf einer Diskette erhältlich (näheres dazu im Anhang).

2. Die serielle Schnittstelle

Jeder PC besitzt eine oder mehrere serielle Schnittstellen. In den Handbüchern tauchen sie oft als COM1, COM2 usw. auf. Ihr ursprünglicher Verwendungszweck liegt in der Verbindung zwischen Computer und Modem, um Daten über das Telefonnetz auszutauschen. Vielfach werden jedoch auch andere Geräte, wie Drucker, Maus oder Meßgeräte seriell angeschlossen. Deshalb verwendet man oft mehrere serielle Schnittstellen nebeneinander im gleichen PC.

Die Verwendung der seriellen Schnittstelle bringt zahlreiche Vorteile auch für einfache Versuche:

- Die Schnittstelle ist sehr sicher gegen versehentliche Zerstörung.
- Geräte dürfen bei angeschaltetem Computer angeschlossen und getrennt werden.
- Die Stromversorgung einfacher Geräte kann über die serielle Schnittstelle erfolgen.

Oft bringt die serielle Schnittstelle einen erhöhten Aufwand mit sich, weil eine Umwandlung der seriell übertragenen Daten in parallele Daten erforderlich ist. Für kleine Aufgaben, bei denen man mit wenigen Ein/Ausgabeleitungen auskommt, kann man jedoch auf die direkt zugänglichen Hilfsleitungen der Schnittstelle zurückgreifen. Insgesamt stehen dabei zwei Ausgabeleitungen und vier Eingabeleitungen zur Verfügung, die sich mit einfachen Befehlen direkt ansprechen lassen.

2. Die serielle Schnittstelle

Die folgende Tabelle zeigt alle Leitungen mit den Pinbelegungen bei 25poligen und 9poligen Steckern. Die Stecker an der PC-Seite sind immer mit Stiften ausgerüstet, so daß der Anschluß nach Abb.2.1. über Buchsen erfolgen muß.

Pin 25pol.	Pin 9pol.	Ein/Ausgang	Bezeichnung	Funktion
2	3	Aus	TxD (Transmit Data)	Sendedaten
3	2	Ein	RxD (Receive Data)	Empfangsdaten
4	7	Aus	RTS (Request To Send)	Sendeteil einschalten
5	8	Ein	CTS (Clear To Send)	Sendebereitschaft
6	6	Ein	DSR (Data Set Ready)	Betriebsbereitschaft
7	5		GND (Ground)	Betriebserde
8	1	Ein	DCD (Data Carrier Detect)	Empfangssignalpegel
20	4	Aus	DTR (Data Terminal Ready)	Endgerät bereit
22	9	Ein	RI (Ring Indicator)	Ankommender Ruf

Der eigentliche Datenaustausch über die serielle Schnittstelle erfolgt im Normalfall über die serielle Sendeleitung TxD und die serielle Empfangsleitung RxD. Alle übrigen Leitungen haben Hilfsfunktionen beim Aufbau und bei der Steuerung der Datenübertragung. Man bezeichnet sie üblicherweise als „Handshakeleitungen", weil sie für Quittierungsverfahren zwischen Geräten verwendet werden. Der besondere Vorteil der Handshakeleitungen ist, daß ihr Zustand direkt gesetzt oder gelesen werden kann.

Die elektrischen Eigenschaften der Ein- und Ausgänge sind durch die RS232-Norm festgelegt: Im Low-Zustand wird -12 V ausgegeben, im High-Zustand $+12$ V. Alle Ausgänge sind kurzschlußfest und können bis zu etwa 10 mA liefern. Damit lassen sich LEDs betreiben oder Treiberstufen direkt ansteuern.

2. Die serielle Schnittstelle

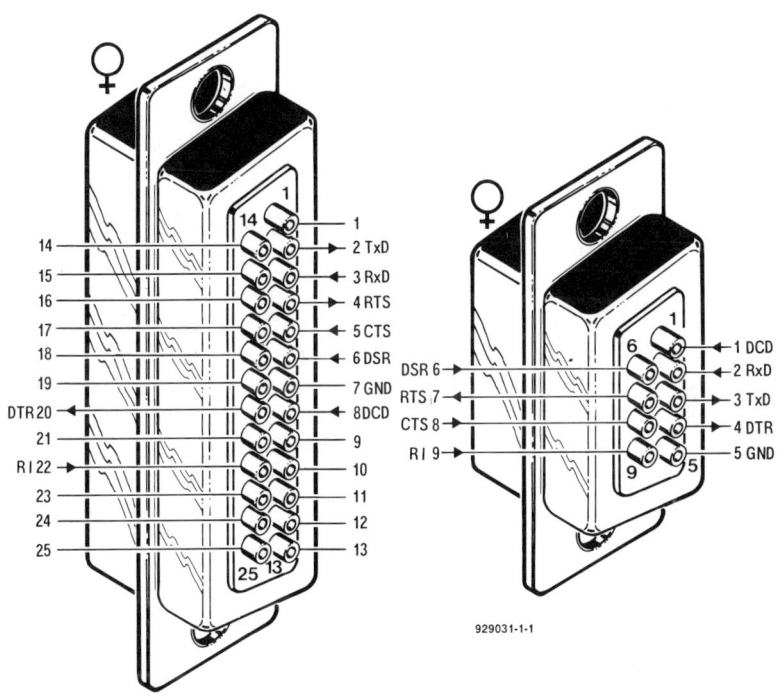

Abb.2.1. Anschlüsse in 25poliger und 9poliger Ausführung, von der Lötseite her gesehen.

Außerdem kann die Spannungsversorgung kleinerer Schaltungen über Ausgänge der seriellen Schnittstelle erfolgen.

Die Eingänge besitzen einen Eingangswiderstand um ca. 10 kΩ und erkennen Spannungen über ca. 1,25 V als high, während Eingangsspannungen unter 1,0 V als low gelesen werden. Zwischen beiden Umschaltspannungen besteht eine Schalthysterese, d. h. der gelesene Zustand ändert sich erst, wenn die Eingangsspannung außerhalb dieses Bereichs liegt.

2. Die serielle Schnittstelle

Üblicherweise wird die serielle Schnittstelle mit bipolaren Signalpegeln von +12 V und −12 V angesteuert. Da die üblichen Eingangsschaltungen im PC eine Spannung unter 1 V bereits als Low-Pegel erkennen, darf auch mit TTL-Pegeln (0 V/5 V) gearbeitet werden. Einige wenige PCs arbeiten jedoch mit Schaltschwellen von ca. −3 V und +3 V und bestehen daher auf bipolaren Eingangssignalen.

Die serielle Schnittstelle des PC verwendet den UART 8250 von National Semiconductor (UART = Universal Asynchronous Receiver/Transmitter) bzw. den Nachfolgetyp 16450. Er enthält zehn Register, über die alle Funktionen der seriellen Ein- und Ausgabe gesteuert werden können. Die Register werden über sieben Adressen angesprochen, von denen einige doppelt belegt sind. Die folgende Tabelle zeigt alle Register des 8250, von denen in diesem Buch allerdings nur wenige benutzt werden.

Register	Offset	Bemerkungen
Sende-Halteregister	0	Sendebyte schreiben
Empfangs-Halteregister	0	Empfangsbyte lesen
nur erreichbar, wenn Bit 7 des Leitungs-Steuerregisters high:		
Baudratenregister (low)	0	
Baudratenregister (high)	1	
Interrupt-Freigaberegister	1	
Interrupt-Erkennungsregister	2	
Leitungs-Steuerregister	3	
Modem-Steuerregister	4	Hilfsleitungen setzen
Leitungs-Statusregister	5	
Modem-Statusregister	6	Hilfsleitungen lesen

Abb.2.2. Die zehn Register des UART.

2. Die serielle Schnittstelle

Jedes dieser Register verfügt über acht Bits, also über acht einzelne Speicherzellen für bestimmte Funktionen. Es würde den Umfang dieses Buches sprengen, jedes Register genau zu beschreiben. Besonders wichtig für die in den folgenden Kapiteln beschriebenen einfachen Anwendungen der Schnittstelle sind das Modem-Steuerregister und das Modem-Statusregister, weil über sie die Hilfsleitungen der Schnittstelle direkt zugänglich sind.

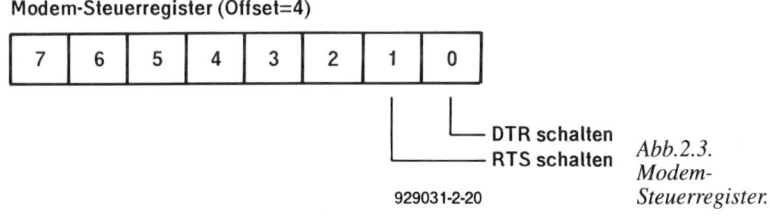

Abb.2.3. Modem-Steuerregister.

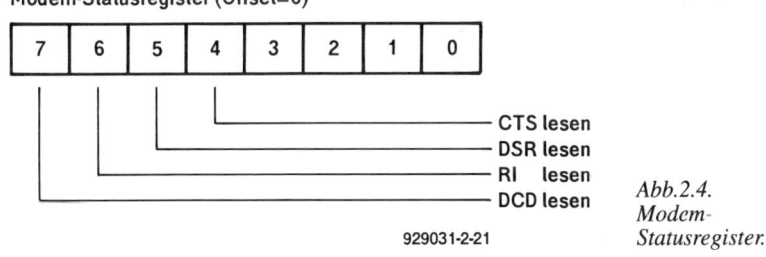

Abb.2.4. Modem-Statusregister.

Alle Register werden wie Speicherzellen im I/O-Bereich des PC behandelt. Der Rechner findet die Registeradressen in einem für jede Schnittstelle festgelegten Bereich, dessen erste Adresse als Basisadresse (BA)

2. Die serielle Schnittstelle

bezeichnet wird. Die erste serielle Schnittstelle (COM1) verwendet die Basisadresse 3F8 (hexadezimal). Die Register belegen also den Bereich 3F8 bis 3FF. Der Abstand einer Registeradresse zur Basisadresse wird als Offset bezeichnet.

Alle Programme in diesem Buch verwenden die erste serielle Schnittstelle (COM1), lassen sich aber mit einer geänderten Basisadresse leicht auch für COM2 bis COM4 benutzen. Adressen werden üblicherweise in hexadezimaler Form geschrieben, dürfen aber auch dezimal angegeben werden. Die Basisadressen für die einzelnen Schnittstellen sind:

	COM1	COM2	COM3	COM4
hexadezimal	3F8	2F8	3E8	2E8
dezimal	1016	760	1000	744

Der Zugriff auf ein Register erfolgt über die Registeradresse, die wiederum als Summe aus der Basisadresse der Schnittstelle und dem Offset des Registers im UART berechnet wird.

```
        Basisadresse + Offset
                  =
           Registeradresse
```

Um die Hilfsleitungen DTR und RTS der ersten seriellen Schnittstelle zu steuern, muß daher auf die Adresse (3F8+4), also 3FC zugegriffen werden. Es ist sinnvoll, die Basisadresse BA nur einmal im Programm festzulegen. Die gemeinte Adresse kann dann als (BA+4) angegeben werden.

Direkte Ausgaben über DTR und RTS erfolgen somit über die Adresse (BA+4), also für COM1 über die Adresse 1020 (3FC):

2. Die serielle Schnittstelle

Adresse	Bit	Anschluß
BA+4	0	DTR
BA+4	1	RTS

Beispiel: Die Leitung RTS soll eingeschaltet werden. Bit 1 wird über den Zahlenwert $2^1=2$ angesprochen. Deshalb wird eine 2 ausgegeben. Der Wert $2^0=1$ würde entsprechend DTR anschalten, der Wert 3 beide Leitungen.

```
Basic:    OUT (BA+4),2      : REM RTS an
Pascal:   Port [BA+4] := 2;   { RTS an }
```

Direkte Eingaben über die Leitungen CTS, DSR, RI und DCD erfolgen über die Adresse (BA+6), also für COM1 über die Adresse 1022 (3FE):

Adresse	Bit	Anschluß
BA+6	4	CTS
BA+6	5	DSR
BA+6	6	RI
BA+6	7	DCD

Beispiel: Die Leitung CTS soll abgefragt werden. Bit 4 repräsentiert den Zahlenwert $2^4=16$. Nachdem ein Portbefehl alle acht Bits des Registers gemeinsam gelesen hat, kann man über die AND-Funktion ein bestimmtes Bit isolieren („maskieren"). AND 16 bewirkt hier, daß alle anderen Bits gelöscht werden, so daß das Ergebnis entweder 16 (CTS an) oder 0 (CTS aus) ist.

```
Basic:    IF (INP (BA+6) AND 16) = 16 THEN ....  :REM CTS
Pascal:   if (Port [BA+6] AND 16) = 16 then ....  { CTS }
```

2. Die serielle Schnittstelle

Während vier Eingangsleitungen zur Verfügung stehen, gibt es unter den Hilfsleitungen der seriellen Schnittstelle nur zwei Ausgänge. Wenn das nicht reicht, kann auch noch die serielle Sendeleitung TxD direkt gesteuert werden. Der Ausgang TxD wird normalerweise für die asynchrone Datenübertragung verwendet. Mit dem sogenannten Break-Zustand kann er jedoch auch direkt eingeschaltet werden. Dazu muß das Bit 6 des Leitungs-Steuerregisters gesetzt werden.

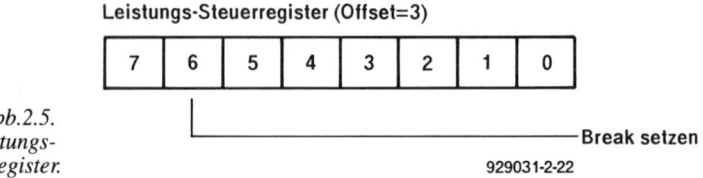

*Abb.2.5.
Leitungs-
Steuerregister.*

Soll TxD angeschaltet werden, dann muß also 64 in die Adresse (BA+3) geschrieben werden.

```
Basic:    OUT (BA+3),64        : REM TXD an
Pascal:   Port [BA+3] := 64;   { TxD an }
```

2.1. Portzugriffe in Basic

2.1. Portzugriffe in Basic

Die Programmiersprache Basic eignet sich besonders für kleine Programme, bei denen es nicht auf hohe Geschwindigkeiten ankommt. Ein erstes kleines Anwendungsbeispiel soll die direkte Ansteuerung einer Leuchtdiode über die Leitung DTR sein (vgl. Abb.2.6.). Man darf die LED hier ausnahmsweise auch ohne Vorwiderstand anschließen, weil alle Ausgänge der seriellen Schnittstelle strombegrenzt sind und nicht mehr als ca. 10 mA abgeben. Listing 2.1. zeigt ein kleines Basicprogramm eines LED-Blinkers.

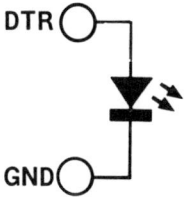

Abb.2.6.
Anschluß einer
Leuchtdiode an die
serielle Schnittstelle.

```
10 BA = &H3F8            : REM COM1
20 OUT (BA+4),1          : REM DTR an
30 FOR N=1 TO 1000 : NEXT N
40 OUT (BA+4),0          : REM DTR aus
50 FOR N=1 TO 1000 : NEXT N
60 IF INKEY$ <> "" THEN END : REM Abbruch?
70 GOTO 20
```

Listing 2.1. Ein LED-Blinker.

2. Die serielle Schnittstelle

Das Blinkprogramm arbeitet mit einer Endlosschleife, kann aber mit einer beliebigen Taste unterbrochen werden. Die Blink-Geschwindigkeit läßt sich über die Warteschleifen in den Zeilen 30 und 50 verändern. Mit ungleichen Schleifenwerten läßt sich auch das Impuls-Pausen-Verhältnis beeinflussen.

Das zweite Beispiel soll zeigen, wie ein einfacher Schalter vom Computer abgefragt werden kann. Der Schalter liegt dabei zwischen der hochgesetzten Ausgangsleitung RTS und der Eingangsleitung CTS (vgl. Abb.2.7.). Das Basicprogramm in Listing 2.2. fragt den Schalter in einer schnellen Schleife ab und gibt seinen Zustand am Bildschirm aus.

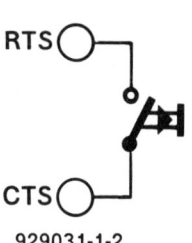

Abb.2.7. Anschluß eines Schalters an die serielle Schnittstelle.

929031-1-2

```
10 BA = &H3F8                                       : REM COM1
20 OUT (BA+4),2                                     : REM RTS an
30 IF (INP (BA+6) AND 16) = 16 THEN PRINT "AN"      : REM CTS=1
40 IF (INP (BA+6) AND 16) = 0 THEN PRINT "AUS"      : REM CTS=0
50 IF INKEY$ <> "" THEN END                         : REM Abbruch?
60 GOTO 30
```

Listing 2.2. Der Zustand des Schalters wird am Bildschirm angezeigt.

2.2. Portzugriffe in Pascal

Pascal-Programme eignen sich für zeitkritische Aufgaben. Die Quelltexte werden zuerst compiliert, d. h. in Maschinencode übersetzt, so daß sehr schnelle Programme möglich werden. Der Programmieraufwand erscheint bei kleinen Programmen höher als mit Basic. Dafür werden Pascal-Programme übersichtlich und leichter erweiterbar, so daß sich der zusätzliche Aufwand vor allem bei großen Projekten lohnt. Leser, die bereits Erfahrungen in Basic, nicht aber in Pascal haben, können die einfachen Programme dieses Buches benutzen, um sich in die Sprache einzuarbeiten. Für sie sollen hier zunächst einige kurze Erläuterungen zu den Besonderheiten von Pascal gegeben werden.

Ein erstes Programmbeispiel in Pascal (Listing 2.3.) soll eine mit dem Basicprogramm in Listing 2.1. vergleichbare Aufgabe lösen. Wieder wird eine LED nach Abb. 2.6. angesteuert.

Ein Pascal-Programm enthält einen Deklarationsteil, Prozeduren und das Hauptprogramm. Prozeduren sind Unterprogramme, die unter ihrem Namen aufgerufen werden.

In Pascal müssen alle Variablen, mit denen man arbeiten möchte, zuerst deklariert werden. Dabei gibt man an, um welchen Variablentyp es sich handeln soll. Da Realzahlen nur sehr zeitaufwendig zu bearbeiten sind, wählt man möglichst den kleinsten Zahlentyp, also z. B. Byte (0...255), Integer (-32768...$+32767$) oder Word (0...65535). Eine Konstante, wie z. B. die Basisadresse, behält im Gegensatz zur Variablen ihren Wert bei.

Variable können in einer Prozedur lokal deklariert werden, so daß sie nur hier existieren. Beim Aufruf einer Prozedur kann ein Parameter zur Bearbeitung übergeben werden.

2. Die serielle Schnittstelle

```pascal
Program Rechteckgenerator;    { Name des Programms }
uses CRT;                     { Unit CRT einbinden }
const  BA = $3F8;             { Basisadresse COM 1 }
var    Zeit : Word;           { Typ Word: 0...65535 }
       Taste : Char;          { Typ Char: 1 Zeichen }
procedure Generator (Schleifenzeit: Word);
var N: Word;                  { N: lokale Variable }
begin                         { Anfang der Prozedur }
  Port [BA+4] := 1;           { DTR an }
  for N := 0 to Schleifenzeit do;   { Warteschleife }
  Port [BA+4] := 0;           { DTR aus }
  for N := 0 to Schleifenzeit do;   { Warteschleife }
end;                          { Ende der Prozedur }
begin                         { Anfang des Hauptprogramms }
  repeat                      { Anfang repeat-until-Schleife }
    write ('Schleifenzahl 0...65535 ');
    readln (Zeit);            { Benutzereingabe }
    repeat                    { innere Schleife }
      Generator (Zeit);       { Prozedur aufrufen }
    until KeyPressed;         { Ende der inneren Schleife }
    Taste := ReadKey;         { welche Taste gedrückt ? }
  until Taste = chr(27);      { Ende, wenn Esc gedrückt }
end.                          { Ende des Hauptprogramms }
```

Listing 2.3. *Ein Taktgenerator in Pascal.*

Das Programm „Rechteckgenerator" erwartet zunächst die Eingabe der Schleifenzeit, um dann solange Impulse an DTR zu erzeugen, bis der Benutzer irgendeine Taste drückt. Man kann so oft neue Werte eingeben, bis das Programm mit der Escape-Taste abgebrochen wird.

Dieses einfache Beispiel kann bereits die hohe Arbeitsgeschwindigkeit von Pascal demonstrieren. Nur mit sehr großen Eingabewerten entsteht überhaupt ein sichtbares Blinken. Auch einfache PCs können bereits Frequenzen von vielen Kilohertz erreichen, so daß sich z. B. Töne erzeugen lassen.

Das zweite Beispiel (Listing 2.4.) entspricht dem Basicprogramm nach Listing 2.2. Es soll den Zustand eines

2.2. Portzugriffe in Pascal

Schalters abfragen. Das Programm liest und speichert jeweils 2000 Schalterzustände und gibt sie erst danach am Bildschirm aus. Die Zeit zwischen den Portabfragen ist so gering, daß das Kontaktprellen des Schalters erkennbar wird.

```
Program Schalterabfrage;
uses CRT;
const BA = $3F8;                        { COM 1 }
var Puffer: Array[1..2000] of Byte;     { 2000 Bytes }
    n: Word;
function CTS: Byte;
begin
  CTS := (Port [BA+6] AND 16) div 16;   { CTS lesen }
end;
begin
  Port [BA+4] := 2;                     { RTS an }
  ClrScr;                               { Bildschirm löschen }
  repeat
    for n := 1 to 2000 do Puffer[n] := CTS;{ 2000mal CTS lesen }
    for n := 1 to 2000 do write (Puffer[n]);{ Bildschirmausgabe }
    delay (1000);                       { 1 s warten }
  until KeyPressed;                     { bis zum Abbruch }
  delay (2000)                          { 2 s warten }
end.
```

Listing 2.4. Schalterabfrage in Pascal.

2. Die serielle Schnittstelle

In diesem Beispiel wird mit einer Funktion gearbeitet, um eine Leitung der Schnittstelle zu lesen. Eine Funktion wird ähnlich eingesetzt, wie eine Prozedur. Allerdings ist der Name der Funktion zugleich ein Variablenname, so daß ihr ein Variablentyp zugeordnet werden muß. Hier wird der Typ Byte verwendet. Die Funktion „CTS" wird daher im Hauptprogramm wie eine Variable vom Typ Byte behandelt, indem ihr Wert den Elementen des Datenpuffers zugewiesen wird.

3. Direkte digitale Ausgaben

Die beiden Leitungen RTS und DTR können direkt angesteuert werden. Da hierzu nur ein Ausgabebefehl nötig ist, läßt sich ihr Zustand sehr schnell und sehr zeitgenau steuern. Interessante Anwendungen ergeben sich, wenn die Steuerung an die interne Uhr des PC gebunden wird.

Die Uhr des PC besteht im wesentlichen aus einem 16-Bit- Zähler, der mit einer Taktfrequenz von 1,193182 MHz abwärts zählt. Nach jeweils 65536 Taktimpulsen, also 18,206 mal pro Sekunde, entsteht ein Zähler-Überlauf, der eine Unterbrechung auslöst. Die Unterbrechungsroutine verwaltet die Software-Zähler für Hundertstelsekunden, Sekunden, Minuten, Stunden und das Datum.

Wenn man Ereignisse zu vorgewählten Uhrzeiten auslösen will, kann man, z. B. von Basic oder Pascal aus, auf die Uhr zugreifen und erhält eine sekundengenaue Zeitsteuerung. Bestimmte Aufgaben erfordern jedoch eine sehr viel schnellere Steuerung im Millisekunden- oder Mikrosekunden-Bereich. Dann ist die Uhr eher hinderlich, weil die Unterbrechungen den Arbeitstakt des Rechners beeinflussen. In diesem Fall kann die Unterbrechungsanforderung gesperrt werden.

3. Direkte digitale Ausgaben

3.1. Zeitschaltuhr

Die Ausgangsleitungen der seriellen Schnittstelle können bis zu etwa 10 mA liefern. Damit lassen sich verschiedene Leistungsschalter problemlos ansteuern. Abb.3.1. zeigt einige Möglichkeiten der Steuerung größerer Lasten.

Für den Einsatz im Niederspannungsbereich ist die Steuerung durch Leistungstransistoren mit dem geringsten Aufwand verbunden. Sollen Verbraucher am Lichtnetz geschaltet werden, dann ist eine sorgfältige Potentialtrennung und Isolierung entscheidend. Man kann sie durch den Einsatz von Relais erreichen. Eine rein elektronische Alternative sind Halbleiter-Relais. Dabei handelt es sich um Optokoppler mit Triac-Ausgang. Der Typ S201-D02 von Sharp benötigt einen Steuerstrom von maximal 10mA und kann Lasten bis zu 1,2 A schalten. Er enthält einen Nullspannungsschalter, d.h. der Triac schaltet immer genau im Nulldurchgang der Wechselspannung durch, so daß kaum Funkstörungen entstehen.

Baut man zwei Halbleiter-Relais in ein isoliertes Gehäuse mit zwei Einbausteckdosen, dann kann mit dem PC eine intelligente und universell einsetzbare Schaltuhr für zwei unabhängige Verbraucher entwickelt werden. Die möglichen Anwendungen reichen vom Akkuladen bis zur automatischen Lichtsteuerung für das Aquarium.

Listing 3.1. zeigt ein einfaches Programm für eine zeitabhängige Steuerung von zwei Verbrauchern. Die Zeiten sind im Programm fest vorgegeben. Ein flexibleres Programm könnte Benutzereingaben der Schaltzeiten vorsehen. Ein Nachteil der Anwendung ist, daß der PC langfristig mit dieser Aufgabe blockiert ist. Geschickte Programmierer können jedoch Hintergrundprogramme entwickeln, die diese Arbeit unsichtbar und ganz nebenbei erledigen.

3.1. Zeitschaltuhr

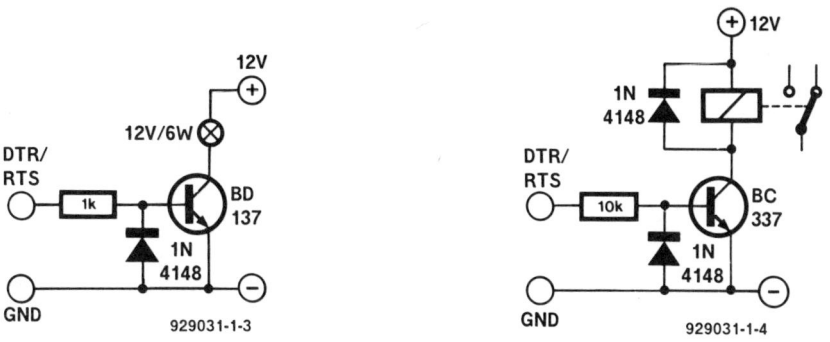

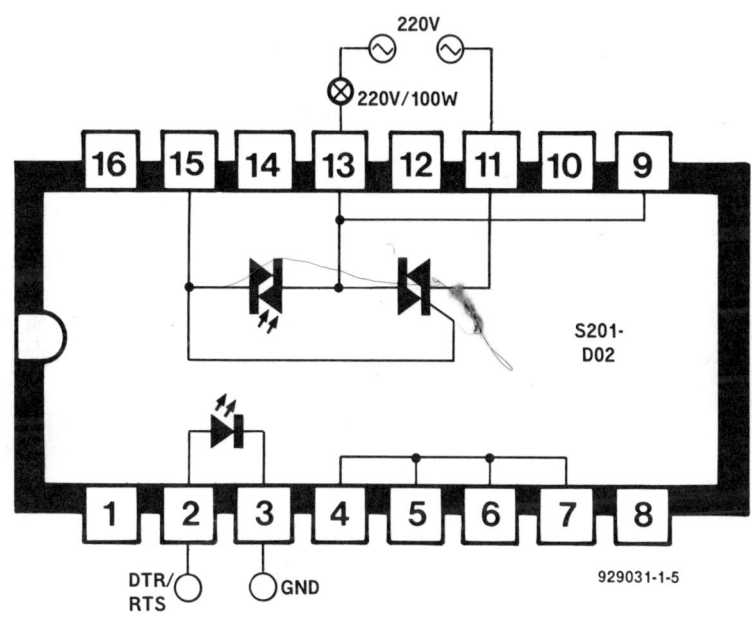

Abb.3.1. Größere Lasten müssen über Leistungsschalter gesteuert werden.

3. Direkte digitale Ausgaben

```
10 REM Zeitschaltuhr
20 BA = &H3F8
100 IF TIME$ >= "17:00:00" THEN OUT (BA+4),1 : GOTO 120
110 GOTO 100
120 IF TIME$ >= "18:30:00" THEN OUT (BA+4),0 : GOTO 140
130 GOTO 120
140 IF TIME$ >= "22:00:00" THEN OUT (BA+4),2 : GOTO 160
150 GOTO 140
160 IF TIME$ >= "22:20:00" THEN OUT (BA+4),0 : GOTO 180
170 GOTO 160
180 END
```

Listing 3.1. Programm einer einfachen Zeitschaltuhr.

3.2. Ansteuerung von Servos

Fernsteuer-Servos werden über Serien kurzer Impulse zwischen 1 ms und 2 ms gesteuert. Der PC kann solche Impulse direkt erzeugen, so daß über RTS und DTR zwei Servos beliebig gesteuert werden können. Man hat so die Möglichkeit, ohne großen Hardwareaufwand programmgesteuerte Bewegungsmodelle zu bauen. Abb.3.2. zeigt den Anschluß eines Servos. Eine Zenerdiode schützt den Eingang des Servos vor zu großen Spannungen.

Eine zeitgenaue Erzeugung solch kurzer Impulse erfordert den Einsatz einer Compiler-Sprache. Turbo-Pascal ist schnell genug, um Impulse ab ca. 0,1 ms mit einer Auflösung von einigen Mikrosekunden zu erzeugen. Allerdings genügt es hier nicht mehr, einfach auf die interne Uhr des PC zu achten, da allein das Auslesen der Uhr zu viel Zeit beansprucht. Besser ist es, schnelle Zählschleifen zu bilden. Ihre Verzögerungszeiten hängen allerdings vom verwendeten Prozessor und

3.2. Ansteuerung von Servos

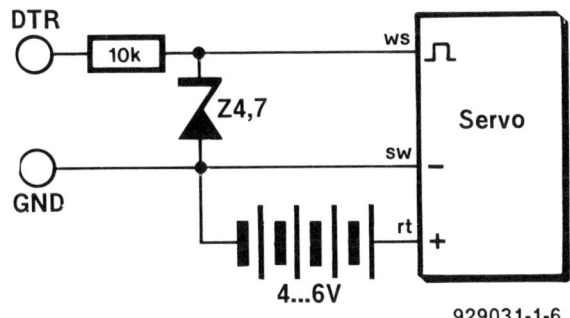

Abb.3.2. Steuerung eines Servos über die serielle Schnittstelle.

der Taktfrequenz des PCs ab. Deshalb muß zuerst einmal die Zeit für einen Schleifendurchgang möglichst genau ermittelt werden.

Listing 3.2. zeigt eine mögliche Realisierung. In der Prozedur „Test" wird die Schleifenzeit durch einen Vergleich mit dem internen Timer des PC gemessen. Dieser 16-Bit-Timer, ein 8253 von Intel (vgl. auch 2]), zählt bei allen Rechnern mit einer Frequenz von 1,1931182 MHz abwärts. Er hat also eine Auflösung von ca. 1 μs. Unter der I/O-Adresse 43(hex) ist das Steuerregister des 8253 erreichbar. Der Timer 0 wird über die Adresse 40 h angesprochen, wobei Lowbyte und Highbyte des Zählerstandes aufeinanderfolgen. Vor der Messung wird der Zähler auf Null gesetzt. Nach der Zählschleife wird der Zählerstand zunächst eingefroren und dann ausgelesen.

Der Geschwindigkeitstest mißt die Zeit für 1000 Schleifendurchläufe. Dabei ergeben sich pro Durchlauf Zeiten von 40 μs für einen einfachen PC bis zu weit unter einer Mikrosekunde für schnelle ATs mit 80486-Prozessoren. Die gemessenen Schleifenzeiten zeigen allerdings relativ große Abweichungen, weil die genaue Ausführungszeit auch noch von der Adreßlage des Programms im Speicher abhängt.

3. Direkte digitale Ausgaben

Die Prozedur „Impulsgenerator" benutzt die gemessene Schleifenzeit, um damit die erforderlichen Schleifendurchläufe für die erwünschte Impulslänge zu berechnen. Im Beispiel wird ein Servo über DTR gesteuert. Die Steuerung erfolgt automatisch, wobei jeweils zehn Winkelpositionen im gleichen Abstand angefahren werden.

```pascal
Program Servo;
Uses Crt;
const  BA = $3F8;       { COM 1 }
var Schleifenzeit : Real;
    ch : Char;
procedure Test;
var high, low: Byte;
    m : Word;
begin
 inline ($FA);          { CLI, Interrupt sperren }
 Port[$43] := $34;      { Timer 0, Mode 2 }
 Port[$40] := 0;        { Timer 0, low zurücksetzen }
 Port[$40] := 0;        { Timer 0, high zurücksetzen }
 For m:=1 to 1000 do;   { Zeitmeßschleife }
 Port[$43] := $04;      { Timer 0, einfrieren }
 low := Port[$40];      { Timer 0 auslesen }
 high := Port[$40];
 inline ($FB);          { STI, Interrupt freigeben }
 Schleifenzeit := -(low + 256 * high) / 1000;
 writeln('Zeit für eine Schleife =   ',Schleifenzeit:5:3,' µs');
 writeln;
end;
```

(Fortsetzung nächste Seite)

3.2. Ansteuerung von Servos

```
procedure Impulsgenerator (Laenge: Integer);
var Anzeit,Auszeit,Anzahl, m: Word;
begin
   Anzeit := round (Laenge/Schleifenzeit);
   Auszeit := round (10000/Schleifenzeit);
   inline ($FA);              { Interrupt aus }
   for Anzahl := 1 to 50 do begin
     Port[BA+4] := 1;         { DTR an }
     For M:=1 to Anzeit do;   { Impulszeit }
     Port [BA+4] := 0;        { DTR aus }
     For m:= 1 to Auszeit do; { Pausenzeit }
   end;
   inline ($FB);
 end;
procedure Steuerung;
var n: integer;
begin
  for n:= 1 to 10 do Impulsgenerator (1000+n*100);
end;
begin
  Test;
  repeat
    Steuerung;
  until KeyPressed;
end.
```

Listing 3.2. Automatische Steuerung eines Fernsteuer-Servos.

In der Prozedur „Impulsgenerator" und auch bei der Messung der Schleifenzeit werden alle Unterbrechungsanforderungen (Interrupts) durch den Maschinenbefehl CLI ($FA) gesperrt. In diesem Zustand wird die interne Uhr des Rechners angehalten, und es können keine Tastatureingaben angenommen werden. So erreicht man einen sehr gleichmäßigen und genauen Arbeitstakt für die Impulserzeugung. Es bleibt eine geringe Variation der Impulslänge in der Größenordnung einer Mikrosekunde, die durch den Refresh-Vorgang für die dynamischen RAMs verursacht wird. Man darf

3. Direkte digitale Ausgaben

nicht vergessen, sobald wie möglich wieder Unterbrechungen zuzulassen (Maschinenbefehl STI, $FB), damit der Rechner auf Tastatureingaben reagieren kann. Die PC-Uhr muß nach längerer Arbeit mit gesperrtem Interrupt nachgestellt werden.

3.3. Schrittmotorsteuerung

Schrittmotoren besitzen einen drehbar gelagerten Magneten und mehrere feststehende Magnetspulen. Durch Einschalten einzelner Magnetspulen ergeben sich stabile Stellungen des Ankers, die schrittweise umgeschaltet werden können. Der Vorteil dieses Verfahrens ist, daß die Winkeländerung jederzeit ohne eine Abfrage bekannt ist, da sich die Schritte leicht zählen lassen. Übliche Schrittmotoren benötigen für eine volle Umdrehung z. B. 100 Schritte, so daß sich auch kleine Winkeländerungen präzise darstellen lassen. Aufgrund der trägen Masse des Ankers können Schrittmotoren nicht beliebig schnell gesteuert werden. Erreichbar sind etwa 1000 Schritte pro Sekunde.

Kleine Schrittmotoren werden meist unipolar betrieben, d.h. der Strom durch die einzelnen Spulen fließt nur in einer Richtung. Man kann daher einfache Ansteuerschaltungen verwenden. Der Leistungstreiber ULN 2803 von SGS besteht aus acht Darlingtontransistor-Schaltstufen mit offenem Kollektor, die sich für Lasten bis 500 mA eignen. Das IC enthält auch die erforderlichen Schutzdioden zur Ansteuerung induktiver Lasten.

Die Steuerung muß für ein drehendes Magnetfeld im Motor sorgen, indem jeweils benachbarte Spulen nacheinander eingeschaltet werden. Wenn immer nur eine Spule eingeschaltet ist, ergibt sich das folgende Steuerschema:

3.3. Schrittmotorsteuerung

Spule 1	Spule2	Spule 3	Spule 4	Steuerwert
1	0	0	0	8
0	1	0	0	4
0	0	1	0	2
0	0	0	1	1
1	0	0	0	8
0	1	0	0	4
u.s.w.				

Man sieht, daß eigentlich vier Ausgangsleitungen erforderlich sind. Da aber praktisch nur vier verschiedene Zustände vorkommen, ließe sich die Ansteuerung mit den beiden Ausgangsleitungen DTR und RTS und eine Decoderschaltung realisieren. Es gibt aber noch eine weniger aufwendige Möglichkeit, einen Schrittmotor über zwei Bits zu steuern. Dazu werden immer zwei benachbarte Spulen zusammen eingeschaltet:

Spule 1	Spule2	Spule 3	Spule 4	Steuerwert
1	1	0	0	3
0	1	1	0	1
0	0	1	1	0
1	0	0	1	2
1	1	0	0	3
0	1	1	0	1
u.s.w.				

Bei dieser Ansteuerung benötigt der Schrittmotor bei gleicher Spannung den doppelten Strom. Zugleich ist er aber auch kräftiger. Eine Ansteuerung über zwei Leitungen wird erleichtert, weil jeweils zwei Spulen zueinander invertiert angesteuert werden. Die Steuersignale für Spule 3 lassen sich durch Invertierung der Signale für Spule 1 erzeugen. Genauso gehören Spule 2 und Spule 4 zusammen. Abb.3.3. zeigt die Ansteuerung durch einen Leistungstreiber ULN2803. Da jede Stufe zugleich

3. Direkte digitale Ausgaben

eine Invertierung bewirkt, lassen sich die Steuersignale für die Treiber 2 und 4 direkt an den Ausgängen für die Spulen 1 und 2 entnehmen.

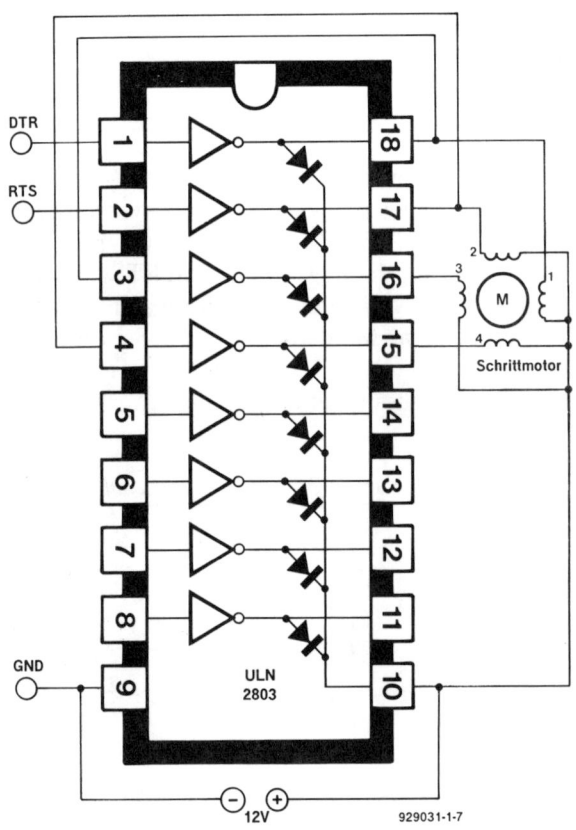

Abb.3.3.
2-Bit-Ansteuerung
eines Schrittmotors.

Die Zustände der beiden ersten Spulen können als Binärzahlen mit der Folge 3,1,0,2 aufgefaßt werden. Eine Steuerung des Schrittmotors durch Ausgabe dieser Werte an den Ausgangsleitungen DTR und RTS muß relativ langsam erfolgen. Deshalb genügt ein einfaches Basicprogramm nach Listing 3.3. zur Ansteuerung. Die

3.3. Schrittmotorsteuerung

Warteschleife in Zeile 180 muß an die Geschwindigkeit des verwendeten Rechners und an die gewünschte Drehzahl des Motors angepaßt werden.

Der Benutzer gibt jeweils die gewünschte Position ein. Das Unterprogramm „Ausgabe" erzeugt dann solange die erforderlichen Steuersignale an DTR und RTS, bis die Position erreicht ist. Mit geeigneten mechanischen Aufbauten lassen sich so Lineartriebe mit vielen tausend anfahrbaren Positionen erzeugen.

```
10   REM Schrittmotorsteuerung
20   BA = &H3F8                         : REM COM 1
30   B(0)=3: B(1)=1: B(2)=0: B(3)=2     : REM Steuerwerte
40   INPUT "Position"; X
50   GOSUB 100
60   GOTO 40
100  REM ******* Ausgabe *******
110  IF U < X THEN U=U+1                : REM Einzelschritte
120  IF U > X THEN U=U-1
150  S=U MOD 4                          : REM S = Schritt 0...3
160  OUT (BA+4), B(S)                   : REM DTR und RTS steuern
170  IF U=X THEN RETURN
180  FOR N=1 TO 100: NEXT N             : REM Warteschleife
190  GOTO 110
```

Listing 3.3. Programm zur 2-Bit-Ansteuerung eines Schrittmotors.

4. Direkte digitale Eingaben

Mit der seriellen Schnittstelle lassen sich durch direkte Abfrage der Handshake-Leitungen bis zu vier logische Zustände einlesen und überwachen. Je nach Aufgabenstellung können die Eingangssignale von Schaltern, Sensoren oder komplexeren Schaltungen kommen.

4.1. Zeitliche Registrierung von Ereignissen

Viele Vorgänge lassen sich durch binäre Zustände darstellen. Der Zustand einer Tür ist z. B. „auf" oder „zu", was sich mit einem Türkontakt erfassen läßt. Der Zustand „an" oder „aus" eines elektrischen Geräts ließe sich z. B. über die Schaltkontakte eines zusätzlich angebrachten Relais erkennen.

Im einfachsten Fall können vier Schalter nach Abb. 4.1. an die serielle Schnittstelle angeschlossen werden. Für eine Langzeitbeobachtung ist es z. B. sinnvoll, jede Änderung eines oder mehrerer Zustände mit ihrer genauen Uhrzeit zu speichern. Listing 4.1. zeigt eine einfache Realisierung in Basic.

4. Direkte digitale Eingaben

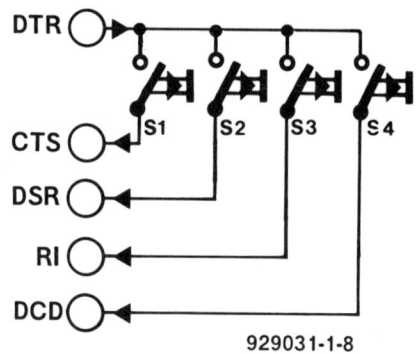

Abb.4.1.
Anschluß von vier Schaltern an die serielle Schnittstelle.

929031-1-8

```
10   REM Registrierung von Ereignissen
20   BA = &H3F8                  : REM COM1
30   OUT (BA+4),1                : REM DTR einschalten
40   DAT$ = "DATEN.TXT"
50   ZU = 0                      : REM Grundzustand
60   ZV = ZU                     : REM Vergleichszustand
70   ZU = (INP (BA+6)) AND 240   : REM Bits 4...7, CTS...DCD
80   IF ZU <> ZV THEN GOSUB 100  : REM Änderung eingetreten?
90   GOTO 60
100  OPEN DAT$ FOR APPEND AS #1  : REM Datei öffnen
110  PRINT#1, TIME$, ZU          : REM speichern
120  PRINT TIME$, ZU
130  CLOSE 1                     : REM Datei schließen
140  RETURN
```

Listing 4.1. Registrierung von Schaltereignissen.

Das Programm liefert eine Datei im Textformat, die z. B. mit einem Textverarbeitungsprogramm eingelesen werden kann. Der Schalterzustand wird als Summe der möglichen Zustände 16 (S1), 32 (S2), 64 (S3) und 128 (S4) angegeben. Die Ausgabedatei kann später mit externen Programmen weiterverarbeitet werden. Die folgende Tabelle zeigt ein Beispiel, bei dem Änderungen an S1, S2 und S4 erkennbar sind.

4.2. Nachbildung logischer Schaltungen

12:18:28	16
12:18:30	0
12:44:43	128
12:44:43	0
12:45:17	32
12:45:18	0
12:45:32	48
12:45:33	32
12:45:34	0

Statt der Schalter lassen sich z. B. auch Fotowiderstände oder andere Eingabeelemente anschließen. Eine interessante Anwendung ist die Registrierung aktiver Zeiten elektrischer Verbraucher. Der Computer kann hier bei der sinnvollen Planung von Energiesparmaßnahmen helfen.

4.2. Nachbildung logischer Schaltungen

Digitale Schaltungen verknüpfen die Zustände von Eingängen nach logischen Regeln miteinander und geben das Ergebnis aus. Übliche Grundfunktionen sind z. B. die AND-, OR-, NAND-, NOR- und die EXOR-Funktion. Da sie in dem meisten Hochsprachen ebenfalls enthalten sind, lassen sich leicht Programme schreiben, die das Verhalten digitaler Schaltungen nachbilden. Außer für Übungszwecke lassen sich solche Programme auch für die logische Steuerung von Geräten einsetzen.

4. Direkte digitale Eingaben

Die folgende Tabelle zeigt die „Wahrheitstabelle" der logischen Grundfunktionen bei der Verknüpfung der Eingänge A und B:

Eingänge		Ausgang				
A	B	AND	NAND	OR	NOR	EXOR
0	0	0	1	0	1	0
0	1	0	1	1	0	1
1	0	0	1	1	0	1
1	1	1	0	1	0	0

Für den Versuch werden zwei Schalter als Eingabeelemente benötigt. Eine LED gibt das Ergebnis aus. Abb.4.2. zeigt die Beschaltung der Schnittstelle. Listing 4.2. stellt eine mögliche Realisierung des Programms in Basic vor.

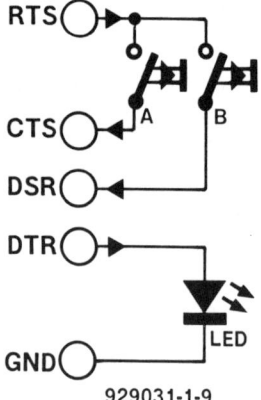

Abb.4.2.
Nachbildung einer logischen Grundschaltung mit zwei Eingängen und einem Ausgang.

4.2. Nachbildung logischer Schaltungen

```
10  REM Nachbildung logischer Schaltungen
20  BA = &H3F8                  : REM COM 1
30  OUT (BA+4),2                : REM RTS einschalten
40  INPUT "1 AND  2 OR  3 NAND  4 NOR  5 EXOR ", N
50  ZU = (INP (BA+6)) AND 240   : REM CTS ... DCD lesen
60  A = (ZU AND 16) / 16        : REM A = Zustand von CTS
70  B = (ZU AND 32) / 32        : REM B = Zustand von DSR
80  ON N GOSUB 200, 220, 240, 260, 280  : REM C berechnen
90  OUT (BA+4), C+2             : REM  DTR=C, RTS=1
100 IF INKEY$ <> "" THEN END    : REM Abbruch?
110 GOTO 50
200 C = A AND B : RETURN        : REM AND
220 C = A OR B : RETURN         : REM OR
240 C = (NOT (A AND B)) AND 1 : RETURN  : REM NAND
260 C = (NOT (A OR B)) AND 1 : RETURN   : REM NOR
280 C = A XOR B : RETURN        : REM XOR
```

Listing 4.2. Die logischen Zustände der Eingänge A und B werden logisch verknüpft und an der LED ausgegeben.

5. Einfache Analog/Digital-Wandler

Ein Analog/Digital-Wandler setzt eine analoge Größe, z. B. eine Spannung, einen Widerstandswert oder eine Temperatur, in Zahlenwerte um, die sich mit dem Computer weiterverarbeiten lassen. Grundsätzlich muß dabei das analoge Signal treppenförmig in kleine Bereiche eingeteilt werden, die jeweils einem Zahlenwert zugeordnet sind. Die Größe einer Stufe hängt von der Auflösung des Wandlers ab. Bei einer Spannungsauflösung von 100 mV würden z. B. alle Spannungen zwischen 1.10 V und 1.19 V mit 1.1 V gemessen.

Mit wenigen zusätzlichen Bauteilen kann man analoge Werte in Impulslängen umsetzen und diese dann mit dem Computer direkt messen. Die folgenden Anwendungen zeigen Schaltungen, über die sich mit geringem Aufwand analoge Werte erfassen lassen.

5.1. Messung von Widerständen

Ein einfaches RC-Glied erzeugt eine Verzögerung, die proportional zum Widerstand und zur Kapazität ist. Man kann z. B. einen Impuls an DTR erzeugen und die Impulsverzögerung an einem der digitalen Eingänge

5. Einfache Analog/Digital-Wandler

messen. Die Breite des verzögerten Impulses ist ein Maß für die gemessene analoge Größe. Alle Eingänge der RS232 besitzen Schmitt-Trigger, so daß auch langsam ansteigende Eingangsspannungen ein gut definiertes Schaltsignal erzeugen.

Abb.5.1. zeigt eine Schaltung zur Abfrage eines Potentiometers. Jede Stellung des Potis wird in einen Zählerwert umgesetzt. Das Abfrageprogramm erfordert eine schnelle Zählschleife, da die gemessene Verzögerung in der Größenordnung von Millisekunden liegt. Listing 5.1. stellt eine mögliche Realisierung in Pascal vor. Die eigentliche Zählschleife in der Prozedur „Messung" arbeitet bei abgeschaltetem Interrupt.

Die Zählschleife benutzt die Variable „Zaehler", die zunächst auf Null gesetzt wird. Nach dem Hochsetzen von DTR beginnt die eigentliche Meßzeit. Die Zählvariable wird immer wieder erhöht, bis an der Eingangsleitung CTS ein High-Zustand erscheint, der Kondensator also die Schwellspannung des Eingangs erreicht hat. Der so erreichte Zählerwert ist ein Maß für die Ladezeit des Kondensators und wird direkt am Bildschirm ausgegeben. Außerdem muß nun der Ausgang DTR wieder abgeschaltet werden, damit nach einer angemessenen Entladezeit die nächste Messung erfolgen kann.

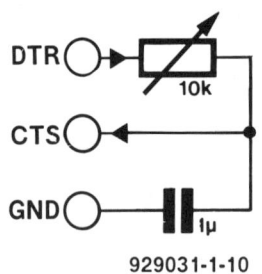

*Abb.5.1.
Der Widerstand des Potentiometers wird über die Ladezeit des Kondensators gemessen.*

929031-1-10

5.2. Spannungsmessung

```
Program Potiabfrage;
Uses Crt;
const  BA = $3F8;                    { COM 1 }
procedure Messung;
var Zaehler : Word;                  { Zähler 0...65535 }
begin
  Zaehler := 0;
  Inline ($FA);                      { Interrupt sperren }
  Port [BA+4] := 1;                  { DTR an }
  repeat
    Zaehler := Zaehler +1;           { Zähler erhöhen }
  until ((Port[BA+6] and 16)=16);    { bis CTS an }
  Port[BA+4] := 0;                   { DTR aus }
  Inline ($FB);                      { Interrupt freigeben }
  writeln (Zaehler);
end;
begin
  repeat
    Messung;                         { Messen und anzeigen }
    delay (500);                     { 500ms Erholzeit }
  until KeyPressed;
end.
```

Listing 5.1. *Eine einfache Abfrageschleife erfaßt den eingestellten Widerstand.*

Mit diesem Meßgerät lassen sich nicht nur Potis abfragen. Viele Sensoren arbeiten nach dem Prinzip der Widerstandsänderung. Beispiele sind NTCs zur Messung der Temperatur und LDRs zur Erfassung der Beleuchtungsstärke. Über die gemessenen Impulslängen lassen sich daher auch nichtelektrische Größen erfassen.

5.2. Spannungsmessung

Um Spannungen nach dem Impulsbreitenverfahren zu messen, benötigt man nicht mehr als ein RC-Glied und einen Operationsverstärker, der als Komparator eingesetzt wird. Abb.5.2. zeigt eine Schaltung mit einem Eingangskanal. Der Operationsverstärker benötigt

5. Einfache Analog/Digital-Wandler

keine zusätzliche Spannungsversorgung, sondern erhält ca. -10 V und +10 V direkt von der Schnittstelle. Die Schaltung findet z. B. Platz im Gehäuse eines Sub-D-Anschlußsteckers.

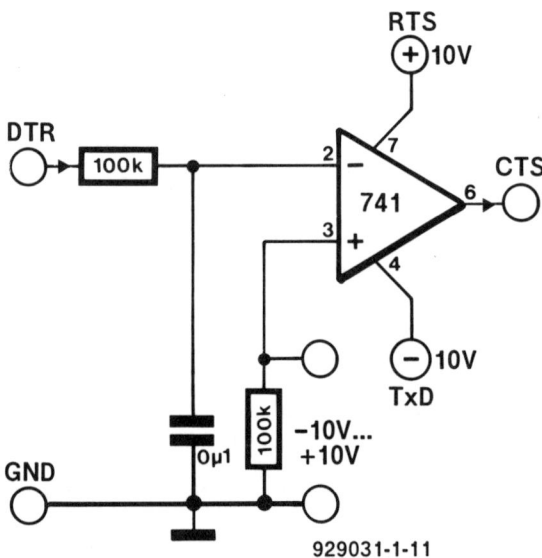

Abb.5.2.
Ein A/D-Wandler nach dem Impulsbreitenverfahren

Die Funktion der Schaltung ist leicht zu verstehen: Wenn DTR hochgeschaltet wird, beginnt der Kondensator sich aufzuladen. Seine Spannung wird laufend mit der zu messenden Eingangsspannung verglichen. Sobald die Eingangsspannung erreicht ist, kippt der Ausgang des Operationsverstärkers. Dies geschieht um so später, je höher die Meßspannung ist. Über die Verzögerungszeit kann also die Eingangsspannung gemessen werden.

Leider ist der Anstieg der Kondensatorspannung nicht linear. Er hängt vielmehr direkt von der Restspannung am Ladewiderstand ab. Je weiter der Kondensator also

5.2. Spannungsmessung

schon aufgeladen ist, desto langsamer ist sein Spannungsanstieg. Der Spannungsverlauf folgt der Exponentialfunktion. Es wäre sehr schwierig, diese Funktion allein mit elektronischen Mitteln zu linearisieren. Eine Linearisierung im Programm ist jedoch leicht möglich, da ein eindeutiger mathematischer Zusammenhang zwischen der gemessenen Zeit und der Spannung besteht.

Listing 5.2. zeigt das Meßprogramm. Die Messung beruht wieder auf einem Zählvorgang. Im Unterschied zu Listing 5.1. wird diesmal statt einer Prozedur eine Funktion eingesetzt, weil das Zählergebnis mehrfach weiterverarbeitet werden muß. Zusätzlich zur Leitung DTR muß auch RTS dauerhaft hochgeschaltet werden, da über diese Leitung die positive Betriebsspannung an den Operationsverstärker geliefert wird.

Die Funktion „Zaehler" übergibt einen zur Verzögerungszeit proportionalen Wert. Der Proportionalitätsfaktor ist von der Arbeitsgeschwindigkeit des verwendeten Rechners abhängig und braucht nicht bekannt zu sein, da es nur auf relative Änderungen ankommt. In die Berechnung geht außerdem noch die Zeitkonstante des RC-Glieds ein. Die genaue Messung kann man umgehen, indem man für die Zeitkonstante und den Geschwindigkeitsfaktor einen gemeinsamen „Zeitfaktor" automatisch erfaßt. Dies geschieht in der Prozedur „Kalibrieren", indem der Zeitfaktor bei der Eingangsspannung Null gemessen wird. Beim Start des Programms darf deshalb keine Meßspannung anliegen. Bei allen folgenden Meßvorgängen ergibt sich die gemessene Spannung aus dem Verhältnis von aktuellem Zählerwert und Zeitfaktor.

Die Umrechnung des Zählerwertes in die gemessene Spannung ergibt sich aus dem exponentialen Verlauf der Spannung bei der Aufladung eines Kondensators. Das bedeutet, daß ein Kondensator sich über einen Widerstand um so langsamer auflädt, je näher die Kondensatorspannung schon der Ladespannung gekommen ist.

5. Einfache Analog/Digital-Wandler

Die Exponentialfunktion beschreibt diesen immer flacher werdenden Spannungsanstieg. Die Linearisierung der Messung erfolgt durch die folgende Umrechung:

$$\text{Spannung} = 20\ \text{V} \cdot \left(1 - \exp\left[\frac{-\text{Zähler}}{\text{Zeitfaktor}}\right]\right) - 10\ \text{V};$$

Wenn man das Meßgerät in beiden Polaritäten, z. B. mit einer Batterie überprüft, dann wird man eine leichte Unlinearität feststellen. Die Voraussetzung, daß die Ausgangsspannung an DTR -10 V und +10 V beträgt, stimmt nämlich nicht genau. Durch Ändern der Werte „Negativ" und „Positiv" läßt sich die Linearität erheblich verbessern. Durch einen sorgfältigen Abgleich erreicht man insgesamt eine Genauigkeit von etwa einem Prozent.

Die Auflösung des A/D-Wandlers hängt davon ab, wieviele Zählschritte der Computer in der Verzögerungszeit des RC-Gliedes ausführt. Sie wird daher mit einem schnellen Rechner besser. Mit der gezeigten Dimensionierung und einem 12-MHz-AT entspricht die Auflösung etwa einem 10-Bit-Wandler. Die angezeigte Spannungsauflösung beträgt 10 mV. Es können also bis zu 2000 Spannungswerte unterschieden werden. Damit erreicht man etwa die Qualität eines einfachen Digitalvoltmeters.

Ein Nachteil dieses Verfahrens liegt in seiner relativen Langsamkeit. Damit die Vergleichsspannung für eine neue Messung wieder ganz am unteren Bereichsende beginnt, muß eine Wartezeit von 0,1 s zwischen den Messungen eingehalten werden.

Ein weiteres Problem liegt in der Überschreitung des Meßbereichs. Bei zu hohen Eingangsspannungen kippt der Komparator nicht mehr, und das einfache Programm bleibt in der Zählschleife stecken. Wenn man über einen sehr schnellen PC verfügt, kann man in der Zählschleife des Meßprogramms für den Fall der Bereichsüberschreitung eine Abbruchbedingung vorsehen.

5.2. Spannungsmessung

```pascal
Program Spannungsmessung;
Uses Crt;
const  BA = $3F8;                       { COM 1 }
var  Spannung, Negativ, Positiv, Zeitfaktor : Real;
function Zaehler: Word;
var n : Integer;
begin
 N := 0;
 Inline ($FA);                          { Interrupt sperren }
 Port [BA+4] := 3;                      { DTR und RTS an }
 repeat
   N := N +1;                           { zählen }
 until ((Port[BA+6] and 16)=0);         { bis CTS = 0 }
 Port[BA+4] := 2;                       { DTR aus, RTS bleibt an }
 Inline ($FB);                          { Interrupt freigeben }
 Zaehler := N;
end;
procedure Kalibrieren;
begin
  Zeitfaktor := -(Zaehler/ln(1-Negativ/(Positiv+Negativ)));
  delay (500);
end;
begin
  Negativ := 10.2;                      { Feineinstellung! }
  Positiv := 10.25;                     { Feineinstellung! }
  Kalibrieren;
  repeat
    Spannung :=(Negativ+Positiv)*
               (1-exp(-Zaehler/Zeitfaktor))-Negativ;
    writeln (Spannung :3:2, ' V ');
    delay (500);                        { Erholzeit }
  until KeyPressed;
end.
```

Listing 5.2. Pascal-Programm für ein einfaches Digitalvoltmeter.

5. Einfache Analog/Digital-Wandler

5.3. Ein 4-Kanal-A/D-Wandler

Ein Blick auf die Eingänge der seriellen Schnittstelle zeigt, daß bis zu vier analoge Eingangskanäle möglich sind. Vier Komparatoren kommen dabei mit einem gemeinsamen RC-Glied aus. Bei der Erweiterung lassen sich auch gleich einige Schwächen der Grundschaltung beseitigen. Bei der einfacheren Schaltung hängt die Genauigkeit der Messung von der Ausgangsspannung des Computers ab, also von seinem Netzteil und von den Leitungstreibern der seriellen Schnittstelle. Um eine eigene Referenzspannung höherer Genauigkeit zu erhalten, wird in Abb.5.3. eine Stabilisierung durch zwei Zenerdioden eingeführt. Der Meßbereich wird damit auf ca. -8V bis +8V eingeengt.

Außerdem wird die Betriebsspannung des Operationsverstärkers durch Abblockkondensatoren von eventuellen Impulsstörungen befreit. Die Eingänge 1 und 2 erhalten einen Eingangswiderstand von $100\,k\Omega$, so daß die Eingangsspannung im Ruhezustand Null ist. Die beiden anderen Eingänge werden bewußt ohne Eingangswiderstand, also extrem hochohmig gelassen, damit auch an sehr hochohmigen Meßobjekten ohne Beeinflussung gemessen werden kann. Allerdings dürfen sie nicht mit offenen Eingängen betrieben werden, weil dann Eingangsspannungen außerhalb des Meßbereichs auftreten können.

Der vierfache Operationsverstärker LM324 benötigt insgesamt nur 1 mA und kann problemlos über die Schnittstelle versorgt werden. Da keine Batterie und kein Netzteil erforderlich ist, läßt sich auch die Vierkanal-Version des A/D-Wandlers mit einigem Geschick noch in ein Steckergehäuse einbauen.

5.3. Ein 4-Kanal-A/D-Wandler

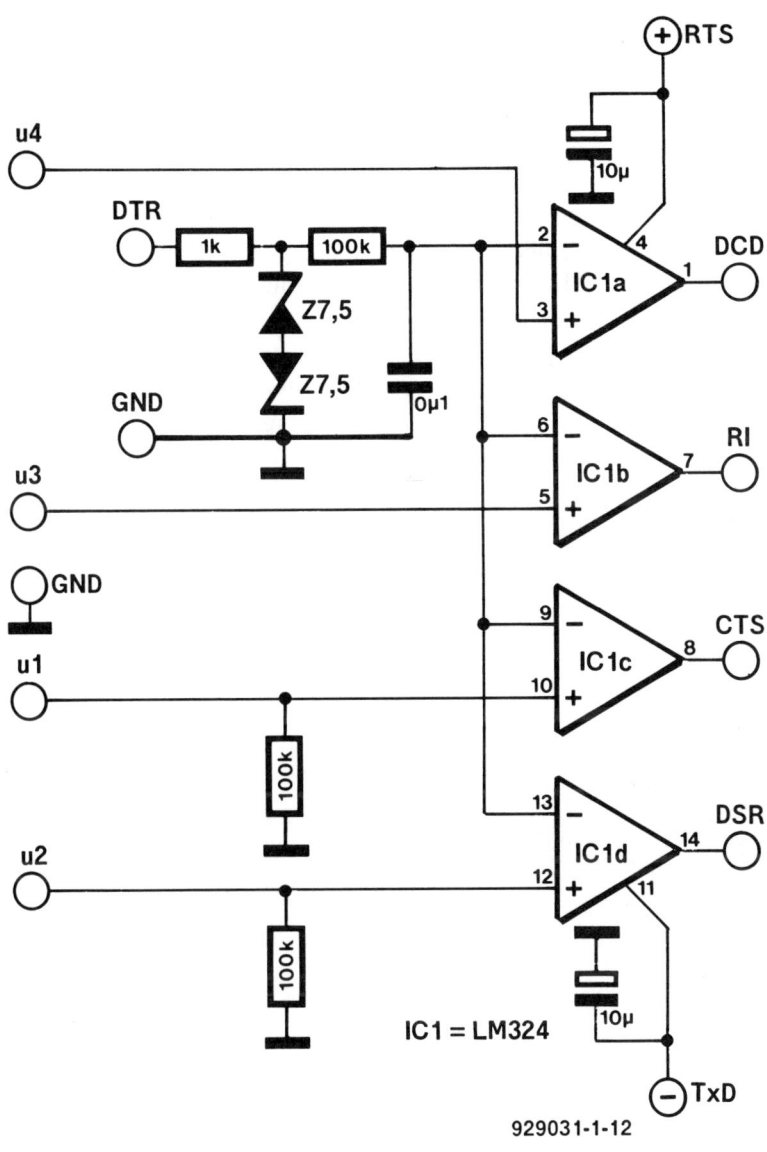

Abb.5.3. Ein einfacher 4-Kanal-A/D-Wandler ohne zusätzliche Spannungsversorgung.

5. Einfache Analog/Digital-Wandler

Das neue Programm (Listing 5.3.) verwendet eine geänderte Funktion „Zaehler", der diesmal der gewünschte Eingangskanal übergeben wird. Bei jeder Messung wird nur eine Eingangsleitung beobachtet, indem beim Lesen der Portadresse das Bit mit der Wertigkeit 16, 32, 64 oder 128 ausgewertet wird. Auch die Linearisierung der Messung wird diesmal in einer Funktion durchgeführt. Die Funktion „Spannung" liefert direkt das Meßergebnis am angegebenen Eingangskanal.

Im Hauptprogramm wird laufend die Spannung an den Kanälen 1 und 2 angezeigt. Man verfügt damit über zwei unabhängige Digitalvoltmeter. Die Kanäle 3 und 4 stehen für spezielle Anwendungen zur Verfügung.

```
Program Spannungsmessung_4_Kanal;
Uses Crt;
const   BA = $3F8;                      { COM 1 }
var     Negativ, Positiv, Zeitfaktor : Real;
function Zaehler (Kanal:Byte): Integer;
var Eingang, n : Integer;
begin
 Eingang:=16;                           { CTS }
 If Kanal=2 then Eingang := 32;         { DSR }
 If Kanal=3 then Eingang := 64;         { RI }
 If Kanal=4 then Eingang := 128;        { DCD }
 N := 0;
 delay (100);
 Inline ($FA);                          { Interrupt sperren }
 Port [BA+4] := 3;                      { DTR=1, RTS=1 }
 repeat
   N := N +1;                           { zählen }
 until ((Port[BA+6] and Eingang)=0);    { bis Eingang = 0 }
 Port[BA+4] := 2;                       { DTR=0; RTS=1 }
 Inline ($FB);                          { Interrupt freigeben }
 Zaehler := N;
end;
```

(Fortsetzung nächste Seite)

5.4. Messung an einem Transistor

```
procedure Kalibrieren;
begin
  Zeitfaktor := -(Zaehler(1)/ln(1-Negativ/(Positiv+Negativ)));
end;
function Spannung (Kanal: Integer) : Real;
begin
    Spannung :=(Negativ+Positiv)*
              (1-exp(-Zaehler(Kanal)/Zeitfaktor))-Negativ;
end;
begin
  Negativ := 8.2;                    { Feinabgleich! }
  Positiv := 8.2;                    { Feinabgleich! }
  Kalibrieren;
  ClrScr;
  repeat
   GotoXY (10,10);
   write (Spannung (1) :3:2, ' V         ');
   writeln (Spannung (2) :3:2, ' V         ');
  until KeyPressed;
end.
```

Listing 5.3. Programm eines Mehrkanal-Digitalvoltmeters.

5.4. Messung an einem Transistor

Der 4-Kanal-A/D-Wandler kann nicht nur als Digitalmultimeter eingesetzt werden, sondern es lassen sich vielseitige Einsatzmöglichkeiten finden, die über die Möglichkeiten normaler Meßgeräte hinausgehen. Besonders interessant sind automatisierte Messungen, bei denen umfangreiche Berechnungen gleich mit ausgeführt werden. Ein kleines Beispiel für den möglichen Einsatz des Geräts zeigt die Messung an einer Transistorschaltung. Durch ein Potentiometer läßt sich die Eingangsspannung und damit der Basisstrom verändern. Das Meßgerät erfaßt zahlreiche vom Basisstrom abhängige Größen. Abb.5.4. zeigt den Meßaufbau und den Anschluß der Meßeingänge. Alle Spannungen beziehen sich auf eine gemeinsame Masse.

5. Einfache Analog/Digital-Wandler

In der gegebenen Schaltung sind nicht nur Spannungen, sondern auch der Basisstrom und der Kollektorstrom meßbar. Aus beiden läßt sich der Stromverstärkungsfaktor des Transistors bestimmen. Die Stromstärken werden über die Spannungsabfälle am Basiswiderstand und am Kollektorwiderstand erfaßt. Beide Spannungsabfälle sind die Differenzen zwischen direkt meßbaren Spannungen. Listing 5.4. zeigt ein Programm, das alle wichtigen Meßwerte einschließlich der Stromverstärkung angibt. Man kann das Verhalten des Transistors bei unterschiedlichen Arbeitspunkten untersuchen, und es lassen sich Transistoren prüfen und vergleichen.

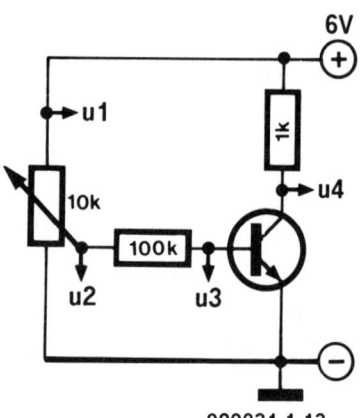

Abb.5.4. Untersuchung eines NPN-Transistors in Emitterschaltung.

5.4. Messung an einem Transistor

```pascal
Program NPN_Transistor;
Uses Crt;
const  BA = $3F8;                         { COM 1 }
var  Negativ, Positiv, Zeitfaktor : Real;
     Ib, Ic, V : Real;
function Zaehler (Kanal:Byte): Integer;
var Eingang, n : Integer;
begin
 Eingang:=16;                             { CTS }
 If Kanal=2 then Eingang := 32;           { DSR }
 If Kanal=3 then Eingang := 64;           { RI }
 If Kanal=4 then Eingang := 128;          { DCD }
 N := 0;
 delay (100);
 Inline ($FA);                            { Interrupt sperren }
 Port [BA+4] := 3;                        { DTR=1, RTS=1 }
 repeat
   N := N +1;                             { zählen }
 until ((Port[BA+6] and Eingang)=0);      { bis Eingang = 0 }
 Port[BA+4] := 2;                         { DTR=0; RTS=1 }
 Inline ($FB);                            { Interrupt freigeben }
 Zaehler := N;
end;
procedure Kalibrieren;
begin
  Zeitfaktor := -(Zaehler(1)/ln(1-Negativ/(Positiv+Negativ)));
end;
function Spannung (Kanal: Integer) : Real;
begin
 Spannung :=(Negativ+Positiv)*
            (1-exp(-Zaehler(Kanal)/Zeitfaktor))-Negativ;
end;
```

(Fortsetzung nächste Seite)

5. Einfache Analog/Digital-Wandler

```
begin
 Negativ := 8.2;
 Positiv := 8.2;
 Kalibrieren;
 ClrScr;
 repeat
  GotoXY (1,2);
  writeln ('Ubat = ',Spannung (1) :3:2, ' V ');
  writeln ('Uin =  ',Spannung (2) :3:2, ' V ');
  writeln ('Ube =  ',Spannung (3) :3:2, ' V ');
  writeln ('Uce =  ',Spannung (4) :3:2, ' V ');
  Ib := (Spannung (2) - Spannung (3)) * 10;
  writeln ('Ib =   ',Ib :3:1,' µA    ');
  Ic := (Spannung (1) - Spannung (4)) * 1; {1kΩ}
  writeln ('Ic =   ',Ic :3:2,' mA    ');
  If Ib>0 then V:= Ic/Ib * 1000 else V := 0;
  writeln ('V =    ',V : 3:0,'         ');
 until KeyPressed;
end.
```

Listing 5.4. Programm zur Messung der Stromverstärkung eines Transistors an verschiedenen Arbeitspunkten.

6. Frequenzmessung

Zur Messung der Frequenz benötigt man einen Zähler und eine möglichst genaue Zeitbasis. Werden genau eine Sekunde lang alle ankommenden Impulse gezählt, erhält man die Frequenz in Hertz. Übliche Digitalzähler verarbeiten Frequenzen bis in den Megahertzbereich. Für viele Aufgaben reichen jedoch Frequenzmessungen bis zu einigen Kilohertz aus. In diesen Fällen kann der PC einen Digitalzähler ersetzen.

Verwendet man die Eingänge der seriellen Schnittstelle, dann können Eingangssignale zwischen etwa 2 V und 12 V ganz ohne zusätzliche Elektronik verarbeitet werden. Da vier direkt lesbare Eingänge zur Verfügung stehen, können vier Meßkanäle realisiert werden (vgl. Abb.6.1.). Listing 6.1. zeigt ein geeignetes Pascal-Programm zur Frequenzmessung an vier Kanälen. Ein einfacher PC-AT erreicht damit eine Grenzfrequenz von etwa 10 kHz.

Das Programm verwendet den Timer der Echtzeituhr des PCs als Zeitbasis. Um in der eigentlichen Meßschleife möglichst wenig Rechenzeit für das Lesen des Timers aufwenden zu müssen, wird er in einen geänderten Betriebsmodus versetzt, so daß nur das Highbyte des Zählregisters ausgelesen wird. Über die Portadresse 43 hat man Zugriff auf das Steuerregister des 8253, während die Adresse 40 den Registern des ersten Zählers zugeordnet ist. Eine genauere Beschreibung der Register des 8253 findet sich in 2].

6. Frequenzmessung

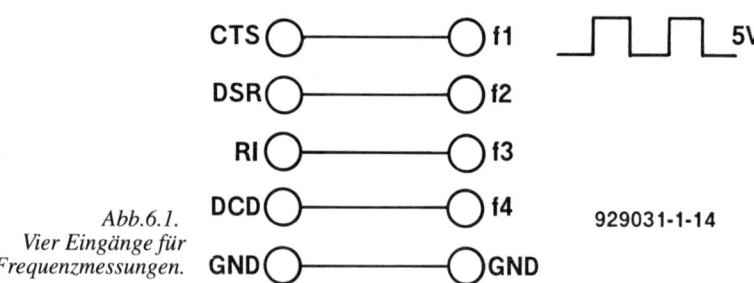

Abb.6.1.
Vier Eingänge für
Frequenzmessungen.

Der Teilerfaktor des Zählers wird so eingestellt, daß er in einer Sekunde genau 20 mal überläuft (vgl. Kap 3.2). Die Meßprozedur braucht dann nur das höchstwertige Zählerbit auszuwerten, um die Überläufe zu erkennen. Vor dem Abbruch des Programms wird der Zähler mit der Prozedur „Uhr" wieder in seinen gewohnten Modus versetzt, um die Funktion der PC- Uhr nicht zu stören.

```
Program Frequenzmessung;
Uses Crt;
const   BA = $3F8;           { COM 1 }
procedure Zeitgeber;
begin
  Port[$43] := $24;      { Timer 0, Mode 2, Lesen: Highbyte }
  Port[$40] := lo (59659);   { Teilerfaktor }
  Port[$40] := hi (59659);   { = 1193180 / 20 }
end;
procedure Uhr;
begin
  Port[$43] := $36;          { Timer 0, Mode 3 }
  Port[$40] := 0;            { Teilerfaktor }
  Port[$40] := 0;            { = 65536 }
end;
```

(Fortsetzung nächste Seite)

6. Frequenzmessung

```pascal
function Frequenz (Kanal: Byte): Integer;
var Dummy, Timer, Timer_alt : Integer;
    Eingang, Eingang_alt, Zeit : Byte;
    Portwert : Byte;
    Zaehler : Integer;
begin
 Portwert := 16;                          { CTS }
 if Kanal=2 then Portwert := 32;          { DSR }
 if Kanal=3 then Portwert := 64;          { RI }
 if Kanal=4 then Portwert := 128;         { DCD }
 Zaehler := 0;
 Zeit := 0;
 Inline ($FA);                            { Interrupt sperren }
 Timer := Port[$40] and 128;              { höchstwertiges Bit }
 repeat;
   Timer_alt := Timer;
   Timer := Port[$40] and 128;
 until Timer > Timer_alt;                 { 1. Timer-Überlauf }
 Eingang_alt := Port[BA+6] AND Portwert;
 repeat
     Timer_alt := Timer;
     Eingang := Port[BA+6] AND Portwert;   { Flanken zählen }
     if Eingang > Eingang_alt then Zaehler := Zaehler + 1;
     Eingang_alt := Eingang;
     Timer := Port[$40] and 128;           { Überläufe zählen }
     If Timer > Timer_alt then Zeit := Zeit +1;
 until Zeit = 20;                         { 1 Sekunde }
 Inline ($FB);                            { Interrupt freigeben }
 Frequenz := Zaehler;
end;
```

(Fortsetzung nächste Seite)

6. Frequenzmessung

```
begin
  Zeitgeber;
  repeat
    writeln ('Kanal1: ',Frequenz(1), ' Hz');
    writeln ('Kanal2: ',Frequenz(2), ' Hz');
    writeln ('Kanal3: ',Frequenz(3), ' Hz');
    writeln ('Kanal4: ',Frequenz(4), ' Hz');
  until KeyPressed;
  Uhr;
end.
```

Listing 6.1. Meßprogramm für einen vierfachen Frequenzmesser.

6.1. Temperatur- und Luftfeuchtemessung

Temperatur und Luftfeuchte sind wichtige Größen zur Beurteilung des Raumklimas und zur Wetterbeobachtung. Eine Erfassung durch den PC kann hilfreich bei Langzeitbeobachtungen, Planungen oder automatischen Steuerungen sein. Da die Meßorte weit entfernt vom PC liegen können, sollte eine einfache Kabelverbindung angestrebt werden. Der Umweg über die Frequenzmessung erlaubt problemlose Verbindungen mit zweiadrigen Kabeln über Distanzen bis etwa 30 m.

Ein weiterer Vorteil der Frequenzmessung ist die sehr gute Auflösung mit einfachen Mitteln. Abb.6.2. zeigt Oszillatoren mit dem CMOS-Timer TLC555, die durch die eigentlichen Sensoren in ihrer Frequenz verstimmt werden. Die Leitungen CTS und DSR dienen als Eingänge. Damit sind noch zwei Eingänge für Erweiterungen frei.

Der Philips-Luftfeuchtesensor ist ein Kondensator mit einem speziellen Dielektrikum, dessen Kapazität sich mit steigender relativer Luftfeuchtigkeit vergrößert. Mit ihm läßt sich ein Oszillator für den Frequenzbereich

6.1. Temperatur- und Luftfeuchtemessung

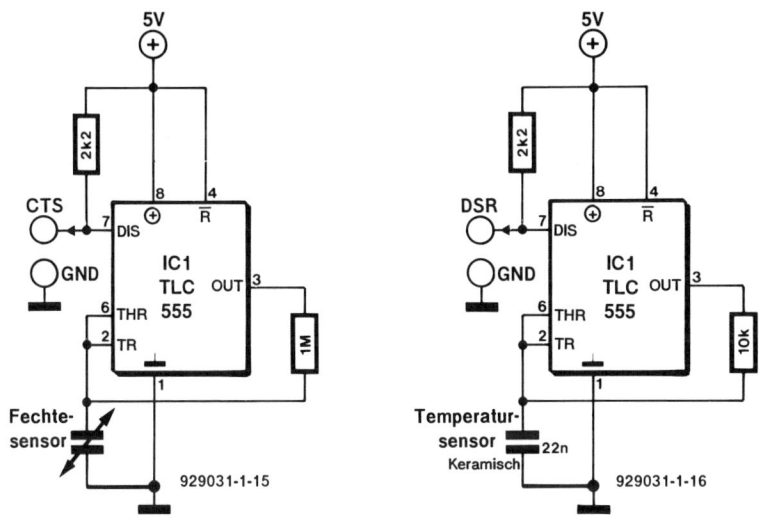

Abb.6.2. Kapazitäts/Frequenz-Wandler zur Messung der Luftfeuchte und der Temperatur.

um 5 kHz aufbauen. Die Frequenz ist dann von der relativen Luftfeuchtigkeit abhängig. Der Zusammenhang Feuchte-Kapazität ist nicht linear, so daß das Auswerteprogramm eine geeignete Linearisierung vornehmen muß.

Zur Linearisierung werden die Meßwerte zwischen bekannten Meßpunkten interpoliert. Durch Frequenzmessung bei bekannten Luftfeuchtigkeiten wurden z. B. die folgenden Fixpunkte bestimmt:

relative Luftfeuchte	Frequenz
100 %	4520 Hz
80 %	4897 Hz
60 %	5262 Hz
40 %	5509 Hz
20 %	5828 Hz
0 %	6027 Hz

6. Frequenzmessung

Mit diesen Werten lassen sich getrennte Geradengleichungen zur Interpolation der relativen Luftfeuchtigkeit aufstellen. Listing 6.2. zeigt in der Funktion „Feuchte" eine mögliche Form der Umrechnung.

Die Temperaturmessung kann entweder durch einen temperaturabhängigen Widerstand oder durch einen Kondensator mit einem großen Temperaturkoeffizienten erfolgen. Hier wurde ein keramischer Scheibenkondensator mit 22 nF eingesetzt, wobei sich im gemessenen Temperaturbereich Frequenzen zwischen ca. 2 kHz und 3,5 kHz ergaben.

Unterschiedliche keramische Werkstoffe zeigen unterschiedliche Temperaturabhängigkeiten. Ein Kondensator muß daraufhin untersucht werden, ob seine Kapazität im interessierenden Temperaturbereich stetig steigt oder fällt. Einige Typen zeigen ein Kapazitätsmaximum z. B. bei 20°C, so daß eindeutige Ergebnisse nur deutlich oberhalb oder unterhalb dieser Temperatur zu erwarten sind.

Für den verwendeten Scheibenkondensator in seiner Oszillatorschaltung wurden die folgenden Frequenzen bestimmt:

Temperatur	Frequenz
0 °C	2065 Hz
10 °C	2223 Hz
20 °C	2475 Hz
30 °C	2835 Hz
40 °C	3430 Hz

Diese Stützpunkte werden in der Funktion „Temperatur" zur Interpolation der Meßtemperatur benutzt. Das Hauptprogramm zeigt die Temperatur und die relative Luftfeuchte gemeinsam an. Das Programm läßt sich leicht auf vier Meßkanäle, z. B. für Innen- und Außenmessungen erweitern.

6.1. Temperatur- und Luftfeuchtemessung

```pascal
Program Klimamessung;
Uses Crt;
const  BA = $3F8;             { COM 1 }
procedure Zeitgeber;
begin
  Port[$43] := $24;       { Timer 0, Mode 2, Lesen: Highbyte }
  Port[$40] := lo (59659);   { Teilerfaktor }
  Port[$40] := hi (59659);   { = 1193180 / 20 }
end;
procedure Uhr;
begin
  Port[$43] := $36;          { Timer 0, Mode 3 }
  Port[$40] := 0;            { Teilerfaktor }
  Port[$40] := 0;            { = 65536 }
end;
function Frequenz (Kanal: Byte): Integer;
var Dummy, Timer, Timer_alt : Integer;
    Eingang, Eingang_alt, Zeit : Byte;
    Portwert : Byte;
    Zaehler : Integer;
begin
  Portwert := 16;                       { CTS }
  if Kanal=2 then Portwert := 32;       { DSR }
  if Kanal=3 then Portwert := 64;       { RI }
  if Kanal=4 then Portwert := 128;      { DCD }
  Zaehler := 0;
  Zeit := 0;
  Inline ($FA);                         { Interrupt sperren }
  Timer := Port[$40] and 128;           { höchstwertiges Bit }
  repeat;
    Timer_alt := Timer;
    Timer := Port[$40] and 128;
  until Timer > Timer_alt;              { 1. Timer-Überlauf }
  Eingang_alt := Port[BA+6] AND Portwert;
```

(Fortsetzung nächste Seite)

6. Frequenzmessung

```
repeat
    Timer_alt := Timer;
    Eingang := Port[BA+6] AND Portwert;   { Flanken zählen }
    if Eingang > Eingang_alt then Zaehler := Zaehler + 1;
    Eingang_alt := Eingang;
    Timer := Port[$40] and 128;    { Überläufe zählen }
    If Timer > Timer_alt then Zeit := Zeit +1;
until Zeit = 20;                   { 1 Sekunde }
Inline ($FB);                      { Interrupt freigeben }
Frequenz := Zaehler;
end;
function Feuchte: Real;
var Messfrequenz: Integer;
begin
  Messfrequenz := Frequenz(1);
  if Messfrequenz > 4520 then
     Feuchte := 100 - 20 * (Messfrequenz-4520) / (4897-4520);
  if Messfrequenz > 4897 then
     Feuchte := 80 - 20 * (Messfrequenz-4897) / (5262-4897);
  if Messfrequenz > 5262 then
     Feuchte := 60 - 20 * (Messfrequenz-5262) / (5509-5262);
  if Messfrequenz > 5509 then
     Feuchte := 40 - 20 * (Messfrequenz-5509) / (5828-5509);
  if Messfrequenz > 5828 then
     Feuchte := 20 - 20 * (Messfrequenz-5828) / (6027-5828);
end;
function Temperatur: Real;
var Messfrequenz : Integer;
begin
  Messfrequenz := Frequenz(2);
  Temperatur := 10 * (Messfrequenz-2065) / (2230-2065);
  if Messfrequenz > 2230 then
     Temperatur := 10 + 10 * (Messfrequenz-2230) / (2475-2230);
  if Messfrequenz > 2475 then
     Temperatur := 20 + 10 * (Messfrequenz-2475) / (2835-2475);
  if Messfrequenz > 2835 then
     Temperatur := 30 + 10 * (Messfrequenz-2835) / (3430-2835);
end;
```

(Fortsetzung nächste Seite)

6.2. Ein Spannungs/Frequenz-Wandler

```
begin
  ClrScr;
  Zeitgeber;
  repeat
    GotoXY (10,10);
    writeln ('Temperatur =    ',Temperatur:4:2,' °C');
    GotoXY (10,12);
    writeln ('rel. Feuchte = ', Feuchte:3:1,' %');
  until KeyPressed;
  Uhr;
end.
```

Listing 6.2. Messung der Temperatur und der relativen Luftfeuchte über die Frequenzänderung.

6.2. Ein Spannungs/Frequenz-Wandler

Die direkte Frequenzmessung mit dem PC liefert prinzipiell eine sehr gute Genauigkeit und Auflösung. Ähnlich gute Ergebnisse lassen sich auch für andere Meßgrößen erzielen, wenn sie in eine Frequenz umgesetzt werden können. Der Spannungs/Frequenz-Wandler (U/f-Wandler) AD654 von Analog Devices setzt eine Spannung im Bereich von 0 V bis 1 V mit hoher Linearität in eine Frequenz um. Sein Ausgangssignal läßt sich direkt über die serielle Schnittstelle auswerten.

Abb.6.3. zeigt den Anschluß des U/f-Wandlers. Pin 1 des AD654 liefert ein symmetrisches Rechtecksignal, dessen Frequenz proportional zur Eingangsspannung ist. Da der Ausgang einen offenen Kollektor besitzt, muß ein Pull-Up-Widerstand verwendet werden. Mit der angegebenen Beschaltung wird eine Spannung von 1 V in eine Frequenz von 10 kHz umgesetzt. Der 10-nF-Kondensator kann verändert werden, um den Frequenzbereich des Ausgangssignals an andere Bedürfnisse anzupassen. Mit einer Kapazität von 1 nF würde z. B. die

6. Frequenzmessung

Spannung 1 V in die Frequenz 100 kHz umgesetzt. Es muß ein hochwertiger Folienkondensator benutzt werden, damit die Umsetzung temperaturstabil bleibt. Ein genauer Abgleich der Frequenz ist möglich, wenn man den 1-kΩ-Widerstand durch ein Trimmpotentiometer ersetzt.

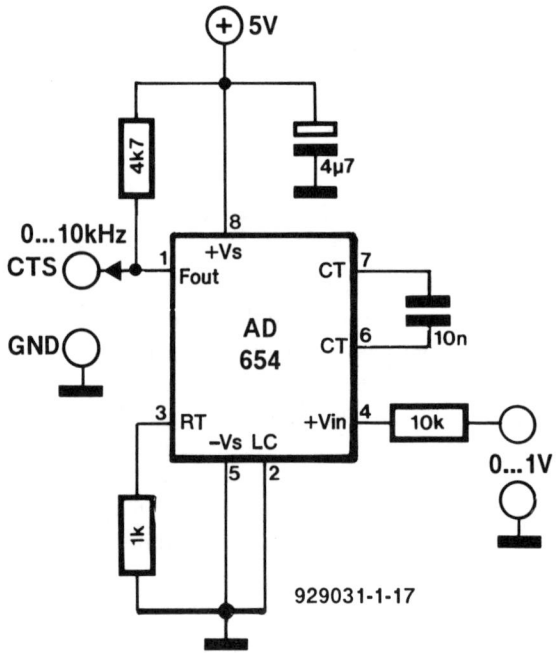

Abb.6.3.
Ein Spannungs/Frequenz-Wandler mit dem AD654.

Die Eingangsspannung sollte den Bereich 0...1 V nicht überschreiten. Zum Schutz vor Bereichsüberschreitungen wurde ein Schutzwiderstand von 10 kΩ eingefügt.

Während übliche A/D-Wandler eine konstruktionsbedingte Auflösung haben, hängt die Auflösung eines U/f-Wandlers in erster Linie von der Frequenzmessung ab.

6.2. Ein Spannungs/Frequenz-Wandler

Die in Listing 6.1. vorgestellte Frequenzmessung liefert im Bereich bis 10 kHz bei einer Meßzeit von einer Sekunde eine Auflösung in zehntausend Schritte. Die Spannung würde also in Schritte von 0,1 mV aufgelöst. Mit einer größeren Torzeit läßt sich die Auflösung noch steigern, so daß z. B. 0,01 mV erreicht wird.

Listing 6.3. stellt ein Meßprogramm mit wählbarer Auflösung vor. Die gegenüber Listing 6.1. veränderte Meßfunktion „Frequenz" erhält als Übergabeparameter die gewünschte Torzeit in Zwanzigstelsekunden. Wird z. B. der Wert 200 übergeben, dann dauert die Messung zehn Sekunden. Die in dieser Zeit gezählten Impulse werden durch Zehn dividiert, um die Frequenz zu berechnen. Deshalb wird die Frequenz hier als Real-Wert behandelt.

Das Hauptprogramm ruft die Frequenzmessung mit der vorgewählten Torzeit auf. Die Umrechnung in eine Spannung in mV erfordert im wesentlichen eine Division durch Zehn. Zusätzlich ist eine softwaremäßige Kalibrierung mit dem Faktor „Kalibrierung" vorgesehen. Statt eines Abgleichs der Hardware (durch Einstellung des 1-kΩ-Widerstands) wird nach Vergleichsmessungen dieser Faktor angepaßt. Die Spannung wird auf dem Bildschirm entsprechend der gewählten Auflösung mit keiner, einer oder zwei Nachkommastellen angegeben.

Einfache PC/ATs mit einem 80286-Prozessor und einer Taktfrequenz von 12 MHz erreichen bei der Frequenzmessung sicher 10 kHz. Für langsame PC/XTs ist es erforderlich, mit geringeren Frequenzen zu arbeiten. Deshalb kann es notwendig sein, den frequenzbestimmenden Kondensator am AD654 zu vergrößern und die kleinere Frequenz durch eine größere Meßzeit auszugleichen. Umgekehrt läßt sich für sehr schnelle Rechner die Meßfrequenz erhöhen, um schnelle Messungen mit hoher Auflösung zu ermöglichen.

6. Frequenzmessung

```
Program U_f_Wandler;
Uses Crt;
Const  BA = $3F8;              { COM 1}
var Spannung, Kalibrierung : Real;
    Ch : Char;
procedure Zeitgeber;
begin
  Port[$43] := $24;        { Timer 0, Mode 2, Lesen: Highbyte }
  Port[$40] := lo (59659);     { Teilerfaktor }
  Port[$40] := hi (59659);     { = 1193180 / 20 }
end;
procedure Uhr;
begin
  Port[$43] := $36;          { Timer 0, Mode 3}
  Port[$40] := 0;            { Teilerfaktor }
  Port[$40] := 0;            { = 65536 }
end;
function Frequenz (Torzeit: Integer): Real;
var Dummy, Timer, Timer_alt : Integer;
    Eingang, Eingang_alt, Zeit : Byte;
    Portwert : Byte;
    Zaehler : Word;
begin
 Portwert := 16;                  { Eingang CTS }
 Zaehler := 0;
 Zeit := 0;
 Inline ($FA);                    { Interrupt sperren }
 Timer := Port[$40] and 128;      { höchstwertiges Bit }
 repeat;
    Timer_alt := Timer;
    Timer := Port[$40] and 128;
 until Timer > Timer_alt;            { 1. Timer-Überlauf }
 Eingang_alt := Port[BA+6] AND Portwert;
```

(Fortsetzung nächste Seite)

6.2. Ein Spannungs/Frequenz-Wandler

```
repeat
 Timer_alt := Timer;
 Eingang := Port[BA+6] AND Portwert;   { Flanken zählen }
 if Eingang > Eingang_alt then Zaehler := Zaehler + 1;
 Eingang_alt := Eingang;
 Timer := Port[$40] and 128;     { Überläufe zählen }
 If Timer > Timer_alt then Zeit := Zeit +1;
until Zeit = Torzeit;
Inline ($FB);                           { Interrupt freigeben }
Frequenz := Zaehler/Torzeit*20;
end;
begin
Kalibrierung := 1.000;  { individuell anpassen }
Zeitgeber;
ClrScr;
repeat
 GotoXY (1,1);
 writeln ('Spannung, Auflösung: 11 mV  20,1 mV  30,01 mV  Esc');
 repeat until KeyPressed;
 Ch := ReadKey;
 Case Ch of
   '1':   repeat
            Spannung := Frequenz(2)/10*Kalibrierung;
            GotoXY (10,10);
            write ('U = ',Spannung:3:0, ' mV'); ClrEol;
          until KeyPressed;
   '2':   repeat
            Spannung := Frequenz(20)/10*Kalibrierung;
            GotoXY (10,10);
            write ('U = ',Spannung:3:1, ' mV'); ClrEol;
          until KeyPressed;
   '3':   repeat
            Spannung := Frequenz(200)/10*Kalibrierung;
            GotoXY (10,10);
            write ('U = ',Spannung:3:2, ' mV'); ClrEol;
          until KeyPressed;
   end;
 until Ch = chr (27);
 Uhr;
end.
```

Listing 6.3. Spannungsmessung mit einem U/f-Umsetzer

7. Serielle Datenübertragung

Die serielle Schnittstelle arbeitet im Normalfall als asynchrone RS232-Schnittstelle. Dabei werden die einzelnen Datenbits in gleichlange Impulse verpackt und nacheinander über die Leitung TxD geschickt. Der Empfänger muß den Zeitrahmen kennen und den Beginn einer Übertragung jederzeit erwarten. Dieses Verfahren stellt hohe Ansprüche an die Empfangsschaltungen. Um die Vorteile der seriellen Datenübertragung mit geringem Aufwand nutzen zu können, werden im folgenden zusätzliche Taktimpulse für den Empfänger erzeugt.

7.1. Serielle Ausgabe

Zum Empfang seriell gesendeter Daten benötigt man in erster Linie ein Schieberegister. Das ist eine Schaltung mit z. B. acht hintereinandergeschalteten Flipflops, die ihren logischen Zustand mit einem gemeinsamen Takt weiterreichen. Der wechselnde Zustand des ersten Dateneingangs wird daher nach und nach in die acht Flipflops geschoben, so daß die seriell übertragenen Informationen parallel zur Verfügung stehen.

7. Serielle Datenübertragung

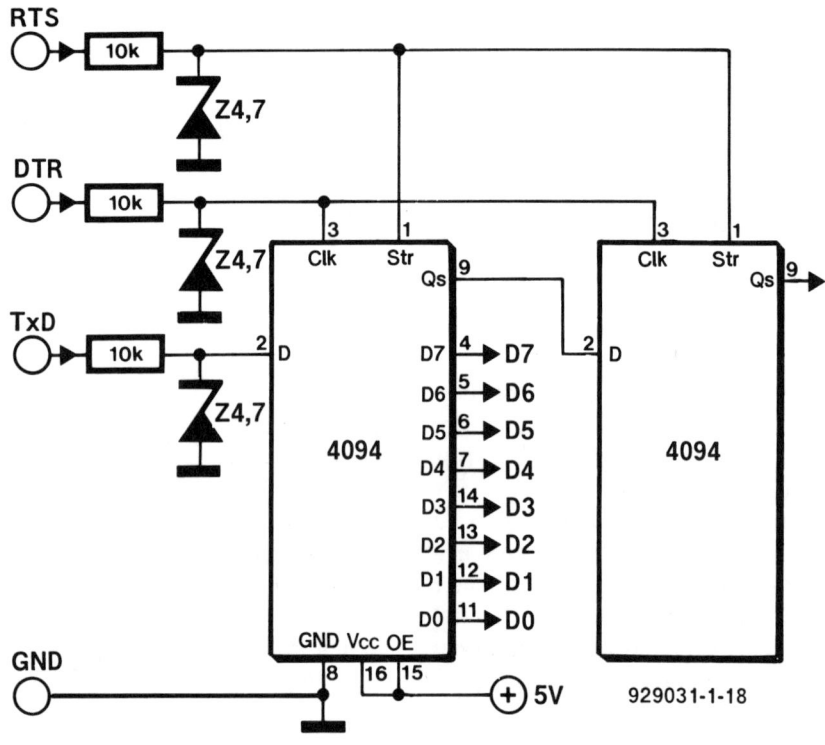

Abb.7.1. Datenausgabe über das Schieberegister CD4094.

Das erforderliche Taktsignal zur Ansteuerung eines einfachen Schieberegisters muß vom Übertragungsprogramm selbst erzeugt werden, da die serielle Schnittstelle des PC von sich aus keinen Takt ausgibt.

Abb.7.1. zeigt den Anschluß eines oder mehrerer CMOS-Schieberegister 4094. Man sieht, daß neben Daten- und Taktleitung noch eine weitere Leitung verwendet wird. Der 4094 verfügt nämlich zusätzlich noch über Auffangregister, die alle empfangenen Bits gleichzeitig an die Ausgänge übernehmen.

7.1. Serielle Ausgabe

Dazu wird ein Strobe-Impuls benötigt, den der PC nach erfolgter Übertragung von acht Datenbits erzeugen muß. Die Ausgangsspannungen der Leitungen TxD, RTS und DTR passen nicht zu den geforderten Eingangsspannungen eines CMOS-ICs. Durch Vorwiderstände und Zenerdioden wird hier erreicht, daß die Signale auf den Bereich 0 V bis 5 V begrenzt werden.

Listing 7.1. zeigt die Ausgabeprozedur für die getaktete, serielle Datenübertragung. Anders als bei der üblichen asynchronen Übertragung werden die Datenbits an der Leitung TxD direkt vom Programm erzeugt, indem Break-Signale ein- und ausgeschaltet werden. Die erforderlichen Taktimpulse werden durch Ein- und Ausschalten von DTR erzeugt. Nach acht Impulsen wird zusätzlich der Strobe-Impuls an RTS erzeugt.

Das Programm enthält Verzögerungsschleifen mit der Variablen m, die sicherstellen sollen, daß keine zeitlichen Überschneidungen der einzelnen Impulse auftreten. Die optimalen Schleifenwerte sollten für jeden PC erprobt werden. Dazu kann man die Werte so lange verkleinern, bis sich Übertragungsfehler bemerkbar machen, um dann etwas größere Verzögerungen zu wählen.

Oft ist es erforderlich, mehr als acht Ausgabeleitungen zu verwenden. Schieberegister können zu diesem Zweck kaskadiert werden. Der 4094 stellt an seinem Ausgang Qs die seriellen Daten für einen weiteren Baustein zur Verfügung (vgl. Abb.7.1). Das erforderliche Ansteuerprogramm muß zunächst alle Bits in die Schieberegister takten und erst dann einen Strobe-Impuls für beide Bausteine ausgeben. Listing 7.2. zeigt eine Prozedur zur seriellen Ausgabe über zwei Schieberegister. Das Hauptprogramm zählt einen 4-Bit-Wert laufend hoch und übergibt Lowbyte und Highbyte getrennt an die Ausgabeprozedur.

7. Serielle Datenübertragung

```pascal
Program Schieberegister;
Uses CRT;
Const BA = $3F8;                        { COM 1 }
var n : Byte;
procedure Ausgeben ( Wert : Byte );
var Stelle, n, m : Integer;
begin
  Stelle := 1;
  for n:=1 to 8 do begin
    if ((Wert AND Stelle) > 0) then
      Port [BA+3] := 64                 { Daten an TxD    }
      else Port [BA+3] := 0;
    for m := 1 to 20 do;                { Verzögerung }
    Port [Ba+4] := 1;                   { Clock an   (DTR) }
    Stelle := Stelle * 2;
    Port [BA+4] := 0;                   { Clock aus (DTR) }
  end;
  Port [BA+4] := 2;                     { Strobe an (RTS) }
  for m :=1 to 3 do;                    { Verzögerung }
  Port [BA+4] := 0;                     { Strobe aus (RTS) }
end;
begin
  n:=0;
  repeat
    Ausgeben (n);
    n:=n+1;
    delay (100);
  until KeyPressed;
end.
```

Listing 7.1. Ausgabe von 8-Bit-Werten über ein Schieberegister.

7.1. Serielle Ausgabe

```
Program Schieberegister_16Bit;
Uses CRT;
Const BA = $3F8;                         { COM 1 }
var n : Word;
procedure Ausgeben_16Bit (Wert1, Wert2 : Byte);
var Stelle, n, m : Integer;
begin
  Stelle := 1;
  for n:=1 to 8 do begin
    if ((Wert2 AND Stelle) > 0) then     { Bits 8...15 }
      Port [BA+3] := 64                  { Daten an TXD }
      else Port [BA+3] := 0;
    for m := 1 to 20 do;                 { Verzögerung }
    Port [Ba+4] := 1;                    { Clock an  (DTR) }
    Stelle := Stelle * 2;
    Port [BA+4] := 0;                    { Clock aus (DTR) }
  end;
  Stelle := 1;
  for n:=1 to 8 do begin
    if ((Wert1 AND Stelle) > 0) then     { Bits 0...7 }
      Port [BA+3] := 64                  { Daten an TXD }
      else Port [BA+3] := 0;
    for m := 1 to 20 do;                 { Verzögerung }
    Port [Ba+4] := 1;                    { Clock an  (DTR) }
    Stelle := Stelle * 2;
    Port [BA+4] := 0;                    { Clock aus (DTR) }
  end;
  Port [BA+4] := 2;                      { Strobe an (RTS) }
  for m :=1 to 5 do;                     { Verzögerung }
  Port [BA+4] := 0;                      { Strobe aus (RTS) }
end;
```

(Fortsetzung nächste Seite)

7. Serielle Datenübertragung

```
begin
  n:=0;
  repeat
    Ausgeben_16Bit (lo(n),hi(n));
    n:=n+1;
    delay (100);
  until KeyPressed;
end.
begin
  n:=0;
  repeat
    Ausgeben_16Bit (lo(n),hi(n));
    n:=n+1;
    delay (100);
  until KeyPressed;
end.
```

Listing 7.2. Programm zur seriellen Ausgabe von zwei Bytes.

7.2. Serielle Eingabe

Das Verfahren der seriellen, getakteten Datenübertragung läßt sich auch für Eingaben verwenden. Man benötigt dazu ein Schieberegister, das Daten parallel übernimmt und seriell herausschiebt. Hier wird der CD4021 eingesetzt. Abb.7.2. zeigt den Anschluß an die serielle Schnittstelle. Die Daten werden durch die Funktion „Lesen" in Listing 7.3. mit der Geschwindigkeit der erzeugten Taktimpulse über DCD eingelesen.

Ein Impuls am Strobe-Eingang Str steuert die Übernahme der Eingangspegel in die Schieberegister. Bit 7 ist nun am Ausgang Q7 lesbar. Die folgenden Bits können dann durch Taktimpulse am Clock-Eingang Cl zum Ausgang Q7 geschoben werden.

7.3. Ein seriell auslesbarer A/D-Wandler

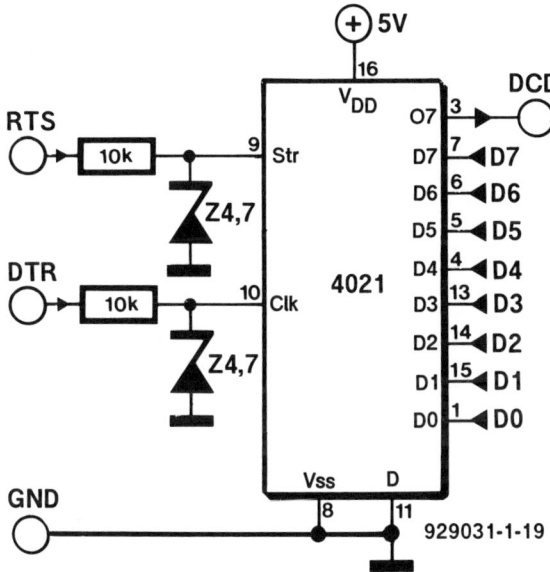

Abb.7.2.
8-Bit-Eingabeport mit einem Schieberegister.

7.3. Ein seriell auslesbarer A/D-Wandler

Der preiswerte A/D-Wandler TLC549 von Texas Instruments (vgl. auch 3]) verfügt über ein Schieberegister, das ähnlich wie ein 4021 ausgelesen werden kann. Die eigentliche Wandlung in einen 8-Bit-Wert benötigt weniger als $20\mu s$, so daß schnelle Messungen möglich sind. Das IC benötigt ein Chip-Select- Signal, um zwischen Wandeln und Auslesen umzuschalten. Es muß ähnlich behandelt werden, wie das Strobe-Signal des 4021.

Abb.7.3 zeigt den Anschluß des Wandlers an die serielle Schnittstelle. Die Versorgungsspannung von 5 V wird hier zugleich als Referenzspannung verwendet.

7. Serielle Datenübertragung

```
Program Schieberegister_Eingabe;
Uses CRT;
const BA = $3F8;
function Lesen: Byte;
var Stelle, n, m  : Integer;
    Empfang : Byte;
begin
  Port [BA+4] := 2;                    { Strobe an  (RTS) }
  Stelle := 1;
  Empfang := 0;
  Port [BA+4] := 0;                    { Strobe aus (RTS) }
  for n:=1 to 8 do begin
    for m:=1 to 2 do;
    if (Port[BA+6] AND 128) = 128      { Daten lesen (DCD) }
       then Empfang := Empfang + Stelle;
    Port [Ba+4] := 1;                  { Clock an  (DTR) }
    Stelle := Stelle * 2;
    Port [BA+4] := 0;                  { Clock aus (DTR) }
  end;
  Lesen := Empfang;
end;
begin
  repeat
    GotoXY(10,10);
    writeln (Lesen,' ');
  until KeyPressed;
end.
```

Listing 7.3. Programm zum seriellen Auslesen eines Schieberegisters.

Bei einer Auflösung in 256 mögliche Spannungswerte können Unterschiede von ca. 20 mV erkannt werden. Als Referenzspannung wird oft auch 2,55 V gewählt, um genaue 10-mV-Schritte zu erhalten.

Listing 7.4. zeigt mit der Funktion „AD" den einfachen Zugriff auf den A/D-Wandler. Die eigentliche Wandlung findet bei hochgesetzter $\overline{CS}$-Leitung statt. Dazu sollten etwa 20µs zur Verfügung stehen. Die Verzögerungsschleife (for m := 1 to 20 do) muß daher der jewei-

7.4. Ein digitaler Recorder

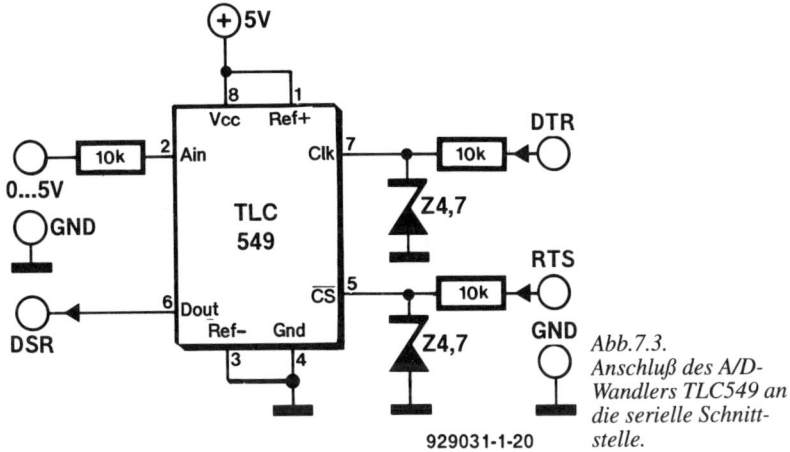

Abb.7.3. Anschluß des A/D-Wandlers TLC549 an die serielle Schnittstelle.

ligen Rechnergeschwindigkeit angepaßt werden. Wenn CS wieder heruntergesetzt wird, steht zuerst das höchstwertige Datenbit an der Datenleitung bereit. Mit jedem Taktimpuls wird das nächst niederwertige Bit herausgeschoben. Die Reihenfolge der Datenbits unterscheidet den A/D-Wandler also von den bisher benutzten Schieberegistern.

7.4. Ein digitaler Recorder

Der A/D-Wandler TLC549 kann eingesetzt werden, um niederfrequente Tonsignale aufzunehmen. Mit einem ausreichend schnellen PC sind Abtastraten von etwa 10 kHz erreichbar, so daß Signale mit hoher Qualität gespeichert werden können.

Die Wiedergabe der Aufnahmen setzt eine D/A-Wandlung voraus. Übliche D/A-Wandler werden parallel angesteuert und setzen z. B. digitale 8-Bit-Signale in Spannungen um.

7. Serielle Datenübertragung

```
Program TLC549;
Uses CRT;
const BA = $3F8;                      { COM 1 }
function AD : Byte;
var m, n, Stelle : Integer;
    Wert : Byte;
begin
  Port [BA+4] := 2;                   { CS an (RTS) }
  for m:=1 to 20 do;                  { Verzögerung }
  Port [BA+4] := 0;                   { CS aus (RTS) }
  for m:= 1 to 2 do;
  Wert := 0;
  Stelle := 128;
  for n:= 1 to 8 do begin
    if (Port[BA+6] AND 32) = 32 then  { Daten lesen (DSR) }
       Wert := Wert + Stelle;
    Port [Ba+4] := 1;                 { Clock an (DTR) }
    for m:= 1 to 2 do;
    Port [BA+4] := 0;                 { Clock aus (DTR) }
    Stelle := Stelle div 2;
  end;
  AD := Wert;
end;
begin
  repeat
    GotoXY(10,10);
    writeln (AD / 255 * 5 :3:2,' V ');
  until KeyPressed;
end.
```

Listing 7.4. Programm zur Spannungsmessung mit dem TLC549.

Ein solcher Wandler wird weiter unten beschrieben (vgl. Kap.10.1). Die D/A-Wandlung kann aber auch nach dem PCM-Verfahren (Pulse-Code-Modulation) erfolgen, wobei man mit einer einzigen Ausgabeleitung und mit geringerem Hardwareaufwand auskommt.

PCM-Signale bestehen aus einer schnellen Folge von positiven und negativen Impulsen gleicher Länge, die

7.4. Ein digitaler Recorder

bereits das Tonsignal enthalten und nur noch eine Filterung benötigen. Das Filter besteht im einfachsten Fall aus einem Kondensator. Durch jeden PCM-Impuls wird der Kondensator um einen kleinen Spannungswert aufgeladen oder entladen. Mit einer geeigneten Folge positiver und negativer Impulse kann daher jede Spannung und auch jeder Spannungsverlauf mit nicht zu hoher Anstiegsgeschwindigkeit erzeugt werden.

Abb.7.4 zeigt die Eingangsbeschaltung des A/D-Wandlers und den Anschluß eines Lautsprechers. Die serielle Sendeleitung TxD wird direkt zur Ausgabe des PCM-Signals benutzt. Der abgegebene Strom reicht zur direkten Ansteuerung eines Lautsprechers aus. Das einfache Filter hat eine Grenzfrequenz von ca. 5 kHz.

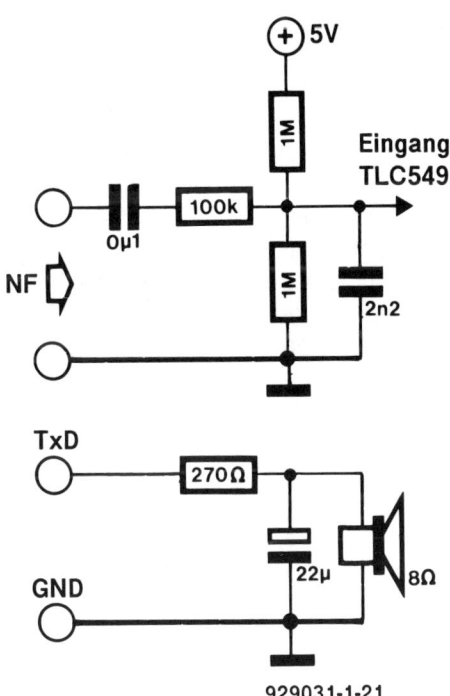

Abb.7.4.
NF-Ein- und Ausgang für den digitalen Recorder.

7. Serielle Datenübertragung

Die Ausgabe des PCM-Signals kann über den seriellen Schnittstellenbaustein des PCs erfolgen. Er führt hardwaremäßig eine Umformung paralleler Daten in einen bitseriellen Datenstrom durch. Zusätzlich zu den Datenbits werden ein Startbit und ein Stopbit angefügt. Die Ausgabegeschwindigkeit ist einstellbar und wird von einem eigenen Quarz, also unabhängig von der Taktfrequenz des PCs stabilisiert.

Listing 7.5. zeigt das Programm eines digitalen Recorders. Die Daten werden in einem Array mit 60000 Bytes gespeichert. Die PCM-Ausgabe erfolgt mit einer Bitrate von 115,2 kHz. Bei einem Startbit, acht Datenbits und einem Stopbit wird jedes Byte in zehn PCM-Bits umgesetzt. Die Ausgabe überträgt also 11520 Bytes pro Sekunde, so daß die Speicherdauer ca. 5 s beträgt. Die Ausgabegeschwindigkeit hängt allein von der eingestellten Baudrate ab und ist unabhängig von der Arbeitsgeschwindigkeit des verwendeten Rechners.

Bei der Aufnahme von Signalen über den A/D-Wandler TLC549 muß ebenfalls eine Meßrate von 11520 Bytes pro Sekunde angestrebt werden, damit eine frequenzgetreue Wiedergabe möglich ist. Die getaktete, serielle Datenübertragung vom Wandler zum PC ist jedoch relativ zeitaufwendig und in jedem Fall abhängig von der Rechnergeschwindigkeit. Die Funktion „AD" wurde gegenüber der Version in Kap.7.3 auf eine möglichst kurze Wandlungszeit hin optimiert.

Durch Anpassung der Zählschleifen ist eine Justierung der Wandlungsrate möglich. Mit den gezeigten Werten ergibt sich die korrekte Meßrate für einen PC-AT mit 80386-Prozessor und einer Taktfrequenz von 25 MHz. Bei Versuchen mit langsameren PCs kann die Baudrate für die Ausgabe halbiert werden, so daß auch nur halb so schnell gemessen werden muß. Dabei ergibt sich eine doppelt so lange Speicherdauer bei einer merklichen Einbuße an Klangqualität.

7.4. Ein digitaler Recorder

Bei der eigentlichen Datenaufnahme werden 60000 Bytes in schneller Folge gemessen und gespeichert. Die Daten müssen aber für die PCM-Ausgabe umgeformt werden. Die aufwendige Umrechnung muß jedes Bit des seriellen PCM-Signals festlegen. In der Prozedur „Aufnahme" erfolgt die Umformung durch Vergleiche des Meßwertes „Eingabe" mit dem vorausberechneten analogen Ausgangssignal „Ausgabe". Jedes High- oder Low-Bit verändert rechnerisch das Ausgangssignal. Start- und Stopbits müssen als festliegende Bits berücksichtigt werden. Jeweils acht PCM-Bits werden zu einem Byte zusammenfaßt und als konvertiertes Datenbyte in den Datenpuffer zurückgeschrieben. Die komplette Umformung in den PCM-Code erfordert etwa den gleichen Zeitaufwand wie die eigentliche Messung.

```
Program Recorder;
uses CRT;
Const BA = $3F8;            { COM1 }
Type Speicher = Record
    Puffer :Array [1..60000] of Byte;
end;
var Probe: Speicher;
    Ch    : Char;
procedure Oeffnen115200;
begin
  Port [BA+3]:=128;         { Baudeingabe aktivieren }
  Port [BA  ]:= 1;          { Baudrate - LSB, 115200 Baud }
  Port [BA+1]:= 0;          { Baudrate - MSB }
  Port [BA+3]:= 3;          { 8 Bits, No Parity, 1 Stop }
  Port [BA+4]:= 0;          { DTR = 0, CTS = 0 }
end;
```

(Fortsetzung nächste Seite)

7. Serielle Datenübertragung

```
procedure Senden  ( Wert : Byte );
   begin
     repeat
       until Port [BA+5] and 32 = 32;    { Sendepuffer leer ? }
       Port [BA]:= (Wert);    { Byte an Sendepuffer ausgeben }
   end;
function AD : Byte;
var m, n, Stelle : Integer;
     Wert : Byte;
   for m:=1 to 5 do;                      { Verzögerung }
   Port [BA+4] := 0;                      { CS aus }
   Wert := 0;
   Stelle := 128;
   for n:= 1 to 8 do begin
     if (Port[BA+6] AND 32) = 32 then    { Daten an DSR }
        Wert := Wert + Stelle;
     Port [Ba+4] := 1;                    { Clock an }
     Stelle := Stelle div 2;
     Port [BA+4] := 0;                    { Clock aus }
   end;
   Port [BA+4] := 2;                      { CS an }
   AD := Wert;
end;
procedure Aufnahme;
var n : word;
    i : integer;
    Ausgabe, Eingabe: Byte;
    SendeByte, Bitwert : Byte;
```

(Fortsetzung nächste Seite)

7.4. Ein digitaler Recorder

```
begin
  with Probe do begin;
    Inline ($FA);
    for n:= 1 to 60000 do Puffer[n] := AD;
    Inline ($FB);
    Ausgabe:= 0;
    for n:= 1 to 60000 do begin
      Ausgabe := Ausgabe + 2;       {Startbit high}
      Bitwert := 1;
      SendeByte := 0;
      Eingabe := Puffer[n];
      for i := 1 to 8 do begin
        if Eingabe < Ausgabe then begin
          SendeByte := SendeByte + Bitwert;
          Ausgabe := Ausgabe - 2;
        end else Ausgabe := Ausgabe + 2;
        BitWert := BitWert * 2;
      end;
      Ausgabe := Ausgabe - 2;        {Stopbit low}
      Puffer[n] := SendeByte;
    end;
  end;
end;
procedure Wiedergabe;
var n: Word;
begin
  with Probe do begin;
    Inline ($FA);
    for n:= 1 to 60000 do senden (Puffer[n]);
    Inline ($FB);
  end;
end;
```

(Fortsetzung nächste Seite)

7. Serielle Datenübertragung

```
procedure Speichern (Dateiname : String);
var f: file of Speicher;
begin
  assign (f,Dateiname);
  {$I-} rewrite (f); {$I+}
  write (f,Probe);
  close (f);
end;
procedure Laden (Dateiname : String);
var f: file of Speicher;
begin
  assign (f,Dateiname);
  {$I-} reset (f); {$I+}
  read (f,Probe);
  close (f);
end;
procedure Aufnehmen;
begin
  Aufnahme;
  Wiedergabe;
  writeln ('<A>ufnahme, <W>iedergabe, speichern unter
          <1> ...<6>, <E>nde');
  repeat
    repeat until KeyPressed;
    Ch := upcase (ReadKey);
    case Ch of
      'A' : begin Aufnahme; Wiedergabe; end;
      'W' : Wiedergabe;
      '1' : Speichern ('1.NF');
      '2' : Speichern ('2.NF');
      '3' : Speichern ('3.NF');
      '4' : Speichern ('4.NF');
      '5' : Speichern ('5.NF');
      '6' : Speichern ('6.NF');
      end;
  until Ch in ['E',chr(27)];
  end;
```

(Fortsetzung nächste Seite)

7.4. Ein digitaler Recorder

```
procedure Wiedergeben;
begin
  writeln ('laden und wiedergeben <1> ...<6>,
           <W>iedergeben, <E>nde');
  repeat
    repeat until KeyPressed;
    Ch := upcase (ReadKey);
    case Ch of
      'W' : Wiedergabe;
      '1' : begin Laden ('1.NF'); Wiedergabe; end;
      '2' : begin Laden ('2.NF'); Wiedergabe; end;
      '3' : begin Laden ('3.NF'); Wiedergabe; end;
      '4' : begin Laden ('4.NF'); Wiedergabe; end;
      '5' : begin Laden ('5.NF'); Wiedergabe; end;
      '6' : begin Laden ('6.NF'); Wiedergabe; end;
    end;
  until Ch in ['E',chr(27)];
end;
begin
  Oeffnen115200;
  repeat
    writeln ('<A>ufnehmen, <W>iedergeben, <Esc>');
    repeat until KeyPressed;
    Ch := upcase (ReadKey);
    case Ch of
      'A' : Aufnehmen;
      'W' : Wiedergeben;
    end;
  until Ch = chr(27);
end.
```

Listing 7.5. Programm zum Aufnehmen und Wiedergeben von Tonsignalen.

7. Serielle Datenübertragung

Das Recorderprogramm verwendet die Datenstruktur Record, um die erfaßten und umgeformten Klangdaten möglichst effektiv speichern und laden zu können. Im Beispiel werden sechs Dateien „1.NF" bis „6.NF" benutzt, um z. B. Sprachsignale langfristig zu speichern. Man könnte z. B. Fehlermeldungen und Bedienungsanweisungen für komfortable Benutzerprogramme speichern und die Ausgabe dort einbauen. Die Sprachausgabe allein ist Rechnerunabhängig und kann auch auf langsameren PCs verwendet werden.

Die Qualität digitaler Aufnahmen hängt von der Auflösung und von der Abtastrate ab. Bei einer Auflösung von 8 Bit und einer Abtastrate von 11,52 kHz wird theoretisch eine Bandbreite von ca. 5,5 kHz bei einem Rauschabstand von ca. 40 dB und damit gute Telefonqualität erreicht. Nach der Abtasttheorie darf das erfaßte NF-Signal keine Frequenzanteile oberhalb der halben Abtastrate enthalten, so daß ein steilflankiges Filter vorgeschaltet werden muß. In der Praxis kann man auch mit sehr einfachen Filtern oder sogar ganz ohne Filter auskommen, weil Sprachsignale ohnehin nur geringe Anteile oberhalb von 5 kHz enthalten. Das Ausgangssignal sollte ebenfalls ein steilflankiges Tiefpaßfilter durchlaufen, um höherfrequente Störsignale zu dämpfen. Das einfache Filter nach Abb.7.4 mit nur einem Kondensator ist aber für einfache Sprachausgabe ausreichend.

PCM-Signale können nicht nur gespeicherte Klänge wiedergeben, sondern sie können auch berechnet werden. Listing 7.6. zeigt ein Programm zur Erzeugung von Sinussignalen. Die Ausgabe reicht unabhängig vom verwendeten Rechner bis zu Frequenzen von etwa 1 kHz.

Die Prozedur „Sinus" erzeugt zunächst eine Sinustabelle, deren Länge von der Frequenz abhängt. Diese Tabelle wird dann in den erforderlichen PCM-Code umgerechnet. Die Eingabewerte der ursprünglichen Tabelle und die berechneten Ausgabewerte werden am Bild-

7.4. Ein digitaler Recorder

schirm ausgegeben. So kann man die Grenzen des Verfahrens untersuchen.

Bei Frequenzen über 1 kHz treten zu hohe Anstiegsgeschwindigkeiten auf, so daß die erzeugte Ausgangsspannung dem Sinusverlauf nicht mehr folgen kann. Um doch noch höhere Frequenzen erreichen zu können, muß mit geringerer Amplitude gearbeitet werden. Bei Sprachaufnahmen ergibt sich deshalb eine höhere Bandbreite, weil in üblichen Sprachsignalen hohe Frequenzen nur mit geringer Amplitude vorkommen.

```
Program PCM_Sinusgenerator;
uses CRT;
Const BA = $3F8;              { COM1 }
var Frequenz : Integer;
procedure Oeffnen115200;
begin
  Port [BA+3]:=128;           { Baudeingabe aktivieren }
  Port [BA  ]:= 1;            { Baudrate - LSB, 115200 Baud }
  Port [BA+1]:= 0;            { Baudrate - MSB }
  Port [BA+3]:= 3;            { 8 Bits, No Parity, 1 Stop }
  Port [BA+4]:= 0;            { DTR = 0, CTS = 0 }
end;
procedure Senden ( Wert : Byte );
  begin
    repeat
    until Port [BA+5] and 32 = 32; { Sendepuffer leer ? }
    Port [BA]:= (Wert);       { Byte an Sendepuffer ausgeben }
  end;
procedure Sinus (Frequenz: Integer);
var n : word;
    Anzahl, i : integer;
    Ausgabe, Eingabe: Byte;
    SendeByte, Bitwert : Byte;
    Puffer : Array [1..10000] of Byte;
```

(Fortsetzung nächste Seite)

7. Serielle Datenübertragung

```
begin
  Anzahl := round( 11520 / Frequenz);
  for n :=   1 to Anzahl do
    Puffer[n] := 128 + round (100 * sin (2 * Pi * (
                 (n-1) / Anzahl)));
  Ausgabe:= 128;
  for n:= 1 to Anzahl do begin
    Ausgabe := Ausgabe + 5;
    Bitwert := 1;
    SendeByte := 0;
    Eingabe := Puffer[n];
    write (Eingabe,'   ');
    for i := 1 to 8 do begin
      if Eingabe < Ausgabe then begin
        SendeByte := SendeByte + Bitwert;
        Ausgabe := Ausgabe - 5 end
      else Ausgabe := Ausgabe + 5;
      BitWert := BitWert * 2;
    end;
    Ausgabe := Ausgabe - 5;
    Puffer[n] := SendeByte;
    writeln (Ausgabe);
  end;
  repeat
    Inline ($FA);
    for i:= 1 to 1000 do begin
      for n:= 1 to Anzahl do Senden (Puffer[n]);
    end;
    Inline ($FB);
  until KeyPressed;
end;
begin
  Oeffnen115200;
  writeln ('Frequenz in Hz?');
  readln (Frequenz);
  Sinus (Frequenz);
end.
```

Listing 7.6. Programm eines PCM-Sinusgenerators.

8. Ein Mehrzweck-Interface

Obwohl die Anzahl der verfügbaren Leitungen an der seriellen Schnittstelle begrenzt ist, können mehrere der in Kap. 7 beschriebenen seriellen Interface-Verfahren miteinander kombiniert werden, um ein vielseitiges Interface für unterschiedliche Aufgaben zu bauen.

Abb.8.1. zeigt das Blockschaltbild eines Interfaces mit acht digitalen Ausgängen, acht digitalen Eingängen, einem analogen Eingang und einem Zählereingang. Alle drei Schieberegister für Ein- und Ausgaben können mit je einer gemeinsamen Takt- und Strobeleitung angesteuert werden.

Ein- und Ausgaben können gleichzeitig durchgeführt werden, weil eine gemeinsame Taktleitung für alle Bausteine verwendet wird. Die Prozedur „Austausch" in Listing 8.1. übernimmt die Datenübertragung in beide Richtungen. Jeder Aufruf erneuert die Ausgangszustände des 4094 und liest zugleich die Zustände der digitalen Eingänge und den A/D-Wandler aus. Alle Daten liegen in den globalen Variablen Dout (digitaler Ausgang), Din (digitaler Eingang) und Ain (analoger Eingang) vor.

8. Ein Mehrzweck-Interface

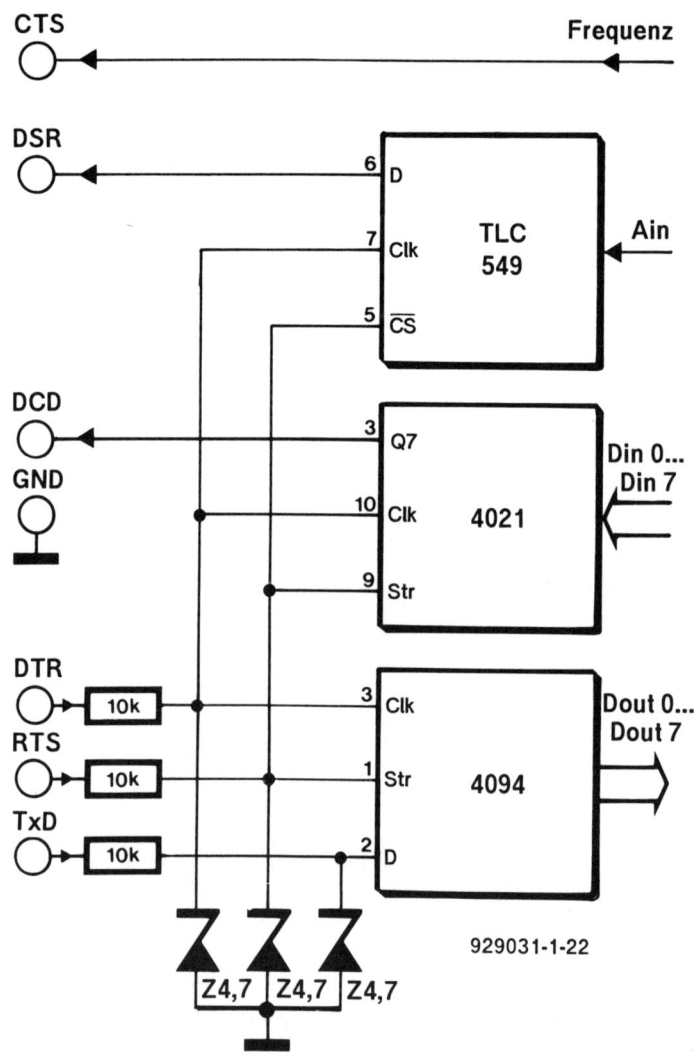

Abb.8.1. Ein serielles Mehrzweckinterface.

8. Ein Mehrzweck-Interface

```pascal
program Mehrzweck_Interface;
uses CRT;
const BA = $3F8;                        { COM 1 }
var Dout, Din, Ain : Byte;
procedure Austausch;
var Stelle, StelleAD, n, m  : Integer;
begin
  Port [BA+4] := 2;                     { Strobe an (RTS) }
  for m:=1 to 10 do;                    { Verzögerung }
  Port [BA+4] := 0;                     { Strobe aus (RTS) }
  Stelle := 1;
  StelleAD := 128;
  Din := 0;
  Ain := 0;
  for n:=1 to 8 do begin
    if ((Dout AND Stelle) > 0) then
      Port [BA+3] := 64                 { Daten ausgeben (TXD) }
      else Port [BA+3] := 0;
    if (Port[BA+6] AND 128) = 128       { Daten lesen (DCD) }
      then Din := Din + Stelle;
    if (Port[BA+6] AND 32) = 32 then    { A/D lesen (DSR) }
      Ain := Ain + StelleAD;
    Port [Ba+4] := 1;                   { Clock an (DTR) }
    Stelle := Stelle * 2;
    StelleAD := StelleAD div 2;
    Port [BA+4] := 0;                   { Clock aus (DTR) }
  end;
  Port [BA+4] := 2;                     { Strobe an (RTS) }
  for m:=1 to 10 do;
  Port [BA+4] := 0;                     { Strobe aus (RTS) }
end;
```

(Fortsetzung nächste Seite)

8. Ein Mehrzweck-Interface

```
begin
  Dout:=0;
  repeat
    Austausch;
    Dout:=Dout+1;
    delay (100);
    writeln (Din,' ',Ain);
  until KeyPressed;
end.
begin
  Dout:=0;
  repeat
    Austausch;
    Dout:=Dout+1;
    delay (100);
    writeln (Din,' ',Ain);
  until KeyPressed;
end.
```

Listing 8.1. Grundprogramm für das serielle Mehrzweckinterface.

8.1. Automatischer IC-Test

8.1. Automatischer IC-Test

Das Mehrzweckinterface verfügt über genügend Ein- und Ausgänge, um einfache digitale ICs vollständig auf ihre korrekte Funktion hin zu überprüfen. Dies soll am Beispiel eines vierfachen NAND-Bausteins 4011 gezeigt werden (vgl. Abb.8.2.). Der PC stellt über das Interface definierte Eingangszustände her und liest die Ausgänge des ICs. Zusätzlich wird hier die Stromaufnahme des Prüflings gemessen, da defekte CMOS-ICs oft größere Ströme ziehen.

Listing 8.2. zeigt ein mögliches Prüfprogramm. Die acht digitalen Ausgänge des Interfaces werden binär hochgezählt. Jeder der möglichen 256 Eingangszustände des zu prüfenden ICs wird einmal hergestellt, um die Antwort der IC-Ausgänge zu überprüfen. Die Prozedur „Austausch" muß jeweils zweimal hintereinander aufgerufen werden, weil beim ersten Aufruf noch die Antwort auf den vorigen Zustand gelesen würde.

Die aufwendige Berechnung der korrekten Ausgangszustände kann umgangen werden, wenn man mit einer Vergleichstabelle arbeitet. Diese Tabelle wird durch Aufruf der Prozedur „NeueDatei" mit einem neuen IC als Prüfling erzeugt. Es entsteht die Datei „CD4011.TST", die bei jedem weiteren Test wieder eingelesen wird. Diese Testmethode läßt sich leicht auf weitere ICs erweitern, indem man spezifische Dateien anlegt. Dazu muß nur die Prozedur „NeueDatei" mit angepaßtem Dateinamen aufgerufen werden.

8. Ein Mehrzweck-Interface

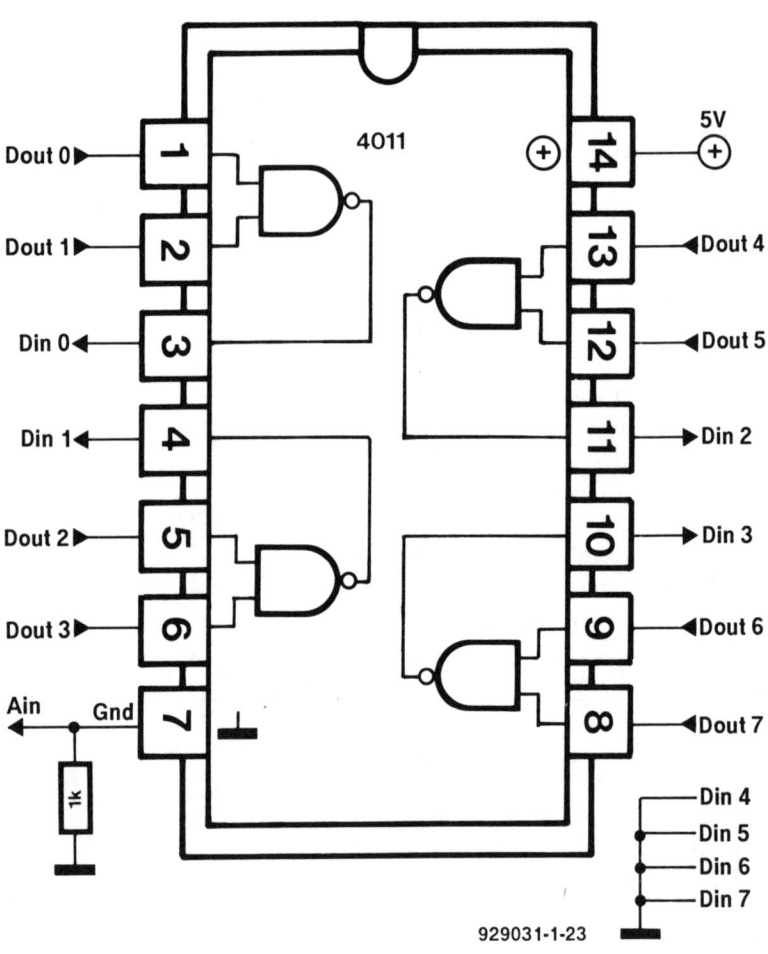

Abb.8.2. Überprüfung eines CMOS-Bausteins durch das Mehrzweckinterface.

8. Ein Mehrzweck-Interface

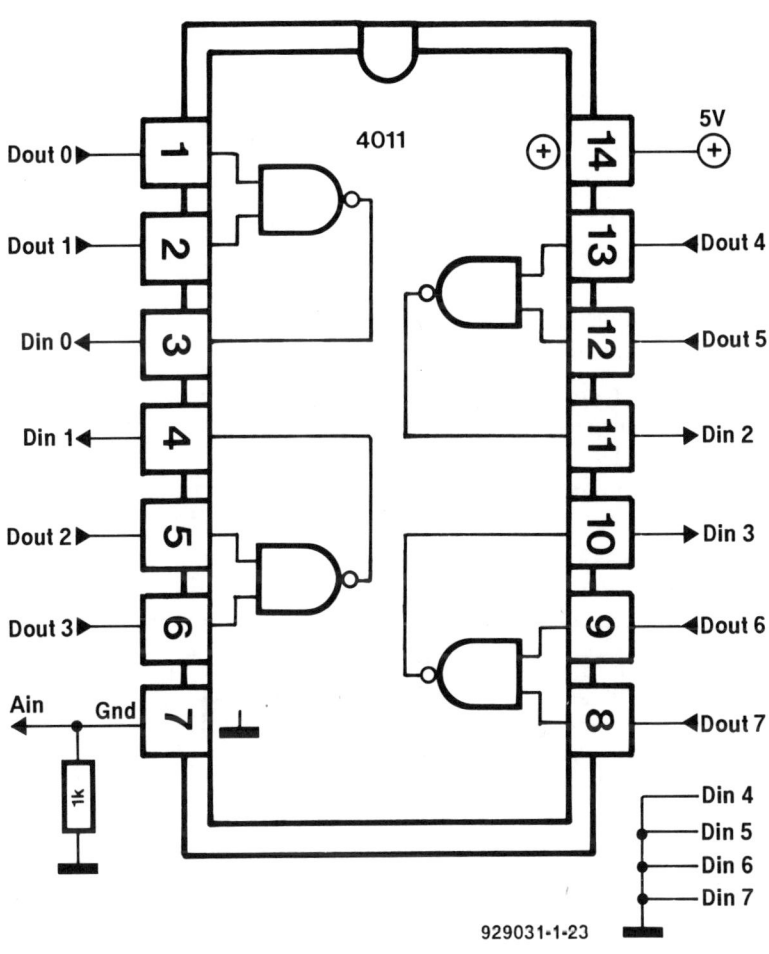

Abb.8.2. Überprüfung eines CMOS-Bausteins durch das Mehrzweckinterface.

8.1. Automatischer IC-Test

Das Mehrzweckinterface verfügt über genügend Ein- und Ausgänge, um einfache digitale ICs vollständig auf ihre korrekte Funktion hin zu überprüfen. Dies soll am Beispiel eines vierfachen NAND-Bausteins 4011 gezeigt werden (vgl. Abb.8.2.). Der PC stellt über das Interface definierte Eingangszustände her und liest die Ausgänge des ICs. Zusätzlich wird hier die Stromaufnahme des Prüflings gemessen, da defekte CMOS-ICs oft größere Ströme ziehen.

Listing 8.2. zeigt ein mögliches Prüfprogramm. Die acht digitalen Ausgänge des Interfaces werden binär hochgezählt. Jeder der möglichen 256 Eingangszustände des zu prüfenden ICs wird einmal hergestellt, um die Antwort der IC-Ausgänge zu überprüfen. Die Prozedur „Austausch" muß jeweils zweimal hintereinander aufgerufen werden, weil beim ersten Aufruf noch die Antwort auf den vorigen Zustand gelesen würde.

Die aufwendige Berechnung der korrekten Ausgangszustände kann umgangen werden, wenn man mit einer Vergleichstabelle arbeitet. Diese Tabelle wird durch Aufruf der Prozedur „NeueDatei" mit einem neuen IC als Prüfling erzeugt. Es entsteht die Datei „CD4011.TST", die bei jedem weiteren Test wieder eingelesen wird. Diese Testmethode läßt sich leicht auf weitere ICs erweitern, indem man spezifische Dateien anlegt. Dazu muß nur die Prozedur „NeueDatei" mit angepaßtem Dateinamen aufgerufen werden.

8.1. Automatischer IC-Test

```pascal
program IC_Tester;
Uses CRT;
Const BA = $3F8;                        { COM 1 }
var Dout, Din, Ain : Byte;
    Testfile: File of Byte;
procedure Austausch;
var Stelle, StelleAD, n, m  : Integer;
begin
  Port [BA+4] := 2;                     { Strobe an (RTS) }
  for m:=1 to 10 do;                    { Verzögerung }
  Port [BA+4] := 0;                     { Strobe aus (RTS) }
  Stelle := 1;
  StelleAD := 128;
  Din := 0;
  Ain := 0;
  for n:=1 to 8 do begin
    if ((Dout AND Stelle) > 0) then
      Port [BA+3] := 64                 { Daten ausgeben (TXD) }
      else Port [BA+3] := 0;
    if (Port[BA+6] AND 128) = 128       { Daten lesen (DCD) }
      then Din := Din + Stelle;
    if (Port[BA+6] AND 32) = 32 then    { A/D lesen (DSR) }
      Ain := Ain + StelleAD;
    Port [Ba+4] := 1;                   { Clock an (DTR) }
    Stelle := Stelle * 2;
    StelleAD := StelleAD div 2;
    Port [BA+4] := 0;                   { Clock aus (DTR) }
  end;
  Port [BA+4] := 2;                     { Strobe an (RTS) }
  for m:=1 to 10 do;
  Port [BA+4] := 0;                     { Strobe aus (RTS) }
end;
```

(Fortsetzung nächste Seite)

8. Ein Mehrzweck-Interface

```pascal
procedure NeueDatei;
begin
  Assign(Testfile,'CD4011.TST');
  {$I-} Rewrite(Testfile); {$I+}
  for Dout := 0 to 255 do begin
    Austausch;
    Austausch;
    writeln (Dout,' ',Din,' ',Ain);
    write (Testfile,Din);
  end;
  Close (Testfile);
end;
procedure ICtest;
var Vergleich: Byte;
    OK : Boolean;
begin
  Assign(Testfile,'CD4011.TST');
  {$I-} Reset(Testfile); {$I+}
  OK := true;
  for Dout := 0 to 255 do begin
    Austausch;
    delay (20);
    Austausch;
    writeln (Dout,' ',Din,' ',Ain);
    read (Testfile,Vergleich);
    if Din <> Vergleich then OK := false;
    delay (20);
  end;
  Close (Testfile);
  writeln;
  If OK then writeln ('IC ist OK')
    else writeln ('Fehler gefunden');
  writeln;
end;
begin
  { NeueDatei; }
  ICtest;
end.
```

Listing 8.2. Testprogramm für einen CMOS-Baustein 4011.

9. Der parallele Druckerport

Die Druckerschnittstelle (LPT1 oder LPT2) des PC stellt insgesamt 17 digitale Leitungen zur Verfügung, die sich für einen schnellen Datenaustausch mit Interface-Schaltungen nutzen lassen. Durch die Vielzahl der Leitungen werden einige Versuche besonders einfach. Allerdings erfordert die Verwendung der Druckerschnittstelle besondere Vorsicht. Anders als die serielle Schnittstelle kann man sie relativ leicht versehentlich zerstören, da die Ein- und Ausgänge der parallelen Schnittstelle als TTL-kompatible Leitungen nicht gegen Überlastung geschützt sind. Folgende Sicherheitsregeln müssen beachtet werden:

❏ Geräte dürfen nur bei ausgeschaltetem PC mit dem Parallelport verbunden werden.

❏ Eingänge dürfen nur Spannungen zwischen 0 V und 5 V erhalten.

❏ Ausgänge dürfen nicht kurzgeschlossen oder mit anderen Ausgängen verbunden werden.

❏ Ausgänge dürfen nicht mit Fremdspannungen in Berührung kommen.

Die folgende Aufstellung zeigt alle zur Verfügung stehenden Leitungen. Abb.9.1. stellt die Steckerbelegung des 25-poligen Sub-D-Steckers am PC vor.

9. Der parallele Druckerport

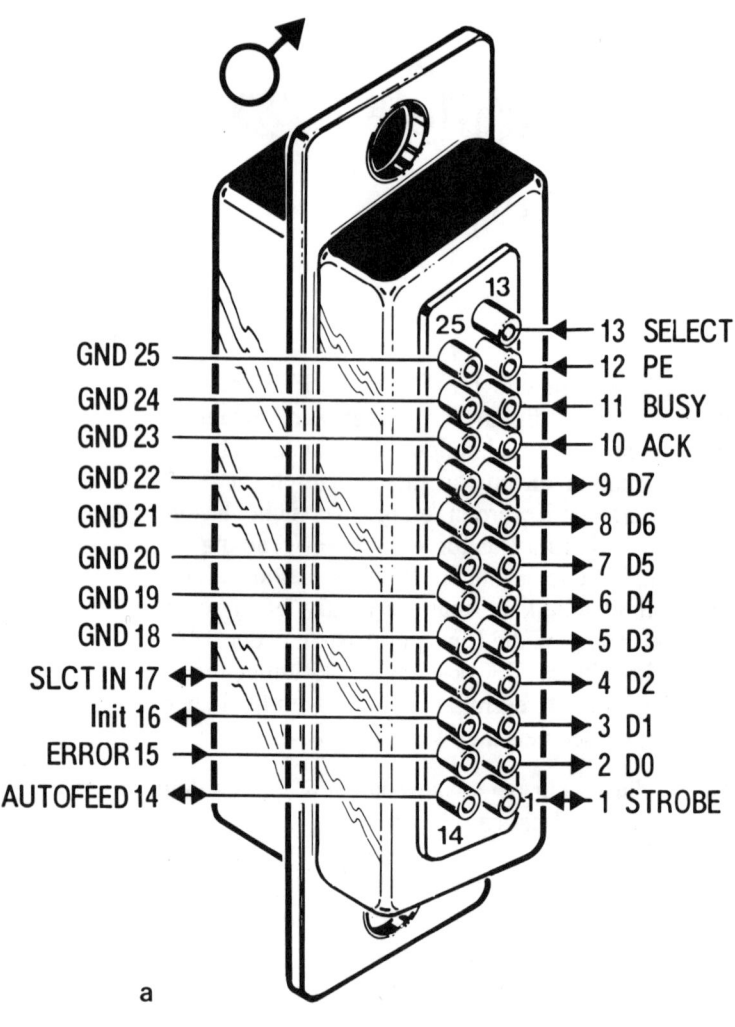

Abb.9.1.a. Anschlußbelegungen der parallelen Schnittstelle am PC.

9. Der parallele Druckerport

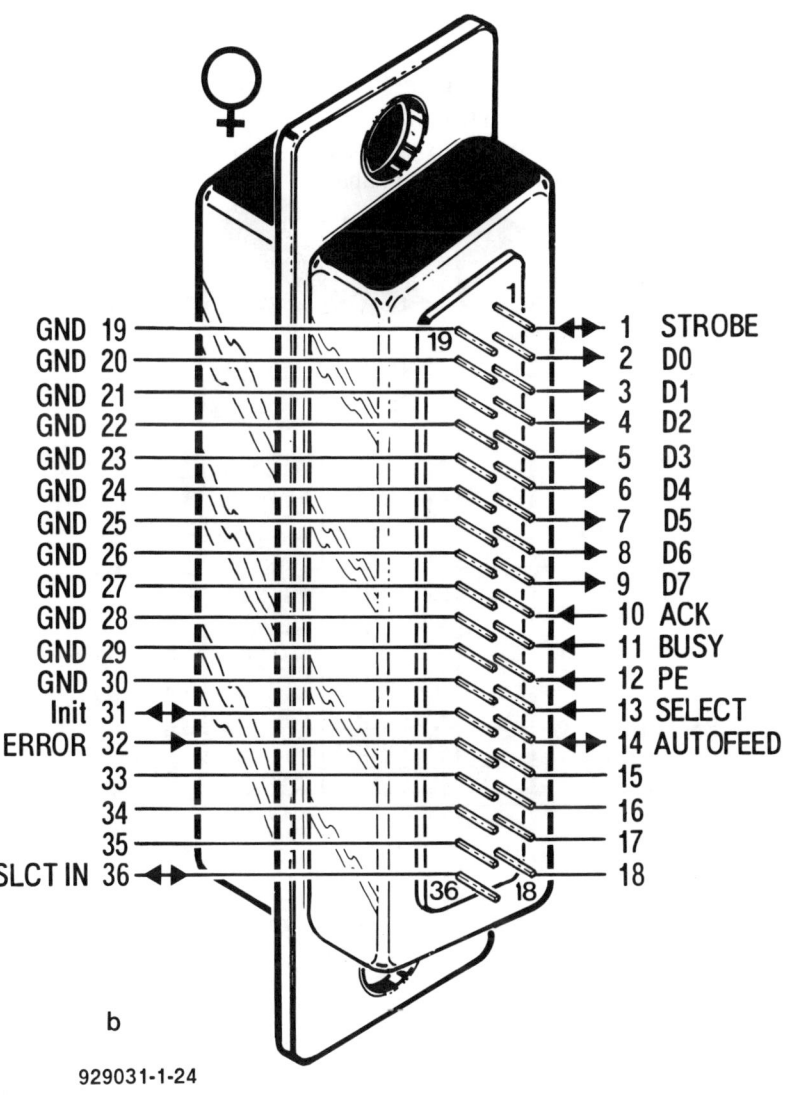

Abb.9.1.b. Anschlußbelegungen der parallelen Schnittstelle am Druckerkabel.

9. Der parallele Druckerport

 Daneben kann man auch die 36-polige Centronics-Buchse einsetzen, um das Interface mit einem üblichen Druckerkabel anzuschließen. Gekaufte Druckerkabel weichen manchmal etwas von der gezeigten Anschlußbelegung ab, so daß es empfehlenswert ist, das verwendete Kabel zunächst sorgfältig zu überprüfen.

Pin 25-P	Pin 36-P	Bezeichnung	Zugriff	Datenrichtung
2	2	D0	BA, Bit 0	Ausgang
3	3	D1	BA, Bit 1	Ausgang
...	...	...	...	
9	9	D7	BA, Bit 7	Ausgang
15	32	Error	BA+1, Bit 3	Eingang
13	13	Select	BA+1, Bit 4	Eingang
12	12	PE	BA+1, Bit 5	Eingang
10	10	ACK	BA+1, Bit 6	Eingang
11	11	Busy	BA+1, Bit 7	Eingang, invertiert
1	1	Strobe	BA+2, Bit 0	Ein/Ausgang, invertiert
14	14	Auto Feed	BA+2, Bit 1	Ein/Ausgang, invertiert
16	31	Init	BA+2, Bit 2	Ein/Ausgang
17	36	SLCT IN	BA+2, Bit 3	Ein/Ausgang, invertiert

Die Schnittstelle belegt jeweils die Basisadresse (BA) und die beiden folgenden Adressen.

Register	Offset	Bemerkungen
Datenregister	0	Druckerdaten ausgeben
Statusregister	1	Druckerstatus lesen
Steuerregister	2	Druckerfunktionen steuern

9. Der parallele Druckerport

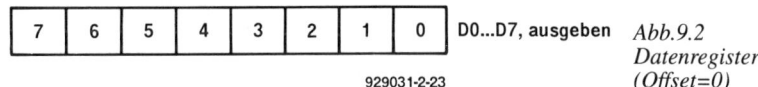

Abb.9.2 *Datenregister (Offset=0)*

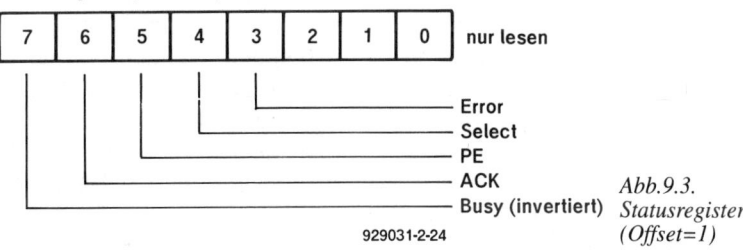

Abb.9.3. *Statusregister (Offset=1)*

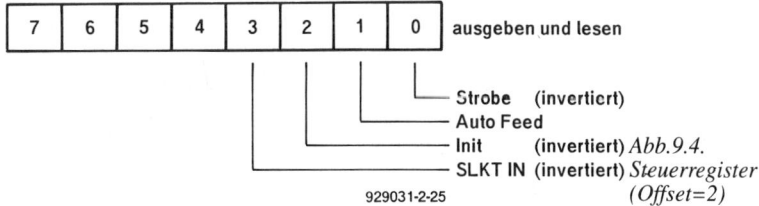

Abb.9.4. *Steuerregister (Offset=2)*

9. Der parallele Druckerport

Oft findet sich neben der ersten Druckerschnittstelle (LPT1) eine zweite (LPT2). Manchmal stellt auch die Graphikkarte einen Druckerport zur Verfügung. In den folgenden Programmen wird grundsätzlich LPT1 verwendet. Sie lassen sich aber mit einer anderen Basisadresse leicht für eine andere Druckerschnittstelle nutzen.

	LPT1	LPT2	LPT1 (Herculeskarte)
hexadezimal:	378	278	3BC
dezimal:	888	632	956

Mit dem Datenregister steht ein zusammenhängender 8-Bit-Ausgabeport zu Verfügung, über den normalerweise Daten an den Drucker gesendet werden. Die Ausgänge sind TTL-kompatibel, d. h. High-Pegel liegen bei 3,5 V bis 5 V, und die Ausgänge dürfen bis ca. 10 mA belastet werden. Der Port läßt sich für sehr schnelle 8-Bit-Ausgaben nutzen:

```
Basic:    OUT (BA), N    : REM Ausgabe D0...D7
Pascal:   Port [BA] := n;  { Ausgabe D0...D7}
```

Unter den vielen Hilfsleitungen für den Drucker finden sich fünf Eingänge des Statusregisters (Error, Select, PE, ACK, Busy), von denen einer (Busy) invertiert gelesen wird. Meist sind diese Leitungen TTL-kompatibel, d. h. offene Eingänge erscheinen als hochgesetzt. Schalter können daher einfach gegen Masse gelegt werden. In einigen Fällen werden jedoch auch CMOS-Eingänge verwendet, so daß Schalter nur mit zusätzlichen Pull-Up-Widerständen angeschlossen werden können. Der Zustand aller fünf Eingangsleitungen läßt sich unter der Adresse (BA+1) lesen.

9. Der parallele Druckerport

```
Basic:   A = INP (BA+1)  : REM Statusport lesen
Pascal:  A := Port [BA+1]; { Statusport lesen }
```

Die Portadresse (BA+2) erlaubt den Zugriff auf das Steuerregister mit den vier Hilfsleitungen Strobe, Auto Feed, Init und SLCT IN, über die der PC Steuerinformationen an den Drucker ausgeben kann. Diese vier Leitungen können aber zugleich gelesen werden. Daten werden über Open-Collector-Ausgänge ausgegeben. Widerstände von ca. 3,3 kΩ ziehen die Ausgänge gegen +5 V. Gibt man High-Zustände aus, sind die Leitungen also relativ hochohmig und können von außen auf Low-Pegel geschaltet werden. Der jeweilige Zustand wird über TTL- Eingänge zurückgelesen. Deshalb können diese vier Leitungen für beide Datenrichtungen verwendet werden. Man muß dabei beachten, daß drei der Leitungen (Strobe, Auto Feed und SLCT IN) invertiert sind, eine (Init) dagegen nicht. In den Programmen lassen sich die invertierten Bits leicht durch die XOR-Funktion umkehren:

```
Basic,  Ausgabe:   OUT (BA+2), A XOR 11
        Einlesen:  B = (INP (BA+2) XOR 11) AND 15


Pascal, Ausgabe:   Port [BA+2] := A XOR 11;
        Einlesen:  B := (Port [BA+2] XOR 11) AND 15;
```

10. Parallele Datenausgaben

Die Druckerschnittstelle eignet sich für parallele 8-Bit-Ausgaben. Man kann z. B. logische Schaltungen oder Leistungstreiber ansteuern. Im Gegensatz zu seriellen Ausgaben erfolgt eine Ausgabe über den Parallelport mit einem einzigen Portbefehl und ist damit extrem schnell. Das eröffnet die Möglichkeit, sogar analoge Niederfrequenzsignale hoher Qualität zu erzeugen.

10.1. Ein Funktionsgenerator

Ein Funktionsgenerator erzeugt Wechselspannungen mit variabler Frequenz und wählbarer Kurvenform. Um dies mit einem PC zu erreichen, muß statt digitaler Signale ein analoges Signal erzeugt werden. Zur Umwandlung eines digitalen in ein analoges Signal dienen Digital/Analog-Wandler wie z. B. der ZN426 von Ferranti. Abb.10.1. zeigt den Anschluß an den Druckerport. Der Baustein enthält eine interne Spannungsreferenz von 2,55 V. Damit werden 256 Spannungsstufen von 10 mV aufgelöst, und die Ausgangsspannung reicht von 0 bis 2,55 V.

Listing 10.1. zeigt ein Programm zur Realisierung eines NF-Sinusgenerators. Die zeitaufwendige Berechnung der Ausgangsspannungen erfolgt in einer eigenen Prozedur.

10. Parallele Datenausgaben

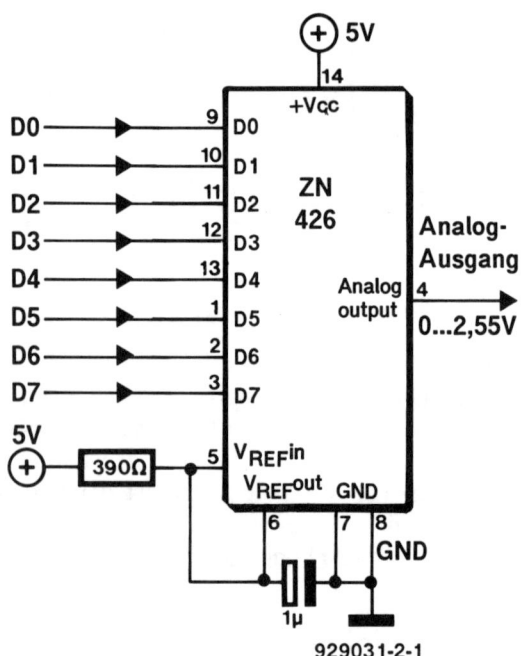

Abb.10.1. Anschluß des D/A-Wandlers ZN426 an den Druckerport.

Während der eigentlichen Ausgabe wird direkt auf die vorbereitete Sinustabelle zurückgegriffen. Die Prozedur „Ausgabe" erhält einen Übergabeparameter zur Einstellung der Ausgangsfrequenz. Wird der Wert 1 übergeben, dann werden alle Werte der Sinustabelle ausgegeben, und die Frequenz ist gering. Mit größeren Werten werden jeweils einige Stützpunkte übersprungen, so daß eine höhere Frequenz entsteht. Die genaue Frequenz ist allerdings sehr stark vom verwendeten Rechner abhängig. Mit ausreichend schnellen PCs läßt sich der NF-Bereich bis 20 kHz abdecken.

10.1. Ein Funktionsgenerator

```
Program Sinusgenerator;
Uses CRT;
const BA = $378;                    { LPT1 }
var Tabelle : Array [0..255] of Byte;
    Faktor : Byte;
    Ch : Char;
procedure SinusTabelle;
var n: Integer;
begin
  for n:= 0 to 255 do Tabelle [n] :=
      round (127.5 + 127.5 * sin (n / 128 * Pi ));
end;
procedure Ausgabe (Faktor : Byte);
var n: Byte;
    m: Word;
begin
  repeat
    Inline ($FA);                   { Interrupt sperren }
    n := 0;
    for m := 1 to 65535 do begin;
      Port [BA] := Tabelle [n];     { 8-Bit-Parallelausgabe }
      n:= n + Faktor;
    end;
    Inline ($FB);                   { Interrupt freigeben }
  until KeyPressed;
  Ch := ReadKey;
end;
begin
  SinusTabelle;
  repeat
    writeln ('Bitte Faktor eingeben');
    readln (Faktor);
    writeln ('Unterbrechen mit irgendeiner Taste');
    writeln ('Ende mit Esc');
    Ausgabe (Faktor);
  until Ch = chr(27);
end.
```

Listing 10.1. Programm eines NF-Sinusgenerators.

10. Parallele Datenausgaben

10.2. Steuerung einfacher Maschinen

Die Druckerschnittstelle verfügt über insgesamt zwölf Ausgabeleitungen und fünf Eingabeleitungen. Damit lassen sich mehrere Motoren steuern und Schalter abfragen. Verwendet man Schrittmotoren in 4-Bit-Ansteuerung (vgl. Kap. 3.3), dann lassen sich drei Motoren ansteuern. Diese können z. B. einfache Bewegungsmodelle antreiben.

Abb.10.2. zeigt den Anschluß von drei Schrittmotoren, die über Darlington-Treiber ULN2803 angesteuert werden. Zusätzlich sind drei Schalter angeschlossen, die vom PC abgefragt werden können.

Listing 10.2. zeigt ein Beispielprogramm für die Ansteuerung einer einfachen Maschine. Die Prozeduren „Motor1" bis „Motor3" führen jeweils einen Schritt in der angegebenen Richtung aus. Die drei Schalter S1 bis S3 dienen als Endschalter für die Motoren M1 bis M3 und werden über die Funktionen „Schalter1" bis „Schalter3" abgefragt. So läßt sich mit der Prozedur „Nullposition" ein definierter Anfangszustand aller Motoren erzielen.

Die eigentliche Bewegungssteuerung erfolgt in der Prozedur „Bewegung1", wobei hier nur ein sehr einfaches Beispiel angegeben ist. Alle Motoren können einzeln oder gemeinsam angesteuert werden. Kurze Wartezeiten über delay-Befehle legen die Motorgeschwindigkeiten fest. Dabei muß jeweils die Maximalgeschwindigkeit eingehalten werden, damit keine Schritte verlorengehen. Stark belastete Motoren müssen langsamer betrieben werden.

10.2. Steuerung einfacher Maschinen

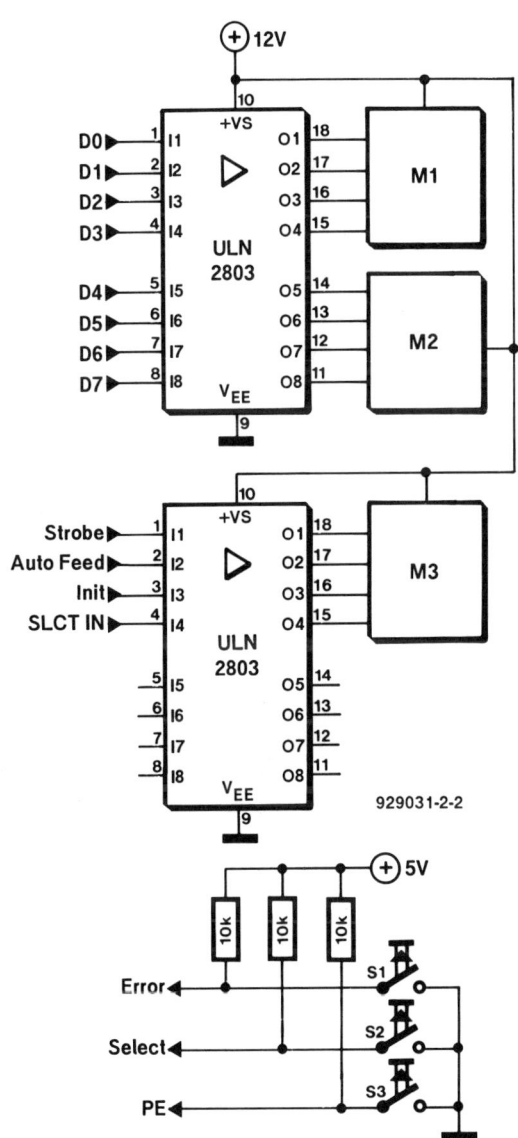

Abb.10.2.
Anschluß von drei
Schrittmotoren.

10. Parallele Datenausgaben

```pascal
Program MaschinenSteuerung;
uses CRT;
const BA = $378;                { LPT1 }
      rechts = true;
      links = false;
var Schritt1, Schritt2, Schritt3 : Byte;
procedure Init;
begin
  Schritt1 := 1;
  Schritt2 := 1;
  Schritt3 := 1;
  Port[BA] := 17;               { D0=1, D4=1 }
  Port[BA+2] := 1 XOR 11;       { Strobe = 1 }
end;
procedure Motor1 (rechts : Boolean);
begin
  if rechts then begin
    Schritt1 := Schritt1 * 2;
    if Schritt1 = 16 then Schritt1 := 1
  end else begin
    Schritt1 := Schritt1 div 2;
    if Schritt1 = 0 then Schritt1 := 8;
  end;
  Port[BA] := Schritt1 + 16 * Schritt2;
end;
procedure Motor2 (rechts : Boolean);
begin
  if rechts then begin
    Schritt2 := Schritt2 * 2;
    if Schritt2 = 16 then Schritt2 := 1
  end else begin
    Schritt2 := Schritt2 div 2;
    if Schritt2 = 0 then Schritt2 := 8;
  end;
  Port[BA] := Schritt1 + 16 * Schritt2;
end;
```

(Fortsetzung nächste Seite)

10.2. Steuerung einfacher Maschinen

```
procedure Motor3 (rechts : Boolean);
begin
  if rechts then begin
    Schritt3 := Schritt3 * 2;
    if Schritt3 = 16 then Schritt3 := 1
  end else begin
    Schritt3 := Schritt3 div 2;
    if Schritt3 = 0 then Schritt3 := 8;
  end;
  Port[BA+2] := Schritt3 XOR 11;
end;
function Schalter1: Boolean;
begin
  if (Port[BA+1] and 8) = 0 then Schalter1 := true
  else Schalter1 := false;
end;
function Schalter2: Boolean;
begin
  if (Port[BA+1] and 16) = 0 then Schalter2 := true
  else Schalter2 := false;
end;
function Schalter3: Boolean;
begin
  if (Port[BA+1] and 32) = 0 then Schalter3 := true
  else Schalter3 := false;
end;
procedure NullPosition;
begin
  repeat
    Motor1(links);
    delay (5);
  until Schalter1;
  repeat
    Motor2(links);
    delay (5);
  until Schalter2;
  repeat
    Motor3(links);
    delay (5);
  until Schalter3;
end;
```

(Fortsetzung nächste Seite)

10. Parallele Datenausgaben

```
procedure Bewegung1;
var N : Word;
begin
  for n:= 1 to 100 do begin    { 100 Schritte }
    Motor1 (rechts);
    Motor2 (rechts);           { alle Motoren }
    Motor3 (rechts);
    delay (5);                 { schnell }
  end;
  for n:= 1 to 100 do begin    { 100 Schritte }
    Motor1 (rechts);           { nur Motor 1 }
    delay (10);                { langsam }
  end;
  delay(1000);                 { Stillstand 1s }
  for n:= 1 to 100 do begin    { 100 Schritte }
    Motor1 (links);
    Motor2 (links);            { alle Motoren }
    Motor3 (links);
    delay(5);                  { schnell }
  end;
  for n:= 1 to 100 do begin    { 100 Schritte }
    Motor1 (links);            { nur Motor 1 }
    delay (10);                { langsam }
  end;
  delay (1000);                { Stillstand 1s }
end;
begin
  Init;
  NullPosition;
  repeat
    Bewegung1;
  until KeyPressed;
end.
```

Listing 10.2. Ein einfaches Steuerprogramm für drei Schrittmotoren.

11. 16-Bit-Porterweiterung

Der Portbaustein 8243 von Intel bietet vier Erweiterungsports mit jeweils vier Leitungen, so daß insgesamt 16 Ein/Ausgabeleitungen zur Verfügung stehen. Er wurde eigentlich für die Porterweiterung von 8048-Mikrocontrollern entwickelt, die ihn mit speziellen Befehlen unterstützen. Der 8243 ist jedoch auch für die Porterweiterung eines PCs bestens geeignet, weil er über einen bidirektionalen 4-Bit-Bus angesteuert wird. Genau vier solche Leitungen stehen am Steuerport der Druckerschnittstelle zur Verfügung. Abb.11.1. zeigt den Anschluß des ICs.

Außer den vier Datenleitungen wird nur eine einzige Steuerleitung benötigt. Daten und Steuerkommandos werden 4-Bit-weise über die Leitungen D0 bis D3 des 8243 übertragen, wobei eine fallende oder steigende Flanke an der Steuerleitung St dem 8243 mitteilt, ob Steuerkommandos oder Daten gemeint sind.

Das Steuerkommando ist ein 4-Bit-Wert, also eine Zahl zwischen 0 und 15. Es teilt dem Portbaustein bei der fallenden Flanke der Steuerleitung St mit, welche Aktion (Schreiben, Lesen, AND, OR) gewünscht wird und auf welchen der vier Erweiterungsports zugegriffen werden soll (Abb.11.2).

11. 16-Bit-Porterweiterung

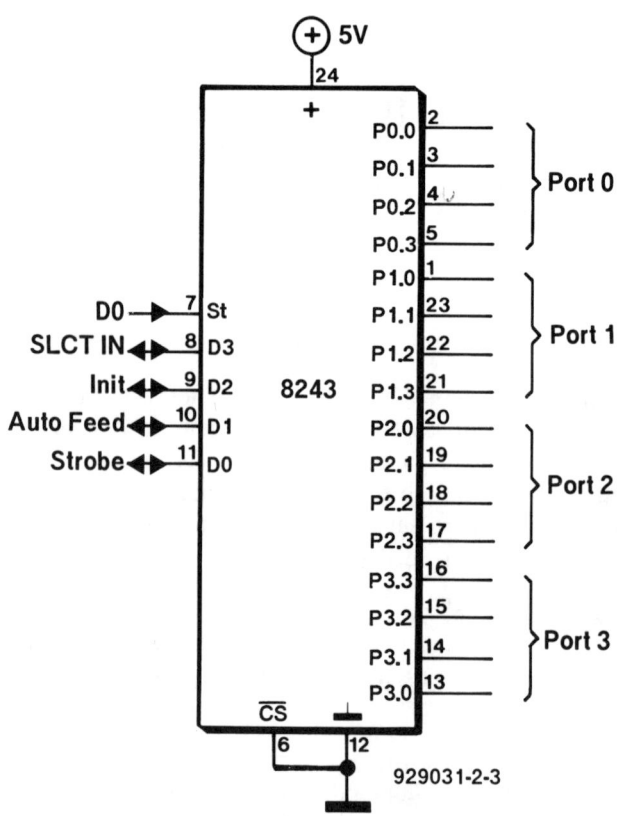

Abb.11.1.
Der 8243 stellt
16 bidirektionale Portleitungen
zur Verfügung.

Sofort nach der Übernahme des Kommandos werden die Daten auf den Bus gelegt, und zwar bei einem lesenden Zugriff vom Portbaustein und bei allen anderen Zugriffen vom PC. Während nach einem Schreibkommando das Datenwort direkt an den adressierten Port gelegt wird, führen die Kommandos AND und OR zu einer logischen Verknüpfung des alten Zustandes mit den neu übertragenen Daten.

11. 16-Bit-Porterweiterung

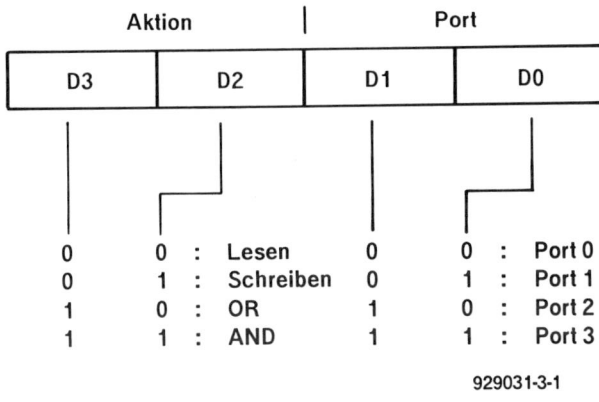

*Abb. 11.2
Die Bedeutung der einzelnen Bits des Steuerkommandos.*

Die Datenübertragung zwischen PC und Portbaustein ist nicht zeitkritisch. Deshalb kann die Programmierung in Basic erfolgen.

Listing 11.1. zeigt ein einfaches Beispielprogramm. Die Ports 0 und 1 werden als Ausgänge benutzt, die nacheinander Zahlen zwischen 0 und 255 ausgeben. Über die acht Leitungen der Ports 2 und 3 werden jeweils Daten gelesen und als 8-Bit-Werte angezeigt. Die Unterprogramme „Schreiben" und „Lesen" werden mit der Portnummer in der Variablen P aufgerufen.

Mögliche Anwendungen des Portbausteins liegen in der Steuerung von bis zu acht Schrittmotoren (vgl. Kap. 10.2) oder in der Überprüfung digitaler ICs (vgl. Kap. 8.1). Der 8243 kann auch als Tor zu weit komplexeren Interface-Schaltungen eingesetzt werden, indem man einen einfachen Computer-Bus nachbildet. Neben einem bidirektionalen 8-Bit-Datenbus (Port 0 und 1) könnte man z. B. sechs Adreßleitungen und zwei Steuerleitungen für Read- und Write-Impulse definieren.

11. 16-Bit-Porterweiterung

```
5   REM 8-Bit-Ein/Ausgabe
10  BA = &H378                       :REM LPT1
20  FOR N = 1 TO 255
30  P=0 : D=N MOD 16 : GOSUB 500     :REM Lowbyte nach Port 0
40  P=1 : D=N \ 16  : GOSUB 500      :REM Highbyte nach Port 1
50  P=2 : GOSUB 600 : L=D            :REM Lowbyte von Port 2
60  P=3 : GOSUB 600 : H=D            :REM Highbyte von Port 3
70  PRINT N, L+16*H
80  NEXT N
90  END
500 REM Schreiben
510 OUT (BA+2), (P+4) XOR 11         :REM Steuerkommando
520 OUT (BA), 0                      :REM St = 0
530 OUT (BA+2), D XOR 11             :REM Daten
540 OUT (BA), 1                      :REM St = 1
550 RETURN
600 REM Lesen
610 OUT (BA+2), P XOR 11             :REM Steuerkommando
620 OUT (BA), 0                      :REM St = 0
630 OUT (BA+2), 15 XOR 11            :REM Bus hochohmig
640 D = (INP (BA+2) XOR 11) AND 15   :REM Daten lesen
650 OUT (BA), 1                      :REM St = 1
660 RETURN
```

Listing 11.1. Je zwei Ports werden gemeinsam benutzt, um 8-Bit-Werte auszugeben und zu lesen.

An diesem Bus ließen sich dann 64 I/O-Adressen ansprechen. Das reicht aus, um komplexe Systeme mit mehreren Portbausteinen, Timern, und A/D-Wandlern aufzubauen.

11.1. Erweiterung auf 32 Portleitungen

Der 8243 besitzt eine Chip-Select-Leitung, mit der gezielt einer von mehreren Bausteinen an einem gemeinsamen 4-Bit-Datenbus angesprochen werden kann. Deshalb lassen sich mehrere Portbausteine an einer parallelen Schnittstelle betreiben.

11.1. Erweiterung auf 32 Portleitungen

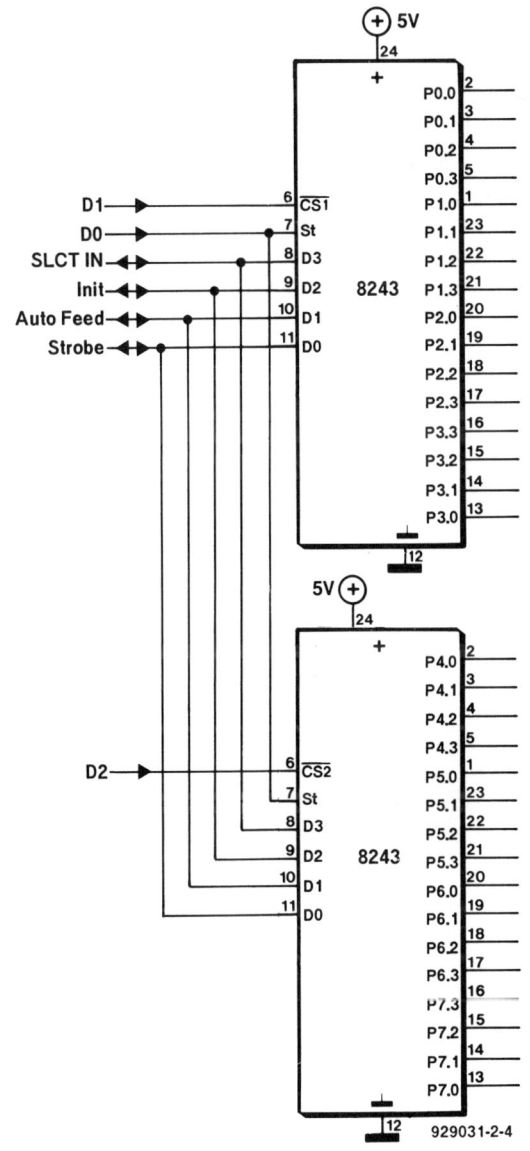

Abb.11.3.
Zwei oder mehr Portbausteine werden gemeinsam an einer parallelen Schnittstelle betrieben.

11. 16-Bit-Porterweiterung

Als Freigabeleitungen stehen noch bis zu 7 Leitungen des 8-Bit-Datenports der parallelen Schnittstelle zur Verfügung. Abb.11.3. zeigt den Anschluß von zwei Bausteinen, mit denen man über insgesamt 32 Portleitungen verfügt.

Die Steuerprozeduren nach Listing 11.2. sind der größeren Verarbeitungsgeschwindigkeit wegen in Pascal geschrieben. Die einzelnen 4-Bit-Ports der beiden Bausteine werden in gemeinsamen Prozeduren als Port 0 bis Port 7 angesprochen. Dazu wird jeweils für die Ports 0 bis 3 und die Ports 4 bis 7 eine eigene Chip-Select-Leitung aktiviert.

Das Hauptprogramm demonstriert die Ausgabe und das Einlesen von 16-Bit-Werten. So lassen sich z. B. komplexe digitale Schaltungen mit bis zu 16 Eingängen und 16 Ausgängen durchtesten.

```
Program Port_8243_32Bit;
Uses CRT;
const BA = $378;                          { LPT1 }
var n: Word;
procedure Setzen (Port_Nr,Wert: Byte);
var CS : Byte;
begin
  If (Port_Nr div 4)=0 then CS := 4;      { D1=CS1=0 }
  If (Port_Nr div 4)=1 then CS := 2;      { D2=CS2=0 }
  Port [BA] := CS + 1;                    { D0=St=1 }
  Port [BA+2] := ((Port_Nr AND 3) + 4) XOR 11; {
Steuerkommando }
  Port [BA] := CS;                        { D0=St=0 }
  Port [BA+2] := Wert XOR 11;             { Datenwort }
  Port [BA] := CS + 1;                    { D0=St=1 }
  Port [BA] := 6 + 1;                     { CS1=1, CS2=1 }
end;
```

(Fortsetzung nächste Seite)

11.1. Erweiterung auf 32 Portleitungen

```pascal
function Lesen (Port_Nr : Byte): Byte;
var CS : Byte;
begin
  If (Port_Nr div 4)=0 then CS := 4;        { D1=CS1=0 }
  If (Port_Nr div 4)=1 then CS := 2;        { D2=CS2=0 }
  Port [BA] := CS + 1;                       { D0=St=1 }
  Port [BA+2] := (Port_Nr AND 3) XOR 11;     { Steuerkommando }
  Port [BA] := CS;                           { D0=St=0 }
  Port [BA+2] := 15 XOR 11;                  { Bus hochohmig }
  Lesen := Port[BA+2] AND 15 XOR 11;         { Daten lesen }
  Port [BA] := CS + 1;                       { D0=St=1 }
  Port [BA] := 6 + 1;                        { CS1=1, CS2=1 }
end;
procedure AND_Port (Port_Nr,Wert: Byte);
var CS : Byte;
begin
  If (Port_Nr div 4)=0 then CS := 4;        { D1=CS1=0 }
  If (Port_Nr div 4)=1 then CS := 2;        { D2=CS2=0 }
  Port [BA] := CS + 1;                       { D0=St=1 }
  Port [BA+2] := ((Port_Nr AND 3) + 12) XOR 11; { Steuerkommando }
  Port [BA] := CS;                           { D0=St=0 }
  Port [BA+2] := Wert XOR 11;                { Datenwort }
  Port [BA] := CS + 1;                       { D0=St=1 }
  Port [BA] := 6 + 1;                        { CS1=1, CS2=1 }
end;
procedure OR_PORT (Port_Nr,Wert: Byte);
var CS : Byte;
begin
  If (Port_Nr div 4)=0 then CS := 4;        { D1=CS1=0 }
  If (Port_Nr div 4)=1 then CS := 2;        { D2=CS2=0 }
  Port [BA] := CS + 1;                       { D0=St=1 }
  Port [BA+2] := ((Port_Nr AND 3) + 8) XOR 11; { Steuerkommando }
  Port [BA] := CS;                           { D0=St=0 }
  Port [BA+2] := Wert XOR 11;                { Datenwort }
  Port [BA] := CS + 1;                       { D0=St=1 }
  Port [BA] := 6 + 1;                        { CS1=1, CS2=1 }
end;
```

(Fortsetzung nächste Seite)

11. 16-Bit-Porterweiterung

```
begin
  for n:=0 to 65535 do begin
    Setzen (0,lo(n) mod 16 );      { P0: Bits 0...3 }
    Setzen (1,lo(n) div 16);       { P1: Bits 4...7 }
    Setzen (2,hi(n) mod 16 );      { P2: Bits 8...11 }
    Setzen (3,hi(n) div 16);       { P3: Bits 12...15 }
    writeln (n,' ', Lesen(4) + 16 * Lesen(5) { lesen: }
        + 256 * Lesen(6) + 4096 * Lesen(7) );  { P4 bis P7 }
  end;
end.
```

Listing 11.2. Grundprogramm zum Datenaustausch über zwei Portbausteine 8243.

11.2. Ein Eprommer

EPROMs sind elektrisch programmierbare und durch UV-Licht wieder löschbare Speicher-ICs. Sie werden für Steuerprogramme kleiner Computersysteme, für Betriebssysteme von Rechnern, Steuerdaten für komplexe Schaltungen und vieles andere mehr verwendet. Oft tritt die Notwendigkeit auf, Daten eines EPROMs auszulesen, ein EPROM zu kopieren, oder ein EPROM mit vorliegenden Daten zu programmieren. Zur Zwischenspeicherung der Daten verwendet man Dateien, die einfach eine Kopie des EPROM-Inhalts darstellen und z. B. in Form einer Liste von Bytes, also als sogenannte Binärdatei, vorliegen. Um ein EPROM zu kopieren, würde man es zunächst auslesen und seinen Inhalt etwa in die Datei „DATEN.BIN" kopieren. Dann würde man ein neues oder gelöschtes EPROM mit diesen Daten programmieren.

11.2. Ein Eprommer

Ein EPROM enthält eine große Zahl von Speicherzellen. Jeweils acht Zellen gehören zu einem Datenbyte. Welche der Zellen gerade mit den acht Datenleitungen verbunden sind, wird durch den Zustand der Adreßleitungen festgelegt. Damit Daten des EPROMs an die Datenleitungen gelegt werden, müssen darüberhinaus bestimmte Steuersignale anliegen. Zum Programmieren muß außer der normalen Betriebsspannung von 5 V noch eine höhere Programmierspannung (z. B. 12,5 V) angelegt werden. Die Daten müssen von außen an die Datenleitungen gelegt werden. Ein kurzer Programmierimpuls „brennt" sie dann in die adressierten Speicherzellen.

Der hier vorgestellte Eprommer eignet sich zum Auslesen und Programmieren von EPROMs des Typs 2764, 27128 und 27256. Neben acht Datenleitungen müssen bis zu 15 Adreßleitungen und einige Steuersignale zur Verfügung gestellt werden. Die Schaltung verwendet zwei Portbausteine 8243, wobei die Ports 0 und 1 zu einem bidirektionalen Datenbus und die Ports 2 bis 5 zum Adreßbus zusammengestellt werden. Abb.11.4. zeigt den Anschluß an den 32-Bit-Erweiterungsport aus Kapitel 11.1.

Port 6 liefert die erforderlichen Steuerleitungen. $\overline{CS}$ dient zur Aktivierung des EPROMs. $\overline{OE}$ schaltet bei Low-Pegel in die Datenrichtung „Auslesen". Vpp ist der Anschluß für die Programmierspannung. Neuere EPROMs verwenden meist 12,5 V, ältere werden z.T noch mit 21 V programmiert.

Pin 23 des EPROMs hat beim 2764 und 27128 die Funktion $\overline{PGM}$, also die Aktivierung des Programmiervorgangs. Der 27256 verzichtet auf diese Steuerleitung zugunsten der Adreßleitung A14.

11. 16-Bit-Porterweiterung

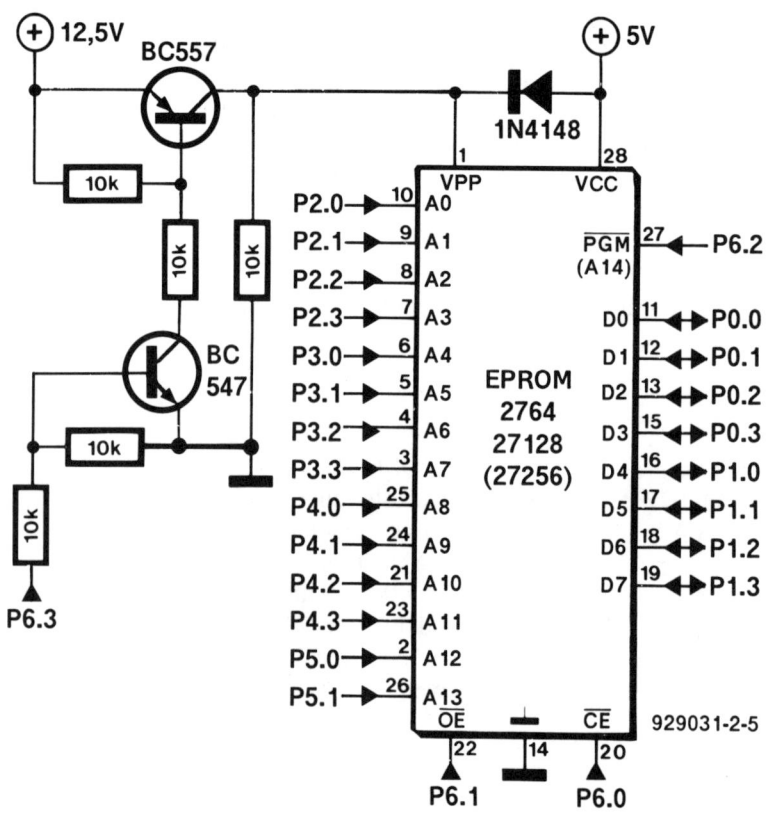

Abb.11.4. Ein Eprommer zum Anschluß an zwei Portbausteine 8243.

Das Steuerprogramm nach Listing 10.3. kann für alle drei genannten EPROMs verwendet werden. Durch Aufruf mit dem Parameter „2" ist die Programmierung des 27256 möglich. Dabei wird die Steuerleitung $\overline{\text{PGM}}$ zur Adreßleitung A14 umfunktioniert.

11.2. Ein Eprommer

Das Programm kann EPROMs auslesen und ihren Inhalt in eine Binärdatei übertragen. Nach dem Brennen einer Binärdatei in das EPROM ist zusätzlich der Vergleich der Daten vorgesehen. Beim Brennen wird ein schneller Programmieralgorithmus verwendet: Jedes Byte wird so oft mit einer Programmierzeit von einer Millisekunde gebrannt, bis es richtig zurückgelesen wird. Dann erfolgt noch einmal eine dreimal so lange Programmierung zur Sicherstellung des langfristigen Datenerhalts. Im Gegensatz zum alten Verfahren, bei dem grundsätzlich mit 50 ms gearbeitet wurde, ergibt sich so eine erhebliche Zeitersparnis.

```
Program Eprommer;
Uses CRT, DOS;
const BA = $378;                         { LPT1 }
var n: Word;
    Ch : Char;
    Dateiname : String;
    Typ256 : Boolean;
procedure Setzen (Port_Nr,Wert: Byte);
var CS : Byte;
begin
  If (Port_Nr div 4)=0 then CS := 4;     { D1=CS1=0 }
  If (Port_Nr div 4)=1 then CS := 2;     { D2=CS2=0 }
  Port [BA] := CS + 1;                   { D0=St=1 }
  Port [BA+2] := ((Port_Nr AND 3) + 4) XOR 11; { Steuerkomm. }
  Port [BA] := CS;                       { D0=St=0 }
  Port [BA+2] := Wert XOR 11;            { Datenwort }
  Port [BA] := CS + 1;                   { D0=St=1 }
  Port [BA] := 6 + 1;                    { CS1=1, CS2=1 }
end;
```

(Fortsetzung nächste Seite)

11. 16-Bit-Porterweiterung

```
function Lesen (Port_Nr : Byte): Byte;
var CS : Byte;
begin
  If (Port_Nr div 4)=0 then CS := 4;      { D1=CS1=0 }
  If (Port_Nr div 4)=1 then CS := 2;      { D2=CS2=0 }
  Port [BA] := CS + 1;                     { D0=St=1 }
  Port [BA+2] := (Port_Nr AND 3) XOR 11;  { Steuerkommando }
  Port [BA] := CS;                         { D0=St=0 }
  Port [BA+2] := 15 XOR 11;                { Bus hochohmig }
  Lesen := Port[BA+2] AND 15 XOR 11;      { Daten lesen }
  Port [BA] := CS + 1;                     { D0=St=1 }
  Port [BA] := 6 + 1;                      { CS1=1, CS2=1 }
end;
procedure AND_Port (Port_Nr,Wert: Byte);
var CS : Byte;
begin
  If (Port_Nr div 4)=0 then CS := 4;      { D1=CS1=0 }
  If (Port_Nr div 4)=1 then CS := 2;      { D2=CS2=0 }
  Port [BA] := CS + 1;                     { D0=St=1 }
  Port [BA+2] := ((Port_Nr AND 3) + 12) XOR 11;{ Steuerkomm. }
  Port [BA] := CS;                         { D0=St=0 }
  Port [BA+2] := Wert XOR 11;              { Datenwort }
  Port [BA] := CS + 1;                     { D0=St=1 }
  Port [BA] := 6 + 1;                      { CS1=1, CS2=1 }
end;
procedure OR_PORT (Port_Nr,Wert: Byte);
var CS : Byte;
begin
  If (Port_Nr div 4)=0 then CS := 4;      { D1=CS1=0 }
  If (Port_Nr div 4)=1 then CS := 2;      { D2=CS2=0 }
  Port [BA] := CS + 1;                     { D0=St=1 }
  Port [BA+2] := ((Port_Nr AND 3) + 8) XOR 11; { Steuerkomm. }
  Port [BA] := CS;                         { D0=St=0 }
  Port [BA+2] := Wert XOR 11;              { Datenwort }
  Port [BA] := CS + 1;                     { D0=St=1 }
  Port [BA] := 6 + 1;                      { CS1=1, CS2=1 }
end;
```

(Fortsetzung nächste Seite)

11.2. Ein Eprommer

```
procedure DatenSetzen (Wert: Byte);
begin
  Setzen (0, Wert mod 16);                  { P0: D0..D3 }
  Setzen (1, Wert div 16);                  { P1: D4..D7 }
end;
function DatenLesen: Byte;
begin
  DatenLesen := Lesen (0) + 16 * Lesen (1); { zweimal }
  DatenLesen := Lesen (0) + 16 * Lesen (1); { P0,P1 lesen }
end;
procedure AdresseSetzen (Adresse: Word);
begin
  Setzen (2, Lo (Adresse) mod 16);          { P2: A0...A3 }
  Setzen (3, Lo (Adresse) div 16);          { P3: A4...A7 }
  Setzen (4, Hi (Adresse) mod 16);          { P4: A8...A11 }
  Setzen (5, Hi (Adresse) div 16);          { P5: A12...A13 }
  If Typ256 then begin
    if Adresse < 16384 then AND_Port (6,11) { P62=A14=0 }
    else OR_Port (6,4);                     { P62=A14=1 }
  end;
end;
function Auslesen (Adresse: Word): Byte;
begin
  Setzen (6,4);                             {$\overline{CE}$=0, $\overline{OE}$=0 }
  AdresseSetzen (Adresse);
  Auslesen := Datenlesen;
end;
procedure Brennen (Adresse: Word; Wert: Byte);
begin
  AdresseSetzen (Adresse);
  DatenSetzen (Wert);
  If Typ256 then begin
    OR_Port (6,11);                         {$\overline{OE}$=1, Vpp an }
    AND_Port (6,14);                        {$\overline{CE}$=0 }
  end else Setzen (6,10);                   { Vpp, $\overline{OE}$=1, $\overline{PGM}$=0 }
  delay (1);                                { 1ms brennen }
  Setzen (6,7);                             { Upp aus, $\overline{CE}$=1, $\overline{PGM}$=1 }
end;
```

(Fortsetzung nächste Seite)

11. 16-Bit-Porterweiterung

```
procedure BrennenUndPruefen (Adresse: Word; Wert: Byte);
var n, m: Integer;
begin
  n := 0;
  repeat
    Brennen (Adresse,Wert);
    n := n + 1;                                              { n * 1ms }
  until (Wert >= Auslesen (Adresse)) or (n=50);
  for m := 1 to 3*n do Brennen (Adresse,Wert);   { 3*n ms }
end;
procedure Auslesen_Datei;
 var  f :file of byte;
      r,wert :Byte;
      Adresse, Anzahl, n : Word;
begin
  Writeln ('Anfangsadresse');
  readln (Adresse);
  writeln ('Anzahl Bytes');
  readln (Anzahl);
  writeln ('Dateiname');
  readln (Dateiname);
  Assign(f,dateiname);
  {$I-} Rewrite(f); {$I+}
  r:=IOResult;
  IF r = 0 then begin
    for n:= Adresse to (Adresse+Anzahl-1) do begin
      Wert := Auslesen (n);
      write (Wert, ' ');
      write (f,Wert);
    end;
    Close(f);
    end;
  writeln;
  writeln ('Auslesen ok!');
  writeln;writeln;
 end;
```

(Fortsetzung nächste Seite)

11. 16-Bit-Porterweiterung

```
procedure BrennenUndPruefen (Adresse: Word; Wert: Byte);
var n, m: Integer;
begin
  n := 0;
  repeat
    Brennen (Adresse,Wert);
    n := n + 1;                                           { n * 1ms }
  until (Wert >= Auslesen (Adresse)) or (n=50);
  for m := 1 to 3*n do Brennen (Adresse,Wert);   { 3*n ms }
end;
procedure Auslesen_Datei;
 var  f :file of byte;
      r,wert :Byte;
      Adresse, Anzahl, n : Word;
begin
  Writeln ('Anfangsadresse');
  readln (Adresse);
  writeln ('Anzahl Bytes');
  readln (Anzahl);
  writeln ('Dateiname');
  readln (Dateiname);
  Assign(f,dateiname);
  {$I-} Rewrite(f); {$I+}
  r:=IOResult;
  IF r = 0 then begin
    for n:= Adresse to (Adresse+Anzahl-1) do begin
      Wert := Auslesen (n);
      write (Wert, ' ');
      write (f,Wert);
    end;
    Close(f);
    end;
  writeln;
  writeln ('Auslesen ok!');
  writeln;writeln;
 end;
```

(Fortsetzung nächste Seite)

11.2. Ein Eprommer

```
procedure DatenSetzen (Wert: Byte);
begin
  Setzen (0, Wert mod 16);              { P0: D0..D3 }
  Setzen (1, Wert div 16);              { P1: D4..D7 }
end;
function DatenLesen: Byte;
begin
  DatenLesen := Lesen (0) + 16 * Lesen (1);   { zweimal }
  DatenLesen := Lesen (0) + 16 * Lesen (1);   { P0,P1 lesen }
end;
procedure AdresseSetzen (Adresse: Word);
begin
  Setzen (2, Lo (Adresse) mod 16);      { P2: A0...A3 }
  Setzen (3, Lo (Adresse) div 16);      { P3: A4...A7 }
  Setzen (4, Hi (Adresse) mod 16);      { P4: A8...A11 }
  Setzen (5, Hi (Adresse) div 16);      { P5: A12...A13 }
  If Typ256 then begin
    if Adresse < 16384 then AND_Port (6,11)  { P62=A14=0 }
    else OR_Port (6,4);                      { P62=A14=1 }
  end;
end;
function Auslesen (Adresse: Word): Byte;
begin
  Setzen (6,4);                         {$\overline{CE}$=0, $\overline{OE}$=0 }
  AdresseSetzen (Adresse);
  Auslesen := DatenLesen;
end;
procedure Brennen (Adresse: Word; Wert: Byte);
begin
  AdresseSetzen (Adresse);
  DatenSetzen (Wert);
  If Typ256 then begin
    OR_Port (6,11);                     {$\overline{OE}$=1, Vpp an }
    AND_Port (6,14);                    {$\overline{CE}$=0 }
  end else Setzen (6,10);               { Vpp, $\overline{OE}$=1, $\overline{PGM}$=0 }
  delay (1);                            { 1ms brennen }
  Setzen (6,7);                         { Upp aus, $\overline{CE}$=1, $\overline{PGM}$=1 }
end;
```

(Fortsetzung nächste Seite)

11.2. Ein Eprommer

```
procedure Vergleichen;
  var  f :file of byte;
       r,wert, wert2 :Byte;
       Adresse, n : Integer;
       Fehler : boolean;
begin
  Fehler := false;
  Writeln ('Anfangsadresse');
  readln (Adresse);
  writeln ('Dateiname');
  readln (Dateiname);
  Assign(f,dateiname);
  {$I-} Reset(f); {$I+}
  r:=IOResult;
  if r = 0 then begin
    for n:= 1 to filesize (f) do begin
      wert := Auslesen (Adresse+n-1);
      write (wert, ' ');
      read(f,wert2);
      if wert <> wert2 then Fehler := true;
    end;
    Close(f);
  end;
  writeln;
  if Fehler then writeln ('Fehler gefunden')
    else writeln ('Programmierung erfolgreich!');
  repeat until KeyPressed;
end;
procedure Programmieren;
  VAR  f :file of byte;
       code :Char;
       r,wert :Byte;
       Adresse, n : Word;
```

(Fortsetzung nächste Seite)

11. 16-Bit-Porterweiterung

```
begin
  Writeln ('Anfangsadresse');
  readln (Adresse);
  writeln ('Dateiname');
  readln (Dateiname);
  Assign(f,dateiname);
  {$I-} Reset(f); {$I+}
  r:=IOResult;
  IF r = 0 then begin
    for n:= 1 to filesize (f) do begin
      Read(f,wert);
      BrennenUndPruefen (Adresse+n-1,Wert);
      write (wert,' ');
    end;
    Close(f);
  end;
  writeln; writeln;
end;
begin
  Typ256 := false;
  Setzen (6,7);          {EPROM inaktiv}
  If ParamStr (1) = '2' then Typ256 := true;
  repeat
    clrscr;
    if Typ256 then writeln ('EPROM Typ 27256')
      else writeln ('EPROM Typ 2764/27128');
    writeln ('<S>reiben <L>esen <V>ergleichen <Q>uitt');
    readln (ch);
    Ch := upcase (Ch);
    if ch = 'S' then programmieren;
    if Ch = 'V' then vergleichen;
    if Ch = 'L' then Auslesen_Datei;
  until Ch = 'Q';
end.
```

Listing 11.3. Ein vielseitiges Eprommer-Programm für EPROMs mit 8, 16 und 32 KB.

12. Der I²C-Bus

Der I²C-Bus (Inter-IC-Bus) ist eine 2-Draht-Datenverbindung zwischen einem oder mehreren Prozessoren (Mastern) und speziellen Peripheriebausteinen (Slaves). Alle Bausteine liegen am selben Bus und werden gezielt unter ihren Adressen angesprochen. Adressen und Daten werden über die selben Leitungen übertragen. Der Bus erlaubt eine sehr einfache Verbindung zwischen vielen ICs und problemlose nachträgliche Erweiterungen.

Es können alle ICs angeschlossen werden, die das spezielle Busprotokoll beherrschen. Neben RAMs, EEPROMs, Porterweiterungsbausteinen, A/D- und D/A-Wandlern und Uhrenbausteinen sind eine ganze Reihe von speziellen ICs wie z. B. Anzeigentreiber oder ICs für die Fernsehtechnik erhältlich. Alle diese Bausteine lassen sich problemlos direkt über zwei Leitungen der parallelen Schnittstelle des PCs ansteuern. Mit wenigen zusätzlichen Bauteilen kann auch die serielle Schnittstelle benutzt werden.

Der Bus verwendet die serielle Datenleitung SDA und die Taktleitung SCL. Die Daten und Adressen werden wie bei Schieberegistern zusammen mit einem Takt übertragen. Beide Leitungen können in jeder Datenrichtung verwendet werden. Sie sind jeweils mit einem Pull-Up-Widerstand versehen und können von jedem Teilnehmer durch Open-Collector- oder Open-Drain-Ausgänge auf Low-Pegel gezogen werden.

12. Der I²C-Bus

Abb.12.1. zeigt das Prinzip der Busverbindung. Inaktive Busteilnehmer sind hochohmig, werten jedoch immer die Bus-Signale aus. Wenn nur ein Master verwendet wird, gibt dieser allein das Taktsignal aus. Die Daten können jedoch sowohl vom Master als auch vom Slave kommen.

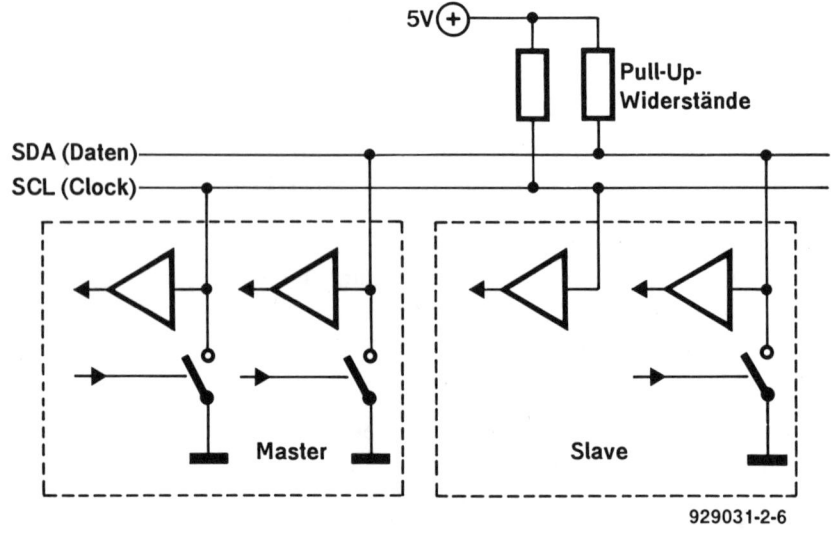

Abb.12.1. Die I²C-Bus-Verbindungen zwischen Master- und Slave-ICs.

Das I²C-Bus-Protokoll kennt eine Reihe genau definierter Situationen, die es jedem Busteilnehmer gestatten, Anfang und Ende einer Übertragung sowie seine mögliche Adressierung zu erkennen:

- **Ruhezustand:** SDA und SCL sind high und damit inaktiv.
- **Startbedingung:** SDA wird vom Master heruntergezogen, während SCL high bleibt.
- **Stopbedingung:** SDA wechselt von low nach high, während SCL high bleibt.

12. Der I²C-Bus

- **Datenübertragung:** Der jeweilige Sender legt acht Datenbits auf die Datenleitung SDA, die durch Taktimpulse auf der Clockleitung SCL vom Master weitergeschoben werden. Die Übertragung beginnt mit dem höchstwertigen Bit.

- **Bestätigung (Acknowledge):** Der jeweilige Empfänger quittiert den Empfang eines Bytes durch einen Low-Pegel an SDA, bis der Master den neunten Clock-Impuls an SCL erzeugt hat. Die Bestätigung bedeutet zugleich, daß ein weiteres Byte empfangen werden soll. Ein gewünschtes Ende der Übertragung muß durch das Ausbleiben der Bestätigung angekündigt werden. Die eigentliche Beendigung der Übertragung wird durch die Stopbedingung erreicht.

Adressen werden genau wie Daten übertragen und quittiert. Im einfachsten Fall einer Datenübertragung vom Master zu einem Slave, z. B. einem Ausgabeport, laufen folgende Vorgänge ab: Der Master erzeugt die Startbedingung und überträgt dann in den Bits 7 bis 1 die Adresse des Portbausteins und in Bit 0 die gewünschte Richtung der Datenübertragung, nämlich 0 für „Schreiben" (Abb.12.2). Die Adresse wird vom angesprochenen Slave quittiert. Dann sendet der Master das Datenbyte, das ebenfalls quittiert wird. Er kann nun die Verbindung durch die Stopbedingung unterbrechen oder aber weitere Bytes an denselben Slave abschicken.

I²C-Bus-Adresse mit Datenrichtungsbit

A6	A5	A4	A3	A2	A1	A0	R/W

929031-3-2

*Abb.12.2.
Eine I²C-Bus-Adresse mit Datenrichtungsbit.*

12. Der I²C-Bus

Sollen Daten von einem Slave gelesen werden, muß die Adresse mit gesetztem Datenrichtungsbit übertragen werden. Der Master gibt jeweils acht Clock-Impulse aus und erhält acht Datenbits. Solange er den Empfang beim neunten Clock-Impuls durch Acknowledge bestätigt, kann er weitere Bytes empfangen. Die Übertragung wird schließlich vom Master durch eine ausbleibende Bestätigung und die Stopbedingung beendet.

Jeder I²C-Baustein hat eine festgelegte Adresse, die zu einem Teil typenspezifisch festgelegt ist und zu einem anderen Teil über herausgeführte Adreßleitungen veränderlich ist. Das bedeutet, daß z. B. bei drei herausgeführten Adreßleitungen bis zu acht Bausteine des gleichen Typs am Bus liegen können.

Die maximale Taktrate für den I²C-Bus beträgt 100 kHz. Die im folgenden vorgestellten Programme können bei sehr schnellen PCs zu größeren Taktraten führen. In diesem Fall sind zusätzliche Warteschleifen einzufügen.

12.1. Ansteuerung über die parallele Schnittstelle

Der Anschluß von I²C-Bus-ICs an die parallele Schnittstelle gestaltet sich besonders einfach, weil sich die bidirektionalen Leitungen Strobe und Auto Feed direkt als SDA und SCL verwenden lassen. Die erforderlichen Pull-Up-Widerstände sind bereits im PC enthalten. Abb. 12.3. zeigt den prinzipiellen Anschluß. Die Grundsoftware mit den notwendigen Übertragungsroutinen wird als Unit „I2C_LPT1" für die erste parallele Schnittstelle in Listing 12.1. vorgestellt.

Alle Prozeduren, in denen Taktimpulse erzeugt werden, sind mit Warteschleifen ausgestattet. Der Schleifenwert 5 wurde für einen AT-386 mit einer Taktfrequenz von 25 MHz als optimale Verzögerung ermittelt.

12.1. Ansteuerung über die parallele Schnittstelle

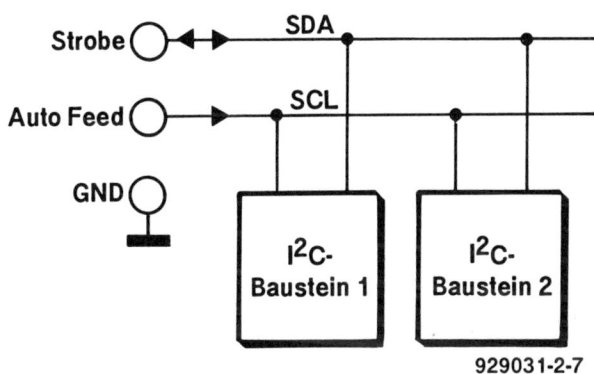

Abb.12.3. Anschluß von I^2C-Bus-Bausteinen an die parallele Schnittstelle.

Für schnellere PCs muß der Wert erhöht werden, um die maximale Taktfrequenz von 100 kHz einzuhalten. Einfache PC-XTs kommen dagegen ganz ohne Verzögerungsschleifen aus.

```
Unit I2C_LPT1;
Interface
Uses CRT;
const BA = $378;          { LPT1 }
procedure I2C_Init;
procedure Start;
procedure Stop;
procedure Acknowledge;
procedure KeinAcknowledge;
procedure Ausgeben (Wert : Byte);
function  Einlesen : Byte;
Implementation
procedure I2C_Init;
begin
   Port [BA+2] := 0;      { SCL=1, SDA=1 }
end;
```

(Fortsetzung nächste Seite)

12. Der I²C-Bus

```pascal
procedure Start;
begin
  Port [BA+2] := 1;        { SDA=0 }
  Port [BA+2] := 3;        { SCL=0 }
end;
procedure Stop;
begin
  Port [BA+2] := 3;        { SCL=0, SDA=0 }
  Port [BA+2] := 1;        { SCL=1 }
  Port [BA+2] := 0;        { SDA=1 }
end;
procedure Acknowledge;
var m : Byte;
begin
  Port [BA+2] := 3;        { SCL=0, SDA=0 }
  Port [BA+2] := 1;        { SCL=1 }
  for m:= 1 to 5 do        { Warteschleife }
  Port [BA+2] := 3;        { SCL=0 }
end;
procedure KeinAcknowledge;
var m : Byte;
begin
  Port [BA+2] := 2;        { SCL=0, SDA=1 }
  Port [BA+2] := 0;        { SCL=1 }
  for m:= 1 to 5 do        { Warteschleife }
  Port [BA+2] := 2;        { SCL=0 }
end;
procedure Ausgeben (Wert : Byte);
var Bitwert, Portwert, n, m : Byte;
begin
  Bitwert := 128;
  for n:= 1 to 8 do begin
    if (Wert and Bitwert) = Bitwert then Portwert := 2 else
        Portwert := 3;
    Port [BA+2] := Portwert ;      { SDA setzen }
    Port [BA+2] := Portwert - 2;   { SCL=1 }
```

(Fortsetzung nächste Seite)

12.1. Ansteuerung über die parallele Schnittstelle

```pascal
    for m:= 1 to 5 do;           { Warteschleife }
    Port [BA+2] := Portwert ;    { SCL=0 }
    Bitwert := Bitwert div 2;
    end;
  Port [BA+2] := 2;              { SDA=1, SCL=0 }
  Port [BA+2] := 0;              { SCL=1, SDA lesen }
  for m:= 1 to 5 do;             { Warteschleife }
  if (Port[BA+2] AND 1) = 0 then writeln ('IC antwortet
nicht');
  Port [BA+2] := 2;              { SCL=0 }
end;
function Einlesen : Byte;
var Bitwert, Wert, n, m : Byte;
begin
  Port [BA+2] := 2;              { SDA=1, SCL=0 }
  Bitwert := 128;
  Wert := 0;
  for n:= 1 to 8 do begin
    Port [BA+2] := 0;            { SCL=1, SDA lesen }
    for m:= 1 to 5 do;           { Warteschleife }
    If (Port [BA+2] AND 1) = 0 then Wert := Wert + Bitwert;
    Port [BA+2] := 2;            { SCL=0 }
    Bitwert := Bitwert div 2;
    end;
  Einlesen := Wert;
end;
begin
 I2C_Init
end.
```

Listing 12.1. *Unit zur Ansteuerung des I^2C-Bus über die parallele Schnittstelle.*

12. Der I²C-Bus

12.2. Anschluß an die serielle Schnittstelle

Die serielle Schnittstelle benötigt zum Anschluß des I²C-Bus zwar einen geringfügig größeren Aufwand, bietet aber auch einige Vorteile, besonders in Bezug auf die Sicherheit des PCs. Zudem sind oft mehrere serielle Schnittstellen vorhanden, während die parallele Schnittstelle durch den Drucker belegt ist.

Da keine der Leitungen der seriellen Schnittstelle bidirektional ausgelegt ist, müssen Ausgänge und Eingänge zusammengeführt werden. Abb.12.4. zeigt den Anschluß. Im Ruhezustand geben DTR und RTS High-Pegel aus, die durch Zenerdioden auf die erlaubte Spannung begrenzt werden. Man kann auf die üblichen Open-Collector-Ausgänge verzichten, wenn die Leitungen statt dessen zur Ausgabe von Low-Pegeln direkt abgeschaltet werden. Ein Rücklesen des Zustandes ist nur für die Leitung SDA erforderlich, solange kein zweiter Master vorgesehen wird.

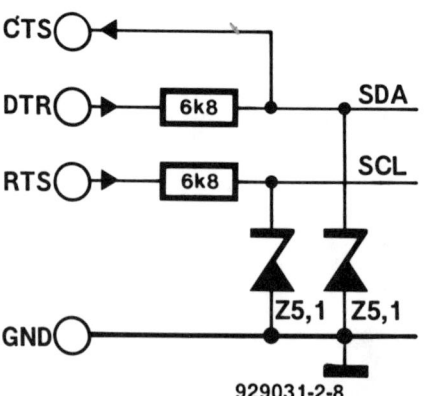

Abb.12.4. Der I²C-Bus an der seriellen Schnittstelle.

12.2. Anschluß an die serielle Schnittstelle

Die Grundsoftware nach Listing 12.2. unterscheidet sich nur wenig von der Unit, die für die parallele Schnittstelle erforderlich ist. Alle vergleichbaren Prozeduren und Funktionen führen den gleichen Namen. Durch das Unit-Konzept können bestehende Programme ohne großen Aufwand sowohl für die parallele als auch für die serielle Schnittstelle eingesetzt werden. Durch die eingefügten Verzögerungsschleifen wurde auch hier eine zu hohe Taktfrequenz der Übertragung vermieden.

```
Unit I2C_COM1;
Interface
Uses CRT;
const BA = $3F8;           { COM1 }
procedure I2C_Init;
procedure Start;
procedure Stop;
procedure Acknowledge;
procedure KeinAcknowledge;
procedure Ausgeben (Wert : Byte);
function  Einlesen : Byte;
Implementation
procedure I2C_Init;
begin
  Port [BA+4] := 3;        { SCL=1, SDA=1 }
end;
procedure Start;
begin
  Port [BA+4] := 2;        { SDA=0 }
  Port [BA+4] := 0;        { SCL=0 }
end;
procedure Stop;
begin
  Port [BA+4] := 0;        { SCL=0, SDA=0 }
  Port [BA+4] := 2;        { SCL=1 }
  Port [BA+4] := 3;        { SDA=1 }
end;
```

(Fortsetzung nächste Seite)

12. Der I²C-Bus

```
procedure Acknowledge;
var m : Byte;
begin
  Port [BA+4] := 0;              { SCL=0, SDA=0 }
  Port [BA+4] := 2;              { SCL=1 }
  for m := 1 to 5 do;            { Warteschleife }
  Port [BA+4] := 0;              { SCL=0 }
end;
procedure KeinAcknowledge;
var m : Byte;
begin
  Port [BA+4] := 1;              { SCL=0, SDA=1 }
  Port [BA+4] := 3;              { SCL=1 }
  for m := 1 to 5 do;            { Warteschleife }
  Port [BA+4] := 1;              { SCL=0 }
end;
procedure Ausgeben (Wert : Byte);
var Bitwert, Portwert, n, m : Byte;
begin
  Bitwert := 128;
  for n:= 1 to 8 do begin
    if (Wert and Bitwert) = Bitwert then Portwert := 1 else
      Portwert := 0;
    Port [BA+4] := Portwert ;    { SDA setzen }
    Port [BA+4] := Portwert + 2; { SCL=1 }
    for m := 1 to 5 do;          { Warteschleife }
    Port [BA+4] := Portwert ;    { SCL=0 }
    Bitwert := Bitwert div 2;
  end;
  Port [BA+4] := 1;              { SDA=1, SCL=0 }
  Port [BA+4] := 3;              { SCL=1, SDA lesen }
  for m := 1 to 5 do;            { Warteschleife }
  if (Port[BA+6] AND 16) = 16 then writeln ('IC antwortet nicht');
  Port [BA+4] := 1;              { SCL=0 }
end;
```

(Fortsetzung nächste Seite)

```
function Einlesen : Byte;
var Bitwert, Wert, n, m : Byte;
begin
  Port [BA+4] := 1;                    { SDA=1, SCL=0 }
  Bitwert := 128;
  Wert := 0;
  for n:= 1 to 8 do begin
    Port [BA+4] := 3;                  { SCL=1, SDA lesen }
    for m := 1 to 5 do;                { Warteschleife }
    If (Port [BA+6] AND 16) = 16 then Wert := Wert + Bitwert;
    Port [BA+4] := 1;                  { SCL=0 }
    Bitwert := Bitwert div 2;
  end;
  Einlesen := Wert;
end;
begin
  I2C_Init
end.
```

Listing 12.2. *Die I^2C-Grundsoftware für die serielle Schnittstelle.*

12.3. Der Porterweiterungsbaustein PCF 8574

Portbausteine am I^2C-Bus haben den Vorteil der einfachen Verbindung und Erweiterbarkeit. Der PCF 8574 von Philips verfügt über acht Portleitungen, die zum Lesen und Schreiben verwendet werden können. Abb.12.5. zeigt die Anschlußbelegung. Drei Adreßleitungen sind herausgeführt und können zur Adressierung von bis zu acht gleichen Bausteinen herangezogen werden. Die fest vorgegebene Grundadresse ist 32. Ein zusätzlicher Interruptausgang (INT) mit offenem Drain meldet alle Änderungen an den Eingangsleitungen durch einen LOW-Pegel und wird durch einen Auslesevorgang wieder gelöscht.

12. Der I²C-Bus

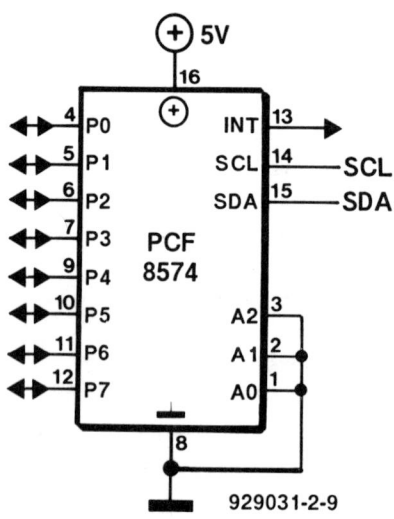

Abb.12.5.
Anschlußbelegung des Portbausteins PCF 8574.

Eine spezielle Umschaltung der Datenrichtung wie beim 8243 ist nicht erforderlich, weil der PCF 8574 quasi-bidirektionale Leitungen besitzt. Die einzelnen Portleitungen haben im Ruhezustand High-Pegel und sind hochohmig, so daß sie durch äußere Elektronik heruntergezogen werden können. Gibt man an einer Leitung einen LOW-Zustand aus, dann wird sie mit einem Open-Drain-Ausgang niederohmig heruntergezogen. Man kann also den Port teilweise für Eingaben und teilweise für Ausgaben benutzen. Beim Ausgeben eines Bytes müssen nur die Leseleitungen hochgesetzt bleiben.

Listing 12.3. zeigt ein einfaches Programm zur direkten Kommunikation mit dem Portbaustein. Der Benutzer kann durch seine Eingaben bestimmen, welche Leitungen hochgesetzt werden. Der Zustand der Leitungen wird jeweils sofort zurückgelesen. Leitungen, die vom Benutzer hochgesetzt wurden, können als Eingänge von außen heruntergeschaltet werden.

12.3. Der Porterweiterungsbaustein PCF 8574

```
Program PCF8574_Direktsteuerung;
Uses CRT, I2C_LPT1;
var Ausgabe: Byte;
procedure ParallelAus (Wert: Byte);
begin
  Start;
  Ausgeben (32 * 2);         { Adresse 32, schreiben }
  Ausgeben (Wert);
  Stop;
end;
function ParallelEin : Byte;
begin
  Start;
  Ausgeben (32 * 2 + 1);     { Adresse 32, lesen }
  ParallelEin := Einlesen;
  KeinAcknowledge;
  Stop;
end;
begin
  repeat
    write ('Ausgabe   ');
    readln (Ausgabe);
    ParallelAus (Ausgabe);
    writeln ('Eingabe= ',ParallelEin);
  until Ausgabe=0;
end.
```

Listing 12.3. Direkte Datenübertragung zwischen PC und PCF 8474.

Wenn der Portbaustein entweder nur beschrieben oder nur ausgelesen werden soll, dann kann auf eine dauernde erneute Adressierung verzichtet werden. So können größere Übertragungsgeschwindigkeiten erreicht werden. Abb.12.6. zeigt den PCF 8574 in einer Anwendung als Logik-Analysator. Dabei sollen die Zustände von acht digitalen Leitungen in schneller Folge registriert werden. Dies ist z. B. bei der Fehlersuche an digitalen Schaltungen sehr hilfreich.

12. Der I²C-Bus

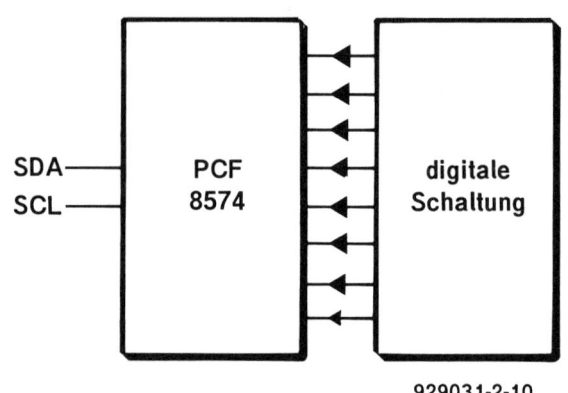

Abb.12.6.
Der PCF 8574 bietet acht Eingänge für einen Logikanalysator.

Listing 12.4. zeigt die Ansteuerung des Bausteins als Logik-Analysator. Die Prozeduren „ParallelEin" und „ParallelAus" übertragen jeweils nur ein Datenbyte. Die Prozedur „Serie" sorgt für ein wiederholtes Lesen des Ports ohne erneute Adressierung.

Nach der Startbedingung muß jeweils zuerst die Adresse übertragen werden. Als zweites Byte wird das Datenbyte übertragen. Beim Lesen muß jedes Byte bis auf das letzte durch Acknowledge bestätigt werden. Durch die Stopbedingung wird die Verbindung zum Baustein getrennt.

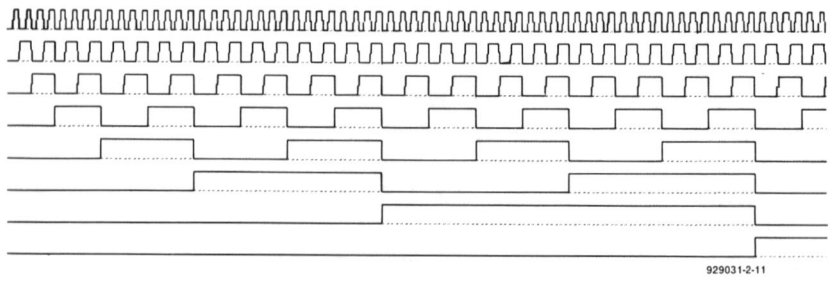

Abb.12.7. Bildschirmausgabe der Zustände an acht digitalen Leitungen.

12.3. Der Porterweiterungsbaustein PCF 8574

Das Programm verwendet alle Portleitungen des PCF 8574 als Eingänge. Ihre Zustände werden in schneller Folge abgefragt und im Datenfeld „Puffer" abgelegt. Eine einfache graphische Ausgabe dient der übersichtlichen Darstellung der erfaßten Daten. Abb.12.7. zeigt einen Bildschirmausdruck der Ausgabe.

```
Program PCF8574_Logik_Analysator;
Uses CRT, Graph, I2C_LPT1;
var m, n: Word;
    Puffer : Array [1..5000] of Byte;
procedure ParallelAus (Wert: Byte);
begin
  Start;
  Ausgeben (32 * 2);       { Adresse 32, schreiben }
  Ausgeben (Wert);
  Stop;
end;
function ParallelEin : Byte;
begin
  Start;
  Ausgeben (32 * 2 + 1);   { Adresse 32, lesen }
  ParallelEin := Einlesen;
  KeinAcknowledge;
  Stop;
end;
procedure Serie;
var Dummy : Byte;
begin
  ParallelAus (255);
  Start;
  Ausgeben (32 * 2 + 1);   { Adresse 32, lesen }
  for n := 1 to 700 do begin;
     Puffer [n] := Einlesen;   { 700 mal Daten lesen }
     Acknowledge;              { Empfang bestätigen }
     delay (10);
  end;
```

(Fortsetzung nächste Seite)

12. Der I²C-Bus

```pascal
    Dummy := Einlesen;              { einmal einlesen }
    KeinAcknowledge;                { nicht bestätigen }
    Stop;                           { abmelden }
end;
procedure GrafikAusgabe;
var Graphdriver, Graphmode, Graphcode : Integer;
    Wert : Byte;
begin
  graphDriver := Detect;
  InitGraph (Graphdriver, Graphmode, '');
  SetLineStyle (1,2,1);
  for n:= 1 to 8 do begin
    Line (0,n*20,700,n*20);
  end;
  SetLineStyle (0,2,1);
  Wert := 1;
  for n := 1 to 8 do begin
    for m := 2 to 700 do begin
      Line (m-1,n*20-12*((Puffer[m-1] and Wert) div Wert),
        m,n*20-12*((Puffer[m] and Wert) div Wert));
    end;
    Wert := Wert * 2;
  end;
  repeat until KeyPressed;
  CloseGraph;
end;
begin
  ClrScr;
  Serie;
  GrafikAusgabe;
end.
```

Listing 12.4. Anwendung des PCF 8574 in einem Logik-Analysator.

12.4. Der A/D – D/A-Wandler PCF 8591

12.4. Der A/D – D/A-Wandler PCF 8591

Der I²C-Bus-Baustein PCF 8591 (Philips) verfügt über vier analoge Eingangskanäle und einen analogen Ausgangskanal. Die Auflösung beträgt 8 Bit bzw. ca. 20 mV bei der höchsten Referenzspannung von 5 V.

Die Grundadresse ist 72, wobei durch drei herausgeführte Adreßleitungen bis zu acht Wandler adressiert werden können. Abb.12.8. zeigt den Anschluß des Bausteins. Die analogen Eingänge des Wandlers sollten zum Schutz gegen Überspannungen mit Widerständen von 10 kΩ versehen werden.

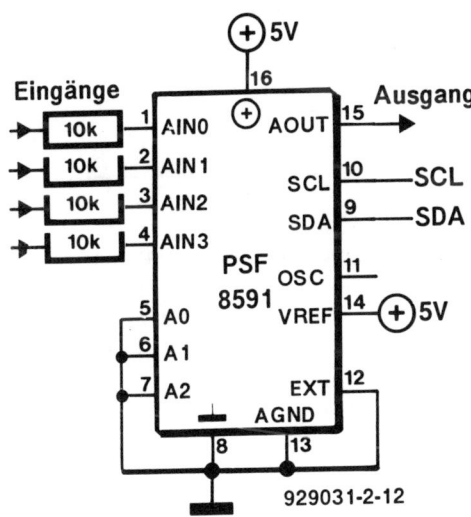

Abb.12.8.
Anschluß des A/D- und D/A-Wandlers PCF 8591.

12. Der I²C-Bus

Der PCF 8591 muß über ein Steuerbyte in den gewünschten Betriebsmodus versetzt werden. Neben der Aktivierung des analogen Ausgangs können Parameter des A/D-Wandlers wie z. B. der aktive Eingangskanal eingestellt werden. Der Wandler kann beim Auslesen selbständig zwischen den vier Kanälen umschalten. Außerdem lassen sich Differenzeingänge bilden. Die folgende Tabelle zeigt den Aufbau des Steuerbytes:

Bit 0 und Bit 1:	aktiver Eingangskanal
Bit 2:	automatische Kanalumschaltung
Bit 3:	immer 0
Bit 4 und Bit 5:	Eingangsbeschaltung:
00:	alle Kanäle gegen Masse
01:	drei Differenzeingänge gegen Ain 3
10:	Ain 0, Ain 1 gegen Masse, Ain 2 - Ain 3 als Differenzeingänge
11:	Ain 0 - Ain 1 und Ain 2 - Ain 3
Bit 6:	Analogausgang aktiv
Bit 7:	immer 0

Zum Ausgeben eines Analogwerts muß nach der Adresse zunächst das Steuerbyte gesendet werden. Danach können Daten an den D/A-Wandler übertragen werden. Ein einmal adressierter Baustein kann in einer endlosen Serie Daten empfangen. Nach einer neuen Adressierung des D/A-Wandlers muß immer zuerst das Steuerbyte übertragen werden, so daß eine analoge Ausgabe mit der Adresse die Übertragung von drei Bytes erfordert.

Listing 12.5. zeigt die grundsätzliche Ansteuerung für den analogen Eingang Ain0 und den analogen Ausgang Aout. Der Benutzer gibt den Ausgangswert ein und erhält das Ergebnis der Messung zurück. Das Steuerbyte für den PCF 8591 ist 64, weil nur Bit 6 (Analogausgang aktiv) gesetzt wird.

12.5. Ein Speicheroszilloskop

```
Program PCF8591_Direktsteuerung;
Uses CRT, I2C_LPT1;
var  Ausgabe: Byte;
procedure DAaus (Steuerbyte, Wert: Byte);
begin
  Start;
  Ausgeben (72 * 2);              { Adresse 72, schreiben }
  Ausgeben (Steuerbyte);
  Ausgeben (Wert);
  Stop;
end;
function ADein: Byte;
begin
  Start;
  Ausgeben (72 * 2 + 1);          { Adresse 72, lesen }
  ADein := Einlesen;
  KeinAcknowledge;
  Stop;
end;
begin
  repeat
    write ('Ausgabe  ');
    readln (Ausgabe);
    DAaus (64, Ausgabe);
    writeln ('Eingabe= ',ADein);
  until Ausgabe=0;
end.
```

Listing 12.5. Direktsteuerung des PCF 8591.

12.5. Ein Speicheroszilloskop

Der Analogwandler PCF 8591 läßt sich automatisch ansteuern, um schnelle Meßfolgen zu erreichen. Wenn nur gemessen, nicht aber ausgegeben werden soll, dann kann auf eine wiederholte Adressierung verzichtet werden. So lassen sich Meßraten bis zu 10 kHz erreichen.

12. Der I²C-Bus

Listing 12.6. zeigt ein Programm zur schnellen Messung an allen vier Kanälen. Gleichzeitig wird ein Funktionsgenerator realisiert, indem aus einer vorbereiteten Wertetabelle Analogwerte ausgegeben werden. Mit der Möglichkeit der analogen Ein- und Ausgabe eignet sich der PCF 8591 gut zur Untersuchung von analogen Schaltungen. Abb.12.9. zeigt das Prinzip. Über den analogen Ausgang wird eine Funktion erzeugt, die an das Meßobjekt gelegt wird. Die Antwort des Meßobjekts kann an vier Meßkanälen beobachtet werden. Auf diese Weise läßt sich z. B. die Linearität eines Verstärkers oder das Einschwingverhalten eines Filters untersuchen.

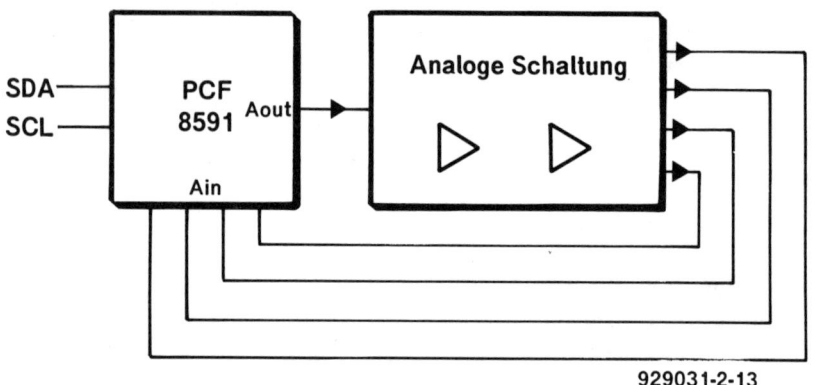

Abb.12.9. Prinzip der Untersuchung analoger Schaltungen mit Funktionsgenerator und Speicheroszilloskop.

Bevor der A/D-Wandler benutzt wird, muß mit der Prozedur „DAaus" das Steuerbyte übertragen werden, um den Betriebsmodus und den aktiven Kanal festzulegen. Dann kann das Auslesen des Meßergebnisses mit der Prozedur „ADein" erfolgen. Der A/D-Wandler liefert nach der Adressierung sofort ein Ergebnisbyte. Allerdings muß beachtet werden, daß die eigentliche Wandlung taktgleich mit dem Auslesevorgang abläuft.

12.5. Ein Speicheroszilloskop

Man erhält daher immer das Ergebnis der zuvor erfolgten Wandlung. Soll nach einer längeren Wartezeit eine Eingangsspannung gemessen werden, dann müssen daher zwei Datenbytes ausgelesen werden, von denen das erste verworfen wird.

Die Prozedur „AD_Serie" zeigt die Ausführung einer schnellen, vierkanaligen Meßserie ohne Verwendung des analogen Ausgangs. Das Steuerbyte (4) legt die automatische Umschaltung der Eingangskanäle fest, wobei mit dem ersten Kanal begonnen wird und der D/A-Wandler abgeschaltet bleibt. Da jede Wandlung während des Auslesevorgangs erfolgt, muß nach der Adressierung zunächst eine Leerlaufmessung erfolgen. Danach können beliebig viele Meßwerte ausgelesen werden, ohne die Adresse neu zu übertragen. Man erreicht so Wandlungsraten von bis zu 10 kHz. Die Prozedur liefert ein Datenfeld mit jeweils 1000 Meßpunkten an vier Kanälen.

Mit der Prozedur „AD_DA_Serie" wird während einer vierkanaligen Messung zugleich der D/A-Wandler benutzt, um eine vorbereitete Spannungsfunktion auszugeben. Deshalb wird mit Bit 6 des Steuerbytes (68) der Analogausgang aktiviert. Die Funktion wird durch die Prozedur „DA_Tabelle" vorbereitet. Als Beispiel wurde ein einzelner Impuls gewählt. Sinnvoll sind auch andere Funktionen, wie Sinus, Dreieck und Rampe.

Da analoge Ausgaben und Eingaben sich abwechseln, muß der Wandler jedesmal wieder neu adressiert werden. Nach einer Ausgabe erfolgen jeweils fünf Messungen hintereinander, wovon die erste verworfen werden muß, da sie noch die Antwort auf den letzten ausgegebenen Analogwert enthält.

12. Der I²C-Bus

Das Programm enthält Prozeduren zur graphischen Ausgabe der Messungen auf beliebigen Graphikschirmen. Man kann die gemessenen Kanäle einzeln oder gemeinsam darstellen. Abb. 12.10 zeigt das Ergebnis einer Messung. Zusätzlich ist eine Dateiausgabe vorgesehen. Die Meßwerte werden dabei in Tabellenform zur Weiterverarbeitung mit anderen Programmen gespeichert.

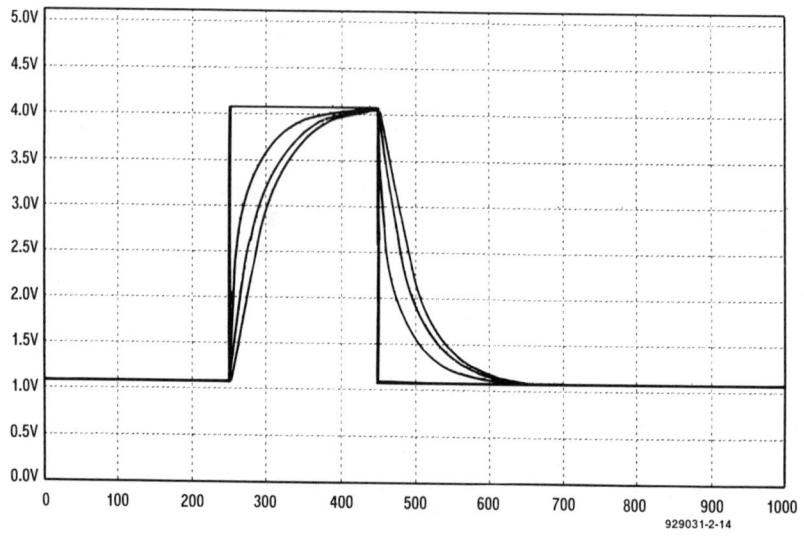

Abb.12.10. Der Bildschirmausdruck zeigt die Messung an einem mehrstufigen Tiefpaßfilter.

12.5. Ein Speicheroszilloskop

```pascal
Program PCF8591_Speicheroszi;
Uses CRT, Dos, Graph, I2C_LPT1;
var   Puffer : Array [1..4000] of Byte;
      DA_Puffer : Array [1..1000] of Byte;
      Ch                  :    Char;
      xres, yres, Zeit  : Integer;
procedure DAaus (Steuerbyte, Wert: Byte);
begin
  Start;
  Ausgeben (72 * 2);          { Adresse 72, schreiben }
  Ausgeben (Steuerbyte);
  Ausgeben (Wert);
  Stop;
end;
function ADein: Byte;
begin
  Start;
  Ausgeben (72 * 2 + 1);      { Adresse 72, lesen }
  ADein := Einlesen;
  KeinAcknowledge;
  Stop;
end;
procedure AD_Serie;
var n: Integer;
    Dummy : Byte;
begin
  DAaus (4,100);              { Steuerbyte=4 }
  Start;
  Ausgeben (72 * 2 + 1);      { Adresse 72, lesen }
  Inline ($FA);               { Interrupt sperren }
  Dummy := Einlesen;
  Acknowledge;
  for n := 1 to 4000 do begin
    Puffer [n] := Einlesen;   { 4000 Bytes einlesen }
    Acknowledge;
  end;
```

(Fortsetzung nächste Seite)

12. Der I²C-Bus

```
  Inline ($FB);                    { Interrupt freigeben }
  Dummy := Einlesen;
  KeinAcknowledge;
  Stop;
end;
procedure DA_Tabelle;
var n : Integer;
begin
  for n := 1 to 250 do DA_Puffer [n] := 55;
  for n := 251 to 450 do DA_Puffer [n] := 205;
  for n := 451 to 1000 do DA_Puffer [n] := 55;
end;
procedure AD_DA_Serie;
var n, m : Integer;
    Dummy : Byte;
begin
  for n := 1 to 1000 do begin
    DAaus (68,DA_Puffer[n]);       { Steuerbyte=68 }
    Start;
    Ausgeben (72 * 2 + 1);         { Adresse 72, lesen }
    Dummy := Einlesen; Acknowledge;
    Puffer [4*(n-1)+1] := Einlesen; Acknowledge;
    Puffer [4*(n-1)+2] := Einlesen; Acknowledge;
    Puffer [4*(n-1)+3] := Einlesen; Acknowledge;
    Puffer [4*(n-1)+4] := Einlesen; KeinAcknowledge;
    Stop;
  end;
end;
```

(Fortsetzung nächste Seite)

12.5. Ein Speicheroszilloskop

```
procedure Speichern (dateiname :String);
var  f : Text;
     n, r : Integer;
begin
  Assign(f,dateiname);
  {$I-} ReWrite(f); {$I+}
  r := IOresult;
  if  r = 0 then begin
     for n:=0 to 999 do begin;
        write (f,Puffer [4*n+1],#9);
        write (f,Puffer [4*n+2],#9);
        write (f,Puffer [4*n+3],#9);
        writeln (f,Puffer [4*n+4]);
     end;
     close (f);
  end;
end;
procedure GrafikInit;
var Graphdriver, Graphmode, Graphcode : Integer;
begin
  graphDriver := Detect;
  InitGraph (Graphdriver, Graphmode, '');
  xres := GetmaxX; yres := GetmaxY;
end;
function wx (x: Integer): Integer;
 begin
   wx :=  round (x * (xres/1000));
 end;
function wy (y: Integer): Integer;
 begin
   wy :=  round ((1000-y)*(yres/1000));
 end;
```

(Fortsetzung nächste Seite)

12. Der I²C-Bus

```
procedure DiagrammInit;
var i, j : Integer;
    Zahl    : String;
begin
   Grafikinit;
   Line (wx(100),wy(100),wx(900),wy(100));
   Line (wx(900),wy(100),wx(900),wy(868));
   Line (wx(900),wy(868),wx(100),wy(868));
   Line (wx(100),wy(868),wx(100),wy(100));
   SetLineStyle (1,2,1);
   for i := 1 to 10 do
     Line (wx(100),wy(100+75*i),wx(900),wy(100+75*i));
   SetTextJustify (2,1);
   for i := 0 to 10 do
     begin
        Str (0.5*i:2:1,Zahl);
        Zahl := concat (Zahl, ' V');
        OutTextXY (wx(90),wy(100+75*i),Zahl);
     end;
   for i := 1 to 10 do
     Line (wx(100+80*i),wy(100),wx(100+80*i),wy(868));
   SetTextJustify (1,1);
   for i := 0 to 10 do
     begin
        Str (100*i,Zahl);
        OutTextXY (wx(100+80*i),wy(70),Zahl);
     end;
end;
procedure Plot (Kanal : Integer);
var i : Integer;
    Stepweite : real;
begin
  SetLineStyle (0,2,1);
  moveto (wx(100),wy(100+3*Puffer[Kanal]));
  for i := 0 to 999 do
    lineto (wx(100+round(i*0.8)),wy
(100+3*Puffer[i*4+Kanal]));
end;
```

(Fortsetzung nächste Seite)

12.5. Ein Speicheroszilloskop

```
begin
  ClrScr;
  Writeln ('Bitte Taste drücken, um Messung zu starten');
  Repeat until KeyPressed; Ch := ReadKey;
  DA_Tabelle;
  AD_DA_Serie;
  { AD_Serie; }
  DiagrammInit;
  repeat;
    repeat until KeyPressed;
    Ch := upcase (ReadKey);
      If Ch in ['1'..'4'] then Plot (ord(Ch)-48);
      If Ch = 'S' then Speichern ('Ausgabe.Dat');
      If Ch = ' ' then begin CloseGraph; DiagrammInit end;
  until Ch = chr (27);
  CloseGraph;
end.
```

Listing 12.6. Programm eines Speicheroszilloskops mit zusätzlichem Funktionsgenerator.

13. Der Joystick-Port

Viele PCs sind mit einem 15poligen Anschluß für Joysticks ausgestattet. Oftmals bleibt diese Schnittstelle ungenutzt, während alle seriellen und parallelen Schnittstellen mit Peripheriegeräten verbunden sind. Deshalb bietet es sich an, auch diesen Anschluß auf seine Verwendungsmöglichkeiten in der Meß- und Steuerungstechnik zu untersuchen.

Der Joystick-Port (auch Game-Port genannt) hat vier quasi-analoge Eingänge (A0...A3), die über die Ladezeiten von vier Kondensatoren die Messung von Widerständen ermöglichen. Außerdem stehen vier digitale Eingänge (D4...D7) zur Verfügung. Der Joystick-Anschluß führt als einzige Standardschnittstelle des PC die Betriebsspannung 5 V nach außen, so daß sich externe Schaltungen versorgen lassen. Die Anschlußbelegung geht aus Abb.13.1. und der folgenden Tabelle hervor.

Pin	Anschluß
1,8,9,15	Betriebsspannung +5 V
4,5,12	Masse
2	D4
3	A0
6	A1
7	D5
10	D6
11	A2
13	A3
14	D7

13. Der Joystick-Port

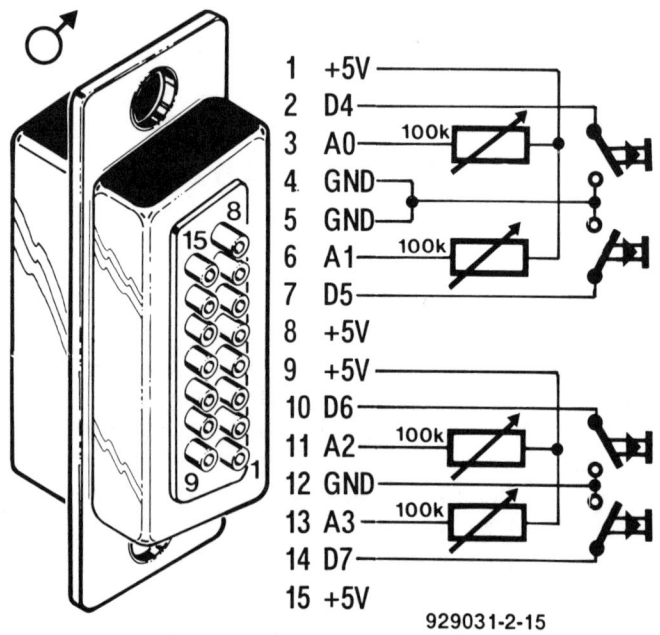

Abb.13.1. Anschlußbelegung des Joystick-Ports.

Der Joystick-Port belegt nur eine Portadresse. Unter der Adresse 201(hex) können alle Leitungen gelesen werden:

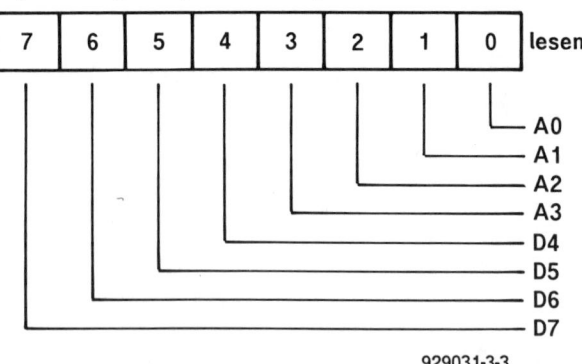

Abb.13.2. Joystick-Register (Adresse 201) lesen.

13. Der Joystick-Port

Bei einem beliebigen Schreibzugriff auf dieselbe Adresse werden die Analogeingänge für eine neue Messung zurückgesetzt.

Joystick-Register (Adresse 201)

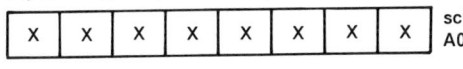

schreiben = A0...A3 zurücksetzen

929031-3-4

Abb.13.3. Schreibzugriff auf Adresse 201 (= A 0...A 3 zurücksetzen).

Die quasi-analogen Eingänge dienen im Normalfall zur Messung des Widerstands der Potentiometer von 0 bis 100 kΩ im Steuerknüppel. Nach einer Initialisierung durch die Software lädt jeder Widerstand einen Kondensator von 10 nF auf. Sobald eine Ladespannung von 2/3 der Betriebsspannung erreicht ist, kippt ein interner Komparator um, und der Kondensator wird wieder entladen. Die Ladezeit des Kondensators ist proportional zum gemessenen Widerstand. Das Verfahren ist vergleichbar mit der Widerstandsmessung in Kap. 5.1. Intern werden meist vierfache Timer vom Typ 558 verwendet. Die Eingänge sind durch Serienwiderstände mit 2,2 kΩ geschützt.

Listing 13.1. zeigt das grundsätzliche Verfahren der Potiabfrage. Ein einmaliger Schreibzugriff auf die Adresse 201 mit beliebigem Datenbyte setzt alle vier Timer gleichzeitig zurück. Beim Lesen dieser Adresse zeigen die unteren vier Bits den Zustand der Timer an den Eingängen A0 bis A3. Eine Eins bedeutet, daß am entsprechenden Eingang die Schwellenspannung noch nicht erreicht wurde. Man kann daher in einer schnellen Abfrageschleife die Ladezeit messen. Hochohmige Potentiometer bis etwa 1 MΩ führen dabei zu einer relativ langen Ladezeit und einer guten Auflösung der Messung. Damit offene Eingänge nicht zu einer Endlosschleife führen, wurde ein Time-out eingebaut.

13. Der Joystick-Port

```
Program Joystick_Widerstand;
uses crt;
function Zaehler (Kanal : Integer) : Word;
var n : word;
    Portwert : Byte;
begin
  Portwert := 1;                            { A0 }
  if Kanal=2 then Portwert := 2;            { A1 }
  if Kanal=3 then Portwert := 4;            { A2 }
  if Kanal=4 then Portwert := 8;            { A3 }
  n:=0;
  Inline ($FA);                             { Interrupt sperren }
  port[$201]:= 0;                           { Timer-Reset }
  repeat
    n:=n+1;                                 { zählen bis Bit=0 }
  until ((Port [$201] and Portwert) = 0) or (n>10000);
  Inline ($FB);                             { Interrupt freigeben }
  Zaehler := n;
end;
begin
  repeat
    writeln (Zaehler(1),' ',Zaehler(2),' ',Zaehler(3),' ',Zaehler(4));
    delay (200);
  until KeyPressed;
end.
```

Listing 13.1. Messung der Ladezeiten für vier externe Widerstände.

Die analogen Eingänge eignen sich zur direkten Widerstandsmessung. Allerdings ist die Grundgenauigkeit vor allem durch die Toleranz der Ladekondensatoren recht gering. Man muß daher jeden Eingang individuell kalibrieren. Dann ist z. B. die direkte Temperaturmessung über NTC-Widerstände mit etwa 100 kΩ möglich.

13. Der Joystick-Port

Die vier digitalen Eingänge sind TTL-Eingänge. Zusätzlich werden allerdings Pull-Up-Widerstände von 1 kΩ und Störschutzkondensatoren von 47 pF verwendet. Im offenen Zustand werden Einsen gelesen. Die Eingänge sind für den Anschluß von Schaltern gegen Masse ausgelegt, können jedoch auch durch TTL-Ausgänge oder Transistoren angesteuert werden. Listing 13.2. zeigt ein kleines Abfrageprogramm für die digitalen Eingänge. Es werden die oberen vier Bits der Portadresse 201 ausgewertet.

Wegen der verwendeten Pull-Up-Widerstände fließt bei heruntergeschalteten Eingängen ein relativ großer Strom von etwa 5 mA. Das ist vorteilhaft für die Abfrage von Schaltern, kann jedoch beim Anschluß an CMOS-Ausgänge zu Problemen führen. Einige Anwendungen verlangen daher Eingangstreiber.

```
Program Joystick_Digitalports;
uses CRT;
function Din: Byte;
begin
  Din := Port [$201] AND 240;        { Bits 4...7 lesen }
end;
begin
  ClrScr;
  repeat
    GotoXY (10,10);
    write (Din AND 16 div 16,' ');      { D4 }
    write (Din AND 32 div 32,' ');      { D5 }
    write (Din AND 64 div 64,' ');      { D6 }
    write (Din AND 128 div 128,' ');    { D7 }
  until KeyPressed;
end.
```

Listing 13.2. Auslesen der vier digitalen Eingangsleitungen.

13. Der Joystick-Port

Versuche mit digitalen Eingängen, wie sie in den vorigen Kapiteln für die serielle Schnittstelle vorgestellt wurden, können auch am Spieleanschluß durchgeführt werden. Allerdings ist diese Schnittstelle genau wie die Druckerschnittstelle prinzipiell durch mögliche Überlastungen gefährdet. Besondere Vorsicht ist beim Umgang mit dem Betriebsspannungsanschluß geboten. Ein Kurzschluß kann den PC beschädigen.

13.1. Spannungsmessung

Die analogen Eingänge des Spieleports lassen eine sehr einfache Spannungsmessung zu. Statt einer Variation des Widerstandes führt auch eine Spannungsänderung zu einer Änderung der Ladezeit. Allerdings muß die Ladespannung grundsätzlich über 3,3 V liegen. Abb.13.4. zeigt den Anschluß des Meßeingangs am Anschluß A3. Damit auch Spannungen um null Volt erfaßbar sind, wird hier gegen die Betriebsspannung des Rechners gemessen. Sicherheitshalber wird darum der Ladewiderstand aufgeteilt, damit das Meßkabel bei einer Berührung mit der Rechner-Masse keinen Kurzschluß verursachen kann. Leider sind mit dieser einfachen Schaltung nur Messungen an potentialfreien Meßobjekten, also z. B. an Batterien möglich.

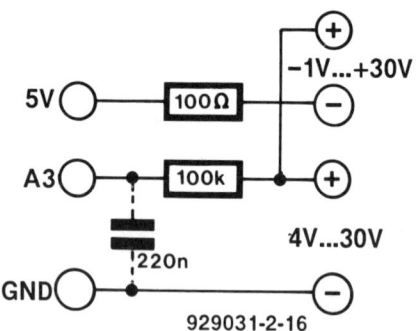

*Abb.13.4.
Ein Spannungseingang am
Joystick-Port.*

13.1. Spannungsmessung

Wenn bei speziellen Anwendungen die Meßspannung grundsätzlich über 4 V liegt, kann man auch gegen Masse messen. Das Programm in Listing 13.3. zeigt beide Möglichkeiten. Die Variable „Nullwert" enthält den voreingestellten Zählerwert bei einer Leerlaufmessung mit der Eingangsspannung 5 V bzw. mit kurzgeschlossenem Eingang, wenn gegen die Betriebsspannung gemessen wird. Dieser Zählerwert ist für jeden Rechner individuell zu bestimmen, wozu z. B. das Zählerprogramm nach Listing 13.1. verwendet werden kann. Der Nullwert 340 wurde für einen AT mit 80386-Prozessor und einer Taktfrequenz von 25 MHz bestimmt. Die Prozedur „Kalibrieren" erlaubt zusätzlich eine Nachjustierung im laufenden Betrieb. Will man mehrere Spannungseingänge verwenden, dann muß für jeden Kanal ein eigener Zähler-Nullwert verwendet werden.

```
Program Joystick_Spannung;
uses CRT;
var Nullwert: Word;
    Ch : Char;
function Zaehler (Kanal : Integer) : Word;
var n : word;
    Portwert : Byte;
begin
  Portwert := 1;                               { A0 }
  if Kanal=2 then Portwert := 2;               { A1 }
  if Kanal=3 then Portwert := 4;               { A2 }
  if Kanal=4 then Portwert := 8;               { A3 }
  n:=0;
  Inline ($FA);                                { Interrupt sperren }
  port[$201]:= 0;                              { Timer-Reset }
  repeat
    n:=n+1;                                    { zählen bis Bit=0 }
  until ((Port [$201] and Portwert) = 0) or (n>10000);
  Inline ($FB);                                { Interrupt freigeben }
  Zaehler := n;
end;
```

(Fortsetzung nächste Seite)

13. Der Joystick-Port

```
function Uin: Real ;
begin
  Uin := 3.33 *
(1/(1-exp(-Zaehler(4)/Nullwert))-1/(1-exp(-1)));
end;
procedure Kalibrieren;
begin
  Nullwert := Zaehler (4);              { Messung an A3 }
end;
begin
  Nullwert := 340;
  ClrScr;
  repeat
    repeat
      GotoXY (1,10);
      writeln ('Spannung gegen +5 V  = ',Uin :3:1,' V    ');
      writeln ('Spannung gegen Masse = ',Uin+5 :3:1, ' V    ');
      delay (200);
    until KeyPressed;
    Ch := upcase (ReadKey);
    If Ch = 'K' then Kalibrieren;
  until Ch = chr(27);
end.
```

Listing 13.3. *Spannungsmessung über den Joystick-Port.*

Der Zusammenhang zwischen Zählerwert und Spannung ist nicht linear, sondern läßt sich über die Exponentialfunktion beschreiben. Die eigentliche Umrechnung und Linearisierung wird in der Funktion „Uin" ausgeführt. Sie ähnelt der Linearisierung des einfachen A/D-Wandlers in Kap. 5.2.

Das vorgestellte Meßverfahren hat nur eine sehr begrenzte Genauigkeit. Die wichtigsten Fehlerquellen sind die Betriebsspannung des Rechners und der Temperaturkoeffizient der internen Ladekondensatoren. Mit einer effektiven Auflösung von 0,1 V bei einem Meßbereich bis etwa 30 V ist es jedoch für viele Anwendungen ausreichend.

13.2. Grenzwertüberwachung

Die Auflösung und die Genauigkeit lassen sich nach Abb. 13.4 durch einen zusätzlichen, externen Kondensator von 0,22 μF verbessern. Durch diese Maßnahme werden längere Ladezeiten und damit größere Zählerwerte erreicht, so daß die Spannung in kleinere Schritte aufgelöst wird. Außerdem kann man durch den Einsatz von Folienkondensatoren einen besseren Temperaturkoeffizienten erreichen, so daß die Langzeitstabilität verbessert wird. Keinen Einfluß hat man allerdings auf die Ungenauigkeiten, die durch die Betriebsspannung des PCs verursacht werden.

13.2. Grenzwertüberwachung

Eine nützliche Eigenschaft der am Game-Port verwendeten Timer ist es, daß der Zustand der analogen Eingänge (Triggerschwelle erreicht/ nicht erreicht) völlig unabhängig von sonstigen Anwendungen in Flipflops gespeichert bleibt. Man kann also irgendwann die Timer zurücksetzen und sich dann anderen Tätigkeiten am PC zuwenden. Nach einer beliebigen Zeit läßt sich für jeden Eingang abfragen, ob in der Zwischenzeit einmal der Grenzwert von 3,3 V erreicht wurde.

Abb.13.5. zeigt mögliche Anwendungen der Grenzwertüberwachung. Größere Spannungen lassen sich mit einem Spannungsteiler überwachen. Ein NTC-Widerstand kann eingesetzt werden, um eine Temperaturüberschreitung zu erkennen. Denkbar wäre z. B. eine Temperaturüberwachung im PC selbst. Der Meßfühler kann dabei auf einzelnen Bauteilen befestigt werden, um herauszufinden, ob ausreichende Kühlung besteht.

13. Der Joystick-Port

Neben der Überwachung analoger Größen lassen sich auch Einzelimpulse mit einer Mindestlänge von ca. 2 ms oder Schalterzustände überwachen. In jedem Fall läßt sich später feststellen, ob ein bestimmtes Ereignis mindestens einmal eingetreten ist. Listing 13.4. stellt ein Programm für die Grenzwertüberwachung vor. Man kann die Eingänge beliebig zurücksetzen und anzeigen lassen. Das Programm darf verlassen werden, um es später wieder zu starten. In der Zwischenzeit aufgetretene Grenzwertüberschreitungen werden dann angezeigt.

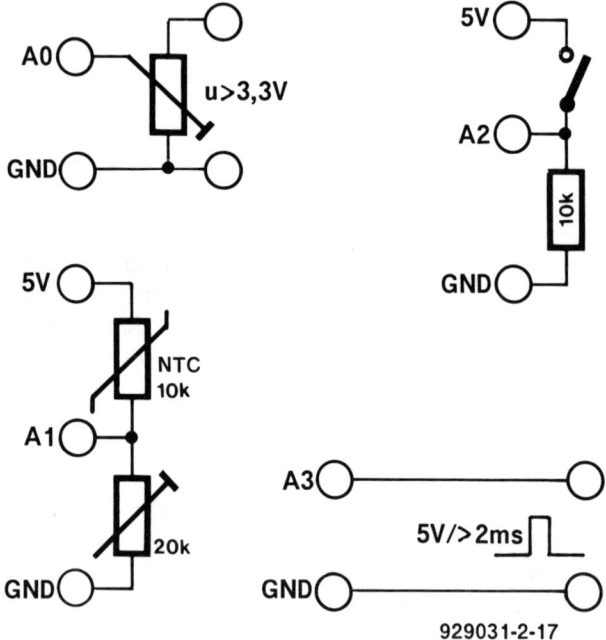

Abb.13.5. Überwachung von Grenzwerten über den Game-Port.

13.2. Grenzwertüberwachung

```pascal
Program Joystick_Grenzwert;
uses CRT;
var Nullwert: Word;
    Ch : Char;
procedure Ruecksetzen;
begin
  Port [$201] := 0;
end;
function Eingang (Kanal: Integer): String;
var Zustand : String;
    Portwert : Byte;
begin
  Portwert := 1;                         { A0 }
  if Kanal=2 then Portwert := 2;         { A1 }
  if Kanal=3 then Portwert := 4;         { A2 }
  if Kanal=4 then Portwert := 8;         { A3 }
  if (Port [$201] AND Portwert) = 0 then Eingang := 'ja'
    else Eingang := 'nein'
end;
begin
  ClrScr;
  writeln ('Grenzwertüberwachung     <R>ücksetzen   <Esc> ');
  repeat
    repeat
      GotoXY (1,4);
      writeln ('Kanal 1: ',Eingang(1));
      writeln ('Kanal 2: ',Eingang(2));
      writeln ('Kanal 3: ',Eingang(3));
      writeln ('Kanal 4: ',Eingang(4));
      delay (200);
    until KeyPressed;
    Ch := upcase (ReadKey);
    If Ch = 'R' then Ruecksetzen;
  until Ch = chr(27);
end.
```

Listing 13.4. Ein Programm zur Grenzwertüberwachung.

13. Der Joystick-Port

13.3. Ein Schaltausgang

Die Verwendungsmöglichkeiten des Joystick-Ports sind leider durch das Fehlen digitaler Ausgänge stark eingeschränkt. Über einen kleine Zusatzschaltung kann aber wenigstens ein Ausgang bereitgestellt werden. An den analogen Eingängen erscheint nämlich nach einem Softwarestart des Timers ein einzelner Sägezahnimpuls mit einer Höhe von 3,3 V, wenn von diesem Anschluß ein Widerstand gegen die Betriebsspannung geschaltet ist. Viele solcher Impulse ergeben im Mittel eine Spannung von etwa 2 V. Sie reicht aus, um einen Transistor durchzuschalten.

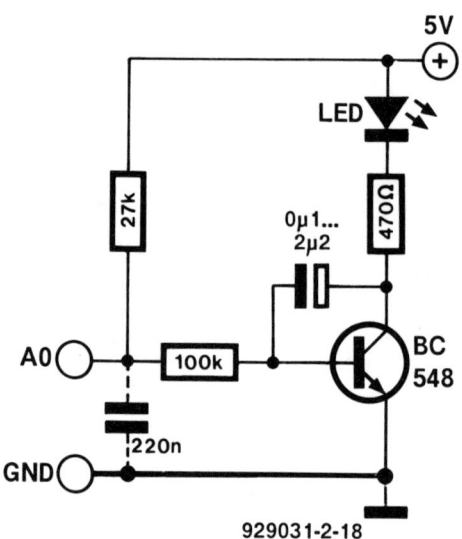

Abb.13.6. Ein Schaltausgang am Joystick-Anschluß.

13.3. Ein Schaltausgang

Abb.13.6. zeigt eine Transistorschaltung zur Realisierung eines Ausgangs. Die Transistor schaltet eine Leuchtdiode ein, wenn laufend Resetbefehle an den Joystick-Timer gegeben werden. Ein zusätzlicher Kondensator befreit das Ausgangssignal von Wechselspannungsanteilen, die durch die Schaltvorgänge entstehen. Mit einer Kapazität von 2,2 μF ergibt sich zusätzlich ein „weiches" Ein- und Ausschalten der Leuchtdiode.

Listing 13.5. zeigt das Programm eines LED-Blinkers. Da keine sehr hohe Frequenz der Rücksetzimpulse erforderlich ist, genügt ein Basicprogramm. In Zeile 20 wird jeweils 5000 mal ein Rücksetzbefehl erteilt. Durch dieses „Dauerfeuer" wird der Transistor durchgeschaltet. Falls bei einem zu langsamen PC die erforderliche Schaltspannung nicht erreicht wird, kann durch einen zusätzlichen Kondensator von 0,22 μF die Ladegeschwindigkeit des Timers verlangsamt werden. Sobald die Rücksetzbefehle ausbleiben, schaltet der Transistor ab.

```
1  REM Gameport-LED-Blinker
10 FOR N = 1 TO 5000
20 OUT (&H201), 1        :REM Timer-Reset, LED an
30 NEXT N
40 FOR N = 1 TO 10000    :REM LED aus
50 NEXT N
60 IF INKEY$ <> "" THEN END
70 GOTO 10
```

Listing 13.5. Programm zur Ansteuerung des Ausgangs.

13. Der Joystick-Port

13.4. Ein Digitalzähler

Durch direkte Abfrage der digitalen Eingänge des Joystick-Ports lassen sich verschiedene Formen von Digitalzählern realisieren. Die digitalen Eingänge können nach Abb.13.7. direkt an Schalter oder TTL-Ausgänge angeschlossen werden. Die in Kapitel 6 beschriebene Frequenzmessung läßt sich allein durch Anpassung der Portadresse auch für diesen Anschluß verwenden. Hier soll zur Abwechslung einmal ein Ereigniszähler vorgestellt werden, der natürlich in ähnlicher Form auch mit der seriellen Schnittstelle realisierbar ist.

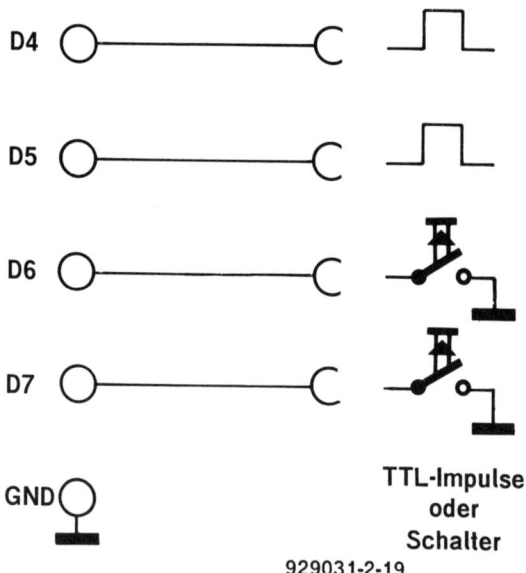

Abb.13.7. Impulse oder Schalterzustände lassen sich direkt einlesen.

13.4. Ein Digitalzähler

Listing 13.6. zeigt das Programm eines vierfachen Impulszählers. Alle vier digitalen Eingänge werden in der Prozedur „Zaehler" gleichzeitig beobachtet, wobei ankommende Impulse unabhängig voneinander gezählt und dargestellt werden. Da während des Zählens auch die Bildschirmausgabe erfolgt, ist die maximale Eingangsfrequenz für einen einfachen AT auf etwa 1 kHz begrenzt.

Die Eingänge sind für den direkten Anschluß von Schaltern, Tastern oder Reedkontakten geeignet. Das häufig beobachtete „Prellen" von Kontakten kann hierbei zu Zählfehlern führen. Eine wirksame Gegenmaßnahme ist das Einfügen einer Verzögerung von einigen Millisekunden (z. B. delay(40);). Stammen die Impulse von elektronischen Quellen wie z. B. Geiger-Müller-Zählrohren oder Oszillatoren, dann sollte die Verzögerung entfernt werden, da sie zugleich die Grenzfrequenz herabsetzt.

```
program Vierkanalzaehler;
uses CRT;
var ch : Char;
procedure Zaehler;
var z1,z2,z3,z4: word;
Eingang, EingangAlt: Byte;
begin
  ClrScr;
  write ('Ereigniszähler <Leertaste> = Reset <Esc>');
  Z1:=0; Z2:=0; Z3:=0; Z4:=0;
  EingangAlt := Port[$201];        { D4...D7 lesen }
  gotoXY (10,5); write (Z1);
  gotoXY (10,7); write (Z2);
  gotoXY (10,9); write (Z3);
  gotoXY (10,11); write (Z3);
```

(Fortsetzung nächste Seite)

13. Der Joystick-Port

```
    repeat
      Eingang := Port[$201];
      if (Eingang and 16) < (EingangAlt and 16) then begin
        Z1 := Z1 + 1;                                 { D4 }
        gotoXY (10,5); write (Z1);
      end;
      if (Eingang and 32) < (EingangAlt and 32) then begin
        Z2 := Z2 + 1;                                 { D5 }
        gotoXY (10,7); write (Z2);
      end;
      if (Eingang and 64) < (EingangAlt and 64) then begin
        Z3 := Z3 + 1;                                 { D6 }
        gotoXY (10,9); write (Z3);
      end;
      if (Eingang and 128) < (EingangAlt and 128) then begin
        Z4 := Z4 + 1;                                 { D7 }
        gotoXY (10,11); write (Z4);
      end;
      EingangAlt := Eingang;
    until KeyPressed;
    {delay (40);}                     { Tastenentprellung }
  end;
begin
  repeat
    Zaehler;
    Ch := ReadKey;
  until Ch = chr(27);
end.
```

Listing 13.6. *Ein Impulszähler mit vier Eingangskanälen am Joystick-Port.*

Anhang

Anhang

A.1. Literaturverzeichnis

1] A.Schäpers,
   Turbo Pascal 4.0,
   Konzepte, Analysen, Tips, Tricks,
   Addison-Wesley 1988

2] B.Kainka,
   Messen,Steuern und Regeln über die RS-232-Schnittstelle,
   Franzis, 4.Auflage, 1992

3] Elektor,
   Interface Schaltungen,
   Elektor, 2.Auflage, 1991

4] Philips,
   I^2C-Bus-Schaltungen für professionelle Anwendungen,
   Philips 1989

A.2. Stichwortverzeichnis

2-Draht-Datenverbindung	129
25-poliger Sub-D-Stecker	97
25-polige Stecker	10
2764	121
27128	121
27256	121
36-polige Centronics-Buchse	100
4-Kanal-A/D-Wandler	48 ff.
4011	93
4021	74
4094	71
558	159
8243	113 ff.
9-polige Stecker	10
A/D-Wandler	75, 145
Abtasttheorie	86
ACK	102
AD 654	63
Analog/Digital-Wandler	41
AND	37
Auto Feed	103
Basisadresse	13
bidirektionaler 4-Bit-Bus	113
Binärdatei	120
Break-Zustand	16
brennen	121
Busprotokoll	129
Busy	102

175

Anhang

Chip-Select-Leitung	116
COM1	14
Compiler-Sprache	26
CTS	15
D/A-Wandler	145
Darlington-Treiber	108
Datenleitung SDA	129
DCD	15
Deklarationen	19
Digital/Analog-Wandler	105
Digitalvoltmeter	46
Druckerport	97
Druckerschnittstelle	97, 105
DSR	15
DTR	14
Empfangsleitung RxD	10
EPROM	120
Eprommer	121
Error	102
Erweiterungskarten	7
EXOR	37
Exponentialfunktion	46
Fernsteuer-Servos	26
Funktionsgenerator	105
Game-Port	157
Graphikkarte mit Druckerport	102
Grenzwertüberwachung	165
Halbleiter-Relais	24
Handshakeleitungen	10
I^2C-Bus	129
I^2C-Bus-Bestätigung (Acknowledge)	131
I^2C-Bus-Datenübertragung	131
I^2C-Bus-Protokoll	130
I^2C-Bus-Ruhezustand	130
I^2C-Bus-Startbedingung	130
I^2C-Bus-Stopbedingung	130
Impulsbreitenverfahren	43
Init	103
INT	139

A.2. Stichwortverzeichnis

Inter-IC-Bus	129
Interfaces	7
Interfaces mit eigenem Prozessor	7
Interpolation	60
Interrupt	29
Interruptausgang	139
Joystick	157
Joystick-Port	157
kaskadieren	71
Ladespannung	45
Leistungsschalter	24
Linearisierung	59, 164
LM 324	48
Logik-Analysator	141
logische Grundfunktionen	38
logische Schaltungen	37 ff.
LPT1, LPT2	97
Luftfeuchtesensor	58
maskieren	15
Master	129
Mehrzweckinterface	93
Messung nichtelektrischer Größen	43
Modem-Statusregister	13
Modem-Steuerregister	13
NAND	37
niederfrequente Tonsignale	77
NOR	37
Offset	14
Open-Collector-Ausgänge	103
Operationsverstärker	43
OR	37
Oszillatoren	58
parallele Schnittstelle	97
parallele 8-Bit-Ausgabe	105
Parallelport	105
PC-Schnittstellen	7
PC-Uhr	23
PCF 8574	139ff.
PCF 8591	145

Anhang

PCM-Verfahren	78
PE	102
Portbaustein 8243	113
Porterweiterung	113
Prellen	171
Programmieralgorithmus	123
Prozeduren	19
Pull-Up-Widerstand	63, 102
Pulse-Code-Modulation	78
quasi-analoge Eingänge	157
quasi-bidirektionale Leitungen	140
RC-Glied	41
Referenzspannung	75
RI	15
RS 232	42
RS 232-Norm	10
RTS	14
RxD	10
S201-D02	24
Schieberegister	69
Schleifenzeit	27
Schmitt-Trigger	42
Schrittmotoren	30
SCL	129
SDA	129
Select	102
Sendeleitung TxD	10
serielle Schnittstelle	9
Servo	26
Slave	129
SLCT IN	103
Spannungs/Frequenz-Wandler	63
Standardschnittstellen	7
Strobe	71, 103
Taktleitung SCL	129
Time-out	159
Timer-IC-8253	27
TLC 549	75 ff.
TLC 555	58

A.2. Stichwortverzeichnis

TTL-kompatibel 97
TxD 10
U/f-Wandler 63
UART 8250 12
UART 16450 12
ULN 2803 .... 30, 108
Unit-Konzept 137
Unterbrechungsanforderung 29
Wahrheitstabelle 38
XOR-Funktion 103
ZN 426 105

Anhang

A.3. Die Diskette zum Buch

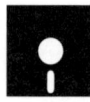

Da wir nicht davon ausgehen können, daß jeder Anwender und experimentierfreudige PC-User einen Pascal-Compiler besitzt, sowie einige sich die Mühe ersparen möchten, die einzelnen Listings abzutippen (wodurch unserer Erfahrung nach zusätzlich die größte Fehlerquelle ausgeschaltet wird), kann über den Verlag die Diskette zum Buch bestellt werden. Auf ihr finden Sie zum einen die zugehörigen .EXE-Dateien (aus Platzgründen mußten leider einige weggelassen werden), zum anderen befinden sich auf ihr die Quelltexte aller benutzten Programme. Dadurch ist eine einfache Modifizierung der Programme (mit einem beliebigen Editor), besonders im Hinblick auf eigene Ideen, möglich. Bei den Basic-Quelltexten ist das kaum problematisch, da zum DOS-Betriebssystem ein Basic-Interpreter mitgeliefert wird, mit dem man diese Prgramme laufen lassen kann. Nach Änderungen in den Pascal-Quelldateien ist allerdings unbedingt ein Pascal-Compiler erforderlich, um wieder .EXE-Dateien erzeugen zu können.

Die Diskette kann, unter der Bestellnummer ESS 8052, zum Preis von 28,- DM, direkt beim Elektor-Verlag, Süsterfeldstr. 25, 5100 Aachen (neue PLZ 52072 ab 1.7.1993), bezogen werden (Preisänderungen vorbehalten).

Sie haben drei Möglichkeiten zu bezahlen:

❏ Sie legen Ihrer Bestellung einen Post/Barscheck (Verrechnungsscheck) bei, der über die Summe der Bestellten Artikel zuzüglich 5,- DM Porto- und Verpackungspauschale lautet.

A.3.1. Inhalt der Diskette

❐ Sie schicken uns mit der Bestellung eine Einzugsermächtigung. Wir lassen dann den Gesamtbetrag von Ihrem Konto abbuchen; auch dabei fügen Sie bitte dem Warenpreis 5,- DM Porto- und Verpackungspauschale zu.
❐ Sie lassen sich die Sendung per Nachnahme kommen und bezahlen den Warenpreis plus Porto, Verpackung und Nachnahmegebühren beim Empfang der Ware.

A.3.1. Inhalt der Diskette

Listing Nr.	Seite	Quelltext	compiliertes Programm
Listing 2.1	17	BLINK.BAS	
Listing 2.2	18	SCHALTER.BAS	
Listing 2.3	20	RECHTECK.PAS	RECHTECK.EXE
Listing 2.4	21	SCHALTER.PAS	SCHALTER.EXE
Listing 3.1	26	UHR.BAS	
Listing 3.2	28	SERVO.PAS	SERVO.EXE
Listing 3.3	33	SCHRITT.BAS	
Listing 4.1	36	EREIGNIS.BAS	
		Daten dazu:	DATEN.TXT
Listing 4.2	39	LOGIK.BAS	
Listing 5.1	43	OHM.PAS	
Listing 5.2	47	VOLT.PAS	
Listing 5.3	50	4KANAL.PAS	
Listing 5.4	53	NPN.PAS	
Listing 6.1	56	FREQUENZ.PAS	FREQUENZ.EXE
Listing 6.2	61	KLIMA.PAS	
Listing 6.3	66	U_F.PAS	U_F.EXE

Anhang

(Fortsetzung)

Listing Nr.	Seite	Quelltext	compiliertes Programm
Listing 7.1	72	SCHIEBE8.PAS	SCHIEBE8.EXE
Listing 7.2	73	SCHIEB16.PAS	SCHIEB16.EXE
Listing 7.3	76	EINGABE8.PAS	EINGABE8.EXE
Listing 7.4	78	TLC549.PAS	TLC549.EXE
Listing 7.5	81	RECORDER.PAS	RECORDER.EXE
		Daten dazu:	1.NF
Listing 7.6	87	PCMSINUS.PAS	PCMSINUS.EXE
Listing 8.1	91	MEHRZWEK.PAS	MEHRZWECK.EXE
Listing 8.2	95	TEST4011.PAS	TEST4011.EXE
		Daten dazu:	CD4011.TST
Listing 10.1	107	LPTSINUS.PAS	LPTSINUS.EXE
Listing 10.2	110	MASCHINE.PAS	MASCHINE.EXE
Listing 11.1	116	8243.BAS	
Listing 11.2	118	8243.PAS	8243.EXE
Listing 11.3	123	EPROM.PAS	EPROM.EXE
Listing 12.1	133	I2C_LPT1.PAS	
		Turbo 4.0 TPU:	I2C_LPT1.TPU
Listing 12.2	137	I2C_COM1.PAS	
		Turbo 4.0 TPU:	I2C_COM1.TPU
Listing 12.3	141	PCF8574.PAS	PCF8574.EXE
Listing 12.4	143	LOGIK.PAS	LOGIK.EXE
		Grafiktreiber:	CGA.BGI
			HERC.BGI
			EGAVGA.BGI
Listing 12.5	147	PCF8591.PAS	PCF8591.EXE
Listing 12.6	151	OSZI.PAS	OSZI.EXE
Listing 13.1	160	GAMEPOTI.PAS	GAMEPOTI.EXE
Listing 13.2	161	GAMEDIGI.PAS	GAMEDIGI.EXE
Listing 13.3	162	GAMEVOLT.PAS	GAMEVOLT.EXE
Listing 13.4	167	GRENZ.PAS	GRENZ.EXE
Listing 13.5	169	GAMELED.BAS	
Listing 13.6	171	ZAEHLER.PAS	ZAEHLER.EXE

Norbert Walter

Europa

Warum unser Kontinent es wert ist, dass wir um ihn kämpfen

Mit einem Beitrag von
Werner Becker

Campus Verlag
Frankfurt / New York

ISBN 978-3-593-39238-7

Das Werk einschließlich aller seiner Teile ist urheberrechtlich geschützt.
Jede Verwertung ist ohne Zustimmung des Verlags unzulässig. Das gilt
insbesondere für Vervielfältigungen, Übersetzungen, Mikroverfilmungen
und die Einspeicherung und Verarbeitung in elektronischen Systemen.
Copyright © 2011. Campus Verlag GmbH, Frankfurt am Main.
Alle deutschsprachigen Rechte bei Campus Verlag GmbH, Frankfurt am Main.
Umschlaggestaltung: Anne Strasser, Hamburg
Umschlagmotiv: Ullstein Bild
Satz: Fotosatz L. Huhn, Linsengericht
Gesetzt aus der Minion und der Thesis The Sans
Druck und Bindung: Beltz Druckpartner GmbH, Hemsbach
Gedruckt auf Papier aus zertifizierten Rohstoffen (FSC/PEFC).
Printed in Germany

Dieses Buch ist auch als E-Book erschienen.
www.campus.de

Inhalt

Vorwort
Europa – Segel oder Treibanker für die Welt? 7

Kapitel 1
Europa – Inkarnation der Urbanität 14

Kapitel 2
**Europas Metamorphosen – Integration ohne
Rückfahrkarte?** 44

Kapitel 3
Der blaue Kontinent – Retter des blauen Planeten? 134

Kapitel 4
**Europa schrumpft und altert – mit seinen Antworten
kann es der Welt ein Vorbild sein** 181

Schlusswort
Eine Liebeserklärung an Europa 238

Anmerkungen 240

Register 247

Meinen Enkeln und ihren Freunden,
damit sie Europa erkennen, verstehen,
es schätzen, bewahren und
mit anderen teilen.

Norbert Walter

Vorwort

Europa – Segel oder Treibanker für die Welt?

Warum schreibe ich dieses Buch? Die Gedanken dazu wirbeln schon seit Jahren durch meinen Kopf. Und mein Herz spricht ebenso laut. Ich fühle mich dem Kulturraum verpflichtet, in dem ich das Glück hatte, sozialisiert zu werden. Da ist eine Sehnsucht, das als schön, wahr und gut Empfundene zu erhalten und mit Begeisterung zu vermitteln: an die Generationen nach mir, die – wie ich selbst – oft das Liebens- und Schätzenswerte nicht wahrnehmen wegen des Lärms, der sie umgibt. Zudem glauben sie zu Unrecht, dass die Integration Europas bereits vollbracht und eine Selbstverständlichkeit sei.

Europa war immer wieder während der letzten 60 Jahre – zwei Generationen – existenziell herausgefordert. Die institutionelle Vertiefung und seine politische Erweiterung wurden in Frage gestellt. Doch Europa hat es stets geschafft, den Stillstand oder gar Rückschritte zu verhindern.

Derzeit ist Europa mehr Wirklichkeit als je zuvor und gleichzeitig in seinen Grundfesten erschüttert. Kaum je waren die Bedingungen für die Fortsetzung der Integration so gefährdet wie heute. Die Erweiterung der Europäischen Union wird fast einhellig als kontraproduktiv angesehen. Ihre Vertiefung ist praktisch überhaupt kein Thema. Finanz- und Wirtschaftskrise, die Bankenprobleme und das Krisenszenario der überbordenden Staatsverschuldung mit der Gefahr des Staatsbankrotts für mehrere Länder vor allem im Süden Europas führen sogar zur Zerreißprobe für einen zentralen Teil des europäischen Integrationsprojektes, die europäische Währungsunion. Herausforderungen im Mittelmeerraum mit politischen Umwälzungen – die Revolutionen in

Nordafrika und dem Nahen Osten – und daraus resultierende Flüchtlingsprobleme wirken als Sprengsatz für die EU. Die Offenheit der EU – Binnengrenzen, das Schengen-Abkommen – ist in Gefahr. Die Rettungsprogramme der EU für Mitgliedsländer, die sich nicht regelgemäß verhalten haben, provozieren politische Absetzbewegungen in den Ländern, die zur Hilfe aufgefordert sind. Unterdessen sind die Länder in der Krise oftmals politisch instabil und damit nicht handlungsfähig.

Um diese schwere Prüfung zu bestehen, fehlt es an vielem: vor allem aber an einer europäischen Bürgerschaft. Uns Europäern fehlt eine doppelte Identität, wie sie etwa Cicero hatte, der sagte, er sei zutiefst verbunden mit seiner Heimat Apulien und er sei ein stolzer Bürger Roms. Ob wir uns nun zum Beispiel vorrangig als Bayern betrachten oder als Deutsche: Auf jeden Fall sind wir nicht gleichzeitig stolze Bürger Europas. Damit fehlt der europäischen Demokratie eine Öffentlichkeit, dem Europäischen Parlament ein Wahlvolk. Wir ticken – im Zweifel und in der Not – national, wenn nicht sogar regional oder separatistisch – siehe Spanien und Belgien. Wir haben zwar zuhauf europäische Unternehmen, die nur funktionieren und Erfolg haben, weil es den europäischen Binnenmarkt gibt, aber wir haben praktisch keine Unternehmensführer, die eine europäische Agenda haben und sie vertreten. Viele Jahrzehnte hatten wir indes eine politische Elite, auf die Verlass war, wenn es um die europäische Integration ging. Das galt für die kleinen wie für die großen Länder. Etwa seit der deutschen Wiedervereinigung, der europäischen Währungsunion und der letzten, großen Erweiterungsrunde um Mittel- und Osteuropa ist diese Haltung nicht mehr vorhanden. Der Europäische Rat ist zu einem Platz für Kuhhandel degeneriert. Zu großen europäischen Projekten fehlt der Durchsetzungswille. Die Kommission wird entkräftet und das Europäische Parlament kann seine Macht wegen des Fehlens eines Budgetrechtes kaum effektiv nutzen. Europa ist integrationsmüde und zerfallsgefährdet. Und die Akteure wissen nicht, was sie tun. Niemand scheint die Kosten von »Nicht-Europa« zu begreifen. Dies gilt es hier und jetzt, mit Kopf und Herz, zu ändern.

Aber ich richte mich nicht allein an meine Zeitgenossen in Europa: Ich glaube, Europa als ein wichtiger Teil des christlichen Abendlandes hat mit seiner Geschichte und insbesondere den Erfahrungen der letzten beiden Generationen einen »evangelischen« Auftrag, nämlich: »Gehet hin und lehret alle Völker«.

In der Zeit der Finanzkrise, die der Welt auch Anlass gegeben hat, auf den Westen und speziell auf Europa herabzuschauen, gilt es, dem Auftrag nachzukommen, die Schätze unseres Kontinents zu würdigen und mit anderen zu teilen. Und gerade als Deutscher, der noch im Krieg geboren wurde, empfinde ich unseren Rückzug aus diesem internationalen Auftrag als unverantwortlich. Ich weiß, es sind kluge Zurückhaltung und Empfindsamkeit beim Vermitteln angebracht, wenn man einem Volk angehört, das so viel Unglück und Schmerz über andere gebracht hat. Wer aber ob dieser Historie das Wahre, Schöne, Gute nicht vertritt, wird seiner Verantwortung erneut nicht gerecht. Wir haben unsere Fähigkeiten einzusetzen, unser Gewicht einzubringen. Der ständige Verweis auf unsere Geschichte ist Drückebergerei, die die europäische und internationale Gemeinschaft zu Recht brandmarkt. International nur als ein Land gesehen zu werden, das viel zu schenken bereit ist, wenn sich irgendwo in der Welt eine Katastrophe ereignet, ist nicht gut genug. Wir Deutschen, wir Europäer sollten unsere eigene Geschichte, unsere zauberhaften Landschaften, unsere Musik, unsere Literatur, unsere Leistungen in Wissenschaft und Technik, unsere Architektur in uns aufsaugen, unseren Reichtum erkennen und mit anderen teilen.

Den Stolz in Bezug auf die Reichtümer Europas als Auftrag zu empfinden, diesen Kontinent meinen Zeitgenossen als Erbe nahezubringen, das es zu bewahren und weiterzuentwickeln gilt, hätte mir als jungem Menschen sehr ferngelegen. Weder mein Zuhause noch die Schule haben die Weichen dafür gestellt – jedenfalls nicht für mich erkennbar.

Ich war selbstverständlich weltoffen, ich fühlte mich als Kosmopolit. Ich war Teil der 1968er-Bewegung. Mein Examen machte ich im Februar 1968 in Frankfurt. Meine Sache war die Kritik am Bestehenden, am »Muff unter den Talaren«. Ich empfand Ludwig Erhard als unglaublich von gestern. Ich hatte an der deutschen Gesellschaft und Politik viel auszusetzen. Ich begann, mit aggressiven Kommentaren Fehleinstellungen, insbesondere in der Wirtschaftspolitik, zu geißeln.

Und mitten in dieser mentalen Verfassung des Abstandes von der eigenen Geschichte, dem eigenen Land, geschah es, dass mir meine Identität bewusst wurde: Es war bei einer internationalen Ökonomen-Konferenz in Wien. Diskussionsgegenstand waren die Beiträge einzelner Länder zur Wirtschaftspolitik. Drei Nobelpreisträger der Ökonomie aus den USA nahmen an der Konferenz teil. Sie kritisierten die deutsche Geld- und Finanzpolitik. Da kein deutscher Politiker anwesend war, ergoss sich alle Polemik auf mich, wurde ich Zielscheibe der amerikanischen Drohungen.

Zu meiner eigenen Überraschung solidarisierte ich mich nicht mit der Kritik der Nobelpreisträger – was angesichts von vielem, was ich zuvor geschrieben hatte, eigentlich nahegelegen hätte. Ich stand auf und verteidigte mein Land, Deutschland.

Noch heute kann ich die damalige große emotionale Anspannung körperlich spüren, wenn ich an diesen Moment denke. Statt der gewohnten Ratio ließ ich diesen mir zuvor unbekannten, aber wohl tiefen Reflexen freien Lauf. Da ich niemanden hatte, mit dem ich mich dazu austauschen konnte, führte ich ein Selbstgespräch. Im Alter von 34 Jahren wurde aus dem Kosmopoliten Norbert Walter ein Deutscher, der weiß, was seine Wurzeln sind und was seine Identität ist.

Und ein weiteres Ereignis hat meinen Wunsch, Europa zu erkennen und zu bewerben, mächtig stimuliert. Es war die Lektüre von Mark Twains *The Innocents Abroad*, der Beschreibung seiner Europareise. Ich liebe Mark Twains Sprache und schätze seinen Charakter. Ich hätte ihn für mein Leben gern einmal getroffen, denn ich weiß, dass es ein wunderbarer Streit geworden wäre. Viele Beobachtungen, die Mark Twain machte, kann ich gut nachvollziehen – so etwa seine Fehde mit der deutschen Sprache, der er im Büchlein *The Awful German Language* heiter Gestalt gibt. Aber manches, was er beim Vergleich von Amerika und Europa feststellte, fand meinen Widerspruch. So etwa die missratene Gegenüberstellung von Lake Tahoe und dem Comer See. Dramatik der Natur, Tiefe und Vielfalt der Kultur[1] lassen den Comer See turmhoch gegen den hoch gelegenen Lake Tahoe gewinnen.

Aus dieser Motivation heraus entstand dieses Buch. Wem das Herz so voll, dem fließt der Mund über. Es könnte vieles zum Thema gesagt werden. So etwa der umfassende Kulturgenuss eines Hochamtes in der Wiener Augustinerkirche mit vollem Orchester und einem wunderbaren Chor, der die Schätze europäischer Kirchenmusik in einem dramatischen Gotteshaus zu ihrem eigentlichen Zweck – der Gestaltung der Eucharistiefeier – lebendig macht.

Aber die Ausdauer meiner Leser einerseits und meine eigene andererseits gebieten Beschränkung. Dabei ist jede Beschränkung nicht bloß willkürlich, sondern Ausdruck dessen, was ich für besonders bemerkenswert und doch für zu wenig beachtet halte. Und genau auf solche Aspekte will ich mich bei meiner »Liebeserklärung an Europa« konzentrieren.

Europa im Jahr 2011 ist von der Finanz- und Staatsschuldenkrise gezeichnet. Den Zustand Europas als integrationsmüde zu beschreiben ist eine beachtliche Untertreibung. Mit dem Streit über Rettungsprogramme, den Spannungen im Euroverbund (bis zur Vorstellung, der Austritt aus dem Euro sei die Lösung) und den Herausforderungen durch die politischen Umwälzungen im Mittelmeerraum ist die neue Dekade eine dramatische Steigerung der Herausforderungen für Europa. Und niemals war zur Lösung der sich zu Hause wie auf der ganzen Welt stellenden Aufgaben ein funktionierendes Europa nötiger als heute. Diese vielfältigen Aufgaben will ich erklären, und für die erforderlichen Schritte will ich in diesem Buch werben. Aber nicht nur für die Rolle Europas bei der Gestaltung des eigenen Kontinents will ich einen Beitrag leisten. Es gibt europäische Erfahrungen, die sich dazu anbieten, auch auf anderen Teilen des Globus wahrgenommen, angenommen und umgesetzt zu werden. Dieser zweite Punkt ist mir ein großes Anliegen. Die internationale Debatte, die ganz natürlich die eine Supermacht, die USA, in den Mittelpunkt stellt und die, wenn sie sich erweitert, sich voll auf Südostasien und besonders China konzentriert, eine G2-Welt zwischen den Polen USA und China suggeriert, verschenkt Potenziale; eine unerträgliche Vorstellung für mich und meine

Begeisterung und Zuneigung zu einem kulturell tiefen und zur Erneuerung fähigen Europa.

Das erste Kapitel dieses Buches soll dem Thema Stadt gewidmet sein. Von der griechischen Polis über die römische Urbs zum mittelalterlichen Marktplatz und zur deutschen Fußgängerzone soll der Bogen reichen. Indem dieses Kapitel den Blick auf Europas Beiträge zur Urbanität lenkt, soll es zugleich auf eine der nachhaltigsten Kulturleistungen unseres Kontinents aufmerksam machen.

Das zweite Kapitel handelt von dem Wandel der Staatlichkeit des Kontinents, vor allem der Entwicklung der Europäischen Union. Die Überwindung des (national)staatlichen Gegeneinanders nach den beiden Weltkriegen ist der Fokus. Und die Entwicklungslinien dieses Prozesses werden daraufhin untersucht, ob sie europaspezifisch sind oder ob sie in anderen Regionen Anwendung finden können, beispielsweise in Lateinamerika, Südostasien oder der Golfregion.

Nach der Skizze der gesellschaftlichen, politischen und wirtschaftlichen Integration wird der Vergemeinschaftung der Geld- und Währungspolitik besondere Aufmerksamkeit gewidmet, ist sie doch eine wahrlich einmalige historische Entwicklung. Dieses Kapitel hat Herr Dr. Werner Becker verfasst, der bei Deutsche Bank Research »Mr. Euro« hieß. Er hat diesen Integrationsprozess von Anfang an begleitet und an Mitarbeiter und Kunden der Deutschen Bank vermittelt. Sein unbestechlicher Blick beleuchtet die Stärken und Schwächen der Entwicklung des Euro. Und macht die Perspektive in verwirrten Zeiten klar.

Das dritte Kapitel widmet sich dem europäischen Beitrag zum Umweltschutz. Institutionelle, strategische, aber auch technische Fragen sollen hier erörtert werden. Bewusstsein und Soft Power sind Stichworte, die in diesem Themenfeld Bedeutung haben.

Das vierte Kapitel hat auf den ersten Blick nicht den vorwärtspreschenden Charakter seiner drei Vorgänger. Es handelt vom Älterwerden und Schrumpfen der europäischen Bevölkerung. Zusammen mit Japan werden viele Teile Europas der Welt in diesem Prozess vorauseilen. Eine Fülle von Phänomenen, die damit verbunden sind, lassen sich heute schon beobachten. Welche Antworten auf die Herausforderung gibt es schon, welche gilt es noch zu identifizieren, welche umzusetzen? Das Kapitel will Mut machen, auch Chancen in dieser Perspektive zu sehen. Es zeigt zudem, was Europa noch tun muss, um in seiner Antwort auf diese Herausforderung in der Welt voranzugehen.

Zum Teil kann die Welt, die bald den Europäern in der Alterung oder sogar in der Schrumpfung folgt, von guten Beispielen ebenso lernen wie von Fehlern. Aber es ist auch offensichtlich, dass die Welt gut daran tut, die Stärken und Schwächen ihrer Teile sich ergänzen zu lassen. Etwa können Länder mit einer Unterversorgung bei den Bildungseinrichtungen und mit einem Überschuss an Arbeitskräften durch Wanderung in Alterungs- und Schrumpfungsländer für sich Vorteile (Ausbildung, Beschäftigung und Einkommen) erreichen und den alternden Ländern helfen, ihre Zukunft – etwa bei der Pflege von Alten – besser zu meistern.

Es ist nicht unmöglich, dass Europa in der nächsten Generation durch eine Renaissance seine große Vergangenheit um ein neues attraktives Kapitel gelingender Zukunft ergänzen könnte. Die Blaupause der europäischen Einigung gilt es hierzu fortzuentwickeln und die neuen Herausforderungen – wie etwa die der Energie und Umwelt sowie der Alterung – virtuos zu bewältigen. Denn es geht um mehr, als das Museum Europa zu bewahren. Wir, der blaue Kontinent, können den blauen Planeten retten!

Kapitel 1

Europa – Inkarnation der Urbanität

Lange Zeit lebten die Menschen überwiegend auf dem Land.[1] Heute leben schon mehr Menschen in der Stadt als auf dem Land. Die Vergrößerung der Menschheit von derzeit fast sieben auf gut neun Milliarden bis zur Jahrhundertmitte wird von weiterer Landflucht und weiterer Verstädterung charakterisiert sein. Und viele Städte werden zu Metropolen, zu riesigen Agglomerationen von weit mehr als 10 Millionen Menschen. Das Leben in all seinen Aspekten – Sicherheit, Wohlstand, Versorgung, Schönheit, Wohlbefinden – wird davon abhängen, wie sich die Gestaltung von Polis, Urbs, Stadt oder City entwickelt. Diese Begriffe für »Stadt« rufen jeweils unterschiedliche Assoziationen hervor. Bei »Polis« denken wir an die Verfassung der Stadt, bei »Urbs« an Gebäude und Infrastruktur, bei »Stadt« an Stadtmauern und Marktplatz und bei »City« an Geschäft und Kommerz. Es lohnt sich, sich mit all diesen Aspekten von Urbanität zu befassen. Denn es geht bei all den hierbei mitschwingenden Fragen um zentrale Faktoren, die bestimmen, ob das Leben dort lebenswert und attraktiv ist oder nicht. Es ist für mich nicht überraschend, dass in der Liste der attraktivsten[2] Städte der Welt regelmäßig europäische Städte gute Plätze einnehmen. Dies will ich in den folgenden Abschnitten erläutern und so weit wie möglich begründen.

Es wird sofort deutlich, dass diese Hitliste nicht geprägt ist durch die aufregendsten Gebäude. Die finden wir eher in schnell wachsenden und reich werdenden Schwellen- und sogar in Entwicklungsländern. Aber kaum jemand würde deshalb Dubai oder Pudong »urban« nennen. Auch schiere Größe scheint nicht mit Attraktivität zu korrelieren,

Tabelle 1   Die lebenswertesten Städte der Welt

Rang	Stadt	Land	Index
1.	Zürich	Schweiz	108,0
2.	Wien	Österreich	107,9
3.	Genf	Schweiz	107,9
4.	Vancouver	Kanada	107,6
5.	Auckland	Neuseeland	107,3
6.	Düsseldorf	Deutschland	107,2
7.	München	Deutschland	107,0
8.	Frankfurt	Deutschland	107,0
9.	Bern	Schweiz	106,6
10.	Sydney	Australien	106,3

Quelle: Unternehmensberatung Mercer, 2010

denn warum sonst befindet sich von den 30 größten Metropolen keine unter den zehn attraktivsten Städten? Auf Platz 34 taucht Paris als erste Metropole in der Liste der attraktivsten Städte auf; Mexico City, Lagos oder São Paulo findet man erst ganz weit hinten.

Was macht eine Stadt attraktiv?

Städte wachsen vor allem durch Zuwanderung, selten durch hohe Geburtenzahlen. Was aber muss eine Stadt bieten, um Menschen anzuziehen? Zuvorderst sind es die besseren Lebenschancen, vor allem die besseren Verdienstmöglichkeiten, die Menschen zur Abwanderung in die Stadt bewegen. Dies macht die Stadt möglicherweise zum Moloch, aber nicht wirklich attraktiv.

Was macht eine Stadt also wirklich ansprechend? Da ist sicher der landschaftliche Charme zu nennen. Neben anderen geografischen Faktoren lässt beispielsweise Wasser – ein Fluss, ein See, das Meer – eine Stadt sehr reizvoll wirken. Unendlich viele Beispiele kommen mir hier in den Sinn: Venedig, Istanbul oder Hamburg des Wassers wegen; Prag und Budapest wegen ihrer imposanten Burganlagen; Seoul wegen der rosa Granitfelsen im Norden der Stadt. Fast hätte ich Tokio dieser Liste hinzugefügt – wegen des majestätischen Panoramas des Fuji, oder Mexico City wegen des Popocatepetl.

Aber dagegen spricht dann auch gleich ein zweiter Faktor der Attraktivität: die Umweltbedingungen. Eine Stadt ist kaum attraktiv, wenn sie mit Umweltproblemen zu kämpfen hat. Wie oft konnte man in den letzten 50 Jahren von Tokio aus den Fuji oder von Mexico Stadt den Popocatepetl sehen? Durch die Luftverschmutzung war die Sicht so verschlechtert, dass der große Berg der Japaner für die Tokioter nur an wenigen Tagen dieses letzten halben Jahrhunderts aus Tokio zu erahnen war. Was macht man in einer Stadt wie Mexico City, in der man nicht gesund leben kann, in der die Luft verpestet, die Sicht durch Rußpartikel eingeschränkt ist, das Klima außerhalb klimatisierter Räume oder Autos kaum zu ertragen ist? Viele der chinesischen Städte, aber auch solche in Lateinamerika und in den besonders heißen Gebieten etwa der Golfregion oder in Nordafrika zählen hierzu.

Damit wird auch schon ein dritter Aspekt der Attraktivität angesprochen: jener der öffentlichen Räume. Grünflächen, Parks in der Stadt, die Pflege von Pflanzen, Bäumen und Blumen machen das Erscheinungsbild von Städten aus. Die Promenade in Nizza ohne Palmen und Blumen? Nicht vorstellbar! Das abwechslungsreiche Leben zwischen draußen und drinnen macht den Reiz einer Stadt aus. Wie aber gelingt diese Verbindung von (privatem) Wohnen und (öffentlichem) Leben bei guten wirtschaftlichen Arbeitsbedingungen für möglichst viele? Hierfür braucht es günstige klimatische Bedingungen, behutsame Raumplanung, eine tragfähige Infrastruktur, insbesondere für den öffentlichen und individuellen Verkehr, und es braucht Kultur, den Humus der Urbanität.[3] Private bürgerliche Initiativen gehören hierzu ebenso wie öffentliche Angebote. Eine gute Stadt braucht das Gelingen von Public-Private Partnerships (Öffentlich-Private Partnerschaften), also die Mobilisierung privaten Kapitals und Fachwissens zur Erfüllung von staatlichen Aufgaben. Alte und neue nicht-staatliche Organisationen sind hierfür wegweisend. Vereine, Verbände und Kirchen üben einen prägenden Einfluss aus. Was wären europäische Städte etwa ohne ihre Kirchen? Sie bilden die Kerne der Städte, ihre Größe macht sie zum Blickpunkt. Und sie fungieren als zentrale Anziehungspunkte: In ihrer Nähe befinden sich öffentliche Räume der Ruhe und Besinnung, wie etwa die Friedhöfe. Es sind aber auch die »Anschlüsse« für Händler, die sich, wie oft auch die Märkte, in Sichtweite der Kirchen finden. Aber auch die Zentralen wichtiger Verbände haben die Stadt und ihr Gesicht geprägt: etwa die Industrie- und Handelskammern, die als Versammlungs- und Ausbildungsort eine zentrale, verkehrsgünstige Lage suchen. Und bei vielen Aspekten, die ich hier angesprochen habe, wird Urbanität durch Architektur ausgedrückt. Die Gebäude dienen den einzelnen Einrichtungen als Symbole für ihre Rolle und Bedeutung. Auch spiegelt sich darin der Zeitgeist wider. Interessant ist, dass historische Architektur in Europa respektiert wird. Sie wird durch den Denkmalschutz erhalten, durch den Rückgriff auf antike Vorbilder wiederbelebt und durch die Verbindung von alten und neuen Stilelementen gewürdigt. Der Charme von Stadtteilen wird oft erst durch die Regeln der Raumplanung hergestellt, etwa durch die Festlegung einer einheitlichen Firsthöhe von Gebäuden oder dadurch, dass Abstand gewahrt wird, um den unverstellten Blick auf ein wichtiges historisches Monument zu ermöglichen.

Werden alle Städte irgendwann gleich aussehen?

Die Debatte um die europäische Stadt erlebt eine wechselvolle Konjunktur. Oft wird unter Berufung auf die Globalisierung behauptet, alle lokalen und regionalen Besonderheiten verschwänden. Die Begriffe Amerikanisierung und Kommerzialisierung suggerieren, dass alle Veränderungen, die sich während der letzten beiden Generationen durchgesetzt haben, aus den USA stammten und von privaten und kommerziellen Interessen dominiert seien. Schon die überwiegend englischen Worte für neue städtebauliche Elemente könnten befürchten lassen, dass die europäische Stadt in ihrer Spezifität ein Auslaufmodell sein könnte. Übernehmen nicht allerorts Malls, Convention-Center, Entertainment-Parks, Outlet-Center und Skyscraper die Szenerie und verdrängen Kirche, Marktplatz, Rathaus und Konzerthaus? Sind die historischen Stadtkerne nicht komplett tot?

Ich lese die Entwicklung nicht so. In Europa haben Architekten und Bürger, Stadtplaner und Gewerbetreibende den Sinn für den Charme eines historischen Ensembles nie verloren, und wenn doch, haben sie ihn wiederentdeckt. Dort, wo Amerikanisierung und Homogenisierung stattfanden – als Beispiel seien etwa die verwechselbaren Ketten in Einkaufstraßen genannt –, macht sich zwar gähnende Langeweile breit, doch das Andere, das Besondere, das im historischen Bezug Stehende erlebt eine erneute Wertschätzung. Dies drückt sich auch in differenzierender Architektur aus. Statt der verwechselbaren Kaufhäuser, die es natürlich auch in Barcelona gibt, macht die Wiederbelebung der Ramblas den Charme der Einkaufs-, Schlender- und Schlemmerstadt aus.

Freilich sehe ich auch die »Abstimmung mit den Füßen«, welche die Massen vom Land in die Metropolen in Entwicklungs- und Schwellenländern zieht – man denke etwa an Kairo, Lagos, Kalkutta oder Jakarta, aber auch an Mexico City oder São Paulo. Mit dem, was dort passiert, wird zwar Lebens- und Arbeitsraum für sehr viele verfügbar und die Einkommenschancen gegenüber dem Landleben steigen. Aber die Wucht der Expansion, ihre chaotische Natur, sorgt eher für das Entstehen eines Molochs denn für die Entwicklung einer attraktiven Stadt. Ob das Modell der lebens- und liebenswerten europäischen Stadt als Muster für die genannte Kategorie von Metropolstädten mit hoher Wachstumsdynamik taugt, ist nicht geklärt.[4] Manches, was die europäische Stadt ausmacht, erfordert Zurückhaltung, etwa bei der Höhe der neuen Gebäude oder dem seitlichen Abstand – eine Forderung, die im engen Hongkong nicht zu erfüllen ist, wenn man die sieben Millionen Menschen auf diesem kleinen Flecken Erde unterbringen will. Aber die Sehnsucht nach der anderen Gestalt, verbunden mit dem Wunsch der

Ausrichtung an einem besseren Muster, bricht sich auch dort Bahn. Sie bewegt die Bürgermeister und die Bürger, die Architekten, Städteplaner und Kulturschaffenden. Ein besonders beeindruckendes, außereuropäisches Beispiel ist Chicago, die windige Stadt am Lake Michigan. Sie wurde in 22 Jahren unter Bürgermeister Richard M. Daley von einer industriegeprägten Stadt zu einem Musterbeispiel einer »Green City« umgewandelt. Nicht nur die Parks und die Promenaden, auch die grünen Dachgärten sind Symbole für diese Neuorientierung. Eine halbe Million Bäume, in einem Dutzend Jahre gepflanzt, machen einen sichtbaren Unterschied. Diese Arbeit von Bürgermeister Daley ist Teil eines Programms, das 18 große Städte der USA umfasst. Die amerikanischen Städte und nicht die Bundesregierung in Washington treiben diesen Prozess in enger Kooperation mit Kollegen in Europa voran. In der EU gibt es eine Initiative, »Covenant of Mayors« genannt, in der 2654 (Stand Mai 2011) größtenteils europäische Städte sich dem Ziel einer lebenswerten, nachhaltigen Stadt widmen. Mit dieser Initiative werden gemeinsame Ziele und Methoden entwickelt und gegenseitige Unterstützung vereinbart. Im Jahr 2011 hat Hamburg als Teil dieser Initiative die Auszeichnung »Grüne Hauptstadt Europas (Green Capital)« gewonnen.[5]

Die Stadt ist die Bühne, auf der sich die Entwicklung der Menschheit abspielt – heute mehr denn je. Damit diese Entwicklung weiterhin zum Besten verlaufen kann, braucht die Stadt einen Kern, der sie prägt und deren Leitbild ist. Und sie braucht Grenzen, besser: Ränder. Denn wie in der Natur sind es die Ränder, an denen Entwicklung geschieht, an denen Neues wächst, wo Dinge verschmelzen. Der Vergleich mit dem Aufbau eines Baumes macht diesen Gedankens sinnfällig: Der Kern eines Baumes, seine Mitte, ist zweifellos von großer Bedeutung, aber das Wachstum und die Veränderung, die geschieht zwischen Holz und Borke. Dort ist die neue Nahrung, dort findet der Wachstumsprozess statt. So ist das vielfach auch mit der Stadt. An ihren Rändern geschieht das Kreative, dort findet Expansion statt, dort ist Raum für neue Entwicklungen. Dort kann eine Änderung der Wirtschaftsstruktur, die Neuorientierung der Architektur, die Entwicklung neuer Verkehrslösungen stattfinden. Man denke an Paris und den Stadtteil La Défense, jenseits der Ringstraße Périphérique, aber in der Verlängerung der Champs-Elysées mit Blickkontakt zum Place de l'Etoile und einem markanten modernen Portal, das die Architektur des Triumphbogens aufgreift! Manchmal geraten ehemalige Ränder in die Mitte, nahe an den Kern, so geschehen in Berlin-Mitte, das während der vierzigjährigen Teilung der Stadt zur Randlage wurde, die es nach dem Mauerfall zu besiedeln galt. Dabei wurde vieles, so die Museen, herrlich wiederhergerichtet, aber mit dem Potsdamer Platz auch ein moderner Kontrapunkt gesetzt. Und an der neuen Kuppel des Reichstages ist gar die Entwicklung eines ehemaligen Randes zum lebendigen Herzen der Stadt zu erleben: Welch ein Glücksfall für Urbanität! Und die Besucher aus aller Welt nehmen das neue Bauwerk an, auch als Hintergrund für viele Events, die die Straße des 17. Juni und den offenen Park – den Tiergarten – einbeziehen, wie die Love Parade, das Public Viewing bei großen Sportereignissen oder die Neujahrsfeiern.[6]

Was macht die europäische Stadt aus?

Was aber nun ist das Besondere der europäischen Stadt? Es ist unscharf, schwierig auf den Punkt zu bringen, es ist dem Wandel unterworfen – und dennoch existiert es. Ich habe mich für dieses Thema einem Cicerone anvertraut: Walter Siebel hat ein Buch mit dem Titel *Die europäische Stadt*[7] herausgegeben, das zum 60. Geburtstag von Hartmut Häußermann von seinen Schülern gestaltet wurde und das den Wandel, die Gefährdungen und die Chancen der europäischen Stadt darstellt.

Walter Siebel versucht das scheinbar Unmögliche, nämlich die europäische Stadt zu definieren. Die Mühe lohnt sich und bereichert uns um tiefe Erkenntnisse, auch wenn die Definition unscharf, strittig und dem Wandel ausgesetzt bleibt.

Laut Siebel ist die europäische Stadt die Manifestation, die Gegenwart ihrer Geschichte. Das unterscheidet sie von amerikanischen Städten, aber auch von den sehr viel älteren asiatischen Städten. Und die europäische Stadt hatte es nicht leicht, sich diese Eigenart zu erhalten. Mittelalterliche Feuersbrünste und Kriege haben der Stadt immer wieder zugesetzt; die Notwendigkeiten der Industrialisierung, die Veränderung der Mobilität, vor allem das Automobil, haben die europäische Stadt immer wieder bedrängt. Alliierte Bomben, Stadtplaner und Investoren haben in Deutschland das Alte vernichtet und dem funktionalistischen Neuen den Boden bereitet. Deutsche Bomben haben indessen Städte in England, Russland und den Niederlanden zugrunde gerichtet. Coventry und Dresden wurden verwüstet. Diese Attacken hätten die europäische Stadt fast vernichtet. Aber die Eigentumsrechte der Bürger und ihr Gedächtnis waren stark genug, den Exitus zu verhindern. Die Kataster waren vorhanden, Bilder und Baupläne blieben von den Kriegen und den Planern verschont. Mithilfe dieser Quellen konnten viele Städte wieder aufgebaut werden. Und es war möglich, dass etwas wiederentstehen konnte, was der deutsche Gelehrte und Bischof Albertus Magnus im 13. Jahrhundert so beschrieb: »Die Gassen der Stadt gleichen der Hölle, führen jedoch auf Plätze, die dem Paradies ähneln.«[8]

Und dieses Gesicht der europäischen Stadt ist im 21. Jahrhundert noch immer die dominierende Wirklichkeit. Die Fontana di Trevi ist nicht vom Auto und von den Parkplätzen gefressen worden. Die Kirchen sind noch immer unsere Wahrzeichen: In Köln ist es der Dom, nicht die Hohe Straße. Und die Seine mit ihren Brücken und die Kathedrale Notre Dame werden in Paris nicht einmal vom Eiffelturm, der selbst schon ein europäisches Kulturdenkmal geworden ist, in den Schatten gestellt. Die Pracht der Museen, der Hofburg oder des Bellevue in Wien überstrahlt die Kärtner Straße um ein Vielfaches. Die Votivkirche, das Rathaus, das Burgtheater, der Volksgarten und das Michaelitor charakterisieren die europäische Stadt in besonderer Weise. Sie werden von den Wienern anerkannt und von den Touristen aus aller Welt geliebt.

Die Eigenart der europäischen Stadt zeigt sich auch daran, wie sie mit fließendem und ruhendem Verkehr umgeht. Dieser Verkehr wird zugelassen, aber nicht hofiert. Er kommt, wenn nötig, unter die Erde – in Tunnel und Parkhäuser. Downtown in Dallas dagegen ist ein Parkplatz inmitten von Hochhäusern. Downtown in München sind der

Marienplatz, die Theatinerstraße und der Odeonsplatz: historische Gebäude, Symbole der Kultur, verbunden mit Fußgängerbereichen und öffentlichen Parks wie dem Hofgarten.

Und dieser historische Fußabdruck ist nichts, was auf die internationalen Vorzeigeobjekte beschränkt wäre. Er findet sich sogar in höherer Wertschätzung in den Mittel- und Kleinstädten. Der Marktplatz in Naumburg, die Krämerbrücke in Erfurt, das Elbensemble in Dresden, das Celler Schloss in der Mitte der Stadt, das Fachwerk und die Sandstein-Zuneigung in Heidelberg, die Domplätze in Münster und Osnabrück, die Kirchen der Drei-Flüsse-Stadt Passau: Dies sind alles zauberhafte Repräsentanten dieser europäischen Stadt. Und dann Landshut mit gleich zwei der Piazza Navona ähnlichen Plätzen in seiner Mitte, kaum 45 Minuten von München entfernt. Merkmale italienischer Architektur finden sich in vielen europäischen Städten, nicht zuletzt in Görlitz. Die Stadt an der Salzstraße im deutschen Nordosten, mehr als 1000 Kilometer entfernt von Italien, gilt als ein Juwel italienischer Baukunst.

Das Herz der europäischen Stadt um Rathaus, Kirche und Marktplatz blieb intakt, obwohl es vielen, oft brutalen Herausforderungen ausgesetzt war. Aber die Kombination aus staatlicher und lokaler Ordnung, privater Kreativität und kollektiver Gestaltung gelingt noch immer und hält die europäische Stadt in Balance. Geht man durch sie hindurch, so begegnet man auf Schritt und Tritt ihrer Geschichte, in Form von Architektur, von historischen Wappen (ganz Freiburg zeigt den österreichischen Adler) und von Denkmälern. Und besonders unsere Kirchen sind außen und innen lebendige Zeugen dieser aufregenden, wechselvollen Geschichte. Das gilt auch an den Rändern Europas, etwa in Istanbul, wo selbst in der Hagia Sophia die abgeschlagenen Kreuze noch immer als Abdruck an den Wänden sichtbar sind. Und in Granada bezeugen die Alhambra und ihre atemberaubende Architektur den Einfluss der arabischen Welt auf Europa, eine Symbiose mit symbolischer Kraft. Vielerorts verhalf die Koexistenz verschiedener Religionen unter der Steuerung aufgeklärter Fürstenhäuser zur Blüte in Wissenschaft und Gesellschaft. Diversität und Kreativität in Vollkommenheit: Das ist das Inbild der europäischen Stadt.[9]

In diesem Kapitel der Charakterisierung europäischer Städte als Verkörperung der Gegenwart ihrer Geschichte möchte ich am liebsten jahrelang verweilen. Ich möchte mit dem Leser gerne die ganze Erfahrung eines langen und neugierig gelebten Lebens in und mit Europa teilen. Und ich möchte Sie, den Leser, nochmals anregen, Mark Twains Buch *A Tramp Abroad*, seine Reisebeschreibung dieses Kontinents in diesem Lichte zu durchstöbern. Auch die deutsche Übersetzung *Ein Bummel durch Europa* ist die Lesestunden wert, weil man durch diese Außensicht seinen heimatlichen Kontinent besser erkennt.[10]

Stadt: Ökonomische und politische Emanzipation

Diese zweite, allgegenwärtige Charakterisierung ist, so glaube ich, diejenige, die am wenigsten der Eigenart der europäischen Stadt entspricht: die Stadt als Ort der Befreiung von Enge und Bindung, als Ort der Hoffnung auf ein neues, aufregendes und besseres Leben.

Natürlich ist die Befreiung von unmittelbar lebenssichernder Arbeit das älteste Versprechen des Stadtlebens.[11] Damit war und ist Stadt definiert über den Gegensatz zum Landleben, wo familiäre und dörfliche Bezüge prägend waren und Arbeit hauptsächlich der Sicherung der Ernährung diente. Befreit zu sein vom Zwang zur Arbeit als Lebensunterhalt ist die älteste Utopie der Menschheit. Für Platon und Aristoteles war diese Freiheit die wirtschaftliche Grundbedingung für das Bürgerrecht. Man konnte nur Bürger der Polis sein, wenn man die niedrigen Dienste »vom Personal«, de facto also von Sklaven, erledigen lassen konnte.[12] Stadtleben wird, jedenfalls für die Bürger, mit Muße gleichgesetzt und soll jenseits der Notwendigkeit lebenserhaltender Arbeit stehen.

Auch die europäische Stadt beinhaltet die Hoffnung auf ein besseres Leben oder wie es die Figur des Hermann in Edgar Reitz' *Die Zweite Heimat* ausdrückt: »die Hoffnung darauf, sich selber neu zu gebären«.[13]

Neben der ökonomischen Emanzipation war die europäische Stadt aber auch der Ort der politischen Befreiung. Im Mittelalter bildete sie den Rahmen, in dem sich die Bürger politisch und wirtschaftlich von den feudalen Herrschaftsverhältnissen befreien und als Stadtbürger die Selbstverwaltung aufbauten.

Wie in der griechischen Polis war diese Emanzipation auch im mittelalterlichen Europa ein auf die Eliten beschränktes Phänomen und überdies ein Prozess, der sich schrittweise vollzog: Die Stadt war ein offenes, ein sich wandelndes Konstrukt. Grundeigentümer und Steuerzahler waren es, welche die Idee der zivilen Selbstverwaltung in der Stadt voranbrachten. Voraussetzung für das Funktionieren kommunaler Selbstverwaltung ist es, dass die Stadt den Alltag der Bürger umfassend prägt. Deshalb mag die wahre Hochzeit der Stadt vor der Erfindung des Automobils gelegen haben. Das Auto ermöglicht es, in größerer Entfernung zum Arbeitsplatz oder zu Freunden und dem kulturellen Angebot zu leben und diese trotzdem ohne Komplikationen zu erreichen.[14] Damit wird der Zersiedelung Vorschub geleistet. Aber so sicher bin ich mir in diesem Urteil nicht. Zwar werden durch Mobilität die Schicksalsgemeinschaft aufgelockert und damit der Zwang zu nachbarschaftlicher Kooperation aufgehoben; die Sehnsucht nach gelingender Selbstorganisation bleibt aber. Und der Reichtum an Gelegenheiten aus systematischem und zufälligem Aufeinandertreffen macht auch mit dem Auto und dem ÖPNV das urbane Wohnen zu einer höchst attraktiven Lebensform.

Die Stadt als besonderer Ort

Die Stadt braucht zu ihrer Identifikation das »Andere«, das Land. Dieses Andere ist auf dem Globus insgesamt, aber besonders in Europa, weitgehend verschwunden. Die ökonomische und politische Emanzipation, die durch die Stadt erst ermöglicht wurde, hat sich längst auf das Land ausgedehnt. Nur für die wenigsten Menschen, die in Europa auf dem Land leben, gelten die Enge und Begrenztheit des Landlebens fort. Das hat mit Mobilität und Bildung, das hat aber auch mit den Verhaltensänderungen der Menschen, die auf dem Land leben, zu tun. Auch sie entwickeln beispielsweise Distanz zum Nachbarn und schirmen ihr Privates vor den anderen ab.[15]

Die Stadt ist der Ort der Differenzierung von Privatem und Öffentlichem, von Wohnen und Arbeiten, sie bedeutet faktisch die Beendigung der Mehrgenerationenfamilie. Singles konzentrieren sich in der Stadt. Der Markt als Organisationsform des Wirtschaftens braucht die Stadt. Die Stadt organisiert das Öffentliche: die Plätze, zuvorderst den Marktplatz, die Parks. Ihre »NGOs« sind die Kirchen, die Sportvereine, die karitativen und die wissenschaftlichen Einrichtungen. Die Stadt ist der Ort der Bildung und der Kunst. Eine lebendige Kultur braucht die räumliche Bündelung, um für gegenseitige Befruchtung zu sorgen. Kommerz und Kultur profitieren wiederum von gegenseitiger Nähe.

Manche Charakteristika werden erst deutlich, wenn man sie überspitzt darstellt, so wie in Georg Simmels Charakterisierung des Großstädters: Blasiertheit, Gleichgültigkeit und Distanziertheit gegenüber den Mitbürgern.[16] Das ist in der Tat die Freiheit, die nur die Stadt bietet. Aber sie existiert nur für den, der gesund ist und dessen wirtschaftliche Existenz durch Erwerbschancen, Reichtum oder wohlfahrtsstaatliche Sicherung gewährleistet ist. Fehlt diese Ausstattung, so kann man nur überleben, wenn man in die Beziehungsgeflechte von Verwandtschaft, Nachbarschaft und Bekanntschaft fest eingebunden ist. Solche Eingebundenheit ist aber das genaue Gegenteil von Simmels Blasiertheit und Distanziertheit, sie beruht vielmehr darauf, dass man sich genau kennt, achtet und vertraut.

Der besondere Ort »Stadt« macht es möglich, leicht und schnell zwischen privatem und öffentlichem Raum zu wechseln. Deshalb fühlen sich so viele zur Stadt hingezogen: Die Stadt bietet ein breites Spektrum an Möglichkeiten. Neben dem privaten Raum und öffentlichen Plätzen wie Stadien und Theatern gibt es in der Stadt auch Orte, an denen sich, am Rande der Legalität, Parallelwelten herausbilden: Prostitution, Glücksspiel, Drogenhandel.

Die europäischen Experimente mit dem Gebilde Stadt sind höchst spannend und vielseitig; die Eigenheiten treten oftmals erst im Vergleich scheinbar unbedeutender Details hervor. Anders als in den USA, wo Trödel in den Garagen und Vorgärten verkauft wird, ist Europa der Platz der Flohmärkte im öffentlichen Raum, meist in der »Innen«-Stadt – in Deutschland sind sie der einzige Raum, in dem sich eine ausgesprochene Verkäufermentalität Bahn bricht. Während in Europa kirchliche Feste verkümmern,[17] ist die Stadt Hort unzähliger Stadtfeste, vor der wunderbaren Kulisse, die die Präsenz der Geschichte in unseren Städten bietet.

Raumplanung – Gerüst für die europäische Stadt

Raumplanung als viertes Charakteristikum der Stadt ist nun wieder ein ausgeprägt europäisches. Manche Städte, vor allem große Städte in Nordafrika oder Lateinamerika, entwickeln sich wie Krebsgeschwüre, chaotisch, tumultartig. Europas Städte dagegen wurden durch Kirche, Rathaus, Marktplatz geprägt und waren oft durch die Befestigungen begrenzt, deren Linien heute oftmals die großen Ringstraßen folgen.

Europas Städte haben ein Gesicht, das sich oftmals behutsamer Raumplanung verdankt. Die Ausrichtung der Häuser, die Höhe der Firste sowie die Bauart gestalten die Hierarchie und bilden ein Ensemble. Die Anordnung von Wohnen und Geschäft, von privaten und öffentlichen Räumen folgt einem Plan, der manchmal so streng sein kann wie in Paris mit seinen Arrondissements oder in Wien mit seinen Bezirken. Und wenn man außerhalb Europas auf etwas Ähnliches stößt, so etwa in Washington, D. C., weiß man, woher solche Ideen kommen.[18] Raumplanung dieser Art ist auch die Basis für die systematische Gestaltung der Infrastruktur, der Straßen- und Bahnsysteme, der Wasser-, Wärme- und Elektrizitätsversorgung. Und diese Muster strukturieren auch den Verkehr. Eine europäische Stadt hat deshalb in der Innenstadt eine Fußgängerzone, wo sich in einer amerikanischen Stadt Bürohochhäuser und Parkplätze aneinanderdrängen.

Die europäische Stadt – nicht vom Verkehr eingenommen

Raumplanung und Denkmalschutz stehen kurzsichtigen kommerziellen Interessen oder auch Bewegungen des Zeitgeistes entgegen.

Vieles spricht dafür, dass daraus der Charme der europäischen Städte entstammt, woraus sich wiederum das Sich-Wohlfühlen ableitet. Wie später in Kapitel 3 über den Umweltschutz weiter ausgeführt wird, hat diese Gestaltung dem öffentlichen Verkehr in der europäischen Stadt Rang und Wirksamkeit verliehen. Die Zersiedelung wurde begrenzt und der Individualverkehr wurde nicht zum Maßstab für Straßen und (Park-)Plätze: Die Stadt wurde nicht vom Auto eingenommen. Und wegen der teils erzwungenen Nutzung der öffentlichen Verkehrsmittel wurden diese effizient und sicher. Eine hohe Frequenz von Bussen und Bahnen macht das Fahren bequem und effizient. Selbst die Sicherheit wird durch viele Nutzer des öffentlichen Nahverkehrs auch in als problematisch verschrienen Wohnvierteln erhöht.

Der Raum, der dem Individualverkehr in Europa und Amerika zugestanden wird, ist offenkundig sehr unterschiedlich. Amerika macht dem Auto jeden erdenklichen Platz, anders in Europa.

Dagegen wurde die große Revolution in der Infrastruktur, die mit der Verbreitung der Eisenbahn einherging, in vielen Städten der Welt ähnlich behandelt. Die Eisenbahn, insbesondere der Bahnhof, wurde am Ende des 19. Jahrhundert in Amerika, Japan und Europa ein zentrales Gestaltungssymbol der Innenstadt. Ob man im 21. Jahrhundert die Bahnhöfe noch mitten in der Stadt und an der Oberfläche etablieren würde? Das ist zumindest für Europa zu bezweifeln. Dennoch ist selbst eine solche plausible Hypothese heutzutage nicht mehr unstrittig. Die Effizienz eines mindestens zum Teil unterirdischen Großstadtbahnhofes ist offenkundig. Der Verkehr kann so kreuzungsfrei und ohne den Zeitbedarf von Kopfbahnhöfen rasch und störungsfrei abgewickelt werden. Mit der Demonstration für den alten oberirdischen Kopfbahnhof Stuttgart und den Protesten gegen die effiziente Neubaulösung unter Tage (»Stuttgart 21«) wird ein Stück europäischer Geschichtsbezogenheit offenkundig. Dieses Ereignis hat, zusammen mit der Atomkatastrophe in Japan, sogar einen historischen Regierungswechsel in Baden-Württemberg ausgelöst. Man sieht es: Revolutionen finden weder auf dem Lande noch in den Amtsstuben statt, sondern sind mit dem Leben in der Stadt verbunden.

Die Stadt versammelt Menschen

Vielfach wird argumentiert, dass die neue multimediale Welt durch das Telefon oder das Internet die Rolle der Stadt aushöhlt. Man trifft sich nicht mehr im Park, in der Kirche, im Stadion oder am Bahnhof, sondern man trifft sich virtuell. Physisch sitzt jeder nur vor seinem Gerät. Daran ist manches wahr, aber eben doch nicht alles. Das »Public Viewing« während der Fußballweltmeisterschaft in Deutschland hat wochenlang große Fangemeinden an die Großleinwand am Main in Frankfurt gebracht, die Montagsdemonstrationen fanden in Leipzig an der Nikolaikirche statt und auch die Revolutionen in Tunis und Kairo brachten die Menschen zu Tausenden auf die großen und öffentlichen Plätze.[19] Die Stadt ist auch im 21. Jahrhundert die lebendige Kraft für das Alltägliche, aber auch, wie wir wiederholt und unter ganz unterschiedlichen Umständen gesehen haben, für das Revolutionäre.

Diversität in Balance: Die europäische Stadt

Statt geschlossener und geschützter Wohnanlagen, kurz »gated communities« genannt, ist die europäische Stadt ein Gebilde, das offen ist für unterschiedliche Einkommensklassen, Ethnien und Religionen. Sie bietet möglichst vielen Bewohnern eine umfassende Teilnahme. Häußermann setzt seine Hoffnung auf die »kulturelle Kraft der europäischen Urbanität«.[20] Diese Erwartung würde ich gerne teilen, bin mir dieses Urteils aber nicht sicher.

Ist die europäische Stadt in der Lage, ihre Besonderheit, das heißt ihre Integrationskraft für unterschiedliche Einkommensschichten, Ethnien und religiöse Orientierungen, zu erhalten? Ist die kommunale Steuerung der möglichst umfassenden Teilhabe vieler gegen die Zeitströmungen der Kommerzialisierung und der exzessiven Individualisierung aufrechtzuerhalten? Oder wird auch die europäische Stadt verstärkt vom Auto und vom Geschäft aus gedacht und künftig konzipiert? Und bleibt die kommunale Ebene wirkmächtig genug, um den höheren

Ebenen – ob Länderebene, Nationalstaat oder europäische Ebene – Grenzen der Beeinflussung abzuringen? Ist das Prinzip der Subsidiarität, also die Erledigung von Aufgaben auf der den Bürgern nächsten Ebene, in Gefahr? Die Bestrebungen der öffentlichen Hand, bürokratische Instanzen abzubauen und Gebietsreformen durchzuführen, ausgelöst durch Sparzwänge und demografische Tendenzen wie Schrumpfung und Alterung der Bevölkerung, machen solche Sorgen zu mehr als nur akademischen Fragen.

Trotz dieser Herausforderungen sieht es so aus, als ob die europäische Stadt ihren Reiz nicht verliert.[21] Wenn die staatlichen Mittel schwinden, sind überraschend schnell und nachhaltig Bürgerinitiativen mobilisierbar, die auch mit eigenen Gestaltungs- und Finanzierungsbeiträgen aufwarten, um das Gesicht und den Charakter der Stadt zu erhalten. Oft ist dieser Charakter Ausdruck von Gemeinschaft und des vitalen Bedürfnisses zur Partizipation. Ob es sich hierbei um die Einrichtung einer Tafel handelt, die mit Spenden von Unternehmen oder Privatpersonen die Grundversorgung Bedürftiger gewährleistet, oder um die Etablierung von Hospizen zur medizinischen und seelischen Betreuung von Schwer- und Dauerkranken durch Freiwillige und Schmerztherapeuten, immer wieder zeigt sich die soziale Natur der städtischen Gemeinschaft. An diesen Beispielen wird deutlich, dass sich die europäische Stadt trotz aller Einschränkungen ihrer Wirkmächtigkeit erfolgreich zur Wehr setzen kann, wenn es um die Gefährdung sozialer Funktionen geht. Ich glaube, dass es solche Elemente der europäischen Wirklichkeit sind, die das europäische Modell bewundernswert machen. Einen besonders kundigen Außenblick auf diesen Aspekt Europas gewährt uns Jeremy Rifkin in seinem Buch *Der europäische Traum*.[22] Er schreibt: »Europa ist die ›neue Stadt auf einem Berg‹. Die Welt blickt auf dieses großartige, transnationale Regierungsexperiment und hofft, von dort Orientierungshilfen für die Menschheit in einer globalisierten Welt zu finden. Der europäische Traum mit seiner Inklusivität, Diversität, Lebensqualität, Nachhaltigkeit, spielerischen Entfaltung, mit den universellen Menschenrechten und den Rechten der Natur sowie dem Frieden gewinnt für eine Generation, die global vernetzt und zugleich lokal eingebunden ist, zunehmend an Attraktivität«.[23] Bei aller Bewunderung, die Rifkin für den europäischen Traum hat, treibt ihn doch eine Sorge um, die ich teile: »Meine größte Sorge ist es, dass die Europäer vielleicht nicht optimistisch genug sind, um ihre neue Zukunftsvision durchzusetzen. Träume brauchen Zuversicht, das Gefühl, dass die Hoffnungen sich erfüllen werden. Amerikaner sind voller Optimismus und Hoffnung, Europäer insgesamt weniger... Der unhinterfragte Optimismus, der für das amerikanische Denken so charakteristisch ist, hat uns nicht immer gut gedient... Ihren Zynismus abzulegen wird für die Europäer genauso schwierig wie die Überwindung des naiven Optimismus für die Amerikaner. Dennoch kann kein Traum, wie attraktiv er auch immer sein mag, in einer Atmosphäre des Pessimismus und Zynismus Erfolg haben... Amerikaner müssen vielleicht umsichtiger und maßvoller mit den Zukunftsperspektiven umgehen, Europäer vielleicht hoffnungsfroher und optimistischer.«[24]

Rifkins Blick auf Europa stellt für Europäer eine besondere Herausforderung dar.

Liest man Rifkins Buch und sieht man seine tiefe persönliche Verwurzelung im amerikanischen Traum seiner Eltern und Großeltern, mit ihrer tiefen persönlichen Verantwortung für die Gestaltung des eigenen Lebens und der Welt, so ist einem seine Bewunderung und Formulierung des Europäischen Traums eine besondere Herausforderung. Vor allem deshalb, weil einem fast automatisch die etwas abgeklärte, ja zynische europäische Art, auf diesen naiv erscheinenden Optimismus zu reagieren, naheliegt.

Woher kommt die sozialstaatliche Regulierung historisch – und ergibt sie Sinn?

Die moderne, sozialstaatlich geprägte Stadt hat sich entwickelt aus der Tradition von selbstständigen Bürgerstädten mit patriarchalischer Fürsorge und der Tradition der Steinschen Städteordnung mit einer bürgerlichen Selbstverwaltung, die dem Leitgedanken der Partizipation verpflichtet war. Ebenso prägend waren die Zünfte, die für Bildung, Forschung und sozialen Kontakt sorgten, wie auch Unternehmen, die soziale Verantwortung übernahmen. So stellten viele Firmen Wohnraum für ihre Mitarbeiter zur Verfügung oder bauten Wohnheime und soziale Versammlungsorte für Gesellen, die während ihrer Ausbildung nicht mehr zu Hause wohnen konnten. Zu diesem Zweck gründete Adolph Kolping das Kolpingwerk.

Die moderne, sozialstaatlich geprägte Stadt folgt – mit anderer Methode – den gleichen Prinzipien: Partizipation und Chancengleichheit. Solche Aktivitäten reflektieren die Überzeugung, dass gemeinwirtschaftliche oder staatliche Einrichtungen bessere Ergebnisse zustande bringen als private Initiativen. Oder aber sie offenbaren, dass auf solchen Feldern individuelle Antworten fehlen.

Allerdings ist es immer gut, solche Überzeugungen kritisch zu hinterfragen. Dies gilt auch gegenüber kollektiven Einrichtungen, welche die Lebensbedingungen der Einzelnen nachhaltig verbessern sollen. Auch hier steht nämlich das Eigeninteresse, sei es Arbeitsplatzsicherheit oder die Reputation, im Vordergrund. Ich widerspreche allerdings der populären Meinung, die Eigeninteresse per se als schädlich für das »große Ganze« ansieht. Meiner Meinung nach ist Eigeninteresse dort, wo es die Produktionskräfte eines Menschen mobilisiert, oftmals die beste Grundlage für die gute Gestaltung auch des »großen Ganzen«. Freilich gilt es zu überprüfen, ob staatliche oder gemeinwirtschaftliche Einrichtungen – gerade dann, wenn es Gebietsmonopole gibt – tatsächlich zuvorderst im Interesse der Kunden handeln. Diese kritische Überprüfung, das Bestehen auf Transparenz und das Testen der Effektivität garantieren, dass nicht Eigeninteressen das Handeln der Anbieter leiten. Bei vielen Betrieben, welche die alltägliche Daseinsvorsorge, etwa die Stromversorgung, organisieren, werden Kundenwünsche oftmals zulasten der Funktionärsinteressen zurückgedrängt, weil hier der Wettbewerb fehlt. Damit können Amtsträger ihre Klientel und in diesen Kreisen die eigene Reputation fördern. Aber auch in ganz anderen Bereichen sind solche Eigeninteressen der Anbieter dominant: So etwa ist das wiederholte Anbieten von Massagen für Patienten, denen mit der Verordnung von selbstständigen Bewegungstherapien eher geholfen wäre, zwar für den Masseur attraktiv (er hat viele Dauerkunden) und für den Patienten angenehm, leistet aber keinen dauerhaften Beitrag zur Überwindung eines Schmerz- oder Schwächephänomens.

Sozialstaatliche Regulierung: in Stein gegossen

Aber unabhängig davon, ob die sozialstaatlichen Einrichtungen nun die Lebensbedingungen der Einzelnen nachhaltig verbessern: Die Wirklichkeit europäischer Städte ist durchzogen von sozialstaatlicher Regulierung. Staatliche Daseinsvorsorge ist allgegenwärtig auf der kommunalen Ebene: Hier sind die Stadtwerke für Wasser, Strom und Fernwärme oder aber das Schulsystem, vom Kindergarten bis zur Hochschule, zu nennen. Und auch Krankenhäuser und Altenheime gehören dazu, die sich teilweise immer noch in kirchlicher oder privater Hand befinden, zumeist jedoch nicht gewinnorientiert, sondern gemeinwirtschaftlich ausgerichtet sind. Aber auch die Vielfalt von Verwaltungseinrichtungen in der Sozialpflege und in den Gesundheitsämtern reflektiert eine solche sozialstaatliche Tradition. Und vielfach ist die Stadt auch Träger des Nahverkehrs, des Schienen- und Busverkehrs, von Sozialwohnungen und selbstverständlich Gestalter und Eigentümer des Kulturbetriebes, von den Museen über die Konzerthäuser und Schauspielhäuser bis zur Oper.

Und wieder wird aus den Beispielen deutlich, wie sehr ein solcher Begriff der Sozialverantwortung mehr als eine Worthülse oder ein Konstrukt ist.[25] Diese soziale Konzeption drückt sich ebenso in Gestalt von Bauwerken aus. Der Stadt, dieser Public-Private Partnership par excellence, begegnen wir auf Schritt und Tritt als architektonischer Wirklichkeit. Dies ist das Leitbild der europäischen Stadt als einer offenen und dem Wandel förderlichen, partizipativen Einrichtung. Es ist das genaue Gegenteil der »gated communities«, von abgeriegelten Wohngebieten, in die sich die privilegierte Bevölkerung zurückzieht, geschützt durch hohe und aggressive Mauern, die von Glassplittern, Stacheldraht und Nachtsichtgeräten gekrönt sind. Paradoxerweise werden die Eingänge zu diesen Gebieten durch jene weniger wohlhabenden Menschen gesichert, die darin als Bürger nicht willkommen sind.[26]

Eine wichtige Funktion der Stadt, das Zusammensein vieler unterschiedlicher Menschen, wird durch die »gated communities« ausgeschaltet. Viel von dem, was an Entwicklung und Dynamik von Städten ausgeht, wird durch die Ghettoisierung unterbunden. Dabei dient gerade die Diversität dem Fortschritt in Wirtschaft und Gesellschaft.

Die europäische Stadt, die Ghettobildung vermeidet, die Fremde in die Einkaufsstraße einlädt, den Markt durch immer neue Anbieter bereichert, die Behinderte nicht wegsperrt, sondern durch barrierefreie Bewegungsmöglichkeiten in öffentliche Gebäude und auf öffentliche Plätze bringt, das ist der menschenwürdige und produktive Rahmen unserer Existenz. Der Rang von Diversität als Ressource ist im modernen Diskurs nicht mehr strittig, in der Praxis ist ihre Umsetzung vielerorts allerdings noch nicht erfolgt.[27]

Raumplanung als Schutz vor Ghettoisierung

Mancher Leser wird sagen, dass einiges von dem, was hier über die europäische Stadt gesagt wurde, allzu sehr von Gesinnungsethik geprägt sei und zu idealisierend skizziert wurde. Ist es nicht etwa so, dass Werks- und Sozialwohnungen der Ghettobildung auch in Europa Vorschub geleistet haben? Die Antwort ist leider ein verhaltenes »Ja«. Der Versuch von Unternehmen, für ihre Arbeiter bezahlbare und arbeitsplatznahe Wohnungen bereitzustellen, hat ebenso wie der ähnlich motivierte Bau von Sozialwohnungen durch die kommunalen Einrichtungen zu einer einseitigen und ausgrenzenden Bebauung und Besiedelung geführt. Funktionalismus, Seelenlosigkeit und Trennung der Bevölkerungsgruppen geschahen damit auch in England, Skandinavien und Deutschland. Der unternehmerische Patriarch, der sozialromantische Fabianist, der schwedische Sozialdemokrat oder der ostdeutsche

Kommunist haben bei aller ideologischen Gegnerschaft ähnliche Stadtbilder produziert – unwirtliche Trabantenstädte.

Diese Entwicklung ließ sowohl engagierte Bürger als auch Stadtplaner in Aktion treten. Wann genau diese Gegenbewegung Schwung erhielt, ist nicht ganz sicher. Aber spätestens als nach der Deutschen Wiedervereinigung das ganze Ausmaß der sozialistischen Verschandelung ostdeutscher Städte sichtbar wurde, versuchte man diese Fehlentwicklung zu stoppen und zu überwinden. Neubauvorhaben waren in vielen europäischen Städten nun nur unter der Auflage durchmischter Bebauung durchsetzbar: Die Kombination von Einfamilienhäusern, Mehrfamilienhäusern und mehrgeschossiger Mietwohnungsbauten war die Antwort. In dieser Mischung blieb die ökonomische Ratio für den öffentlichen Nahverkehr weitgehend intakt. Die Ghettoisierung und die Entleerung von öffentlichem Raum und Wohnraum nahe der Versorgungszentren wurden so vermieden.

Nicht nur die Stadtplaner versuchen nun wieder verstärkt, soziale Durchmischung zu fördern. Ebenso wird versucht, bereits in Grundschulen die Integration verschiedener Ethnien und Religionen zu verwirklichen. Und faktisch stellt die europäische Daseinsvorsorge, etwa bei Gesundheit, Schule, Verkehr, Energie und Wasser, einen Garant dafür dar, dass allen hier lebenden Menschen eine Existenz in Würde und Sicherheit möglich ist. Kaum irgendwo wird das unmittelbarer deutlich als beim Besuch eines deutschen Krankenhauses. Patienten, Ärzte und Betreuungspersonal stellen eine ethnisch und religiös gemischte Gemeinschaft dar.

Diese multikulturelle Wirklichkeit ist die von dem indischen Wirtschaftswissenschaftler und -philosophen Amartya Sen angemahnte Vorbedingung für Teilhabe und damit mehr als nur ein Reflex einer Gesinnungsethik. Die europäische Stadt verkörpert eine Ethik der Verantwortung für die Menschen, die in ihr leben. Das macht sie attraktiv für viele – und teuer für jene, die die Ressourcen dafür bereitstellen müssen. Damit sind europäische Städte anders als die Städte in vielen Teilen Asiens oder Lateinamerikas: Es gibt in Europa fast keine Slums, in denen die Armen und Ungebildeten ohne Infrastruktur ihrem

Schicksal überlassen sind. Dies bedeutet andererseits, dass beträchtliche staatliche Mittel benötigt werden, um diesen Zustand zu erreichen und zu erhalten. Vielfach gelingt dies sicherlich nur, weil Bedingungen existieren, die eine Überflutung mit Hilfsbedürftigen begrenzen, etwa die klimatischen Bedingungen in Europas Norden und sprachliche Hindernisse, beispielsweise der lange und kalte nordische Winter oder die extrem schwierig zu erlernende finnische Sprache.

Europas Städte – geprägt von hoher Dichte im Kern

Europas Rolle bei der Verwirklichung von Urbanität hat aber auch damit zu tun, dass die komplexe Wirklichkeit und die Dichte der europäischen Stadt flexibler auf neue oder sich wiederholende Herausforderungen reagieren konnten, als dies andere Städteformen vermochten.

Einige dieser Aspekte der europäischen Stadt hat Joan Clos, der spanische Minister für Industrie, Handel und Tourismus, zusammengetragen.[28] Obwohl er nur ungern von der standardisierten europäischen Stadt sprechen möchte, sondern eher von der angelsächsischen oder der zentraleuropäischen, der nordischen oder der mediterranen Stadt, gibt es für ihn erkennbar gemeinsame Merkmale dieser Typen der europäischen Stadt. Für ihn wird diese charakterisiert durch dichte Ansiedelung gruppiert um einen Kern – eben ganz im Gegensatz zu den ausgebreiteten, verstreuten Städten der USA. Diese Dichte erzeugt den Zusammenhalt und umschließt die öffentlichen Plätze. Nur mit dieser Struktur kann man die Stadt mit dem öffentlichen Verkehr erschließen oder sich gar selbst erlaufen. Ein solches Konzept verhindert eine Fülle von unverbundenen Entwicklungen im Grünen. In dieser dichten, komplexen Stadt können viele verschiedene Ereignisse an einem Platz stattfinden: Wohnen, Arbeiten und Freizeit sind ineinander verwoben. Genau das macht Urbanität aus. Diese Struktur lädt Menschen aus vielen unterschiedlichen sozialen Milieus ein, zusammenzuwirken, und mindert das Risiko der Ghettobildung, sei es nach Einkommen, Religion oder Ethnie. Dies ist eine Struktur zur Förderung der Integration. Öffentliche Einrichtungen helfen, friedlich und mit Gewinn zusammenzuleben. Die Partizipationschance der Bürger hängt nicht vom Auto ab – das ist wichtig und wird immer wichtiger, vor allem für ältere Menschen. Öffentlicher Verkehr, der sicher, preiswert und komfortabel ist, macht diese Charakteristik möglich. Damit ist die europäische Stadt anderen Teilen der Welt, die den Prozess der Alterung noch in größerem Umfang vor sich haben und wo – auch wegen niedrigerer relativer Kraftstoffpreise – die Zersiedelung noch weiter voranschreitet, voraus. Die alten urbanen Zentren, die in Europa weitgehend erhalten sind, bieten für diesen Trend die geeigneteren Kristallisationskerne im Vergleich etwa zu den meisten Städten der USA. Die moderne Wirtschaftstruktur, die aus einem Geflecht unterschiedlichster Dienstleistungen hervorgeht, gedeiht in dem Biotop von Kunst und Kommerz, von Sport und Spiel effektiver als in stärker funktionalistisch ausgerichteten, homogenen Stadtgebilden.

Synergetisches Zusammenwirken vieler Dienstleistungen macht die europäische Stadt in Zukunft stark

Joan Clos beschreibt die Nöte der europäischen Stadt im letzten Jahrhundert, den Erfordernissen der Industrialisierung und insbesondere dem Anspruch des Autos als dominantem Vehikel für den Individualverkehr gerecht zu werden. Dass sich die alten historischen Stadtkerne am Ende des 19. und im 20. Jahrhundert diesem Anspruch entgegenstellten, war für die Zukunftsfähigkeit der europäischen Stadt langfristig wohl eher ein Segen. Im 21. Jahrhundert spielt für den größten Teil Europas der verarbeitende Sektor nicht die Hauptrolle. Da der arbeitsintensive Teil des verarbeitenden Gewerbes ohnedies aus Europa abgewandert ist, also nur noch der kapital- und wissensintensive Teil hier verblieben ist, braucht es in den Innenstädten keine Massenquartiere mehr für Geringqualifizierte.[29]

Die Stärke und künftige Bedeutung der europäischen Stadt liegt in der Bewältigung des Komplexen, das sich ständig wandelt. Wer Menschen mit hoher Lernbereitschaft auf engem Raum versammelt, hat Zukunftspotenzial. Es ist also eher das synergetische Zusammenwirken vieler Dienstleistungen, das die Stärke der künftigen europäischen Stadt ausmacht, die Nähe der beiden Cluster Kommerz und Kultur. Und diese Dichte macht hohe Wertschöpfung bei geringem Einsatz von Rohstoffen und geringer Belastung der Umwelt möglich. Wer so wohnt, arbeitet und produziert, kann oft Kraft-Wärme-Kopplung realisieren, erreicht also höchste Nutzungsgrade der eingesetzten Primärenergie und reduziert die umweltbelastenden Emissionen pro Einheit Sozialprodukt. Gleiche Effekte ergeben sich wegen der Art der Mobilität: Kurze Wege, gute Vernetzung der Verkehrswege und -mittel, weitgehende Nutzung des öffentlichen Nahverkehrs. Aber auch produktivitäts- und wohlfahrtssteigernde Ereignisse sind leicht zu gestalten. Man kann sich zum Austausch verschiedener Gedanken und Kompetenzen in Salons treffen wie zu Goethes und Liszts Zeiten in Weimar. Daraus entsteht das Neue, das Produktive, das Innovative.

Eine Stadt, die sich in diesem Sinne nicht spezialisiert, die nicht alle Aufmerksamkeit auf bestimmte Funktionalität legt, die eher »Hansdampf in allen Gassen« ist, kann – gerade dann, wenn sie keine große Agglomeration, also Großstadt oder gar Metropole, ist – nicht sehr effizient sein. Dies gilt aber eher nur in einem oberflächlichen, kurzfristigen Sinn. Umfassend betrachtet, verkörpert die europäische Stadt auf längere Sicht eine integrierte Lösung, die Ab- und Ausgrenzung und damit immense soziale Kosten erspart.

Ein besonders überzeugendes Beispiel für eine solche Stärke sind für mich die drei deutschen Automobilcluster Stuttgart, München und Leipzig. Nirgendwo auf der Welt gibt es eine wettbewerbsstärkere Vernetzung jeweils einer »Wolke« von Städten in diesem Sektor; von der Forschung über die Entwicklung hin zur Produktion mit einer hochkompetenten Zulieferindustrie. Staatliche und private Forschungseinrichtungen ergänzen diese Cluster. Es muss niemandem im öffentlichen Bereich vermittelt werden, welche Bedeutung diese wirtschaftliche Aktivität hat.[30] Die Infrastruktur ist ebenso ansprechend gestaltet, wie der intensive Wettbewerb zwischen den Unternehmen Höchstleistungen ermöglicht. Und wo die Aufgaben für Einzelne zu groß sind, entwickeln sich gar Kooperationen zwischen den Clustern. So entstehen neue Antriebe in Kooperation zwischen München und Stuttgart oder Konzepte der Telematik in Verlängerung der Initiative Toll Collect.

Dass sich freilich auch die europäische Stadt bei kulturellen und technologischen Herausforderungen neu erfinden muss, darf nicht geleugnet werden. Wie werden beispielsweise die Moscheen in unser Stadtbild integriert werden? Können sich Christen vorstellen, ihre Kirchen, die sie wegen mangelnden Interesses nicht mehr brauchen, zugunsten unserer muslimischen Mitbürger umzuwidmen? Wie werden europäische Städte mit Minaretten in ihrem Stadtbild umgehen? Dürfen dort die Morgengebete ebenso vom Turm erschallen, wie es noch immer die christlichen Glocken tun?

Oder was tun die Denkmalschützer und die Stadtplaner mit den Solarpaneelen auf städtischen Dächern? Wird der Fotovoltaik gelingen, was dem Auto verwehrt war, und wird das historische Stadtbild der erneuerbaren Energie geopfert? Hier sind sicherlich beachtliche Herausforderungen für die europäische Stadt programmiert.

Die europäische Stadt als Stadt der Zukunft – eine zu romantische Sichtweise?

Wer sich die Städte der Welt anschaut, kann sich natürlich nicht der Erkenntnis verschließen, dass sich die Städte der Alten Welt, insbesondere diejenigen Europas, nicht so dynamisch entwickeln wie die der Schwellen- und Entwicklungsländer. Für die europäische Stadt ist es aber ein Leichtes, die negativen Auswirkungen dramatischer Agglomerationen zu vermeiden, denn für sie ist die Expansion seit mehreren Generationen Geschichte. Da ist es kein Kunststück, die Attraktivität der Stadt im Sinne guter Lebensbedingungen zu fördern. Ein Teil des Charmes europäischer Städte hat mit dem Fehlen einer brutal zunehmenden Agglomeration zu tun, wie sie die Städte in anderen Kontinenten prägt. Um sich der Bedeutung dieser Analyse gewahr zu werden, ist es hilfreich, sich die Bevölkerungsentwicklung einiger Städte im letzten Jahrhundert grafisch vor Augen zu führen: Berlin stagniert seit dem kräftigem Anstieg bis zum Höhepunkt um 1930, ebenso wie London. Aber Mexico City oder Shanghai kommen scheinbar aus dem Nichts, überholen 1950 oder 1960 die Alte Welt und sind heute dreimal so große Agglomerationen wie London.[31]

Abbildung 1 Bevölkerungsentwicklung ausgewählter Großstädte seit 1900

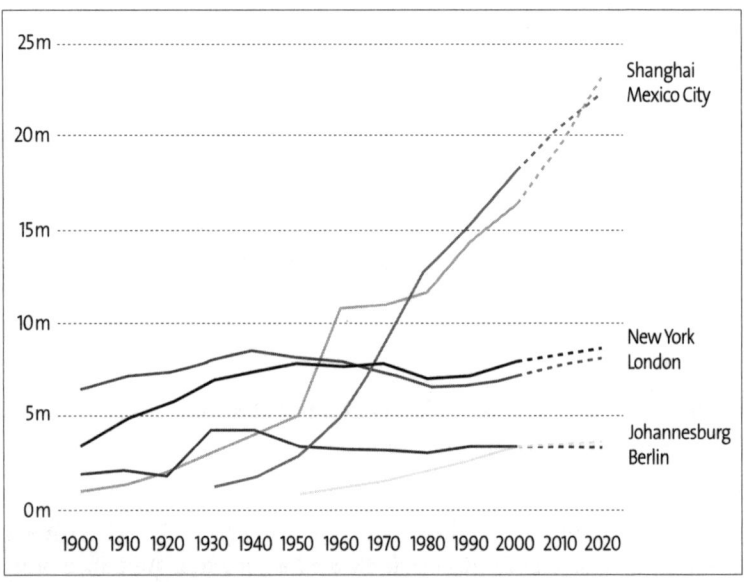

Quelle: *The Endless City, The Urban Age Project*, by the LSE and DB's AHG edited by Ricky Burdett and Deyan Sudjic, 2007, Phaidon Press Ltd.

Bedenkt man, dass eine Stadt wie Shanghai jährlich um die Größe Frankfurts wächst, wird die Dimension der infrastrukturellen, kommerziellen und gestalterischen Aufgabe deutlich. Die Kompetenz und Kreativität, mit der lokale Verwaltungen und Geschäftsleute solchen Herausforderungen begegnen, unterscheiden sich gewaltig. Für einzelne Städte und für einzelne Themen und Aspekte gibt es attraktive

Antworten: Die infrastrukturellen Lösungen etwa in Peking sind jenen in São Paulo, einer ähnlich großen Stadt mit fast 20 Millionen Einwohnern, weit überlegen. Die dortigen sechs Ringstraßen sind eine überzeugende Antwort auf die vielfältigen Anforderungen an den ÖPNV und den Individualverkehr von Gütern und Personen. Allerdings steigen die Verkehrsvolumina so schnell, dass selbst solche großzügigen Verkehrslösungen nicht zu einer staufreien Abwicklung führen. Ebenso grandios sind in China die Planung und die Durchführung von Verkehrsflughäfen.[32]

Ganz anders sind dagegen die Straßen- und Bahnsysteme zum Beispiel in Mumbai oder Pune. Bedenkt man, welch günstige Ausgangslage Indien mit den infrastrukturellen Kernen aus der britischen Kolonialzeit besaß, so ist deren Zustand im heutigen Indien eine Enttäuschung. Die Bahn wurde nur wenig weiterentwickelt, die Straßen sind auch dort, wo industrielle Entwicklung stattfindet, wie etwa in Pune, nur als völlig unzureichend zu bezeichnen. Und auch dort, wo sich Teile von Flughäfen in Richtung eines internationalen »state of the art« entwickeln, ist die indische Verwaltung nicht in der Lage, effektiv zu handeln: Das Schnittstellenmanagement funktioniert nicht. Dies möchte ich anhand der Umsetzung eines Straßenbauprojekts in Neu-Delhi verdeutlichen: Eine sehr moderne Bürostadt wurde entwickelt, eine Autobahn vom Zentrum Neu-Delhis zu dieser Vorstadt Gurgaon wurde gebaut. Zur Finanzierung dieser Straße wird eine Maut erhoben. Was ist das Ergebnis? Tägliche Staus an den Mauthäuschen. Warum wird nicht bevorzugt elektronisch abgerechnet? Warum ist der Betrag für die Maut ein krummer Betrag, nämlich 17 Rupien, der in fast allen Fällen Wechselgeld nötig macht? Warum sitzen in den Mauthäuschen nur Männer, die diese Tätigkeit – wohl weil Männer auch diese Arbeit nicht vor allem als Dienstleistung, sondern als Ausübung obrigkeitlicher Funktion ansehen – deutlich langsamer erfüllen als Frauen?

Es ist offenkundig, dass viele Schwellen- und Entwicklungsländer von Europa eine Menge lernen können. Ebenso offenkundig ist freilich, dass schnell wachsende Länder in Asien oder Lateinamerika von ihren Klassenbesten lernen können.

Ähnlich dramatisch sind die Unterschiede in der Aufmerksamkeit der Schwellen- und Entwicklungsländer gegenüber umweltpolitischen Überlegungen. Das gilt unter anderem für die Behandlung von Lärm oder Luftqualität. Die Unterschiede zwischen Singapur und Jakarta, gerade einmal eine Flugstunde voneinander entfernt, könnten kaum größer sein. In Falle Singapurs könnte man, was Sauberkeit, Gestaltung öffentlicher Räume, Verkehrssteuerung anbelangt, meinen, es seien alle überzeugenden Antworten der europäischen Städte kombiniert worden: Oslos Verkehrssteuerung durch Maut, die europäische Benzinsteuer und die deutsch-englische Liebe zu Parks, um nur einige Aspekte zu nennen.[33]

Urban Age – ein europäisches Projekt

Mein Interesse an und mein Wissen von der Stadt haben sehr von einem Projekt profitiert, das die Alfred Herrhausen Gesellschaft seit vielen Jahren zusammen mit der London School of Economics betreibt.[34] Das Projekt »Urban Age« hat zum Ziel, das Thema Stadt interdisziplinär zu untersuchen und die Forschung in diesem Bereich voranzubringen. Dieses Projekt hat viele Experten aus vielen Feldern zusammengeführt, hat zahlreiche aufregende Konferenzen in Metropolen in aller Welt organisiert und schlug sich nieder in einer Fülle von beeindruckenden Publikationen.[35] Urban Age wird mit einer Reihe stadtbezogener Ausbildungswege an der LSE nachhaltigen Einfluss auf das Thema ausüben. Darin drückt sich die Bedeutung des Projekts Urban Age aus, ebenso wie die Selbstverpflichtung der Deutschen Bank zur Finanzierung dieser wichtigen Aufgabe. Aber darin spiegelt sich auch das enorme Interesse der Politik auf zentraler wie lokaler Ebene an diesem interdisziplinären Thema wider. Urban Age hat durch die Auszeichnung von Projekten, die das »urbane Denken« umsetzen, viel dazu beigetragen. Dass bei solchen Konkretisierungen oft Architekten eine gestaltende Rolle hatten, überrascht nicht. Die Städte, die besonderes Interesse auf sich zogen, waren New York, Shanghai, London, Mexico

City, Johannesburg, Berlin und Mumbai. Die Daten, die auf vergleichbarer Grundlage zusammengetragen wurden, geben ein höchst diverses Bild der Stadt am Beginn des 21. Jahrhunderts wieder. Die speziellen Themenbereiche, die behandelt werden, sind Umwelt, Sicherheit und ökonomische Perspektiven. Die Autoren kommen aus der Neuen und Alten Welt, aus jungen und alten Ländern. Die Periode der Deindustrialisierung der Städte der Alten Welt findet besondere Aufmerksamkeit.

Und in der »Agenda for an Urban Age«, dem Schlusskapitel des Buchs *The Endless City*[36], legen Autoren der Brookings Institution (Washington, D. C.) ihre Grundüberzeugungen für die Zukunft der Stadt dar: Was die Stadt der Zukunft lebendig macht, ist ihre Komplexität, ihre Dichte, die Diversität ihrer Bürger und der Kulturen. Es ist die Konvergenz ihrer äußeren Gestalt auf verschiedenen Ebenen. Das, was die Autoren von Brookings so beschreiben, nenne ich die »Kreation von Ensembles«. Dies ist die vielfältige Überschneidung von Aktivitäten statt ihrer sauberen, systematischen Trennung. Was die Stadt der Zukunft lebendig macht, ist ihr großer Spielraum für jeweils eigenständige gestalterische Lösungen und eine Verbindung von Alt und Neu. Das sind die Bestandteile einer Stadt, die wettbewerbsstark, nachhaltig und inklusiv ist.[37]

Ist es nicht ermutigend, von Amerikanern zu lesen, dass die Stadt der Zukunft ein europäisches Gesicht hat? Dass die tayloristische, funktionale Stadt sich als eine sinnentleerte, nicht überlebensfähige Variante herausgestellt hat? Und um zu zeigen, dass auch Europa nicht immer die mustergültigen Beispiele für gelungene Urbanität vorgibt, hier noch ein Zitat: »Venedig ist nach unseren Bauordnungen absolut unzulässig. Dagegen ist Wolfsburg perfekt. Dennoch gibt es Leute, die Venedig lieber mögen.«[39]

Kapitel 2

Europas Metamorphosen – Integration ohne Rückfahrkarte?

Es gibt so etwas wie die optimale Distanz zu einem Betrachtungsgegenstand. Zu große Nähe behindert ebenso wie zu große Ferne die klare Erkenntnis. Gegenüber den mehr als dreitausend Jahren Kulturgeschichte Europas ist ein Menschenleben immer zu kurz für die rechte Perspektive. Man kommt sich vor wie ein Dackel in einer Wiese mit hohem Gras. Und das Studium der Quellen fördert nur weitere, andere Dackelperspektiven. Dennoch: Europas Identität ist nicht allein mit dem Blick auf das 20. und 21. Jahrhundert zu erfassen. Die Wurzeln der Kultur in Mesopotamien oder Ägypten zu vergessen hieße, wichtige Fundamente Europas zu übersehen. Man denke an die Alhambra in Granada, man denke an unser Zahlensystem, beides haben wir den Arabern zu verdanken. Die großen Völkerwanderungen in Europa nicht in den Blick zu nehmen wäre ahistorisch. Die Implikationen der Vermischung der Ethnien blieben unbedacht. Die Rolle der abrahamitischen Religionen – Judentum, Christentum, Islam – für den europäischen Kulturraum kann kaum überschätzt werden. Unsere Grundwerte und ethischen Prinzipien, aber auch vielfältige Auseinandersetzungen bis hin zu Kriegen, haben darin ihre Ursache gehabt.

Die historische Entwicklung Europas

Der große Beitrag Griechenlands zur Polis ist bereits in Kapitel 1 beschrieben worden. Griechische Philosophie und Staatskunst sind ein höchst bedeutendes Element in der Entwicklung von Bürgergesellschaft und von Staatlichkeit im europäischen Raum.

Dass die Verfasstheit Europas heute in so großem Umfang mit den Nationalstaaten gleichgesetzt wird, ist der erwähnten Dackelperspektive geschuldet. Aber die Übergänge, die kulturellen Schattierungen innerhalb Europas sind fließender, als es sich an den jeweiligen Nationalgrenzen ablesen lässt. Europa ist ein Flickenteppich von Regionen, deren Zugehörigkeit zu Nationalstaaten oft gewechselt und ihren inneren Zusammenhalt nicht immer bestimmt hat.

Das Römische Reich: beeindruckende Zeugnisse

Vieles in Europa hat sein Gesicht und seine Struktur durch das Römische Reich erhalten. Welch ein beeindruckendes Gebilde vor 2000 Jahren! Städte, Häfen, Militär, Logistik, Steuer, Verwaltung und Grenzsicherung erreichten die größtmögliche Vollendung bei begrenzten technischen Mitteln. Obwohl das Römische Reich weit nach Norden reichte, war es der Mittelmeerraum, in dem seine kulturelle, architektonische, technische und künstlerische Entwicklung hauptsächlich stattfand. Die steinernen Zeugnisse römischer Staatskunst im Nahen Osten etwa rauben dem heutigen Zeitgenossen noch immer den Atem, konfrontieren ihn in diesen Ländern aber gleichzeitig mit einer Gegenwart, die kaum mehr Prägungen durch diese große Zeit wahrnehmen lässt. Europas Mitte hat sich nach dem Untergang der römischen Vorherrschaft vom Mittelmeer über die Alpen nach Norden verlagert.

Dunkles Mittelalter – abgelöst durch Reformation und Aufklärung

Das heilige Römische Reich Deutscher Nation folgte auf den Untergang Roms. Dies war eine lange Periode mit wenigen Glanzpunkten. Doch bei aller Dunkelheit und Langsamkeit war eine große Diversität in Alltag und Kunst, in politischen Verhältnissen sowie in der künstlerischen und wirtschaftlichen Entwicklung zu beobachten. Alles dies fand unter dem Vorzeichen eines jahrhunderte langen Konflikts zwischen geistlicher und weltlicher Macht statt, wobei Erstere die Kultur besonders nachhaltig geprägt hat: Gotische Kathedralen und romanische Klöster ragen – im unmittelbar sichtbaren wie im übertragenen Sinn – noch heute heraus.

Religiöse Aufbrüche wie die Reformation sowie wissenschaftliche und technische Fortschritte, zum Beispiel der Buchdruck, waren in der Mitte des zweiten Jahrtausends die Katalysatoren der Erneuerung. Noch immer aber hatte Europa nicht die Verfasstheit von Nationalstaaten. Dazu kam es erst in den letzten 300 Jahren. In England und Frankreich setzte diese Entwicklung früher und umfassender ein als in den meisten anderen Territorien. Deren Merkmale waren ständige Gebietskorrekturen auf der einen, Kleinheit und Substrukturen sowie Konföderationen auf der anderen Seite. Veränderung war die Konstante. Man denke nur beispielhaft an die Geschichte des polnischen und des deutschen Staatsgebietes in den letzten 150 Jahren.

Aber am Ausgang des Mittelalters gab es in Europa eine Lingua Franca, Latein, es gab eine erste Form der europäischen Universität, die Wissenschaft kannte keine Grenzen, Kirche und Adel waren europäisch orientiert und auch die Förderung von Kunst und Wissenschaft hatte keine engen, nationalen Grenzen. Handelsentwicklungen hatten eine inklusive Ausrichtung. Grenzen wurden überwunden, institutionelle und infrastrukturelle Zusammenschlüsse wurden etabliert. Die Hanse – ein von der Mitte des 12. bis zur Mitte des 17. Jahrhunderts bestehender wirtschaftlicher und gesellschaftlicher Bund – war dafür ein sehr gutes Beispiel. Zunächst bestand sie aus niederdeutschen Kaufleuten, später aus ganzen Städten wie Hamburg, Bremen, Lübeck, Rostock, Wismar, Danzig und Riga.

In den Fürsten- und Kirchenstaaten entwickelte sich durch Bildung und Wissenschaft, durch Zünfte und Wirtschaft mehr und mehr eine bürgerliche Gesellschaft. Monarchien wurden durch Republiken abgelöst. Frankreich und England führten. Paris und London dominierten. Die Industrialisierung trat hinzu und sorgte dafür, dass die Entwicklung immer öfter nicht mehr durch Nahrungsmangel begrenzt wurde.

Die Produktivität stieg. Nicht nur Frankreich, auch andere europäische Gesellschaften wurden durch den Code Civil – das französische Gesetzbuch zum Zivilrecht, das durch Napoléon Bonaparte 1804 eingeführt wurde – vorangebracht. Dies gilt ganz besonders für Deutschland, das die Ordnungsvorstellungen des Code Civil vielfach bereitwillig und mit einer qualifizierten Verwaltung kompetent umsetzte. Gleichzeitig wurden viele europäische Länder durch die technisch führenden Engländer und Franzosen herausgefordert. Das 19. Jahrhundert war der Zeitraum, in dem sich der Nationalstaatsgedanke in Europa verbreitete. Aufgeklärte preußische Könige waren hierfür ebenso wie für die Modernisierung und Öffnung der deutschen Länder konstitutiv. Wissenschaft und Wirtschaft erhielten einen Wachstumsschub.

Die Neuzeit: Europa zerfleischt sich selbst

Das 19. und 20. Jahrhundert war in Europa aber auch die Zeit des aggressivsten politischen Gegeneinanders (nach dem Dreißigjährigen Krieg, der ein Religionskrieg war). Indem er sich im Ersten und Zweiten Weltkrieg an den Rand der Selbstzerstörung brachte, hat der Kontinent seine globale Führungsrolle in Politik, Militär und Wirtschaft eingebüßt und an die USA abgegeben. Die Pax Americana folgte der europäischen Selbstzerfleischung. Dass Deutschland in beiden Fällen der Aggressor war, lässt einen Deutschen vor diesem Aspekt der europäischen Geschichte besonders erschauern.

Aber nicht nur die Deutschen haben damals die Implikationen ihres Denkens und Tuns nicht begriffen. Der Friedensvertrag von Versailles mit seinen vernichtenden Reparationsforderungen war die Keimzelle für den nächsten, noch tödlicheren Krieg. Während des Zweiten Weltkriegs forderte das nationalsozialistische Regime mit der Vernichtung der Juden und seinen rassistisch motivierten Eroberungskriegen das immer gefährdete Toleranzmodell Europas für Ethnien und Religionen existenziell heraus. Das Ausmaß der Vernichtung und des Leids ist, auch zwei Generationen danach, noch immer nicht fassbar. Die Menschenleben, die kulturellen, die wirtschaftlichen Schätze, die mit diesem Wahnsinn untergingen und/oder aus Europa vertrieben wurden, sie waren und sind ein unermesslicher Verlust.

Wiederaufbau, Erweiterung und Vertiefung Europas – eine große Leistung

Es lag mir sehr daran, in groben Zügen zu charakterisieren, woher Europa kommt. Warum es seinen führenden Platz in der Welt hatte. Wie es sich zerlegte. Denn erst aus dieser Perspektive wird klar, welch große Leistung die institutionelle Reform Europas in der Zeit nach dem Ende des Zweiten Weltkrieges ist.

Wiederaufbau mithilfe der Sieger

Viele haben an der Überwindung des Nationalen und der institutionellen Integration mitgewirkt, der Kern des Neuen aber kam von der politischen Elite, nicht aus der Wirtschaft oder der Wissenschaft. Aber die Renaissance Europas ist nicht allein das Werk großer Europäer. Ein nicht unbeträchtlicher Teil der Basis dieses Neubeginns ist mit den außereuropäischen Siegern des Zweiten Weltkriegs verbunden, die anstelle des Morgenthau- den Marshall-Plan entwickelten und umsetzten. Die Amerikaner, die in den Nachkriegsjahren politisch gestalteten, waren noch nicht vom *Closing of the American Mind* (so ein Buchtitel von Allan Bloom) betroffen. Ihr Verständnis des europäischen Schatzes und ihr Vertrauen auf die lern- und gestaltungsbereiten Europäer gehört existenziell zur institutionellen Renaissance Europas: Die Amerikaner ermöglichten durch den »Rundfunk im amerikanischen Sektor« (RIAS) einen Neuanfang des deutschen Journalismus nach der Nazizeit. Das Zusammenwirken zwischen John J. McCloy und Ludwig Erhard zur Etablierung einer Marktwirtschaft – in einem geschundenen Land und trotz einer herrschenden Philosophie der Planwirtschaft über die kommunistischen Staaten hinaus – wurde zur Basis für das deutsche Wirtschaftswunder.

Die französisch-deutsche Freundschaft

Motor des neuen institutionellen Europa war die französisch-deutsche Freundschaft. Sie war alles andere als einfach, besonders nach den vielen Verletzungen und durch die Gebietsveränderungen zwischen den beiden Ländern. Aber genau aus diesen Erfahrungen wuchs das Verständnis für die Bedeutung, die in der Überwindung der Gegensätze lag. Das Schicksal des Elsass mag im deutsch-französischen Verhältnis stellvertretend für diese Wirklichkeit stehen. Diese Region, deren Küche geprägt ist durch Würste, Sauerkraut und Riesling, beweist aber auch: Europa ist in Sprache, Küche und Kultur mehr als ein Ensemble von Nationalstaaten, seine Wirklichkeit ist viel differenzierter, kleinräumiger. Europa besteht aus vielen »Rändern«, an denen das Projekt der Einigung täglich gelebt wird. Und wer mit dem Fahrrad von Köln über Luxemburg nach Metz fährt, erlebt, wie sich Sprache, Küche und Architektur aus der gleichen Wurzel speisen und nur immer eine neue, nuancenreiche Varianz erfahren.

Der französische Außenminister Robert Schuman und Bundeskanzler Konrad Adenauer waren die Baumeister der deutsch-französischen Achse. Und sie begannen den Bau nicht mit romantischen, politischen Philosophien, sondern mit einer praktischen wirtschaftlichen Grundlage, der Montanunion. Die Zusammenführung französischer Stahl- und deutscher Kohleproduktion war für die Phase des Wiederaufbaus von Infrastruktur und Wirtschaftsunternehmen nach dem Zweiten Weltkrieg von höchster strategischer Bedeutung. Die wirtschaftliche Verschränkung der beiden Industrien und Länder machte das gemeinsame Denken und Handeln durch die gegenseitige Abhängigkeit zum Imperativ. Dieses lebenskräftige Prinzip gewann durch seine Attraktivität an Verbreitung. Damit begann sich ein Phänomen europäischer Integration zu etablieren, das – allen Zweifeln zum Trotz – das Unmögliche möglich zu machen schien: Erweiterung und Vertiefung gingen Hand in Hand. Weder die ständige Frage danach, wer zu Europa gehöre, noch die notorischen

Zweifel an der Überlegenheit des Subsidiaritätsprinzips haben den europäischen Integrationsprozess gestoppt. Immer gab es ein Stolpern, ein Zögern – der Trend zur Integration aber blieb ungebrochen.

Die Erweiterung Europas – ohne europäische Bürger

Aus der Achse Paris-Bonn und der Montanunion entstanden die EWG, der Sechserclub, die Römischen Verträge. Italien als drittes großes europäisches Land und die Beneluxstaaten bildeten den Kern des institutionellen Europa. Das methodische Alternativmodell, die Freihandelszone EFTA, die gemeinsame Institutionen und Symbole für nebensächlich erklärte, erwies sich als das unterlegene Modell. Der Kern der EWG war die Europäische Kommission. Sie entwickelte sich zum Motor des Integrationsprozesses. Dass der Ministerrat, die Regierungszusammenarbeit, eine wichtige Gestaltungsrolle spielen würde, war ohnehin klar.

Dem Europäischen Parlament war anfangs eine allzu bescheidene Rolle zugesprochen worden. Der Standort Straßburg war ebenso symbolträchtig gewählt worden, wie er einer größeren Wirkmächtigkeit im Wege stand, da er vom Machtzentrum Brüssel abgeschieden liegt. Der Mangel an direktem Einfluss der Wähler auf ihre Abgeordneten sowie die geringen Rechte des Europäischen Parlaments bewirkten eine geringe Wahlbeteiligung, geringes Interesse. Und so entstand sie nicht – die europäische Bürgerschaft. Der bereits zitierte Satz von Cicero: »Ich liebe meine Heimat Apulien und bin ein stolzer Bürger Roms« ist auf Europa übertragen bis heute nicht gehört worden. Ein europäisches Staatsvolk ist bisher noch nicht einmal im Entstehen begriffen.

Nach den stürmischen Veränderungen der späten vierziger und der fünfziger Jahre, die auch begleitet waren von der Entstehung ziviler Beziehungsgeflechte in Europa, etwa durch den Austausch von Lions-Clubs, entstanden vermehrt private Freundschaften. Die Städtepartnerschaften in Europa ließen die Lebendigkeit der Beziehungen immer größer werden. Europaweite Wettbewerbe in Sport und Kultur machten aus Integrationspotenzialen Integrationsfortschritte.

Europa: Öffnung oder Abschottung?

In den sechziger Jahren konsolidierte sich der Integrationsprozess. Die Erweiterung der EWG um EFTA-Mitglieder setzte ein. Debatten, ob Europa Öffnung oder Abschottung bedeute, wurden leidenschaftlich geführt. In Deutschland war Ludwig Erhard in Sorge, dass Kartell-Lösungen in Europa naheliegen würden. Diese Sorge kann man angesichts des protektionistischen und interventionistischen Gesichts der europäischen Agrarpolitik verstehen. Seine Europabegeisterung blieb entsprechend hinter der seines Regierungschefs Adenauer zurück. Aber die handelsschaffenden Effekte der EWG und ihrer Erweiterung überwogen bei Weitem die handelsumlenkenden Effekte in die Union hinein. Eine Festung Europa hat sich nie herausgebildet. Die Erleichterung von Handel und Kapitalverkehr zwischen immer mehr europäischen Ländern ging nicht zulasten der engeren Verflechtung mit anderen Teilen der Welt. Insofern wurden Erhards Bedenken ebenso wie die vieler Ökonomen insbesondere in deutschen Universitäten, die mehrheitlich immer Bedenken gegen das Konstrukt der EU hatten, widerlegt.

Der Zusammenbruch von Bretton Woods und die Idee des Euro

Die sechziger Jahre waren durch mehrere wegweisende Entwicklungen gekennzeichnet. Die USA wurden durch den Vietnamkrieg in ihrer Aufmerksamkeit von Europa abgelenkt und ihre makroökonomische Politik verlor die Funktion als Stabilitätsanker, die aber für das Festkurssystem von Bretton Woods eine unverzichtbare Grundlage war. Damit war Europa herausgefordert. Zyklische Schwankungen und inflationäre Tendenzen machten neue Antworten der Wechselkurspolitik und mehr Unabhängigkeit von den USA in der Geld- und Wirtschaftspolitik erforderlich. Die einseitige Aufgabe der Goldpreisbindung durch den amerikanischen Präsidenten Nixon wirkte in diesem Zusammenhang wie ein Katalysator. Die Einführung frei flexibler Wechselkurse, aber auch der Rekurs auf Kapitalverkehrskontrollen zur Abschottung der eigenen Märkte gewann an Zustimmung.

Bereits damals – und ausgehend von den kleineren Mitgliedern der EU – entwickelte sich eine Debatte um die Einführung einer gemeinsamen europäischen Währung. Pierre Werner, der Premierminister Luxemburgs, war die Speerspitze dieser Bewegung. Die Idee hatte einen steinigen Weg vor sich: Schließlich sollte es rund 30 Jahre dauern, bis aus den ersten ernsthaften Überlegungen der Euro entstand.[1]

Es ist offenkundig, dass Währungsunionen auch in anderen Teilen der Welt langer und sorgfältiger Vorbereitung bedürfen. Selbstverständlich gilt es, jeweils die zum Teil von Europa deutlich verschiedenen Voraussetzungen zu bedenken. So ist bekannt, dass die amerikanischen Kontinente sehr stark von den USA und dem US-Dollar geprägt sind. Hier dürfte eine gemeinsame Währung, die nicht der US-Dollar ist, praktisch keinen Sinn ergeben.

Anders ist es in Asien. Dort ist keine der existierenden Währungen so bedeutend für die Region, wie es in den neunziger Jahren die D-Mark für den erweiterten europäischen Raum war. Während aber die Deutschen verstanden, dass ihre monetäre Hegemonie nicht logisch zur D-Mark als europäischer Währung führen würde, sind die potenziellen Hegemonien Asiens weniger sensibel. Japan, China und auf lange Sicht auch Indien betrachten sich wohl als natürliche Lösungen für die Wahl der asiatischen Währung. Dass diese hegemonialen Vorstellungen die Umsetzbarkeit der Idee einer asiatischen Währungsunion befördern, möchte ich ausdrücklich bezweifeln. Wie schon viel weniger gravierende Fragen solch fragile Prozesse einer Währungsunion gefährden können, zeigte sich 2009, als Saudi-Arabien wie selbstverständlich darauf bestand, den Sitz der Zentralbank der GCC, der Währungsunion der Golfstaaten, für sich zu reklamieren. Das Ergebnis war eine Abkühlung des Interesses einiger Partner und eine faktische Verschiebung des Projekts.

Die Schritte der EU auf dem Weg zur europäischen Währungsunion waren teils von den Ereignissen in den USA geprägt, teils waren die Erweiterungsprozesse in Europa dafür konstitutiv.

Die siebziger Jahre brachten neben der Verwirklichung flexibler Wechselkurse im internationalen Kontext zunehmend Arrangements fester Wechselkurse von kleinen, offenen Volkswirtschaften in regionaler Nachbarschaft. Die ersten dieser Arrangements waren autonome Entscheidungen von solchen kleinen Ländern zur Bindung an stabile, große Währungen von Nachbarländern. Die Bindung des österreichischen Schillings an die D-Mark etwa gehört hierzu. Solche Regelungen haben sich abseits von großer Aufmerksamkeit und entgegen herrschender Lehrmeinung in Ökonomiezirkeln als für wirtschaftliche Integration und für politische Stabilität förderlich erwiesen. Das Verdikt der Analysten, dass dies – wegen der übertriebenen Stabilitätsorientierung des Ankerlandes Deutschland – zu Wachstumseinbußen und zur Erhöhung der Arbeitslosigkeit führen müsse, bewahrheitete sich beispielsweise für Österreich oder Holland nicht.

Beweggründe für die Erweiterung Europas von 1970 bis 2010

Im Folgenden soll der Erweiterungsprozess Europas skizziert werden. Insbesondere sollen die Herausforderungen eines solchen Integrationsprojekts, aber natürlich auch die Chancen, die mit ihm verbunden sind, dargestellt werden. Es ist faszinierend, die innere Logik solcher Prozesse zu beobachten, wie auch die Zwänge, die aus Anfangsfestlegungen resultieren. Diese europäischen Erfahrungen sollten für vergleichbare Projekte in anderen Teilen der Welt genutzt werden, etwa bei der Etablierung der nordamerikanischen Freihandelszone (NAFTA) oder des Gemeinsamen Markts Südamerikas (Mercosur).

Norderweiterung

Die erste Erweiterung der Europäischen Gemeinschaft 1973 über die Kernländer der Römischen Verträge hinaus verdankte sich dem wirtschaftlichen und politischen Erfolg dieses Modells. Die Überlegenheit gegenüber einer bloßen Freihandelszone war nicht zu übersehen.

Großbritannien war das wichtigste der Übertrittsländer, gleichzeitig auch das zögerlichste. Dies hatte und hat mit seiner Historie als Zentrum des Commonwealth zu tun – was noch 1960 für Charles de Gaulle ein Grund war, einen Beitritt der Briten abzulehnen. Die Verabschiedung dieser Wahrnehmung in die Geschichtsbücher ist noch immer nicht abgeschlossen und ein wichtiger Fingerzeig für andere internationale Vereinigungen: Es gilt, schweres historisches Gepäck, also alte historische Bindungen oder Gegensätze, höchst sensibel zu berücksichtigen.

Gleichzeitig hat die erste Erweiterungswelle auch einige Bruchlinien des europäischen Integrationsprozesses deutlich gemacht. Die Intensität der ökonomischen Bindungen im europäischen Raum war nicht immer das Entscheidungskriterium. Wie sonst hätte man das Fernbleiben der Schweiz oder Norwegens verstehen sollen? Staats- und wirtschaftsphilosophische Gründe wogen oftmals schwerer als das reine ökonomische Interesse. Damit wird auch deutlich, wie wichtig die Erörterung solcher Unterschiede und Vorbehalte ist. Die auf bürgerliche Freiheiten besonders achtenden Schweizer haben dem Europa, das sich oft bürokratisch, kollektivistisch und umverteilungsorientiert zeigte, nicht die Hand reichen mögen. Dies macht deutlich, dass Zusammenschlüsse Homogenität der grundsätzlichen gesellschaftlichen und wirtschaftlichen Orientierungen voraussetzen. Es mag sein, dass bisweilen nationale oder regionale Wahrnehmungen mit der Wirklichkeit nicht übereinstimmen und so die Interessen nur scheinbar nicht konvergieren. Ich halte die britische Begründung für ein Fernbleiben von der europäischen Währungsunion für einen solchen, nur scheinbaren Konzeptionsunterschied. Damit wird die Bedeutung eines gründlichen und wiederholten internationalen Diskurses für jeden erfolgreichen Integrationsprozess sichtbar. Dies ist für Europa eine Dauerbaustelle und kann als beispielhaft für jedes andere internationale Integrationsprojekt angesehen werden.

Dies ist keineswegs ein einseitiges Ansinnen. Es ist etwa durchaus möglich, dass sich Europa für seinen weiteren Einigungsprozess an der Schweiz orientiert. Was hier an Sprachenvielfalt, Steuerautonomie und Währungsunion schon seit Langem praktiziert wird, kann Europa helfen, seinen Weg zu mehr Integration zu finden, ohne bürgerliche Freiheiten unnötig zu begrenzen. Ich selbst habe den Europäern in früheren Publikationen zur »Verschweizerung« als Integrationsmodell geraten.

Würde eine solche Ausrichtung gut vermittelt, könnte dies möglicherweise auch die Neigung der Schweiz zu einem formalen und vollständigen EU- und Euro-Beitritt verstärken.

Süderweiterung

Ein anderer Begründungszusammenhang erklärt die Süderweiterung Europas 1981 und 1986 um Griechenland, Portugal und Spanien. Für diese Länder war Europa das demokratische Modell, das die eigene Verfassung rascher und umfassender als jeder andere Prozess in eine neue, funktionierende Form bringen konnte. Mit dem EU-Beitritt, einer konstitutionellen Monarchie, einer kompetenten sozialdemokratischen Führung unter Félipe Gonzales konnte das Franco-Regime überwunden werden. Bei der Süderweiterung stand die politische Konvergenz im Vordergrund. Die ökonomische Einbindung und Hilfe war eine erwünschte Nebenwirkung. Interessant bei jeder dieser Erweiterungsrunden war die mit der Intensivierung des Außenhandels verbundene positive Wirkung auf das wirtschaftliche Wachstum – vor allem, aber nicht allein, der Beitrittsländer.

Diese Erfahrung gilt es international zu vermitteln, herrscht doch oft die Sorge in den Ländern, die sich auf einen Beitritt zubewegen, dass sie durch den verstärkten Wettbewerb verlieren könnten. Solche Befürchtungen sind keineswegs allein in der europäischen Integration zu beobachten gewesen. Auch bei der Etablierung der NAFTA gab es ganz massive Ängste, die von populistischen Abgeordneten für Wahlaussagen benutzt wurden. Hier sind die europäischen Erfahrungen eine umfassende Widerlegung solcher Befürchtungen.

Osterweiterung

Die letzte, große Erweiterungsrunde, die nach Mittel- und Osteuropa (2004 und 2007), geschah in Folge einer bedeutenden internationalen Zeitenwende, des Untergangs des kommunistischen Ostblocks unter der Führung der Sowjetunion. Hierfür waren endogene Zerstörungsprozesse im RGW (Rat für gegenseitige Wirtschaftshilfe, auch Comecon genannt) ebenso Ursache wie die offenkundige Freiheit und der beobachtbare Wohlstand im westlichen System und insbesondere im benachbarten Europa. Die Erneuerung in Osteuropa hat aber auch soziale und religiöse Wurzeln. Ohne Gorbatschow, ohne Reagan und Bush sen. hätte es Glasnost und Perestroika, hätte es den Fall der Mauer nicht gegeben. Aber es ist wohl nicht übertrieben, im Gewerkschaftsführer Walesa und dem polnischen Papst Johannes Paul II wichtige Architekten des Ausbruchs Mittel- und Osteuropas aus dem Kommunismus zu sehen.

Diese umfassenden Voraussetzungen des jüngsten, großen europäischen Erweiterungsprozesses gilt es wahrzunehmen und zu würdigen. Die große Erweiterungszeremonie in Athen 2003 war symbolträchtig. Erst jetzt, nach der Wiedervereinigung Deutschlands und der Reintegration Mittel- und Osteuropas, erhielt das moderne Europa wieder eine seiner historischen Identität entsprechende umfassende Gestalt.

Europa – immer noch unvollendet

Die stürmische Aktivität westeuropäischer Unternehmer im Erweiterungsraum mit enormen Auslandsinvestitionen sowie die starke, beeindruckende Beteiligung mittel- und osteuropäischer Persönlichkeiten in den europäischen Institutionen machen die Selbstverständlichkeit dieses Prozesses sehr deutlich. Osteuropa gewann mit dem Beitritt ein erprobtes Gesellschafts- und Wirtschaftsmodell, sofortigen Zugang zu den globalen Vernetzungen der westeuropäischen Patenunternehmen sowie Kapital und technische Hilfe für eine zügige Modernisierung. Ob Europa im Jahr 2011 versteht, dass solche Effekte auch für künftige Erweiterungen gelten – so etwa für die Integration einer Reihe weiterer südosteuropäischer Länder, insbesondere Kroatien und Serbien?

Ich hoffe, wir verstehen, dass eine solche Beitrittspraxis Entwicklungspolitik im wahrsten Sinne des Wortes ist. Damit wird über die europäische Integration hinaus deutlich, dass es für andere Teile des Globus herauszufinden gilt, etwa im Nahen Osten oder in Asien, ob ähnliche Voraussetzungen für ein solches Erfolgsmodell existieren.

In der Begeisterung wegen der und über die Erweiterung nach Osten wurden weitere Länder in die EU integriert, deren Zugehörigkeit zu Europa unzweifelhaft ist, betrachtet man nochmals die oben beschriebenen Linien des langen europäischen Entwicklungsprozesses. Allerdings waren darunter – was die Sicherung des Grundbestandes an Gemeinsamkeit anbelangt – einige noch nicht »reife« Länder, wie beispielweise Bulgarien oder Rumänien, die sich insbesondere mit der Bekämpfung der Korruption noch schwertun. Auch Zypern wurde trotz seiner noch ungelösten Teilung in die EU eingebunden. Solche Sachverhalte sind ebenfalls Hinweise auf Bedingungen für gelingende oder problematische Beitritte, die für künftige europäische Runden zu bedenken sind, aber auch Hinweise auf Integrationsprozesse in Asien, etwa bei der Frage der Mitgliedschaft von Birma in der ASEAN. Der Fall Zypern zeigt, dass man sich wohl keinen Dienst erweist, wenn man ein Land in die EU aufnimmt, das konstitutionell wichtige Fragen für die Zusammenarbeit nicht akzeptiert. Hier gilt es, die Bedingungen für den Beitritt strikt zu formulieren und eindeutig anzuwenden. Grundrechte wie die der Frauen, Religions- und Pressefreiheit dürfen nicht zur Disposition stehen.

Auch nach der Erweiterung auf 27 Länder ist Europa bislang unvollendet. Nicht nur dauern die Beitrittsverhandlungen mit einigen Ländern zum Teil noch an – ob wie im Fall der Türkei schon sehr lange oder zügig wie mit Kroatien –, es gibt auch glasklare Kandidaten wie Serbien und Mazedonien, für die das Prozedere alles andere als klar ist. Da die EU aus immer mehr Mitgliedern besteht, wurde und wird deutlich, dass eine Reihe von Gemeinschaftsmethoden ihre Effektivität einbüßt. Dies und weitere Überlegungen haben Schritte zur Vertiefung der europäischen Integration nötig und teilweise möglich gemacht. Diese Schritte sollen im nächsten Kapitel erörtert werden.

Vertiefung Europas

Gegenseitige Anerkennung, Binnenmarkt, Schengen-Abkommen, Lissabon-Agenda: Vieles, gerade was die institutionellen Weichenstellungen anbelangt, hat Europa bereits konzipiert, als es noch ein Club von sechs Ländern war. In einer solchen Gemeinschaft ist das Prinzip der Einstimmigkeit meist noch unproblematisch. Wenn der Club aber auf 15 Mitglieder anwächst, kann dieses Prinzip nicht mehr sinnvoll auf alle anstehenden Fragen angewendet werden, sondern nur noch auf solche von sehr grundlegender Bedeutung. Das gilt umso mehr heute, da die EU rund 30 Mitglieder hat, zudem von sehr unterschiedlicher Größe (von Malta mit 400 000 bis Deutschland mit 82 Millionen Einwohnern).

Wir brauchen eine Lingua Franca

Allein schon die Aufgabe, Repräsentanten aller Mitgliedsländer in einem Raum zu versammeln, allen Redezeit einzuräumen und für jede nationale Sprache zeitnah die entsprechenden Übersetzungen bereitzustellen, lässt den europäischen Einigungsprozess wie den Turmbau zu Babel aussehen. Europa hat zwar schon einige Herausforderungen erfolgreich angenommen, diese aber nach wie vor nicht angepackt. Wenn Europa verlässlich vorankommen will, braucht es wieder – wie am Ausgang des Mittelalters, als Europa wissenschaftlich und kulturell einen Sprung vorwärts machte – eine Lingua Franca. Europa krankt daran, dass dieses heikle Thema nicht offen diskutiert wird. Alle Schüler in Europa sollten verpflichtet sein, drei Sprachen zu lernen, neben der Landessprache noch Englisch und eine dritte europäische Sprache. So ausgestattet könnten die europäischen Einrichtungen sich der englischen Sprache bedienen. Diese Lösung verspricht Effizienzvorteile, auch weil sie Entscheidungsprozesse transparenter und schneller macht. Vorübergehend benachteiligt werden zwar jene, deren Muttersprache nicht Englisch ist, doch in der nächsten Generation gibt es diese Benachteiligung vermutlich nicht mehr.[2] Mit einer solchen formalen Entscheidung Europas würde für internationale Verhandlungen die Dominanz des Englischen gestärkt – das würde, wie man schon im Luftverkehr an der Kommunikation zwischen Piloten und Flugsicherung sieht, möglicherweise auch die Krisenanfälligkeit der Finanzwirtschaft reduzieren, weil

Risikomanager und Regulatoren die gleiche Sprache sprächen und die Dokumentationen auf diese Weise größere Transparenz herstellten.

Das Prinzip der gegenseitigen Anerkennung – zu wenig gewürdigt

Es gibt aber nicht nur Unerledigtes wie die gemeinsame Sprache, es gibt auch Fortschritte, die die Integration politisch voranbrachten und praktisch verwirklichten. Statt etwa in allen Fällen auf harmonisierten Antworten für Europa zu bestehen, hat man die Offenheit und die rasche Verzahnung der Märkte dadurch ermöglicht, dass man statt auf Angleichung auf das Prinzip der gegenseitigen Anerkennung setzte. Die Begründung war: Wenn eine nationale Behörde in Europa ihre Bürger durch eine bestimmte nationale Regulierung als gut genug geschützt ansieht, dann soll vermutet werden, dass ein so reguliertes Produkt oder eine so überwachte Dienstleistung ohne weitere Prüfung auch den Bürgern der übrigen EU »zugemutet« werden könne. Eine solche Regelung reflektiert das Grundvertrauen in die Anwendung ähnlicher Prinzipien in unterschiedlichen Ländern. Dieser pragmatische Ansatz hat die Handels- und Produktionsverflechtungen in Europa maßgeblich vorangebracht. Ich finde es enttäuschend, dass diese wirkungsvolle europäische Antwort auf ein beträchtliches Problem von der Öffentlichkeit kaum gewürdigt wird. Stattdessen verengt man den Blick auf Absurditäten wie die legendäre Regelung zur Krümmung von Gurken. Das Prinzip der gegenseitigen Anerkennung auch transatlantisch oder gar global anzuwenden ist bislang noch nicht durchsetzbar gewesen. Dies mag mit kulturellen Differenzen zu tun haben, aber vielleicht auch mit der Eigenschaft der USA, unzweifelhafter Hegemon zu sein, während kein Land innerhalb Europas eine solch eindeutige Rolle spielt.

Vorteile des Schengen-Abkommens werden immer noch nicht verstanden

Ein besonders effektiver Schritt zur Vertiefung der europäischen Integration war die Beseitigung der Binnengrenzen durch das Schengen-

Abkommen. Die volle Bedeutung dieses großen Schrittes wird bis heute von Bürgern und Politikern nicht verstanden.[3] Die Beseitigung der Binnengrenzen gab dem Schengen-Raum eine gemeinsame Außengrenze. Daraus folgt, dass nur bei reibungsloser Zusammenarbeit von Polizei und juristischen Einrichtungen die Sicherheit im neuen Binnenraum gewährleistet werden kann. Von dieser Wirklichkeit sind wir praktisch und konzeptionell noch immer weit entfernt. Dies gibt Freiraum für Kriminalität und macht eine effektive Einwanderungspolitik unmöglich. Das Schengen-Abkommen ist der »lauteste« Imperativ für eine Politische Union in den genannten Feldern.

Das Schengen-Abkommen hat eine Vertiefung der Integration in Europa ermöglicht. Grenzkontrollen stehen einer »just in time delivery« im Wege. Moderne Produktion erfordert die absolut störungsfreie und regelmäßige Lieferung von Teilen; dies ist erfahrungsgemäß mit bürokratischen Hindernissen an Zollgrenzen nicht zu gewährleisten. Die vertikale europaweite Integration wurde durch diesen Schritt beschleunigt. Um die Bedeutung einer solchen Regelung zu verstehen, darf man vielleicht auf Grenzregelungen zwischen Indien und Pakistan verweisen, wo Lastwagen umgeladen werden müssen, damit Waren die Grenzen passieren dürfen. Freilich deutet dieses Beispiel auch auf die Grenzen des Vergleichs hin: Wo hohe Sicherheitsbedenken existieren, werden Länder Abkommen wie das von Schengen nicht wagen. Wo hier also bei der Suche nach Lösungen anzusetzen ist, kann nicht so leicht oder eindeutig beantwortet werden. Dass die Schweiz als Nicht-EU-Land Schengen-Mitglied ist, ist Hinweis auf den Wert des Schengen-Abkommens. Keine Grenze zu haben verändert auch den Blick auf die Welt und damit elementare Denkweisen. Wer Grenzstellen abbaut, denkt über gemeinsame Trassenplanung bei Straßen und Eisenbahnen wie selbstverständlich nach, entwickelt gemeinsame Vorgehensweisen gegen Autodiebstahl und muss sich klare Vorstellungen über die Auslieferung von Personen und den Austausch sicherheitsrelevanter Informationen machen. Dieser gemeinsame »mindset« ist etwas, was andere Regionen der Welt in Europa beobachten können, um zu beurteilen, wie wichtig ein ähnliches Abkommen für sie gesellschaftlich und wirtschaftlich sein könnte.

Der einheitliche Binnenmarkt – ein großes Werk

Die Etablierung des einheitlichen Binnenmarktes – eine Initiative von Kommissionspräsident Jaques Delors im Einvernehmen mit dem deutschen Außenminister Hans-Dietrich Genscher gegen Ende der achtziger Jahre – kann in ihrer Bedeutung für die Vertiefung des Europagedankens nicht genug gewürdigt werden. Die vier Grundfreiheiten waren zwar prinzipiell bereits in den Römischen Verträgen etabliert, ihre explizite Anwendung, ihre Ausbuchstabierung war indes das Verdienst der Initiative »Europäischer Binnenmarkt«. Die Freiheit des Handels und später des Kapitals, zunehmend auch die Freizügigkeit von Menschen (und Arbeitskräften), wurde ergänzt um die Niederlassungsfreiheit und die damit erforderliche gegenseitige Anerkennung von beruflichen Abschlüssen. Dieses große Werk ist immer noch in Arbeit. Europa ist durch diesen Ansatz in vielen Facetten ein neuer Kontinent geworden. Europäisches Recht dominiert in vielen Fällen die Entscheidungen der Justiz. Dies hat den Bürgern und den Firmen in Europa neue Freiheiten gegeben und produktivitätssteigernd gewirkt. Europäische Unternehmenszusammenschlüsse, die Sicherung von Mindestbedingungen am Arbeitsplatz und Umweltstandards wurden so auf einem adäquaten Niveau geregelt. Die europäische Wettbewerbsbehörde gewann an Statur und Einfluss weit über die EU hinaus. Die Herausbildung von Institutionen, die die Vertiefung Europas betreiben konnten, war in dieser Initiative angelegt.

Den Nutzen beim Namen nennen – konkrete Werbung
für Europa machen!

Mit dem Cecchini-Report (1988) hat die EU-Kommission die ökonomische Bedeutung dieses Projekts zu fassen versucht. »The costs of Non-Europe« zu benennen erwies sich als ein starkes Instrument, diesem Projekt politische Schubkraft zu verleihen. Auch dies, den Versuch, die Kosten des Scheiterns zu benennen, darf man ähnlichen Projekten in der ganzen Welt als Empfehlung mitgeben. Eine allein qualitative Begründung für eine Reform ist weniger effektiv als eine zusätzlich mit empirischen, quantitativen Befunden unterlegte Beurteilung der Effekte des initiierten Projekts. Dementsprechend wäre die europäische Energiewende der nächsten Jahre etwa wie folgt zu bewerben: Eine integrierte Energiepolitik mit einem effizienten Stromnetz vom Nordkap bis nach Gibraltar erhöht das Sozialprodukt um x % und verkleinert die Importabhängigkeit Europas von Öl und Gas aus politisch labilen Ländern um y %.

Die reichhaltige Erfahrung, die Europa mit seinen Spannungen und – als Reaktion darauf – mit seinen Integrationsbemühungen sammelte, sollen im folgenden Kapitel zusammengefasst werden.

Prinzipien der europäischen Integration: einfach und genial

Die Konstruktion der Europäischen Union als ein freiwilliger regionaler Zusammenschluss von Nationalstaaten ist im internationalen Vergleich einmalig. Die Funktionsprinzipien der europäischen Integration waren erfolgreich, denn sie haben Europa über sechs Jahrzehnte politischer Stabilität und wirtschaftlicher Prosperität beschert, aber auch ein hohes Maß an sozialer Sicherung und Umweltschutz bei offenen Grenzen ermöglicht. Die EU hat sich zu einem globalen Spieler der Weltwirtschaft entwickelt. Dies hätten einzelne größere Länder der Gemeinschaft auf isoliertem Weg wohl kaum geschafft – und die kleineren Länder schon gar nicht. Daher überrascht es nicht, dass die Funktionsprinzipien immer wieder von anderen Weltregionen bewundernd in Augenschein genommen werden.

Die EU – ein Gebilde ohne historisches Vorbild

Die heutige Beschaffenheit der EU ist Ergebnis eines historischen Entwicklungsprozesses, der in weiten Teilen auch vom Prinzip des »Trial and Error« geprägt ist. Der bisherige Diskurs über die Prinzipien und Leitbilder der europäischen Integration lässt sich zwischen den beiden Extremen Bundesstaat und Staatenbund ansiedeln. Während ein Bundesstaat wesentlich auf dem Integrationsprinzip mit gemeinsamen Regeln und enger Kooperation zwischen den Bundesstaaten und einer Zentralregierung fußt, arbeitet ein Staatenbund primär nach dem Kooperationsprinzip auf der Grundlage gemeinsamer Interessen, die von Fall zu Fall auszuloten sind. Das Bundesverfassungsgericht hat in seinem Urteil vom 12. Oktober 1993 zum Maastrichter Vertrag aufgrund der unklaren Beschaffenheit der EU den zusätzlichen Begriff des »Staatenverbunds« geprägt.

Politisch war die EU von Anfang an ein »Gebilde sui generis«. Die EU ist auch heute noch deutlich weniger als ein Bundesstaat, da es keine europäische Regierung, kein großes zentrales Budget, kein vollwertiges europäisches Parlament und keine europäische Öffentlichkeit gibt. Ein Bundesstaat wie in Deutschland oder Österreich hat in Europa keine politische Legitimation, solange die Nationalstaaten die Vertretung ihrer wirtschaftlichen und politischen Interessen am besten auf der nationalen Seite aufgehoben sehen. Dies dürfte vorerst weiter der Fall sein. Die EU ist aber mehr als ein Staatenbund, da sie über gemeinsame Institutionen nach dem Prinzip der Gewaltenteilung, ein weit gespanntes gemeinsames Regelwerk und Mechanismen mit engen Kooperationsverpflichtungen verfügt. So gibt es innerhalb der EU eine Währungsunion mit einheitlicher Geldpolitik und Währung, das heißt, die teilnehmenden Länder haben auf zentrale Handlungsparameter wie eine nationale Zins- und Wechselkurspolitik verzichtet und sich zu einer engen wirtschafts- und finanzpolitischen Kooperation verpflichtet.

Elementare Prinzipien der europäischen Integration

Der europäische Integrationsprozess basiert auf einer Reihe von Prinzipien, die zum Teil Gegenstand des EU-Vertrages sind und teilweise im Laufe der Jahre aufgrund praktischer Erfahrungen bei Integrationsprojekten entwickelt wurden. Es gibt politische und ökonomische Prinzipien, wobei diese beiden Kategorien sich nicht immer scharf trennen lassen. Der Katalog der Prinzipien ist groß. Der Anspruch ist im Folgenden daher keine erschöpfende Behandlung, sondern eine Konzentration auf die wichtigsten Grundsätze. Die politischen und wirtschaftlichen Prinzipien lassen sich knapp und zutreffend mit den Kopenhagener Kriterien von 1993 für einen EU-Beitritt umschreiben:

»Als Voraussetzung für die Mitgliedschaft muss der Beitrittskandidat eine institutionelle Stabilität als Garantie für demokratische und rechtsstaatliche Ordnung, für die Wahrung der Menschenrechte sowie die Achtung und den Schutz von Minderheiten verwirklicht haben; sie erfordert ferner eine funktionsfähige Marktwirtschaft sowie die Fähigkeit, dem Wettbewerbsdruck und den Marktkräften innerhalb der Union standzuhalten. Die Mitgliedschaft setzt außerdem voraus, dass die einzelnen Beitrittskandidaten die aus einer Mitgliedschaft erwachsenden Verpflichtungen übernehmen und sich auch die Ziele der politischen Union sowie der Wirtschafts- und Währungsunion zu eigen machen können...«[4]

Ein zentrales Funktionsprinzip mit politischem und wirtschaftlichem Bezug ist der Wettbewerb. Die Regierungen der demokratisch verfassten Mitgliedstaaten stehen im Wettstreit um die beste Politik für das Wohl ihrer Bürger. Die wichtigsten politischen Prinzipien sind die Achtung der Grundrechte und der nationalen Identitäten sowie die Offenheit für weitere Mitglieder.

Das Wettbewerbsprinzip hat dabei vor allem auch eine wirtschaftliche Dimension, denn die EU ist als offene Marktwirtschaft konzipiert. Ein freier Wettbewerb im Unternehmensbereich fördert die Wirtschaftsleistung, stärkt die Kostendisziplin und damit die Wettbewerbskraft gegenüber den Konkurrenten auf dem Weltmarkt. Ein funktionierender Wettbewerb kommt dem Verbraucher in Form von günstigen Preisen sowie einer breiten Auswahl qualitativ hochwertiger Produkte und Dienstleistungen zugute. Die Zuständigkeit für Wettbewerbspolitik ist daher mit der Schaffung des europäischen Binnenmarktes ab 1993 weitgehend von den Nationalstaaten auf die Europäische Kommission übertragen worden. Das Ziel der europäischen Wettbewerbspolitik ist, für einen wirksamen Wettbewerb im großen Binnenmarkt zu sorgen, in dem für die Unternehmen die gleichen Regeln gelten (»level playing field«), und Fehlverhalten, zum Beispiel Preisabsprachen durch marktbeherrschende Unternehmen, zu sanktionieren.

Ein zweites Schlüsselelement ist das Subsidiaritätsprinzip, das durch den Maastrichter Vertrag von 1991 in der EU auch formal eingeführt wurde. Das Subsidiaritätsprinzip ist ein politischer und gesellschaftlicher Grundsatz, der Selbstverantwortung vor staatliches Handeln stellt. Dieses Prinzip besagt auf der europäischen Ebene, dass politische Zuständigkeiten möglichst bürgernah zugeordnet werden sollten und dort auch die entsprechenden Entscheidungen zu treffen sind. Bei Veränderungen von Zuständigkeiten muss immer zuerst geprüft werden, ob ein gemeinschaftliches Vorgehen im Hinblick auf die nationalen oder regionalen Handlungsmöglichkeiten wirklich gerechtfertigt ist. Damit sollte die EU in einem Bereich außerhalb ihrer Zuständigkeit nur dann aktiv werden können, wenn ihre Maßnahmen einen komparativen Vorteil bei der Politikumsetzung haben und damit mehr Wirksamkeit versprechen würden als nationale oder regionale Aktivitäten.

In den vergangenen Jahrzehnten der Globalisierung sind der EU immer mehr Kompetenzen überantwortet worden. Darin spiegelt sich die grundsätzlich richtige Erkenntnis wider, dass in globalen Märkten oft auch gemeinsames Handeln der EU erforderlich und angemessen ist. Dies gilt beispielsweise auf den Feldern der Handelspolitik, des Klima- und Umweltschutzes, der Energieversorgung sowie der internationalen Bekämpfung von Verbrechen und Terrorismus. Es gab und gibt aber auch immer wieder Fälle von fragwürdiger EU-Regulierung. So haben die Europäer die Erfahrung gemacht, dass die EU Kompetenzen beansprucht hat, die von der standardisierten Krümmung der Salatgurken bis zu Produktstandards im Bereich der Beleuchtung reichen. Hier gibt es neben sinnvoller Regulierung auch Übertreibungen. Diese mögliche Überregulierung hat den Nachteil, dass sie aufseiten der Bürger leicht als eine von Europa ausgehende Bedrohung wahrgenommen werden kann und so der verbreiteten Europaverdrossenheit Vorschub leistet.

Daher sollten die Zuständigkeiten der EU – beispielsweise für Normen und Standards – nicht in Stein gemeißelt sein. Es gilt, EU-Kompetenzen immer wieder dahingehend kritisch zu überprüfen, ob sie angesichts der sich ständig wandelnden Umstände noch gerechtfertigt sind. Bisher hatte man in Europa zuweilen den Eindruck, dass die europäischen Institutionen sich schwertun, einmal erworbene Zuständigkeiten wieder zurückzugeben. Positiv ist aber, dass die Europäische Kommission den Vorwurf der Regulierungswut ernst nimmt. So wurden 2005 während der ersten Präsidentschaft von José Manuel Barroso unter der Leitung von Industriekommissar Günter Verheugen rund 200 Richtlinienentwürfe eingehend untersucht und davon knapp 70 Vorhaben nicht weiterverfolgt.

In der EU ist die politische Verantwortung jeder Regierung eines EU-Landes für die nationale Wirtschafts-, Steuer- und Ausgabenpolitik auch Ausdruck des Subsidiaritätsprinzips. Die Kehrseite der Medaille ist ein relativ kleines EU-Budget in der Größenordnung von lediglich 1 % des BIP. Wirtschaftlich ist die (an anderer Stelle beschriebene) Non-bail-out-Klausel für Staatsschulden anderer Mitgliedsländer auch Teil des Subsidiaritätsprinzips. Sie trägt der Tatsache Rechnung, dass die nationalen Regierungen nur ihren (Wahl-)Bürgern rechenschaftspflichtig sind und die politische Bereitschaft der Wähler, Steuergelder für andere EU-Länder bereitwillig und ohne Obergrenze (wie bei EU-Budgets) zur Verfügung zu stellen, in der EU noch eng begrenzt sind.

Ein drittes wichtiges Grundprinzip der europäischen Einigung hat sich in der Praxis ohne vertragliche Fixierung herausgebildet. Es besteht in der simplen Formel vom Geben und Nehmen bei der Umsetzung von politischen Vorhaben. Im Ergebnis sollte ein vertretbarer Kompromiss stehen. Dass einem politischen Kompromiss in aller Regel ein intensiver Kuhhandel vorausgeht, ist auch auf der nationalen Ebene gängige politische Praxis und damit nicht anstößig. Ein Beispiel für einen im Ergebnis letztlich erfolgreichen »Deal« im Integrationsprozess geht bis auf die Römischen Verträge von 1958 zurück. Der Kompromiss bestand damals darin, dass sich die Agrarländer unter den sechs Gründerstaaten – beispielsweise Frankreich – bereit erklärten, ihre Märkte für Industriegüter aus anderen Ländern zu öffnen, während Industrieländer wie Deutschland ihre Märkte für Agrarimporte aus selbigen öffneten. Der Preis war allerdings die Schaffung einer im Ergebnis sehr kostspieligen gemeinsamen Agrarpolitik.

Ein weiterer wichtiger Grundsatz, der vertraglich nicht fixiert wurde, besteht im Aufbrechen von veralteten Marktstrukturen in einer Reihe von Dienstleistungs- und Versorgungssektoren, die in der Vergangenheit auf der nationalen Ebene meist monopolistisch strukturiert waren. Beispiele sind hier die Telekommunikation und die Post, aber auch die Bereiche Verkehr und Energie. Hier diente die EU als Hebel für die Deregulierung und Liberalisierung dieser Teilmärkte, die ohne die EU wahrscheinlich nicht oder nicht in diesem Umfang möglich gewesen wäre. Die ökonomischen Konsequenzen dieser Marktöffnungen für den Verbraucher sind bekannt: steigende Produktivität, bessere und preisgünstigere Produktangebote.

Große Integrationsprojekte schreiben Integrationsprinzipien

Die europäische Einigung fußt auf drei großen Integrationsprojekten: Binnenmarkt, Währungsunion und Erweiterung. Der Integrationsprozess war nie gradlinig, er war stets eine Abfolge von Erfolgen und Misserfolgen. Es gab Perioden der Europabegeisterung, wie zum Beispiel in der Aufbauphase nach dem Zweiten Weltkrieg mit wachsendem Wohlstand durch Integration der Märkte und der damit einhergehenden friedenssichernden Wirkung. Es gab aber auch Rückschläge wie etwa in der Zeit der »Eurosklerose« in den achtziger Jahren mit schwachem Wachstum und protektionistischen Tendenzen, die vor allem auf die Abwehr der japanischen Herausforderung Europas in Schlüsselbranchen wie der Auto- und Elektronikindustrie abzielten.

Die Antwort der Europäer auf die Phase der Eurosklerose war die Schaffung des Europäischen Binnenmarktes als erstem europäischen Großprojekt. Nachdem die EU bis Ende der sechziger Jahre des vergangenen Jahrhunderts die internen Zollschranken beseitigt und eine Zollunion mit gemeinsamen Außenzöllen etabliert hatte, ging es beim 1986 verkündeten Binnenmarktprojekt um den Abbau von nicht tarifären Handelshemmnissen im Innern der EU bei offenen Märkten nach außen. Die in diesem Zusammenhang aufflammende Diskussion über eine mögliche Festung Europa blieb jedoch nur eine Episode. Die Aussicht auf die Realisierung eines großen Binnenmarktes mit der Möglichkeit von Kostendegression beflügelte Investitionen und Wachstum bereits weit im Vorfeld des Binnenmarktstarts im Jahre 1993. Nach einer Aufschwungphase, die auch durch die deutsche Einigung angeregt wurde, rutschte die europäische Wirtschaft just im ersten Jahr des Binnenmarktes in eine Rezession, die jedoch rasch überwunden werden konnte. Ein Schlüsselelement des Binnenmarktes war die Verwirklichung der sogenannten vier Freiheiten, also die freie Bewegung von Gütern, Dienstleistungen, Kapital und Personen innerhalb der EU. Damit das Binnenmarktkonzept aber überhaupt eine politische Chance auf Verwirklichung hatte, wurden drei Kernprinzipien entwickelt. Diese haben die Voraussetzungen für die politischen Kompromisse zugunsten des Binnenmarktkonzepts geschaffen:

1. Die gegenseitige Anerkennung von Normen bei der Vorgabe von gewissen Mindeststandards im Bereich von Industriegütern statt völliger Harmonisierung von Normen und Standards. Man spricht hier auch vom Anerkennungsprinzip. In der Praxis bedeutet dies, dass eine Ware, die in einem Mitgliedsland legal in einem Markt eingeführt worden ist, auch in allen anderen EU-Ländern frei veräußert werden darf. In diesem Zusammenhang ist beispielsweise das deutsche Reinheitsgebot beim Bierbrauen gefallen. Nach dieser Vorschrift durfte vor der Schaffung des Binnenmarktes in Deutschland nur Bier verkauft werden, das nach dem deutschen Reinheitsgebot gebraut war. Aufgrund des Anerkennungsprinzips darf nach abweichenden Rezepturen gebrautes Bier aus anderen EU-Ländern heute auch in Deutschland angeboten werden.
2. Die Niederlassungsfreiheit: Ein Unternehmen oder Arbeitnehmer, das bzw. der in einem EU-Land tätig ist, darf auch in jedem anderen EU-Land nach den dort geltende Regeln wirtschaftlich aktiv werden. Bürger der Europäischen Union (»Unionsbürger«) können sich demnach als Bäcker, Restaurantbesitzer, Ärzte oder Architekten

überall in der Europäischen Union niederlassen und eine selbstständige Tätigkeit ausüben. Eine Niederlassung in anderen EU-Mitgliedstaaten war lange Zeit schwierig, da in den einzelnen Ländern die Zulassungsvoraussetzungen sehr unterschiedlich waren, und dies, obwohl bereits im EWG-Vertrag von 1958 eine gewerbliche, kaufmännische und handwerkliche Niederlassungsfreiheit in anderen Gemeinschaftsländern festgeschrieben worden war. Erst mit der Unterzeichnung der Einheitlichen Europäischen Akte zur Gründung des Binnenmarktes gelang 1986 der Durchbruch durch die Richtlinie zur allgemeinen Anerkennung der Diplome, die 1991 in Kraft trat. Danach müssen die Hochschulabschlüsse gegenseitig anerkannt werden auf der Basis des Grundsatzes des gegenseitigen Vertrauens. Im Anschluss daran wurde eine »zweite allgemeine Regelung zur Anerkennung beruflicher Befähigungsnachweise« erlassen, die auch die gegenseitige Anerkennung von Ausbildungsgängen vorsieht, die weniger als drei Jahre dauern.

3. Beihilfekontrolle und gemeinsame Wettbewerbspolitik: Beide Prinzipien haben die Aufgabe, Wettbewerbsverzerrungen im Binnenmarkt zu unterbinden. Eine zentrale EU-Beihilfekontrolle ist erst durch die Schaffung des Binnenmarkts notwendig geworden. Gemäß dem europäischen Beihilferecht sind nationale Subventionen und andere Vergünstigungen aus staatlichen Mitteln untersagt, um unlautere Wettbewerbspraktiken über nationale Subventionen zu verhindern. Die Europäische Kommission hat hier erst im Binnenmarktkontext umfassende Kontroll- und Verbotskompetenzen erhalten, wobei das Notifizierungsverfahren gilt, wonach jeder Mitgliedstaat verpflichtet ist, jede staatliche Subventionierung von Unternehmen vor ihrer Verwirklichung bei der Kommission anzumelden.

Als zweites Instrument zur Sicherung des Wettbewerbs im Binnenmarkt wurde die Europäische Kommission mit Befugnissen für eine EU-weite Wettbewerbskontrolle ausgestattet. Die Europäische Kommission verfügt über weitreichende Verbots- und Sanktionsmöglichkeiten bei Wettbewerbsverstößen. Dabei hat die Durchsetzung des

EU-Wettbewerbsrechts Verfassungsrang. Grundsätzlich ist die Kommission immer dann zuständig, wenn es um Aktivitäten geht, deren wirtschaftliche Auswirkungen über die Grenzen eines Mitgliedstaates hinausreichen. Beispielsweise werden marktbeherrschende Unternehmen in ihrem Preissetzungsverhalten überwacht und Bußgeldbescheide bei Preisabsprachen versandt. Große Unternehmen müssen eine Genehmigung der Europäischen Kommission einholen, wenn sie sich zusammenschließen und eine Einschränkung des Wettbewerbs droht. Beurteilungsmaßstab ist dabei unabhängig vom Firmensitz der innerhalb der EU erzielte Umsatz.

Eng mit dem Binnenmarkt ist das zweite europäische Großprojekt verknüpft: Bei der Schaffung der EWWU mit einer gemeinsamen Währung, einer gemeinsamen Europäischen Zentralbank und einer einheitlichen Geldpolitik ging es darum, währungsbedingte Kosten und Risiken für den Handel und Investitionen im Binnenmarkt zu begrenzen. Zentrale geldpolitische Prinzipien wie der Vorrang der Preisniveaustabilität und die Sicherung der Budgetdisziplin wurden im Maastricht-Vertrag dauerhaft verankert, um die Voraussetzungen für ein nachhaltiges Wirtschaftswachstum zu stärken (zur EWWU s. auch S. 83 ff.).

Während man bei den Projekten Binnenmarkt und Währungsunion von einer Vertiefung der europäischen Integration spricht, betrifft das dritte Großprojekt die Erweiterung der EU. Zwischen Vertiefung und Erweiterung gibt es immer wieder ein Spannungsverhältnis, denn mit jeder Erweiterung wird die Vertiefung schwieriger, weil neue Mitgliedsländer die Errungenschaften der EU (»Acquis Communautaire«) übernehmen müssen und dann in der erweiterten EU – bei immer heterogeneren Wirtschaftsstrukturen – immer mehr nationale Interessen miteinander vereinbart werden müssen.

Das Projekt Erweiterung der EU war lange Zeit ein Dauerbrenner. Die EU war von Anfang an als ein offener Club konzipiert, und das Prinzip der Offenheit für neue freiwillige Mitglieder wurde in der EU stets gelebt. Von den sechs Gründungs- und Kernmitgliedern 1958 ist die EU in fünf Erweiterungsrunden auf 27 Mitgliedstaaten gewachsen. Beitrittsgesuche liegen derzeit von Kroatien, Mazedonien und der Türkei vor. Dies zeigt, dass die EU für ihre Nachbarn trotz zunehmender Europaskepsis und Staatsschuldenkrise weiterhin attraktiv ist. Dazu trägt auch die Erfahrung bei, dass die EU-Beitrittsperspektive die Bedingungen für Investitionen, insbesondere für Direktinvestitionen, in den Kandidatenländern stärkt und dort einen kräftigen Aufschwung im Vorfeld eines Beitritts auslöst. Die Aussicht auf einen erfolgreichen wirtschaftlichen Aufholprozess beflügelt wiederum in der Regel die Durchführung von Strukturreformen in den Kandidatenländern.

Neue EU-Mitgliedsländer können sich auf den erreichten Integrationsstand verlassen und darauf aufbauen, sie müssen die Prinzipien im Falle eines EU-Beitritts aber auch akzeptieren und, unter Umständen mit Übergangsregelungen, übernehmen. Es ist jedoch nicht zu übersehen, dass die EU nach der Aufnahme von zwölf osteuropäischen und südosteuropäischen Ländern eine gewisse Konsolidierungsphase braucht, bevor weitere Länder in die EU aufgenommen werden können.

EU-Institutionen haben Motorfunktion für die europäische Integration

Die wirtschaftliche und politische Integration in Europa war von Anfang an von der Existenz und Weiterentwicklung leistungsfähiger Institutionen geprägt. Diese wurden in mehreren Veränderungen des europäischen Vertragswerks ausgebaut und gestärkt. Stationen waren hier die Einheitliche Europäische Akte von 1987, der Maastricht-Vertrag von 1991 und die Vertragsrevisionen von Amsterdam, Nizza und Lissabon bis 2007. Dabei wurde vor allem das Europäische Parlament aufgewertet.

Die EU umfasst heute teils supranationale, teils intergouvernementale Institutionen und Politikbereiche. Die bedeutendste überstaatliche Institution ist die EZB, die politisch unabhängig und vorrangig dem Grundsatz der Geldwertstabilität verpflichtet ist. Beispiele für zwischenstaatlich geregelte Felder der Zusammenarbeit sind die Gemeinsame Außen- und Sicherheitspolitik (GASP) und die Polizeiliche und Juristische Zusammenarbeit in Strafsachen (PJZS). In diesen Bereichen gilt nicht das Prinzip der Integration, sondern jenes der Kooperation.

Die EU verfügt über arbeitsfähige Entscheidungsstrukturen und eine recht intelligent gestaltete Art der Gewaltenteilung. Der Europäische Rat der Staats- und Regierungschefs und das Europäische Parlament haben im Zuge des Mitentscheidungsverfahrens legislative Aufgaben. Das seit mehreren Jahren praktizierte Verfahren der gemeinsamen politischen Entscheidungsfindung zwischen Rat und Parlament ist ein Fortschritt in praktizierter Demokratie auf der EU-Ebene.

Hingegen hat die Europäische Kommission als weitere supranationale Institution primär exekutive Funktionen. Sie ist Hüterin der EU-Verträge und wirkt durch ihr Initiativ- und Vorschlagsrecht an der Entwicklung der Gemeinschaft und ihrer Gesetzgebungsprozesse mit. Der erste Präsident der Kommission, Walter Hallstein, hat ihre Aufgabenstellung mit »Motor, Wächter und ehrlicher Makler« vorausschauend umschrieben. Der Europäische Gerichtshof ist das oberste rechtsprechende Organ der EU, womit er die Funktion der Judikative erfüllt. Darüber hinaus gibt es noch eine Reihe anderer wichtiger EU-Institutionen. Hierzu zählen zum Beispiel der Europäische Rechnungshof, der die Finanzen der EU überprüft und über den Einsatz öffentlicher Gelder Bericht erstattet, sowie die Europäische Investitionsbank (EIB), die als Förder- und Entwicklungsbank der EU deren politischen Zielen verpflichtet ist.

Unter dem Aspekt der Funktionsprinzipien der EU ist die Umsetzung von Rechtsnormen in Form von EU-Verordnungen und EU-Richtlinien von Belang. Während Verordnungen in der Regel unmittelbar in jedem EU-Mitgliedsland gelten, müssen EU-Richtlinien erst noch in nationales Recht umgesetzt werden. Dabei muss jedes Mitgliedsland die Richtlinie innerhalb eines vorgegebenen Zeitrahmens umsetzen, wobei es die gesetzten Mindestnormen erfüllen muss, aber auch noch strengere Standards vorschreiben kann. Der Nationalstaat hat also insofern noch einen begrenzten Handlungsspielraum. Versäumt allerdings ein Mitgliedsland die rechtzeitige Umsetzung von

EU-Richtlinien und entsteht dadurch einem Bürger oder einem Unternehmen in der EU ein Schaden, so ist dieser Staat zum Schadensersatz verpflichtet. Hiervon geht ein gewisser Anreiz für die nationalen Regierungen und Parlamente aus, EU-Richtlinien fristgerecht in nationales Recht umzusetzen.

Integrationserfolge und Prinzipien sind kein Selbstläufer

Die bewährten Integrationsprinzipien werden auch bei der künftigen Sicherung bzw. dem weiteren Ausbau der Integrationserfolge eine wichtige Rolle spielen. Das bedeutet natürlich nicht, dass es in Zukunft nicht auch Veränderungen im Gewicht der Funktionsprinzipien der EU geben oder das eine oder andere Prinzip neu hinzukommen wird. Es ist aber realistisch, Risiken und Situationen einzukalkulieren, die eine Bedrohung für den erreichten Integrationsstand darstellen können. Beispielsweise wird es immer Versuchungen geben, elementare Funktionsprinzipien auszuhebeln. Dies dürfte vor allem für das Wettbewerbs- und das Subsidiaritätsprinzip gelten. Auch das Prinzip offener Märkte könnte zum Beispiel im Falle anhaltend schwacher Konjunktur in Europa oder weltweit protektionistischer Tendenzen in Gefahr geraten. Dass es 2011 sogar Gefährdungen der Freizügigkeit des Personenverkehrs innerhalb von »Schengenland« gab, gehört zu den Realitäten der europäischen Integration. So hat Dänemark den Wunsch nach Rückkehr zu regulären Grenzkontrollen artikuliert, um grenzüberschreitende Kriminalität besser kontrollieren zu können. Dies zeigt, dass Integrationserfolg kein Selbstläufer ist.

Es ist wohl keine gewagte Prognose, zu behaupten, dass die Europäer auch in Zukunft um die erreichten Integrationserfolge kämpfen müssen. Hier haben die Europäische Kommission als Hüterin der Verträge und das Europäische Parlament als demokratische Kontrollinstanz für die EU eine Schlüsselrolle. Es gilt aber auch die Botschaft, dass jede Generation sich von Neuem für Europa einsetzen muss, auch wenn die friedens- und wohlstandssichernde Funktion der Integration heute als selbstverständlich betrachtet wird. Dafür treten immer wieder andere Europathemen in den Blickpunkt.

Auf dem Weg zu den Vereinigten Staaten von Europa: Mehr Macht für das Europäische Parlament – Aufwertung der EU-Kommission

Die Vertiefung der europäischen Einigung wäre derzeit besonders wichtig, da immer öfter alle Kraft für »europäische Reparaturarbeiten« verwendet wird, die dem Projekt Europa weder Visionen noch Strahlkraft vermitteln. Europa muss eine Festlegung jener Aufgaben, die mit einfachen oder qualifizierten Mehrheiten zu regeln sind, zustande bringen. Europa muss sich von der Dominanz des Prinzips »Ein Mitgliedsland – Eine Stimme« zu einem Europa hin entwickeln, in dem »Ein Wahlbürger – Eine Stimme« der Leitgedanke ist. Durch keinen Schritt kommt man dem näher als durch die umfassende Stärkung der Rolle des Europäischen Parlaments. Dort gilt es, auf dem Weg zur Politischen Union ein – begrenztes – Budget- und Steuerrecht zu etablieren. Statt eine nicht sonderlich produktive Debatte über eine Wirtschaftsregierung auf EU-Ebene zu führen, sollte das Gemeinschaftsprinzip dadurch gestärkt werden, dass man die Kommission, personell und was ihre Vorschlagsrechte und -pflichten betrifft, aufwertet. Eine Kommission, die wieder zu ihrer Statur der achtziger Jahre fände, mit einem Kommissionspräsidenten mit dem Gewicht und der Chuzpe von Jacques Delors wäre für ein solches Ziel besonders wirksam. Europa braucht endlich wieder einen Agenda-Setzer, eine fundierte demokratische-parlamentarische Legitimierung und eine Vision als Mitgestalter geostrategischer Fragen, fürs Erste als Partner der USA und vor allem in Feldern, auf denen Europa als wegweisender Gestalter anerkannt ist. Wir müssen die Vereinigten Staaten von Europa werden wollen. In den Kapiteln 3 und 4 werden solche Felder für die Führung durch Europa identifiziert und die entsprechenden Vorschläge konkretisiert.

Der Euro – eine europäische Erfolgsgeschichte
Ein Beitrag von Werner Becker

Die Währungspolitik war Spätzünder der europäischen Integration

Die Währungspolitik ist ein essenzieller Bestandteil der europäischen Integration nach dem Zweiten Weltkrieg. Dennoch gewann die politische Debatte um eine europäische Währungsunion mit einer einheitlichen Währung erst in einer relativ späten Phase des Einigungsprozesses an Schwung. Lange Zeit standen realwirtschaftliche Integrationsfortschritte im Mittelpunkt, da es in der Nachkriegszeit zunächst darum ging, Wiederaufbau zu leisten und das Wachstum in Gang zu bringen. Der Abbau von Handelsschranken und die Schaffung eines gemeinsamen Marktes wurden als zentrale Mittel angesehen, um Exporte und Handelsverflechtung innerhalb Europas zu beleben. Zugleich ging es politisch in der Anfangsphase der europäischen Integration um Aussöhnung und Friedenssicherung. Enge wirtschaftliche Verflechtung und gegenseitige Abhängigkeit sollten einen nachhaltigen Beitrag zu einem dauerhaften Frieden in Europa leisten. Dies ist gelungen, auch wenn die Funktion der Friedenssicherung über die Jahrzehnte hinweg immer mehr aus dem Blickfeld geraten ist.

Der Einigungsprozess startete mit dem Club der sechs Kernländer Frankreich, (West-)Deutschland, Italien und den Beneluxstaaten. Meilensteine der Integrationspolitik waren die Gründung der Montanunion für Kohle und Stahl 1952, die Römischen Verträge 1958 zur Gründung einer Zollunion und eines gemeinsamen Marktes und die Schaffung des europäischen Binnenmarkts bis 1993. Der europäische Einigungsprozess ist aber auch durch die verschiedenen EU-Erweiterungsrunden von 1973 im Norden bis 2007 im Osten gekennzeichnet.

Vom Beginn der europäischen Einigung hat es zwei Jahrzehnte gedauert, bis der Werner-Bericht (1970) erstmals eine politische Debatte über die Schaffung einer Währungsunion anstieß. Das Thema rutschte aber aufgrund starker wirtschaftlicher Divergenzen im Zuge der Ölkrisen der siebziger Jahre rasch wieder auf die hinteren Ränge der politischen Agenda. Die Währungspolitik im zusammenwachsenden Europa entwickelte sich jedoch bald wieder zu einem immer wichtigeren Thema. Dies war dem dynamisch zunehmenden innereuropäischen Handel sowie der gemeinsamen Agrarpolitik geschuldet, deren gedeihliche Entwicklung von stabilen Wechselkursverhältnissen innerhalb Europas abhing. Hierfür sorgte in der Nachkriegszeit über mehr als zwei Jahrzehnte das Bretton-Woods-System fester Wechselkurse mit dem Dollar als Leitwährung. Allerdings setzte Ende der sechziger Jahre ein Zerfallsprozess ein, der sich in einer Schwächeneigung der Leitwährung US-Dollar und einer tendenziellen Aufwertung der D-Mark äußerte. Bereits damals belastete der schwache Dollar nicht nur die Exporte Europas in Drittländer, sondern es kam zusätzlich zu wachsenden Spannungen im innereuropäischen Wechselkursgefüge, was mit dem Aufstieg der D-Mark zur zweitstärksten Anlage- und Reservewährung neben dem Dollar zusammenhing. Diese Nachteile der starken Abhängigkeit Europas von der amerikanischen Wirtschafts- und Währungspolitik brachte der frühere US-Finanzminister John Connally 1971 auf den Punkt: »The dollar is our currency, but your problem.«

1972 reagierte Europa auf den Zusammenbruch des Bretton-Woods-Systems mit der Gründung des Europäischen Wechselkursverbundes. Aufgrund der anhaltenden Divergenzen bei den fundamentalen Faktoren – vor allem bei den Inflations- und Wachstumsraten sowie den Leistungsbilanzsalden – gab es innerhalb dieses Verbundes schon bald Erosionserscheinungen. Die erste Ölkrise 1973/74 tat hier ein Übriges. Es folgten mehrere Wechselkursanpassungen sowie die Austritte von wichtigen Ländern wie Großbritannien, Italien und Frankreich, sodass der Verbund in den Jahren von 1975 bis 1978 auf einen Hartwährungsblock um die D-Mark schrumpfte. Zwischen der D-Mark und dem französischen Franc, der italienischen Lira und dem Pfund Sterling schwankten die Wechselkurse also genauso frei wie gegenüber dem US-Dollar. Politisch wurde hierin zum Beispiel von Frankreich ein monetärer Integrationsrückschritt gesehen.

Daher unternahm Europa dann 1978 auf dem EU-Gipfel in Bremen unter der Führung von Frankreich und Deutschland mit dem Europäischen Währungssystems (EWS) einen neuen monetären Integrationsanlauf. Das Ziel des EWS, das im März 1979 an den Start ging, war die Schaffung einer Zone monetärer Stabilität. Es sollte für mehr Preisstabilität in den Mitgliedsländern gesorgt werden. Damit wurde die Grundlage für eine stabilere Wechselkursentwicklung gelegt. Doch auch im EWS, das damals alle EU-Staaten außer Großbritannien umfasste, führten divergierende Fundamentalfaktoren zunächst immer wieder zu Wechselkursanpassungen. Die D-Mark wurde mehrfach aufgewertet. Dennoch hat das EWS nach anfänglichen Schwächen stabilisierend gewirkt, da sich in allen Mitgliedsländern, ausgehend vom markanten Politikwechsel 1981 in Frankreich – weg von der bis dahin verfolgten Abwertungspolitik zu einer »deutschen« Stabilitätspolitik –, eine erfolgreiche Geld- und Fiskalpolitik durchsetzte, die bis Ende der achtziger Jahre zu einem deutlichen Rückgang der Inflationsraten in den meisten EU-Partnerländern führte.

Der Delors-Report wird Wegbereiter des Euro

Niedrige Inflationsraten und die »Einheitliche Akte« von 1987 zur Schaffung eines europäischen Binnenmarktes brachten das Thema Europäische Währungsunion Ende der achtziger Jahre erneut auf die politische Agenda der EU. Nach Jahren der Eurosklerose mit schwachem Wachstum bestand damals ein zentrales Motiv darin, mit den Projekten Binnenmarkt und Währungsunion den stockenden Prozess der europäischen Integration wieder in Gang zu bringen. Eine gemeinsame Währung sollte den einheitlichen Binnenmarkt komplettieren und zugleich die starke Dollarabhängigkeit Europas reduzieren, denn der Dollar war ab 1980 zunächst extrem stark – mit die Inflation antreibenden Folgen für Europa – und ab 1986 zeitweise extrem schwach – mit negativen Wachstumseffekten für Europa. Auf dem EU-Gipfel im Juni 1988 in Hannover wurde eine Arbeitsgruppe unter der Leitung des damaligen Kommissionspräsidenten Jacques Delors beauftragt, Wege zur Verwirklichung der Europäischen Wirtschafts- und Währungsunion (EWWU) aufzuzeigen.

Der Delors-Report legte im April 1989 eine gute Blaupause für die Schaffung einer EWWU im Wege eines Dreistufenplans vor. Die Vorschläge des Berichts waren wegweisend, weil sie die entscheidenden Schritte für die Errichtung einer Währungsunion als Stabilitätsunion festlegten. Im Bericht wird aus ökonomischen, psychologischen und politischen Gründen für die Einführung einer einheitlichen Währung plädiert und einer einheitlichen Geldpolitik bereits beim Start der Währungsunion das Wort geredet. Zur Schaffung einer Währungsunion wäre dies nicht einmal zwingend notwendig gewesen, weil Europa zunächst auch mit unverrückbar festgelegten Wechselkursen hätte leben können.

Die gemeinsame europäische Notenbank sollte nach dem Vorbild der Bundesbank errichtet werden, die primär dem Ziel der Preisstabilität verpflichtet und politisch unabhängig ist. Hier ist deutlich die Handschrift des damaligen Bundesbankpräsidenten Karl Otto Pöhl zu erkennen. Ein Verdienst des Delors-Reports war auch, das Ziel der Währungsunion mit einer vollständigen Liberalisierung des Kapitalverkehrs, der vollen Integration der Finanzmärkte, der irreversiblen Konvertibilität der Währungen der teilnehmenden Länder, der unwiderruflichen Fixierung ihrer Wechselkurse und der (möglichen) Substituierung der nationalen Währung durch eine Gemeinschaftswährung zu verknüpfen. Auch die Notwendigkeit, die gemeinsame Geldpolitik durch Finanzdisziplin zu flankieren, wurde unterstrichen. Mit diesem Teil des Konzepts haben die Väter der Europäischen Währungsunion sichtbar der herrschenden Meinung in Wissenschaft und an den Finanzmärkten, dass die Finanzmärkte mit der Einpreisung von Risiken genügend Sanktionen für die Finanzpolitik bereitstellen würden, widersprochen. Damit waren die konzeptionellen Grundlagen für eine Währungsunion als Stabilitätsunion nach dem Vorbild der D-Mark bereits klar umrissen.

Zugleich brachte die Idee einer einheitlichen Währung bei freiem Kapitalverkehr einen Integrationsschub für die Finanzmärkte in Europa.

Der Fall des Eisernen Vorhangs 1989 und die deutsche Wiedervereinigung 1990 haben die Schaffung der Währungsunion beschleunigt.

Der Delors-Report löste eine intensive und kontroverse politische Debatte über die Umsetzung der EWWU aus. Die Vision einer einheitlichen Europawährung stieß zum Teil auf erhebliche Skepsis, nicht nur bei der Bevölkerung in mehreren EU-Mitgliedsländern, sondern auch bei vielen Wirtschaftswissenschaftlern und einigen Regierungen, vor allem derjenigen Großbritanniens. Dennoch berief der Europäische Rat 1990 eine Regierungskonferenz zur Vorbereitung eines Regelwerks und eines Zeitplans für die Umsetzung einer EWWU ein.

Um die Grundlagen einer stabilitätsorientierten Währungsunion wurde hart gerungen. Das Ergebnis belohnte dann aber auch die Mühen. Der Primat der Preisstabilität und die Unabhängigkeit der Notenbank waren für mehrere europäische Länder revolutionär, allerdings für die Schaffung der EWWU zugleich wegweisend. Revolutionär waren sie beispielsweise für Frankreich, weil dort stets der Primat der Politik über die Währungspolitik galt – und oft heute immer noch aufscheint – und währungspolitische Entscheidungen gerne zu einer politischen Prestigeangelegenheit hochstilisiert werden. Wegweisend waren die Vorschläge des Delors-Reports aber auch für die Konzeption der Europäischen Zentralbank.

Hinzu kamen nach heftigen politischen Debatten wichtige Vereinbarungen für die Finanzpolitik, die grundsätzlich in nationaler Verantwortung belassen wurde. Entsprechend sollte das EU-Budget weiterhin relativ klein – in der Größenordnung von etwa 1% des BIP – bleiben. Die Konstruktion der Europäischen Währungsunion mit einer zentralen Geldpolitik bei dezentraler Finanzpolitik erforderte aber, der europäischen Zentralbank finanzpolitischen Flankenschutz zu geben. Sonst könnte die gemeinsame Geldpolitik leicht durch eine laxe Finanzpolitik erheblich gestört werden, weil zum Beispiel im Falle einer Bedrohung der Preisstabilität höhere Leitzinsen zum Schaden der Konjunktur in allen Teilnehmerländern angesetzt werden müssten, um das Ziel der Preisstabilität mit Vorrang verfolgen zu können. Daher wurde eine Reihe von »Spielregeln« eingeführt, um Budgetdisziplin in der Währungsunion so gut wie möglich zu verankern und zu überwachen. Auch die Budgetregeln waren ein besonderes Anliegen der deutschen Bundesregierung, die zwar kein Referendum zur Währungsunion abzuhalten brauchte, aber dennoch darauf achten musste, der euroskeptischen Mehrheit der Bevölkerung durch gute stabilitätspolitische Rahmenbedingungen überzeugende Argumente für den Euro zu liefern. Die Verfahren zur Überwachung und Koordinierung der Budgetpolitik wurden schließlich 1997 auf Initiative Deutschlands im Rahmen des Stabilitäts- und Wachstumspaktes (SWP) konkretisiert.

Die finanzpolitischen Vereinbarungen betreffen die berühmten Budgetmarken von 3 % des BIP für das jährliche Haushaltsdefizit der Nationalstaaten und 60 % des BIP für die staatliche Gesamtverschuldung. Diese beiden Schwellen sind nicht nur beim Konvergenztest zur Qualifikation für die Teilnahme an der Währungsunion zu überwinden, sondern bleiben auch nach dem Eintritt in die Währungsunion gültig. Bei der Konstruktion der EWWU haben ihre Befürworter auf die politische Zusage gebaut, dass die finanzpolitischen Spielregeln eingehalten würden, auch mit Blick auf die Androhung von kostspieligen Sanktionen für Budgetsünder. Bereits bei der Konzeption des SWP verwiesen die Kritiker auf das Risiko eines mangelhaften politischen Willens, diese einzuhalten.

Zudem gab es weitere Regeln, um die Budgetdisziplin in der Währungsunion zu stärken. So wurde im Maastricht-Vertrag die Non-bailout-Klausel verbindlich vereinbart. Damit ist es der EU insgesamt oder einzelnen EU-Ländern verboten, den Budgetsündern unter die Arme zu greifen. Den nationalen Notenbanken wie der EZB wurde die Finanzierung von staatlichen Haushaltsdefiziten untersagt. Hier hatte selbst Deutschland noch Hausaufgaben zu machen, indem es die Kreditlinien des Bundes und der Länder bei der Bundesbank abschaffen musste.

Doch Frankreich und die anderen Partnerländer akzeptierten alle diese geld- und finanzpolitischen Grundelemente der Währungsunion letztlich wohl auch deshalb, weil Deutschland sonst womöglich nicht auf die D-Mark verzichtet hätte. Angesichts der großen Skepsis der deutschen Bevölkerung gegenüber der EWWU musste die Bundesregierung nicht nur versprechen, dass die Europawährung so stabil wie die D-Mark sein würde, sondern sie musste auch bei der Gestaltung der neuen monetären und finanzpolitischen Rahmenbedingungen auf Solidität und Stabilität achten.

Ziele und Vorteile der Währungsunion

Um dem Jahrhundertprojekt einer EWWU zum Durchbruch zu verhelfen, ist die Darstellung und Kommunikation der Ziele und Vorteile der gemeinsamen Währung im politischen Diskurs von Anfang an von zentraler Bedeutung gewesen. Nur so konnten die Regierungen in Europa den vielen Skeptikern und Bedenkenträgern begegnen, die sich überall und schnell zu Wort meldeten. Letztlich waren für die Regierungen wirtschaftliche und politische Ziele maßgeblich.

Wirtschaftlich gesehen geht es vor allem darum, das Wachstum im Binnenmarkt zu stärken, indem Preisstabilität und Budgetdisziplin in Europa dauerhaft verankert wurden. Auf dieser Basis sollten die Früchte der Stabilitätspolitik in Form von relativ niedrigen (Real-)Zinsen gesichert werden. Die Wirtschaftsakteure in der Eurozone profitieren von der höheren Planungssicherheit für Handel und Investitionen durch die Eliminierung der Währungsrisiken. Mit der Schaffung eines großen europäischen Währungsraums werden Konjunkturrisiken, die aus den Schwankungen des US-Dollar und seinen Effekten auf die innereuropäischen Wechselkurse resultierten, für Europa deutlich reduziert. Die Konjunktur in Deutschland ist seit den frühen siebziger Jahren mehrmals durch DM-Aufwertungen gegenüber dem Dollar – und dadurch ausgelöst – auch innereuropäische Wechselkursvariationen belastet worden, wobei die Konjunktur in den Partnerländern auch durch Zinsanhebungen zur Verteidigung des Wechselkurses zur D-Mark betroffen wurde. Zuletzt führten die Dollarschwäche von 1992/3 und erneut 1995 zu erheblichen Wechselkursspannungen im innereuropäischen Wechselkursgefüge und einer Konjunkturabschwächung. Ein weiterer wichtiger Vorteil der EWWU besteht darin, dass die Unternehmen, Investoren und Anleger in Europa von den stark verbesserten Finanzierungs- und Anlagebedingungen eines großen und liquiden Euro-Finanzmarktes profitieren können. Zudem sorgt der Euro für mehr Preistransparenz und Wettbewerb im Binnenmarkt und damit für eine Stärkung der Preisdisziplin, der Leistungsanreize und damit des Wachstums.

Neben den wirtschaftlichen Erklärungen für das Entstehen der Währungsunion gab es eine Reihe von anderen Begründungen für diesen Schritt. Vielerorts wird behauptet, die deutsche Zustimmung zur Einführung des Euro (bzw. der Abschaffung der D-Mark) sei die Bedingung gewesen, dass die europäischen Partner der deutschen Wiedervereinigung zustimmen. Ich halte diese These für konspirativ und nicht zutreffend. Der Euro lag im Eigeninteresse von Deutschland, und die deutsche Einigung war ein Schlüssel für die Überwindung des Kommunismus in Europa und lag damit im Interesse der deutschen Partner in Europa. Überzeugender scheint es mir schon, dass die Partner Deutschlands aus der faktischen geldpolitischen Dominanz durch die Bundesbank im Wege des institutionellen Arrangements der Europäischen Zentralbank (EZB) heraustreten wollten. Durch die Schaffung einer unabhängigen EZB sollte ein gemeinsames geldpolitisches Entscheidungsgremium geschaffen werden, in dem alle Mitgliedsländer ihre Argumente und ihre Stimme geltend machen können. Insofern ist die Abwesenheit Dänemarks in der Währungsunion schwer zu verstehen. Faktisch nutzen die Dänen den Freiheitsgrad eigener Geld- und Wechselkurspolitik nicht. Sie sind aber anders als die Mitglieder der Eurogruppe in der EZB ohne Stimme.

Ein Ziel der Gründung der Europäischen Währungsunion bestand schließlich auch darin, der währungspolitischen Stimme Europas in internationalen Gremien, wie dem IWF oder der G7, mehr Geltung zu verschaffen. Im weltweiten Kontext kann man somit die Schaffung der Währungsunion mit einheitlicher Währung als die monetäre Antwort Europas auf die Herausforderungen der Globalisierung interpretieren. Die Einführung des Euro war letztlich eine politische Entscheidung. Die ökonomischen Vorteile dieser Einrichtung sind weit bedeutender als die faktische Einschränkung bei der monetären Politik (ein Zins für alle).

Der Maastricht-Vertrag 1991: Grundlagen und Fahrplan zur EWWU

Auf der Basis der Ergebnisse des Delors-Reports und der Regierungskonferenz wurde im Dezember 1991 der Maastrichter Vertrag geschlossen. Dieser Vertrag wurde 1992 in Maastricht feierlich unterzeichnet und bis Oktober 1993 von allen Mitgliedstaaten der Europäischen Union ratifiziert. Er trat am 1. November 1993 in Kraft, nachdem das Bundesverfassungsgericht im Oktober grünes Licht für die Teilnahme Deutschlands an der Währungsunion gegeben hatte.

Der Maastrichter Vertrag schafft die Grundlagen für drei Säulen der Gemeinschaft. Hauptsäule ist der Vertrag zur Gründung der Europäischen Gemeinschaft. Er enthält nicht nur die Bestimmungen zur Verwirklichung einer EWWU, sondern auch Vorschriften zum Binnenmarkt, zu den Gemeinschaftspolitiken und den Institutionen der Union. Die Säulen zwei und drei des Maastrichter Vertrages umfassen die Gemeinsame Außen- und Sicherheitspolitik sowie die Zusammenarbeit in der Innen- und Rechtspolitik. Hier geht es um eine engere intergouvernementale Kooperation der EU-Mitgliedstaaten. Ökonomisch gesehen ist die EWWU als »Stabilitätsunion« konzipiert, die ebenfalls im Wesentlichen auf drei Pfeilern beruht:

1. einer unabhängigen EZB, deren einheitliche zentrale Geldpolitik vorrangig dem Ziel der Preisstabilität verpflichtet ist;
2. einer soliden dezentralen Finanzpolitik, wobei die Budgetdisziplin im Rahmen des Stabilitäts- und Wachstumspakts kontinuierlich überwacht wird;
3. einer leistungsfähigen, eng verflochtenen Wirtschaft, basierend auf dem nach außen offenen europäischen Binnenmarkt mit den berühmten »vier Freiheiten«, das heißt freier Verkehr von Waren, Dienstleistungen, Personen und Kapital.

Das Ziel einer politischen Union in Form eines Bundesstaates mit einer gemeinsamen EU-Regierung und einem vollwertigen Europaparlament wurde nach Maastricht nicht ernsthaft weiterverfolgt, obwohl sich die deutsche Bundesregierung bis zur deutschen Einigung Verhandlungen über dieses Thema auf die Fahnen geschrieben hatte. Das Fehlen einer effektiven politischen Union macht eine kontinuierliche, enge wirtschafts- und finanzpolitische Zusammenarbeit der Länder der Eurozone, insbesondere mit Blick auf die Überwachung der finanzpolitischen Disziplin, umso wichtiger. Ungeachtet der notwendigen Entscheidungen im Eurowährungsgebiet darf freilich nicht übersehen werden, dass eine enge wirtschaftspolitische Kooperation innerhalb der gesamten EU wichtig bleibt. Die EWWU sollte keinen Keil zwischen den (anfangs elf und heute 17) Teilnehmerländern und den (damals vier und heute zehn) übrigen EU-Staaten treiben. Die EU-Klammer wird deshalb benötigt, weil die Tür zur EWWU für alle EU-Länder politisch und vertraglich weit offen stehen muss. Zudem können die Entscheidungen über gesetzlich relevante Rahmenbedingungen für den europäischen Finanzbinnenmarkt nicht allein von den Euroländern, sondern nur von allen EU-Ländern gemeinsam getroffen werden.

Der Maastricht-Vertrag enthält die politische Verpflichtung sowie das wirtschaftliche und rechtliche Regelwerk für die Gründung einer EWWU mit einer gemeinsamen Währung bis 1997 oder, wenn die Voraussetzungen dann noch nicht erfüllt sein sollten, bis spätestens 1999. Damit hat der Maastricht-Vertrag den Zeitrahmen für die Errichtung einer EWWU vorgegeben und bereits eine grobe Planungsorientierung für Unternehmen und die Bevölkerung geschaffen.

In drei Stufen zur Währungsunion

Die erste Stufe der EWWU begann nach dem Zeitplan des Maastricht-Vertrages bereits am 1. Juli 1990. Damit wurde die Kooperation der EU-Mitgliedsländer in der Wirtschafts-, Finanz- und Geldpolitik bereits weiter intensiviert. Die erste Stufe umfasste aber vor allem die völlige Liberalisierung des Kapitalverkehrs in der EU. Auf diesem Feld mussten insbesondere Frankreich und Italien 1990 noch nachziehen, während die Bundesrepublik Deutschland bereits Ende der fünfziger Jahre den internationalen Kapitalverkehr völlig freigegeben hatte. Die Liberalisierung des Kapitalverkehrs hat die wirtschafts- und stabilitätspolitische Disziplin in Europa insgesamt gestärkt. Positiv ist, dass ein freier Kapitalverkehr neue Wachstumsspielräume eröffnet, das investierte Kapital zum »besten Wirt«, also in die produktivsten Verwendungen, gelangen kann. Zugleich schafft die Freiheit des Kapitalverkehrs für die Regierungen wirtschafts- und finanzpolitische Handlungszwänge, denn Abweichungen vom Pfad der stabilitätspolitischen Tugend könnten von den Finanzmärkten mit höheren Marktzinsen und/oder einem Druck auf den Wechselkurs sanktioniert werden. Gleichzeitig birgt der freie Kapitalverkehr auch Risiken, da die Märkte immer wieder zu Übertreibungen neigen.

So kam es im EWS bereits im September 1992 zum Test und zu schweren Turbulenzen, die unter anderem in eine massive Abwertung der Lira und des Pfund Sterling sowie das Ausscheiden beider Währungen aus dem EWS-Wechselkursverbund mündeten. Die Spekulation richtete sich gegen die Verpflichtung der Notenbanken, die Wechselkurse gemäß des engen Bandes im EWS unbegrenzt verteidigen zu müssen, wenn sie die untere Bandbreite des EWS-Wechselkursverbundes erreichen.

Im Zusammenhang mit der EWS-Krise 1992 machte erstmals ein Hedgefonds des US-Investors George Soros mit seiner Spekulation gegen das Pfund Sterling von sich reden. Bis zum Ausscheiden der britischen Währung aus dem Wechselkursverbund am »Schwarzen Mittwoch« (16. September 1992) wettete Soros darauf, dass das Pfund Sterling überbewertet sei und abgewertet würde. Dazu nahm er auch erhebliche Mittel in Pfund auf und tauschte sie in andere europäische Währungen, in erster Linie in D-Mark. Nach der Abwertung des Pfund Sterling hatte Soros mit seiner Währungswette einen Gewinn im Gegenwert von mehr als einer Milliarde US-Dollar erzielt. Die Erfahrung des »Schwarzen Mittwoch« prägt bis heute die ablehnende Haltung Großbritanniens gegenüber dem Euro und einer Anbindung des Pfund-Wechselkurses an den Euro im Rahmen des europäischen Wechselkursmechanismus (WKM) II, auch EWS II genannt. Letzteres wäre aber Voraussetzung dafür, dass Großbritannien das Konvergenzkriterium »Wechselkursstabilität« für eine EWWU-Teilnahme erfüllen würde.

Doch die EWS-Krise im September 1992 hatte das Vertrauen in die Stabilität der Wechselkurse im EWS so erschüttert, dass das Kapitel Währungsspekulation noch längst nicht abgeschlossen war. Die nächste Zielscheibe der Märkte war dann vor allem die Wechselkursrelation der D-Mark zum französischen Franc. Erst als die Finanzminister und Notenbankchefs der EWS-Länder im Sommer 1993 die Wechselkursbänder nach einer erneuten Spekulationswelle auf +/- 15 % stark ausweiteten (nicht so für die D-Mark-Gulden-Parität), konnte sich die Wechselkursentwicklung in Europa stabilisieren. Interessanterweise beruhigten sich die Finanzmärkte erst, nachdem ihnen die engen Bandgrenzen als Spekulationsobjekt genommen worden waren. De facto bewegten sich die Marktkurse der Währungen in den Folgejahren trotz der sehr weiten Bandbreiten praktisch in den alten, relativ engen EWS-Bandgrenzen von +/- 2,25 %. Die Wechselkurse spiegelten – wie im Lehrbuch angezeigt – die zunehmend konvergente Entwicklung der fundamentalen Wirtschaftsdaten wider, die vor allem durch die allenthalben niedrigen Inflationsraten zum Ausdruck kam. Diesem Umstand ist es zu verdanken, dass alle elf Erstmitglieder beim Konvergenztest im Frühjahr 1998 das Konvergenzkriterium Wechselkursstabilität erfüllen konnten, das die Zugehörigkeit zum EWS und die Einhaltung der »normalen« Bandbreiten in den letzten zwei Jahren vor dem Eintritt in die EWWU vorsieht. Dennoch wurde die starke Ausweitung der EWS-Bandbreiten im Jahr 1993 zunächst vielfach als ein großer Rückschritt auf dem Weg zur Währungsunion interpretiert: zu Unrecht, wie sich dann herausgestellt hat.

Die zweite Stufe der EWWU startete am 1. Januar 1994 und sollte als Vorbereitungsphase für die angestrebte dritte und finale Stufe der Währungsunion dienen. Bereits zu Beginn dieser Stufe sind zwei wesentliche finanzpolitische Spielregeln in Kraft getreten. Sie betrafen sowohl die erwähnte Non-bail-out-Klausel für Budgetsünder als auch das Verbot für die nationalen Zentralbanken und die spätere EZB, Kredite an öffentliche Stellen zu vergeben. Dies waren klare Signale an die Finanzmärkte und die Bevölkerung, dass die Regierungen politisch uneingeschränkt hinter dem Ziel der Europawährung stehen und die Sicherung der Budgetdisziplin ernst nehmen.

Ein wichtiges Element der zweiten Stufe war die Gründung des Europäischen Währungsinstituts (EWI) per 1. Januar 1994. Das EWI löste den Gouverneursausschuss der EU-Zentralbanken ab und fungierte als Vorläufer und Wegbereiter der EZB. Gleich zu Beginn der zweiten Stufe musste ein wichtiger Vorbereitungsschritt für die künftige EZB vollzogen sein, nämlich die Gewährung der vollen Unabhängigkeit der nationalen Notenbanken überall dort, wo dies traditionell – wie zum Beispiel in Frankreich – nicht der Fall gewesen war. Mit der politischen Entscheidung, das EWI und damit auch die EZB am Sitz der Bundesbank in Frankfurt am Main anzusiedeln, wurde bereits frühzeitig ein politisch-psychologisch wichtiges Stabilitätssignal ausgesendet, gerade auch für das Heimatland der D-Mark. Während das EWI unter der Leitung von Alexandre Lamfalussy die Grundlagen für die Durchführung einer einheitlichen Geldpolitik schuf, nutzten die Regierungen die Folgejahre dazu, den institutionellen, wirtschaftlichen und rechtlichen Rahmen des Maastricht-Vertrages mit Leben zu füllen.

Der Madrider Gipfel stellt die Weichen für ein
Übergangsszenarium zum Euro

Ein Meilenstein auf dem Weg zur EWWU war der Madrider EU-Gipfel vom Dezember 1995, der die Europawährung auf den Namen Euro taufte und die Prinzipien und den Zeitplan für den Übergang von den nationalen Währungen zum Euro festlegte:

- Konvergenztest für die Erstteilnehmerländer der EWWU im Frühjahr 1998 auf der Basis der Daten des Referenzjahres 1997.
- Beginn der EWWU am 1. Januar 1999 mit einer einheitlichen Geldpolitik und der Einführung des Euro an den Finanzmärkten, nachdem aufgrund der unzureichenden Konvergenzentwicklung bei den Budgetdefiziten klargeworden war, dass der frühe Starttermin für die EWWU am 1. Januar 1997 nicht mehr einzuhalten war.
- Von 1999 bis 2001 sollte eine dreijährige Übergangsphase folgen, während der Banken, Unternehmen und die öffentliche Hand wahlweise den Euro oder die nationalen Währungseinheiten als Rechen-

einheit verwenden konnten. In dieser Phase sollte schrittweise die Umstellung des (übrigen) Buchgeldes erfolgen und bis Ende 2001 abgeschlossen sein.

- Schließlich sollten das Euro-Bargeld Anfang 2002 eingeführt und die nationalen Banknoten und Münzen abgelöst werden.

Der Amsterdamer EU-Gipfel hat im Juni 1997 den Rechtsrahmen für die Einzelheiten der Euro-Einführung in Form von zwei EU-Ratsverordnungen beschlossen. Hierin wurden beispielsweise der Grundsatz der Vertragskontinuität und eine Umstellung des Währungskorbs ECU zum Euro in der Relation von 1:1 verankert.

Diese Rahmenbedingungen waren entscheidend für die Banken und Unternehmen, die sich auf die Einführung einer einheitlichen Währung vorbereiteten. Sie brauchten als unmittelbar Betroffene eine klare Botschaft und klare Rahmenbedingungen, um die notwendigen (Umstellungs-)Schritte zu veranlassen und Wettbewerbsnachteile aufgrund von Nichtstun zu vermeiden. Konkret mussten auf der einzelwirtschaftlichen Ebene Budgets für die Anpassungskosten bereitgestellt werden. Planungssicherheit war erforderlich, um zum Beispiel über die notwendigen Investitionen für die Umstellung der EDV-Systeme zu entscheiden, denn alle firmeninternen Steuerungssysteme sowie alle Preise und Kosten mussten eurobedingt angepasst werden. Diesen riesigen Umstellungsaufwand galt es ein Jahr vor der Millenniumsumstellung, die nochmals mit einem erheblichen Aufwand verbunden war, zu bewältigen.

Der Übergang zum Euro brachte allerdings noch eine Reihe von weiteren Aufgaben mit sich. Im Marketing und in der Preisgestaltung waren die Herausforderungen einer größeren Preistransparenz auf die Wettbewerbsfähigkeit im großen einheitlichen Währungsraum zu bestehen. Kunden und Mitarbeiter waren über den Zeitpunkt und die Einzelheiten des Umstellungsprozess auf den Euro zu informieren, um die Reibungsverluste im laufenden Geschäftsverkehr möglichst gering zu halten. Während die Kosten für Unternehmen sogleich anfielen, konnten die Vorteile der EWWU erst nach der Einführung des Euro nach und nach genutzt werden.

Die Umstellungskosten waren für die Unternehmen und Banken beträchtlich. Dies sollten auch all diejenigen bedenken, die bei jeder Krise im Eurowährungsgebiet darauf verweisen, dass das Verlassen der EWWU eine realistische und erwägenswerte Option für ein Land sei, weil dann wieder über die Abwertung der eigenen Währung die Wettbewerbsfähigkeit verbessert werden könnte. In Wirklichkeit käme ein Ausstieg aus der EWWU für ein Land einem wirtschaftlichen und politischen Selbstmord gleich: Angesichts der sehr engen Verflechtung bei dem freien Geld- und Kapitalverkehr und der Verschuldung in einer Währung, die nach dem Austritt wieder eine Fremdwährung wäre, wären wohl die Umstellungskosten auf das neue nationale Geld für die Unternehmen und Banken noch das kleinste Übel.

Das EWI baut weitsichtig die EZB auf

Auf dem Gebiete der Geldpolitik begann das Europäische Währungsinstitut (EWI) 1994 sogleich mit den Vorbereitungen für die Schaffung einer Europäischen Zentralbank. Hierbei ging es darum, die Organisationsstrukturen für die erste supranationale Notenbank in der Währungsgeschichte, ihre geldpolitische Strategie und ihr geldpolitisches Instrumentarium zu konkretisieren beziehungsweise aufzubauen. Die Ziele und Aufgaben der EZB sind im Maastricht-Vertrag klar umrissen. Ihr vorrangiges Ziel ist es, für Preisniveaustabilität des Euro zu sorgen. Soweit es mit der Sicherung des Geldwertes vereinbar ist, hat die EZB die allgemeine Wirtschaftspolitik in der Gemeinschaft zu unterstützen, also auch ein stetiges Wirtschaftswachstum und einen hohen Beschäftigungsstand zu fördern. Die EZB ist unabhängig von Weisungen der nationalen Regierungen und der EU-Institutionen. Die Unabhängigkeit ist weit gefasst: Sie ist institutionell, operativ (mit Blick auf den Instrumenteneinsatz), personell (hinsichtlich der leitenden Personen) und finanziell unabhängig (das heißt, sie hat ein eigenes Budget und die unabhängigen nationalen Notenbanken sind die alleinigen Anteilseigner). Während die geldpolitische Steuerung der EZB obliegt, erhalten die ebenfalls unabhängigen nationalen Notenbanken eine wichtige Rolle bei der praktischen Durchführung der Geldpolitik der EZB in den nationalen Finanzmärkten. Da die Arbeitssprache der EZB (wie vordem des EWI) Englisch ist, obliegt den nationalen Notenbanken die Kommunikation der Geldpolitik in die jeweils nationalen Sprachen und Finanzmärkte.

Neben der geldpolitischen Steuerung hat die EZB noch weitere Aufgaben wie die Förderung eines reibungslosen Zahlungsverkehrs, die Verwaltung der ihr übertragenen Währungsreserven, die Beratung der nationalen Regierungen und der EU-Instanzen in Währungsangelegenheiten (einschließlich der Bankenaufsicht sowie der Stabilität des Finanzsystems) und die Emission von Eurobanknoten. Auch in diesen Bereichen leisten die unabhängigen nationalen Notenbanken ihren Beitrag. Sie sind also nicht überflüssig geworden, sie haben aber ihre Hauptaufgabe, die Konzeption und Durchführung einer eigenständigen Geldpolitik, an die EZB verloren. Hinsichtlich der Ausgabe der Euromünzen lässt noch das alte Münzregal grüßen. Die Emission von Münzen ist auch in der Eurozone den Regierungen der teilnehmenden Staaten vorbehalten, wobei das Volumen von der EZB genehmigt wird. Die Regierungen stellen den Münzgewinn in ihr Budget ein.

Ein zentrales Element für die Durchführung einer einheitlichen Geldpolitik war von Anfang an ein effizientes Zahlungsverkehrssystem, um geldpolitische Transaktionen im Eurogebiet tagesgleich zügig und sicher abzuwickeln. Die Idee war, dass damit eventuelle Zinsunterschiede am Geldmarkt durch Arbitrage rasch eingeebnet werden und europaweit ein einheitlicher Geldmarkt unter Banken mit einheitlichen Geldmarktsätzen entstehen konnte. Daher war es eine Schlüsselaufgabe des EWI, das TARGET-System (Trans-European Automated Real-time Gross Settlement Express Transfer System) zu entwickeln, das aus einem Verbund der unterschiedlichen nationalen Echtzeit-Bruttosysteme der Zentralbanken bestand. Hiermit konnten dann zu Beginn des EWWU am 4. Januar 1999 Euro-Überweisungen grenzüberschreitend in kurzer Zeit abgewickelt werden. Würde beispielsweise hypothetisch gesehen der Geldmarktzins in Italien temporär höher liegen als im Rest der EWWU, dann würde auf der Basis von TARGET so lange Geld an den Geldmarkt nach Italien fließen, bis der Zinsvorteil wieder verschwindet.

Damit die einheitliche Geldpolitik zum Start des neuen geld- und währungspolitischen Systems voll funktionsfähig sein konnte, wurden die EZB und das ESZB (Europäisches System der Zentralbanken) bereits am 1. Juni 1998 errichtet. Um die Sprachverwirrung um die EZB-Begriffe komplett zu machen, prägte die junge EZB sogleich auch noch den Begriff Eurosystem. Dabei lässt sich alles einfach erklären: Die EZB zusammen mit den nationalen Notenbanken der teilnehmenden Staaten werden als Eurosystem bezeichnet, wobei das Eurosystem mit zwölf Notenbanken begann (EZB plus elf Teilnehmernotenbanken) und nach dem Beitritt von fünf weiteren Ländern heute 18 Notenbanken umfasst. Das Eurosystem ist also ein offenes System, weil weitere EU-Länder der Währungsunion beitreten (können). Auch das ist für eine Notenbank einmalig. Das ESZB ist ein relativ unbedeutendes Gremium, das neben der EZB die nationalen Notenbanken aller derzeit 27 EU-Staaten umfasst. Es dient als politische Klammer zwischen den Ländern, die der EWWU angehören, und den EU-Ländern, die der EWWU noch nicht beigetreten sind.

Damit die EZB handlungsfähig wurde, mussten zunächst die Beschlussorgane geschaffen und ihre Mitglieder bestellt werden. Die Beschlussorgane der EZB bestehen aus dem sechsköpfigen Direktorium, das für den Vollzug der Geldpolitik und den laufenden Geschäftsbetrieb zuständig ist, und dem EZB-Rat als oberstes geldpolitisches Entscheidungsgremium, das aus dem Direktorium und den Präsidenten der Notenbanken der teilnehmenden Länder besteht. Eine Besonderheit für die Mitglieder des EZB-Rates besteht darin, dass sie keine Vertreter ihres eigenen Landes sind, sondern Ratsmitglieder mit persönlicher Verantwortung für den gesamten Euroraum. Entsprechend gilt die Abstimmungsregel des »one man, one vote«. Während die nationalen Notenbankpräsidenten schon vor der Gründung der EZB im Amt waren, mussten die Direktoriumsmitglieder nach der Anhörung im Europaparlament vom Europäischen Rat erst ernannt werden.

Da in Europa vieles nach dem Prinzip des Gebens und Nehmens entschieden wird, war eines von vornherein klar: Der erste Präsident der EZB konnte kein Deutscher sein, da Deutschland bereits den Sitz der EZB erhalten hatte. Es sollte aber eine Persönlichkeit mit großem stabilitätspolitischen Nimbus sein, um der neuen Notenbank, die ja noch keine eigene Stabilitätshistorie aufzuweisen hatte, rasch das Vertrauen der Finanzmärkte und der Bevölkerung zu sichern. Dass der niederländische Notenbankgouverneur Wim Duisenberg zum ersten Präsidenten der EZB ernannt wurde, war ein guter Kompromiss. Damit wurde der Kontinuität von Preisstabilität Respekt gezollt, denn die niederländische Stabilitätstradition ist der deutschen sehr ähnlich.

Wenig überzeugend war zunächst allerdings die informelle Absprache im Europäischen Rat, dass Wim Duisenberg nach Ablauf etwa der Hälfte seiner maximalen Amtszeit von acht Jahren vom französischen Notenbankpräsidenten Jean-Claude Trichet abgelöst werden sollte. Diese Absprache hat die Finanzmärkte zeitweise erheblich verunsichert, weil hierin zu Recht eine Beeinträchtigung der Unabhängigkeit der EZB gewittert wurde. Der Präsidentenwechsel zu Jean-Claude Trichet wurde dann aber weitgehend reibungslos nach viereinhalb Jahren im November 2003 vollzogen. Im Ergebnis war damit keine Beeinträchtigung der Unabhängigkeit der EZB verbunden. Die Position des Präsidenten wird zum November 2011 planmäßig neu besetzt. Das Prinzip, dass die Mitglieder des Direktoriums wie die nationalen Notenbankpräsidenten nicht ihrem Land verpflichtet sind, sondern als Person in dem Gremium sitzen, ist inzwischen so fest verankert, dass die nationale Herkunft des nächsten Präsidenten der EZB heute keine wichtige Rolle mehr spielt. Allein muss es wieder ein erfahrener Fach- und Fährmann sein. Dies ist bei Trichets designiertem Nachfolger Mario Draghi zweifelsfrei der Fall.

Die EZB erhält eine neue Strategie und moderne Instrumente

Der operative Start der EZB erforderte die Formulierung einer einheitlichen geldpolitischen Strategie und die Konzeption eines einheitlichen geldpolitischen Instrumentariums. Das EWI fand bei seinen Vorbereitungsarbeiten in beiden Bereichen sehr unterschiedliche nationale Philosophien, Traditionen und Strukturen der Finanzmärkte vor. Dennoch ist es im EWI und in der EZB gelungen, zu überzeugenden gemeinsamen Positionen bei der Strategie und dem Instrumentarium zu kommen. Während die geldpolitischen Zielgrößen in der Vor-Eurozeit in der EU von einer Geldmengen-M3-Orientierung in Deutschland über ein Inflationsziel in Großbritannien bis zu einem Wechselkursziel in den EWS-Partnerländern Deutschlands reichten, war angesichts des geldpolitischen Regimewechsel und der unwiderruflichen Fixierung der Wechselkurse der teilnehmenden Länder eines rasch klar: Eine Wechselkursorientierung am US-Dollar konnte es für einen so großen Währungsraum wie das Eurogebiet, das nach Unabhängigkeit vom US-Dollar strebte, nicht geben. Ebenso war es höchst ungewiss, ob nach einem geldpolitischen Regimewechsel eine Geldmengensteuerung auf der Basis einer festen Relation zwischen Geldmengen- und Preisentwicklung sachgerecht wäre. Die weltweit in Mode gekommene direkte Inflationssteuerung wurde offiziell nicht gewählt. Der EZB gelang dann mit der Zweisäulenstrategie, bestehend aus einer Orientierung an einer wirtschaftlichen und einer monetären Analyse, ein guter Kompromiss. Die Strategie wurde ergänzt durch eine quantitative Definition für Preisniveaustabilität.

Beide Elemente wurden vom EZB-Rat im Mai 2003 im Lichte der Erfahrungen seit 1999 modifiziert, was für die Lernfähigkeit und Flexibilität der neuen Währungsinstitution EZB spricht. Während ursprünglich Preisniveaustabilität bei einer jahresdurchschnittlichen Inflationsrate zwischen 0 und 2 % als gegeben angenommen wurde, liegt diese aus der Sicht der EZB nun vor, wenn die Inflationsrate mittelfristig unter, aber nahe 2 % liegt. Damit wird statistischen Ungenauigkeiten bei der Inflationsmessung und dem Deflationsrisiko Rechnung getragen. Als Maßstab hierfür dient der Anstieg des harmonisierten Verbraucherpreisindex.

Im Mai 2003 wurde auch die Zweisäulenstrategie modifiziert. Die Reihenfolge der beiden Säulen wurde vertauscht. Seither steht die wirtschaftliche Analyse an erster Stelle, wodurch ihr mehr Gewicht beigemessen wird, gefolgt von der nach wie vor notwendigen monetären Analyse der Geldmengen- und Kreditentwicklung. Während es bei der wirtschaftlichen Analyse um die Feststellung kurz- und mittelfristiger Inflationsrisiken geht, fokussiert die monetäre Analyse auf die langfristigen Inflationstrends. Die monetäre Analyse ist Ausdruck der Feststellung von Milton Friedmann, dass Inflation letztlich ein monetäres Phänomen ist. Sehr langfristig betrachtet ist die Relation zwischen Geldmenge und Preisentwicklung nicht außer Kraft gesetzt. Monetäre Innovationen, die Ausweitung des Währungsgebiets und die Zunahme des Gewichts finanzieller Transaktionen machen aber selbst für Fünfjahresabschnitte diese Beziehung sehr locker. Dem trägt die EZB durch einen Referenzwert von 4,5 % p.a. für die Zunahme M3 Rechnung. Dieser Wert ist aber nur als grobe Orientierung für einen Vieljahresdurchschnitt, nicht aber als verbindliches Jahres-Geldmengenziel zu interpretieren.

Obwohl die EZB 2003 ihre Strategie änderte, war sie – vor allem vonseiten der Wirtschaftswissenschaft – Zielscheibe der Kritik, da die Zweisäulenstrategie wenig transparent und nicht leicht zu kommunizieren war. Außerdem können von den beiden Säulen bisweilen gegensätzliche Signale ausgehen. Umso wichtiger ist, dass die EZB ihre Kommunikation verbessert hat, zum Beispiel durch die Vorankündigung von Leitzinsänderungen seit Ende 2005.

Der EZB ist auch ein flexibles, marktorientiertes geldpolitisches Instrumentarium geglückt, das drei Kategorien umfasst: Offenmarktgeschäfte, ständige Fazilitäten und Mindestreserven. Das Kernstück bilden die Offenmarktgeschäfte und hier die Hauptrefinanzierungsgeschäfte. Hinzu kommen seit Oktober 2008 die (vorübergehenden) »Non-Standard«-Maßnahmen, um die Wirkungen der Finanzkrise abzufedern. Die Hauptrefinanzierungsgeschäfte haben die Aufgabe, Zinssätze und Liquidität am Geldmarkt zu steuern. Der Satz des Hauptrefinanzierungsgeschäfts hat Leitzinsfunktion. Im Gegensatz zu den Offenmarktgeschäften, bei denen die Initiative von der EZB ausgeht, können bei den beiden ständigen Fazilitäten die Banken initiativ werden. Im Rahmen der Spitzenrefinanzierungsfazilität können die Banken einen kurzfristigen Liquiditätsbedarf decken, wobei das Volumen durch die Höhe der bei der EZB hinterlegten Sicherheiten bestimmt wird. Bei der Einlagefazilität können die Geschäftsbanken zu einem vorgegebenen Zinssatz kurzfristig Liquidität bei der EZB parken. Die Sätze der ständigen Fazilitäten bilden die Ober- und Untergrenze des Tagessatzes am Geldmarkt. Sie haben eine ähnliche Funktion wie der Diskont- und Lombardsatz im ehemaligen Instrumentenkasten der Bundesbank.

In der Mindestreservepolitik ist die EZB erheblich moderner und marktorientierter als die Bundesbank. Erstens ist die Mindestreserve für die EZB lediglich eine Strukturkomponente, deren Satz von 2 % im Konjunkturzyklus nicht verändert wurde. Dies sorgt für eine stetige Anbindung der Refinanzierung der Banken an die EZB. Zweitens werden – anders als die zinslos zu haltenden Mindestreserven der Bundesbank – die Mindestreserveguthaben von der EZB marktnah verzinst. Damit entsteht für die Banken im Euroraum aus dieser Liquiditätsbindung also kein Wettbewerbsnachteil gegenüber Drittländern und Schattenbanken. Zu D-Mark-Zeiten sind aufgrund der relativ hohen zinslosen Mindestreservehaltung in Deutschland exterritoriale Geld-, Kredit- und Kapitalmärkte in Luxemburg und London entstanden, als Reaktion auf die mindestreservebedingten zusätzlichen Zinskosten der Banken in Deutschland.

Zinskonvergenz im Vorfeld der EWWU

Die politische Botschaft des Maastricht-Vertrages, dass bis spätestens 1999 eine EWWU geschaffen werden sollte, hat bereits Jahre vor der konkreten Einscheidung über den Eintritt in die EWWU im Frühjahr 1998 die Erwartungen der Finanzmärkte spürbar beeinflusst und einen bemerkenswerten Konvergenzprozess bei den Staatsanleihenrenditen potenzieller Mitgliedsländern im Vergleich zu Bundesanleihen ausgelöst. Der Grund für die schrumpfenden Renditeabstände bei den Staatsanleihen potenzieller Mitgliedsländer war die Erwartung der Märkte, dass nach der Einführung des Euro das Währungsrisiko entfällt und damit auch der Teil des Zinsaufschlags überflüssig wird, der dieses Risiko berücksichtigt. Die Verringerung des Zinsabstandes ging mit Kursgewinnen bei denjenigen Staatsanleihen einher, die in den Währungen der europäischen Partnerländer Deutschlands emittiert worden waren. Die Zinskonvergenz beschränkte sich aber nicht nur auf Staatsanleihen, sondern griff auch auf andere Anleihen wie die in den nationalen europäischen Währungen begebenen Unternehmens- und Bankanleihen über.

Die Perspektive einer europäischen Währungsunion gab den Anlegern einen Anreiz, diese Anleihen zu erwerben, da ein Kursgewinn winkte. Hier stellte sich sozusagen eine Art »windfall profit« der Währungsunion ein. Entscheidend für die Markterwartung war, ob ein Land die Konvergenzkriterien für die Inflationsrate, den Zinssatz, das Budgetdefizit, den staatlichen Schuldenstand und die Stabilität der Wechselkurse erfüllen würde und damit als Erstmitglied der EWWU eingestuft werden konnte. Der Prozess der Zinskonvergenz blieb in den Jahren vor der Währungsunion grundsätzlich intakt, obwohl die Zinskonvergenz nicht gradlinig verlief, sondern es zu gelegentlichen Oszillationen bei der Zinsentwicklung kam. So hat sich zum Beispiel 1997/98 ein Schwenk vollzogen von der Erwartung einer kleinen Währungsunion mit sieben EU-Ländern zu einer großen Währungsunion mit elf Startländern, nachdem deutlich wurde, dass vor allem Italien den Konvergenztest doch noch schaffen und zu den Ländern der ersten Stunde gehören würde.

Italien gehörte zu den größten Gewinnern der Zinskonvergenz bei Staatsanleihen. Hier sank der Zinsabstand der italienischen Staatsanleihen zu Bundesanleihen im Laufzeitbereich von zehn Jahren von über 6 % Anfang der neunziger Jahre auf unter 1 % nach Beginn der EWWU im Jahre 1999. Da das Land in dieser Zeit einen gesamtstaatlichen Schuldenstand von über 120 % des BIP aufwies, erzeugte die Abwärtsbewegung der Renditen für Staatsanleihen eine so erhebliche Zinsentlastung im Staatsetat, dass die Regierungen zusammen mit einer Reihe von anderen Maßnahmen wie einer vorübergehenden Europasteuer das Budgetdefizit unter die Eintrittsmarke von 3 % des BIP im Referenzjahr 1997 drücken konnten. Auch andere Partnerländer Deutschlands haben bei ihrem Staatshaushalt von der Zinskonvergenz profitiert. Für die

Staatspapiere der potenziellen EWWU-Mitgliedsländer waren auf dem Wege zum Euro natürlich auch noch eine Reihe anderer Bestimmungsfaktoren maßgeblich wie die Bonität der Emittenten, die Liquidität der Märkte und die Höhe der Staatsverschuldung. Gleichwohl hat die Einführung des Euro mit dem Währungsrisiko den bis dahin wichtigsten Faktor für den Risikoaufschlag eliminiert.

Auch bei den Leitzinsen der Notenbanken ergab sich ein Konvergenztrend, der allerdings zumeist in Stufen erfolgte. Hier wurde der Übergang zu einem einheitlichen Leitzins der EZB und einem einheitlichen Geldmarktsatz für den gesamten Eurowährungsraum in mehreren Ländern erst in den Monaten vor Beginn der EWWU oder zum Start am 4. Januar 1999 vollzogen. Voraussetzung für die Schaffung eines einheitlichen Geldmarktes mit einem einheitlichen Geldmarktsatz war wie bereits erwähnt das paneuropäische Großbetrag-Zahlungsverkehrssystem TARGET.

Der Konvergenztest macht den Weg frei für die große EWWU

Voraussetzung für eine Teilnahme an der EWWU war und ist die Erfüllung der berühmten Konvergenzkriterien des Maastricht-Vertrages. Hierdurch sollen die Kandidatenländer ein hohes Maß an dauerhaftem Gleichklang ihrer Stabilitätspolitik und ihrer wirtschaftlichen Entwicklung unter Beweis stellen, um eine möglichst solide Basis für die Stabilität des Euro zu schaffen. Jedes beitretende Land soll damit den Nachweis erbringen, dass es sich in Zukunft auch ohne eine eigene Geld- und Wechselkurspolitik wirtschaftlich gut entwickeln kann. Dies ist natürlich auch im Interesse eines jeden einzelnen Landes, denn der Weg in die Währungsunion ist mit sehr hoher Wahrscheinlichkeit eine Einbahnstraße. Es ist daher nicht verwunderlich, dass vom Maastricht-Vertrag ein erheblicher Anreiz für die Beitrittskandidaten ausging, Fortschritte bei der Konvergenz zu erzielen und sogar zu den Erstmitgliedern der EWWU zu gehören. Entsprechend des Szenarios während des Madrid-Gipfels mussten sich Erstmitglieder der EWWU im Frühjahr 1998 durch einen Konvergenztest auf der Basis der Daten für das Referenzjahr 1997 für die Währungsunion qualifizieren. Dies führte dazu, dass in den Jahren 1996 und 1997 die Konvergenzanstrengungen – insbesondere auf dem Gebiet der Budgetpolitik – in vielen EU-Ländern intensiviert wurden.

Um dem Europäischen Rat eine solide Grundlage für die Entscheidung über die Erstteilnehmer zu geben, legten sowohl die Kommission als auch das EWI im März 1998 Berichte über den Konvergenzstand mit Länderbeurteilungen vor, wobei lediglich die Kommission auch Empfehlungen für die Erstteilnehmerländer vornahm und elf Länder vorschlug. Von den beitrittswilligen Ländern hat die Kommission im März 1998 nur Griechenland als noch nicht genügend reif für die EWWU eingestuft. Diesen Empfehlungen ist der Europäische Rat auf dem Sondergipfel im Mai 1998 in Brüssel gefolgt, als er die historische Entscheidung über den Einstieg in die EWWU ab Anfang 1999 fällte. Die EWWU startete mit elf Ländern – neben den sieben lange Zeit »gehandelten« Kernländern Frankreich, Deutschland, den Beneluxstaaten, Österreich und Finnland auch Italien, Spanien, Portugal und Irland. Damit kam es letztlich doch zu der aus politischen Gründen gewünschten großen EWWU, obwohl insbesondere das EWI und die Bundesbank auf die finanzpolitischen Risiken aufmerksam gemacht hatten, die in der Budgetposition von Ländern wie Italien und Belgien mit einer Staatsverschuldung von über 120 % des BIP liegen können. EWI und Bundesbank mahnten aber auch an, dass in vielen Staaten nach dem Start der EWWU noch weitere Maßnahmen zur Haushaltssanierung notwendig seien, um den Anforderungen des Stabilitäts- und Wachstumspaktes nachhaltig Rechnung zu tragen.

Der Einstieg in die EWWU wurde von zustimmenden Voten der Parlamente begleitet. So haben zum Beispiel Bundesrat und Bundestag am 23./24. April 1998 den Start der EWWU mit elf Mitgliedsländern mit großer Mehrheit befürwortet. Anfang April 1998 hatte bereits das Bundesverfassungsgericht einstimmig mehrere Verfassungsbeschwerden gegen die Einführung des Euro als »offensichtlich unbegründet« verworfen.

Alles in allem war die Entscheidung über die Gründung der EWWU Anfang 1999 wirtschaftlich fundiert und politisch erfolgversprechend, da sie auf einem hohen Maß an Konvergenz, einer großen Offenheit und einer sehr engen wirtschaftlichen Verflechtung basierte.

Zum Eurostart werden die Umtauschkurse unwiderruflich fixiert

Der Euro wurde am 4. Januar 1999 aus der Taufe gehoben, nachdem Ende 1998 die Umtauschkurse zwischen den teilnehmenden Währungen und dem Euro – und damit implizit die Umrechnungskurse der Währungen untereinander – unwiderruflich festgelegt worden waren. Ein wichtiges Ziel bei der unwiderruflichen Fixierung der Umtauschkurse war, das Risiko von Wettbewerbsverzerrungen gering zu halten, indem eine möglichst enge Anlehnung an die Marktkurse erfolgen sollte. Daher verkündete der ECOFIN-Rat bereits im Mai 1998, dass die bilateralen Leitkurse im EWS für die unwiderrufliche Fixierung der Umtauschkurse maßgeblich sein würden. Diese vorzeitige Botschaft war angemessen, da sich die Marktkurse seit Längerem in der Nähe der Leitkurse bewegten und diese sich, auch nach der Auffassung der Finanzmärkte, im Einklang mit den fundamentalen Wirtschaftsfaktoren befanden. Die währungspolitisch Verantwortlichen lieferten damit den Finanzmärkten und Unternehmen rechtzeitig eine wichtige Orientierungshilfe. Durch die glaubhafte Ankündigung konnte das Risiko spekulativer Attacken in der Interimsphase bis zur unwiderruflichen Fixierung der Umtauschkurse Ende 1998 per 4. Januar (erster Handelstag) entgegen den Erwartungen vieler Experten und vieler Marktteilnehmer gering gehalten und die Umtauschkurse auf dieser Basis reibungslos Ende 1998 fixiert werden.

Im Nachhinein gab es freilich immer wieder Debatten über die Richtigkeit der Einstiegskurse in die EWWU. Da es marktbasierte Kurse waren, ist diese Debatte müßig. Dennoch gab es gerade im Falle Deutschlands in der Phase des schwachen Wachstums von 2001 bis 2005 eine lebhafte Debatte, ob Deutschland nicht mit einem zu hohen Wechselkurs in die EWWU eingetreten sei, da das Wachstum aufgrund einer mangelnden preislichen Wettbewerbsfähigkeit leide. Um diese

Debatte ist es allerdings ruhig geworden, nachdem Deutschland durch Strukturreformen, mehrjährige Lohnzurückhaltung und Restrukturierung der Unternehmen 2006 auf den Wachstumspfad zurückgekehrt war.

Der Euro ersetzte die nationalen Währungen von Anfang an in der einheitlichen Geldpolitik und als Buchgeld an den Finanzmärkten. Auch gab es konsequenterweise bereits einen einheitlichen Wechselkurs, der zum Beispiel gegenüber dem US-Dollar am ersten Handelstag 1,1789 € pro $ betrug. Dank der intensiven Vorbereitungen ist der technische Start der EWWU trotz einiger kleiner Unstimmigkeiten im internationalen Zahlungsverkehr und am Geldmarkt ausgezeichnet gelungen. Dies gilt auch für die gesamte technische Umstellung auf den Euro (bei den Unternehmen, der öffentlichen Hand und den Konten der Bankkunden) bis Ende 2001 und die Einführung des Eurobargeldes Anfang 2002.

Allerdings muss zur Übergangsperiode von 1999 bis Anfang 2002 kritisch angemerkt werden, dass dieser Zeitraum zwischen Start der Währungsunion und Einführung des Eurobargeldes definitiv zu lang war. Die Länge dieser Phase wurde vor allem damit begründet, dass Konzeption, Produktion und Verteilung einer sehr großen Menge von neuem Bargeld sehr zeitaufwendig sein. Im Nachhinein gesehen hätte man dieses Problem auch anders und schneller lösen können. Die Kehrseite der Medaille war nämlich, dass der Euro drei Jahre lang nur eine »virtuelle« Währung blieb und damit ein großes Glaubwürdigkeitsproblem verbunden war. Eine virtuelle Währung, die es nur als Buchgeld, aber nicht als Bargeld gab, war der Bevölkerung nur sehr schwer zu vermitteln und führte zu erheblichen Verunsicherungen. Für die meisten Bürger wurde der Euro erst am 1. Januar 2002 mit der Einführung des Bargeldes zu einer »realen«, das heißt sicht- und greifbaren Währung. Welche Einschnitte und Veränderungen, welche Vor- und Nachteile das säkulare Ereignis der Euroeinführung für die Unternehmen und Haushalte sowie die Banken und Finanzmärkte in Europa tatsächlich brachte, wurde jedoch erst im Laufe der Jahre sichtbar.

Hoffnungen und Befürchtungen bei der Gründung der EWWU

Der Start der Währungsunion war mit großen Erwartungen und Hoffnungen verbunden, denn sie sollte der europäischen Integration neue Schubkraft verleihen. Es gab und gibt aber auch viele Bedenken und Kritik. Widerstände gab es beispielsweise vonseiten Großbritanniens und Dänemarks, die beide von der im Maastricht-Vertrag verankerten Option Gebrauch machten, der Währungsunion fernzubleiben. Die Ratifizierung des Maastricht-Vertrages drohte sogar zu scheitern, weil Dänemark in einem Referendum im Juni 1992 den Vertrag zunächst ablehnte und – nach einigen politischen Zugeständnissen – erst in einem zweiten Referendum im Mai 1993 zustimmte.

Zahlreiche Bedenken gab und gibt es bei den Wirtschaftswissenschaftlern. International kamen die Einwände insbesondere auch aus dem angloamerikanischen Bereich. Eine Reihe von Kritikern prognostizierte der EWWU nur eine kurze Lebensdauer. Andere wiederum hielten die Entscheidung für falsch oder verfrüht, weil der Eurowährungsraum nicht die Kriterien eines optimalen Wirtschaftsraums erfüllte. In der Praxis würde es wahrscheinlich – selbst innerhalb nationaler Grenzen – überhaupt keine Währungsunion geben, wenn alle Bedingungen eines optimalen Wirtschaftsraums gleichzeitig voll erfüllt sein müssten. Die Einführung des Euro hat sogar die Bedingungen für das Funktionieren der Währungsunion verbessert, wenn man an die erheblichen Handel schaffenden Effekte der Währungsunion seit 1999 denkt. Gleichzeitig ist aber festzustellen, dass die EWWU in einigen wichtigen Bereichen auch 2011 noch ein gutes Stück von einem optimalen Währungsraum entfernt ist, insbesondere hinsichtlich flexibler Faktorpreise für Arbeit und Kapital sowie der Mobilität des Faktors Arbeit, die zum Beispiel durch Sprachbarrieren behindert wird.

Auf der nationalen Ebene gab es Kritik und Bedenken gerade in Deutschland, wo die D-Mark jahrzehntelang das Stabilitätssymbol schlechthin gewesen war, das für wirtschaftlichen Aufstieg und Wohlstand nach dem Zweiten Weltkrieg stand. Für nicht wenige war die

D-Mark der entscheidende identitätsstiftende Sachverhalt für Nachkriegsdeutschland. Während sich in der deutschen Politik und Wirtschaft in den neunziger Jahren eine deutliche Mehrheit für die Einführung des Euro fand, lehnten die Wirtschaftswissenschaftler die Währungsunion überwiegend ab. Die einzelnen Volkswirtschaften der EU seien zu unterschiedlich, lautete ein Hauptargument der Wirtschaftsexperten gegen die EWWU. Vier Professoren riefen sogar das Bundesverfassungsgericht an. Der Maastrichtvertrag konnte erst von Deutschland ratifiziert werden, nachdem das Bundesverfassungsgericht im Oktober 1993 grünes Licht für eine Teilnahme Deutschlands an der EWWU gegeben hatte. Auch die Mehrheit der Bevölkerung blieb lange Zeit skeptisch, weil sie sich um die Kaufkraft ihrer Einkommen und Ersparnisse sorgte. Sie misstraute dem vor dem Start der EWWU gegebenen Versprechen, »der Euro wird so stark wie die D-Mark«.

Den deutschen Bedenken, in der Währungsunion könnte eine zu geringe Budgetdisziplin die Geldpolitik der EZB gefährden, wurde 1997 durch die Vereinbarung des Stabilitäts- und Wachstumspakts (SWP) Rechnung getragen. Hierin verpflichten sich die Mitgliedstaaten, mittelfristig einen ausgeglichenen Etat bzw. in Zeiten guter Konjunktur einen Budgetüberschuss anzustreben. Ein Land, das ein jährliches Haushaltsdefizit über 3 % des BIP aufweist, erhält im Rahmen eines Verfahrens über ein exzessives Defizit einen »blauen Brief« und wird aufgefordert, Korrekturmaßnahmen zu ergreifen. Werden keine Sanierungsmaßnahmen eingeleitet und bleibt das Defizit über 3 % des BIP, dann droht die Verhängung von Sanktionen in Höhe von bis zu 0,5 % des BIP. Die Sanktionen, die zunächst aus zinslos zu hinterlegenden Einlagen bestehen, werden zu einer definitiven Strafe, wenn der Referenzwert nach zwei weiteren Jahren immer noch nicht unterschritten wird. Der SWP hatte aber einen entscheidenden Fehler, der von Anfang an zu Recht stark kritisiert wurde: Bei Verstößen gegen die 3 %-Marke werden nicht automatisch Sanktionen fällig, sondern erst nach einem politischen Entscheidungsprozess, wobei immer potenzielle Budgetsünder über aktuelle Budgetsünder zu richten haben.

Wie ist die Bilanz des Euro nach zwölf Jahres zu beurteilen?

Die EWWU wurde bei ihrem zehnten Geburtstag Anfang 2009 allenthalben als Erfolgsgeschichte apostrophiert. Zwölf Jahre nach dem Eurostart gibt es – ausgelöst durch die Staatsschuldenkrise seit dem Frühjahr 2010 – Anlass, die Bilanz des Euro erneut kritisch zu bewerten, denn der Euro erlebt die erste große Bewährungsprobe seit 1999. Ähnlich der biblischen Redewendung von den sieben fetten Jahre, auf die sieben magere Jahre folgen, stellt sich für die EWWU nach dem Ausbruch der Staatsschuldenkrise die Frage, ob dem Euro nach zehn guten Jahren nun zehn schlechte Jahre ins Haus stehen. Zunächst gilt es, die Bilanz der zwölfjährigen Geschichte des Euro zu ziehen und positive Entwicklungen, aber auch weniger günstige Sachverhalte und Mängel zu identifizieren. Dabei ist auch nach den Ursachen der Eurokrise 2010/11 zu fragen und es sind die politischen Entscheidungen kritisch zu bewerten, die der Europäische Rat in dieser Zeit zur Sicherung der Zukunft der EWWU getroffen hat.

Wo ergab sich eine positive Bilanz der EWWU?

Bei der Bilanz der wichtigsten Erfolgsfaktoren des Euro ist freilich zu berücksichtigen, dass zwölf Jahre in der Geschichte einer neuen Währung nur einen relativ kurzen Zeitraum darstellen. Grundsätzlich ist festzustellen, dass die EWWU auf einer Reihe von Gebieten eine Erfolgsgeschichte ist.

1. Preisstabilität schafft Vertrauen. Die Bilanz der EZB in puncto Preisstabilität kann sich im historischen und internationalen Vergleich sehen lassen. Die Inflationsraten in der EWWU (und in Deutschland) waren in der Zeit von 1999 bis 2010 mit rund 2,2 % (und 1,5 %) im Schnitt deutlich niedriger als während der 50-jährigen D-Mark-Periode (2,8 %) oder in den USA (2,7 %). Die EZB konnte also praktisch Preisstabilität erreichen. Zu dieser guten Stabilitätsbilanz haben das klare Mandat der EZB, vorrangig das Ziel der Preisstabilität zu verfolgen, sowie ihre Unabhängigkeit maßgeblich beigetragen. So konnte die EZB als neue Institution ein hohes Maß an Glaubwürdigkeit an den Finanzmärkten und bei weiten Teilen der Bevölkerung erlangen. Bei der Beurteilung der Stabilitätsbilanz ist freilich zu berücksichtigen, dass Europa zeitweise auch erheblichen nicht-monetären Inflationsimpulsen ausgesetzt war.

Bei der Preisstabilität wurden die Bedenken der Skeptiker – gerade auch die vieler wirtschaftswissenschaftlicher Professoren in Deutschland – widerlegt. Auch bei der Bevölkerung scheint sich nach zwölf Jahren Währungsunion einiges bewegt zu haben, auch wenn die Meinungsforscher im Dezember 2010 noch ein widersprüchliches Bild von der Einstellung der Deutschen zum Euro zeichnen. Während eine repräsentative Umfrage von Infratest dimap zu dem Ergebnis kam, dass 60 % der Deutschen den Euro behalten und nur 36 % die D-Mark zurückhaben wollen, ergab eine Umfrage des Emnid-Instituts für die Zeitung *Bild am Sonntag*, dass 56 % für eine Rückkehr zur D-Mark votierten. Deutlicher ist das Meinungsbild der Umfrage des Eurobarometer vom Herbst 2010, die in allen EWWU-Ländern durchgeführt wurde. Danach betrachten zwei Drittel der Bevölkerung (in Deutschland: 68 %) den Euro als eine »gute Sache«. Binnen Jahresfrist haben sich freilich die Umfragewerte in Deutschland und in anderen EWWU-Ländern im Zuge der Staatsschuldenkrise ab dem Frühjahr 2010 spürbar verschlechtert.

Ungeachtet ihrer primär auf Preisstabilität ausgerichteten Politik war die Geldpolitik der EZB auch von Flexibilität und Pragmatismus geprägt. Ein Beispiel hierfür ist die Ausrichtung des Preisstabilitätsziels auf mittlere Sicht, das heißt, bei vorübergehenden Preissprüngen reagiert die EZB nicht automatisch mit einer Verschärfung der Geldpolitik. Dies ist erst bei sogenannten Zweitrundeneffekten der Fall, wenn zum Beispiel temporär höhere Inflationsraten als Maßstab für Lohnabschlüsse verwendet werden. Ein wesentlicher Punkt war bisher, dass es der EZB gelang, die mittelfristigen Inflationserwartungen auf niedrigem Niveau zu verankern. Dies trägt zur Verstetigung und zur Glaubwürdigkeit der Geldpolitik bei. Diese extrem wichtige Verankerung ist weder in der professionellen Debatte noch – und schon gar – nicht bei der Bevölkerung gewürdigt worden, obwohl die Verhaltensweisen, etwa der Tarifparteien, davon geprägt sind.

Die EZB hat auch in der Finanz- und Wirtschaftskrise seit August 2007 flexibel reagiert und wichtige Funktionen beim Krisenmanagement übernommen. Sie war vom ersten Tag der Krise in ihrer Funktion als »Lender of last liquidity« gefordert. So hat die EZB nach dem Vertrauenseinbruch am Interbankenmarkt im August 2007 immer wieder umfangreiche Liquidität bereitgestellt. Nach der Verschärfung der Finanzkrise durch den Kollaps der Investmentbank Lehman Brothers im September 2008 hat sie durch mehrere Zinssenkungen (auf 1 % im Mai 2009) sowie durch den flexiblen Einsatz ihrer geldpolitischen Instrumente reichlich preiswerte Liquidität bereitgestellt und damit zur Marktstabilisierung beigetragen. Sie hat ihr marktorientiertes Instrumentarium mehrmals an die Entwicklung der Ereignisse angepasst, beispielsweise hinsichtlich der Verfügbarkeit von notenbankfähigen Sicherheiten und direkten Offenmarktgeschäften bei Hypotheken- und Staatsanleihen. Die EZB hat insgesamt in der Krise einen guten Job gemacht. Nach Abklingen der Krise müssen aber auch die Notmaßnahmen der EZB beendet werden, ähnlich wie sich ein guter Arzt mit einer erfolgreichen Therapie einer schweren Krankheit überflüssig macht.

2. Niedrige Zinsen: der Lohn für Preisstabilität. Die Tatsache, dass die EZB an den Märkten relativ rasch Glaubwürdigkeit gewinnen konnte, hat maßgeblich zu den niedrigen Eurozinsen an den Geld- und Kapitalmärkten seit 1999 beigetragen. Die Entstehung großer und liquider Finanzmärkte in der EWWU und das zunehmende Engagement internationaler Investoren in der neuen Währung Euro dürften tendenziell zinsdämpfend gewirkt haben. Zudem entfiel in der Währungsunion die Zinsrisikoprämie, die die Märkte vor der Euroeinführung für die Verteidigung des Wechselkurses gegenüber der früheren Ankerwährung D-Mark verlangt hatten.

Nachdem die Zinsen der früheren Hochzinswährungen bereits im Vorfeld der EWWU in Richtung der niedrigeren Zinsen der D-Mark konvergiert waren, lagen die Nominalzinsen des Euro in den ersten zwölf Jahren der Währungsunion im Schnitt deutlich unter dem Niveau der DM-Zinsen der Jahre von 1987 bis 1998 und deutlich niedriger als in den beiden Dekaden davor. Ungeachtet der Staatsschuldenkrise seit 2010 bleibt aber festzuhalten, dass relativ niedrige Zinsen günstige Finanzierungsbedingungen für Unternehmen, Verbraucher und den Staat geschaffen haben. Dies hat Wachstum und Investitionen im Euroraum seit 1999 gestützt. Niedrige Zinsen waren und sind also ein wichtiger Vorteil des Euro. Allerdings haben niedrige Zinsen in den heutigen Europroblemländern auch einer übermäßigen Verschuldung Vorschub geleistet und damit falsche Signale gesetzt. Allerdings sollte die ineffiziente Verwendung günstiger Finanzmittel nicht der Europawährung angelastet werden. Klügere Regulierung – insbesondere höhere Eigenkapitalunterlegungen – hätte hier Schaden abwenden können.

Während die Zinsen am Geldmarkt in der gesamten Währungsunion seit 1999 einheitlich sind, blieben die Renditedifferenzen bei Staatsanleihen bis Herbst 2008 relativ gering. Dies war angesichts stark divergierender Finanzpolitik und Schuldenstände nicht sachgerecht. Als jedoch deutlich wurde, dass die Staatsschulden im Zuge der Finanz- und Wirtschaftskrise 2008/2009 vor allem in den Peripheriestaaten der EWWU regelrecht explodierten, erfolgte an den Märkten eine rabiate Neubewertung der Länderrisiken innerhalb der Eurozone und die Zinsabstände der Staatsanleihen der vier Problemländer (Griechenland, Irland, Portugal und Spanien) zu Bundesanleihen stiegen stark an und verteuerten die staatliche Neukreditfinanzierung um mehrere Prozentpunkte. Mit der Neubewertung des Länderrisikos in der Eurozone stiegen die Zinsabstände gegenüber Bundesanleihen ab 2009 deutlich an. Sie zogen bei den vier Problemländern der Eurozone zum Teil sehr stark an, zum Beispiel im Extremfall Griechenland Mitte Juni 2011 bis auf fast 24 Prozentpunkte bei zweijährigen Staatspapieren und bis auf 14 Prozentpunkte bei zehnjährigen Staatsanleihen.

3. Währungsunion verleiht Handel und Investitionen Impulse. Mit der Einführung des Euro sind die währungsbedingten Umtauschkosten und Wechselkursrisiken für Unternehmen im Euroraum entfallen. Dies hat die Planungssicherheit der Unternehmen im Handel und bei Investitionen im Euroraum erhöht. Der BDI schätzt, dass der eurobedingte Wegfall der Transaktions- und Absicherungskosten die Unternehmen in Deutschland im Schnitt und pro Jahr um 0,5 % ihres Außenhandelsumsatzes entlastet. Auf den sehr bedeutsamen Intra-EWWU-Handel entfällt bei den meisten EWWU-Ländern etwa die Hälfte der Aus- und Einfuhren. Der Anteil der EWWU am Außenhandel Deutschlands ist allerdings deutlich geringer, er beträgt bei den Importen 39 % und bei den Exporten 43 %.

Die Erwartungen, dass der Euro den Binnenhandel in der EWWU stimulieren würde, haben sich weitgehend erfüllt. So ist der Anteil des Intra-EWWU-Handels am BIP der EWWU von rund 26 % im Jahre 1998 auf etwa 33 % in 2008 gestiegen. Der Handel schaffende Effekt war allerdings nur in den Jahren 1999 und 2000 ausgeprägt. Dies deutet darauf hin, dass der Euro, wie zu erwarten, einen Niveaueffekt, aber keine dauerhaft größere Exportdynamik zwischen den EWWU-Partnerländern ausgelöst hat. Interessant ist allerdings, dass die Exporte der EWWU mit dem Rest der Welt im gesamten Zeitraum 1999 bis 2006 sogar noch stärker expandierten als der Intra-EWWU-Handel. Globalisierung, Deregulierung und das kräftige Wachstum der Weltwirtschaft – insbesondere in den asiatischen Schwellenländern – haben also stärker zur internationalen Handelsverflechtung der EWWU beigetragen als der Euro.

4. Der Euro ist Katalysator der Finanzmarktintegration. Ein weiterer Vorteil, der in der Debatte über die Finanz- und Eurokrise in den Hintergrund gedrängt wird, besteht darin, dass die Einführung des Euro die Entwicklung und Integration der Finanzmärkte vorangetrieben hat. Allerdings war der Euro nur eine – wenn auch wichtige – Einflussgröße für das Zusammenwachsen der Finanzmärkte in Europa in den vergangenen zwölf Jahren. Andere wichtige Faktoren waren die fortschreitende Liberalisierung der Finanzmarktregeln in der EU, die Globalisierung der Finanzbeziehungen sowie die enormen Fortschritte in der Informations- und Kommunikationstechnologie.

Die Schaffung effizienter Finanzmärkte ist ein wesentlicher Bestandteil der Vollendung des europäischen Binnenmarktes. Obwohl sie seit 1999 ein wichtiges politisches Ziel war, vollzog sich die Integration der Finanzmärkte primär marktgetrieben. Sie erfordert aber eine aktive Begleitung durch gemeinsame rechtliche Rahmenbedingungen in der EU, um die vielen Barrieren zwischen den nationalen Finanzmärkten der 27 EU-Staaten zu überwinden und gleiche Wettbewerbsbedingungen für die Finanzmarktakteure zu schaffen. Ein Meilenstein für die Integration war der »Aktionsplan für Finanzdienstleistungen« (FSAP) von 1999. Die meisten Vorhaben des FSAP sind bis 2005 umgesetzt worden. Heute geht es um die Umsetzung von Reformmaßnahmen, die durch die Finanz- und Wirtschaftskrise notwendig geworden sind, wie zum Beispiel um die Umsetzung von Eigenkapitalstandards gemäß Basel III auf der EU-Ebene sowie um eine Insolvenzordnung für Banken und Staaten.

Die Schaffung effizienter Finanzmärkte ist kein Selbstzweck, sondern erstrebenswert, um Vorteile des Euro auf die reale Wirtschaft zu übertragen. Generell profitiert nicht nur der Finanzsektor von gut funktionierenden Finanzmärkten, sondern auch die gesamte Volkswirtschaft, da Wachstum und Wettbewerbsfähigkeit durch die effiziente Bereitstellung von Finanzdienstleistungen gestärkt werden und Wachstumsimpulse von bis zu einem Prozentpunkt pro Jahr erwartet wurden. Der mikroökonomische Vorteil für die Kunden besteht vor allem in der Verfügbarkeit einer breiteren Palette von Finanzprodukten und Dienstleistungen zu günstigen Konditionen. Verschiedene Vorteile für die Investoren bestehen auch in liquiden Märkten, in der Markttransparenz an den Eurofinanzmärkten und in der Ausweitung des Anlageuniversums ohne Währungsrisiko auf die gesamte Währungsunion. Dies hat zu verstärkten grenzüberschreitenden Portfolioinvestitionen geführt. So haben deutsche Investoren ihre ausländischen Wertpapieranlagen in Euro von 1999 bis September 2007 auf knapp 600 Milliarden Euro kräftig aufgestockt. Dies entspricht etwa dem Dreieinhalbfachen des Bestandes von 1999.

Die Finanz-, Wirtschafts- und Staatsschuldenkrise ab August 2007 hat allerdings auch die Integration der Finanzmärkte in Mitleidenschaft gezogen. So sind Handels- und Emissionsaktivitäten an den Euroanleihenmärkten zeitweise stark gedämpft worden. Die enge Verflechtung der Eurofinanzmärkte und die gegenseitige Abhängigkeit der Euroländer bestehen aber fort. Beispiel Staatsanleihen: Während Anleihen von Europroblemländern an Attraktivität eingebüßt haben, profitieren Adressen mit einem Triple-A-Rating – wie Deutschland oder Frankreich – von einer »Flucht in die Qualität« in Form von relativ niedrigen Zinsen für Staatsschulden. Auch dies war ein Grund für die Ausweitung des Zinsgefälles zwischen den EWWU-Staaten seit 2009.

5. Ein großer Währungsraum reduziert Konjunkturrisiken. Ein positiver Aspekt der EWWU besteht auch darin, dass das Entstehen eines großen Währungsraums mit liquiden Finanzmärkten die Konjunkturrisiken in Europa erheblich reduziert hat. Europa durchlief bis Mitte der neunziger Jahre mehrere Phasen von die Konjunktur gefährdenden Wechselkursspannungen im EWS, beispielsweise in den Jahren 1992/93 und 1995. Wie bereits erwähnt, waren Perioden einer ausgeprägten Dollarschwäche gegenüber der D-Mark als zweitwichtigster Anlage- und Reservewährung gleichzeitig mit Spannungen im innereuropäischen Währungsgefüge und Aufwertungen der D-Mark auch gegenüber den Währungen der Haupthandelspartner in Europa verbunden. Oder aber die Partnerländer, die die D-Mark-Bindung ihrer Währung verteidigten, mussten häufig ihre Zinsen anheben. Dass Deutschland und Europa derartige dollarkursbedingte Konjunkturdämpfungen seit Beginn der Dollarabschwächung im Jahre 2003 erspart blieben, ist dem Euro zu verdanken. Vor allem Deutschland hätte unter einer Aufwertung der D-Mark innerhalb Europas – in der Größenordnung des Dollarrutsches auf bis zu 1,60 USD/EUR im Zuge der Finanz- und Wirtschaftskrise 2008/9 – bei einem Fortbestehen der alten Währungsvielfalt stark zu leiden gehabt.

6. Der Euro profiliert sich als internationale Währung. Die wachsende Rolle des Euro als internationale Handels-, Investitions-, Reserve- und Ankerwährung ist ebenfalls Teil seiner Erfolgsgeschichte seit 1999. Das internationale Währungssystem, das bis 1998 durch die drei Pole Dollar, D-Mark und Yen charakterisiert war, hat sich seit der Einführung des Euro zu einem bipolaren System entwickelt, mit dem Dollar als Leitwährung und dem Euro als unangefochtene globale Währung Nummer 2, während der Yen stark an Gewicht eingebüßt hat. Der Euro hat gegenüber dem Dollar fast überall aufgeholt, ihn in wenigen Segmenten sogar überholt.

- Rund die Hälfte des Welthandels wird in Dollar fakturiert, während der Außenhandel der EWWU mit Drittländern verstärkt in Euro abgerechnet wird (im Schnitt 60 %). Öl und andere Rohstoffe werden aber weiterhin in US-Dollar notiert.
- Der Euro profilierte sich als Investitionswährung, so stieg sein Anteil am Umlauf internationaler Anleihen von 19 % Anfang 1999 auf 31,4 % Ende 2009. Hingegen fiel die Quote des Dollar von 50 % auf etwa 46 %. Der Yen-Anteil halbierte sich gar auf fast 6 %.
- Im globalen Bargeldumlauf hat der Euro den Dollar 2006 erstmals überholt. Dieser belief sich Ende 2010 auf rund 864 Milliarden € (Dollar: entsprechend rund 693 Milliarden €).
- Etwa 35 eng mit der EU verflochtene Länder nutzen den Euro als Anker für den Wechselkurs ihrer Währung (Dollar: ca. 60 Staaten). Dies erfordert die Haltung von Eurodevisenreserven.
- Der Dollar ist die wichtigste Reservewährung geblieben, obwohl sein Anteil an den globalen Devisenreserven der Notenbanken von 71,5 % im Jahre 2001 auf gut 61 % Ende 2010 fiel und der Euroanteil seit 1999 von etwa 18 % auf über 26 % stieg.

Der Euro hat sich als zweitwichtigste globale Währung etabliert und insoweit das Erbe der D-Mark angetreten. Ungeachtet der Eurokrise hat der Euro noch weiteres Potenzial, zum Beispiel als Investitions- und Reservewährung, aber der Dollar wird auf absehbare Zeit die Weltwährung Nummer 1 bleiben, da die USA über eine sehr leistungsfähige Wirtschaft verfügen, als Bundesstaat die Fiskalpolitik wirkungsvoller einsetzen können als die EWWU und eine politische und militärische Supermacht darstellen, was man von Europa nicht sagen kann.

Beispiele für eine durchwachsene Eurobilanz

1. Die Erweiterung der EWWU verläuft im Schneckentempo. Die EWWU war von Anfang an mit der Vorstellung verbunden, möglichst alle EU-Staaten aufzunehmen, soweit sie die Konvergenzvoraussetzungen erfüllen und politisch gewillt sind, diesen Schritt zu vollziehen. Die Tatsache, dass die EWWU 1999 nicht als »Kernwährungsunion«, sondern als »große Währungsunion« mit elf von 15 EU-Mitgliedsländern startete, wurde auch als Zeichen für eine rasche Integration der ausstehenden Mitglieder gewertet, notfalls auch dadurch, dass die Einhaltung der Konvergenzkriterien nicht so genau genommen würde. Immerhin gehören mit Spanien, Portugal und Irland drei der heutigen vier Problemländer zu den Erstländern außerhalb des damaligen »Kerns«, und die Aufnahme Griechenlands 2001 wurde eher als politische Entscheidung gesehen.

Die Beitrittsbilanz seit 1999 sieht eher dürftig aus, denn die EWWU ist nur um sechs auf 17 Länder gewachsen, während die EU von 15 auf 27 Mitgliedstaaten erweitert wurde. Die neuen EU-Länder haben sich im Rahmen des »Acquis communautaire« zwar verpflichtet, den Euro zu übernehmen, sobald sie die Konvergenzkriterien erfüllen. Von den zwölf neuen EU-Ländern haben aber seit 2007 nur fünf kleine Staaten (Slowenien, Malta, Zypern, Slowakei und Estland) den Euro eingeführt. Weitere EWWU-Beitritte sind kurzfristig nicht zu erwarten. Das liegt aber nicht nur an den fehlenden Konvergenzvoraussetzungen als Folge der Wirtschafts- und Finanzkrise – insbesondere beim Budgetdefizit –, sondern auch an einem geringen politischen Interesse an einer Euroeinführung, beispielsweise in Polen und Tschechien. Auch wird argumentiert, dass im zurzeit unterbrochenen Aufholprozess eine eigenständige Geld- und Wechselkurspolitik noch benötigt würde.

Zu der ernüchternden Beitrittsbilanz gehört freilich auch, dass die alten EU-Länder Großbritannien, Dänemark und Schweden immer noch kein Interesse an der Einführung des Euro zeigen. Großbritannien und Dänemark haben eine »Opt-in-Klausel«, nach der sie aufgenommen werden müssen, wenn sie nach einem positiven Referendum ihre Bereitschaft dazu erklären und die Konvergenzvoraussetzungen erfüllen. Hingegen hat Schweden keine Ausnahmeregelung, erfüllt aber – wie Großbritannien – das Wechselkurskriterium nicht, da es nicht am europäischen Wechselkursmechanismus (WKM) II teilnimmt. Dänemark ist de facto stiller Teilhaber der EWWU, weil die dänische Krone seit 1999 im WKM II einen festen Wechselkurs zum Euro aufweist. Alle drei Länder machen den Beitritt von einem positiven Referendum abhängig. Im Zuge der Staatsschuldenkrise ist die Europopularität auch hier spürbar gesunken, in Großbritannien lehnen laut Umfragen etwa 80 % der Bevölkerung den Euro ab.

2. Mittelmäßiges Wirtschaftswachstum. Die Euroeinführung war mit der Erwartung verbunden, das Wachstum über mehrere Kanäle zu stimulieren: niedrigere Zinsen, Einsparungen durch den Wegfall von Wechselkursrisiken und währungsbedingten Transaktionskosten sowie mehr Preistransparenz und Wettbewerb. Die Wachstumsraten des BIP blieben in den Jahren 1999 bis 2010 mit durchschnittlich 1,6 % p. a. jedoch hinter der Zunahme der Wirtschaftsleistung in den USA zurück (2,2 %), Deutschland erreichte gar nur 1,2 %. Die BIP-Zuwachsraten von Großbritannien und Schweden, die EU-, aber nicht EWWU-Mitglied sind, waren mit 1,8 % bzw. 2,4 % ebenfalls höher.

Nach einem guten Start mit Wachstumsraten von 3 % beziehungsweise 3,8 % in den Jahren 1999/2000 hat sich das Wachstum der Eurozone erst nach fünfjähriger Durststrecke 2006 wieder belebt. Der Funke der seit 2003 boomenden Weltwirtschaft mit den Wachstumsmotoren USA und Asien ist erst mit einer erheblichen Zeitverzögerung auf die EWWU übergesprungen. Enttäuschend war auch, dass die Eurozone mit großem Binnenmarkt sich nicht von der zyklischen Entwicklung in den USA abkoppeln konnte. Dies gilt auch 2009 im Zuge der schärfsten Weltrezession seit 80 Jahren: Die EWWU-Staaten erlebten einen Rückgang des BIP von 4,3 %, Deutschland sogar von 4,7 %, während in den USA, wo die Finanz- und Wirtschaftskrise mit dem Subprime-Debakel ihren Ausgang nahm, das Sozialprodukt lediglich um 2,7 % sank. Die deutsche Wirtschaft ist 2010 dank des Asienexportbooms mit 3,6 %

wieder kräftig gewachsen. Der Trend dürfte sich 2011 in kaum abgeschwächter Form fortsetzen. Die Wachstumsraten innerhalb der EWWU entwickelten sich allerdings sehr unterschiedlich. Zeitweise betrug die Wachstumsdifferenz zwischen den drei dynamischsten EWWU-Staaten und den drei schwächsten Ländern über vier Prozentpunkte. Während das Wachstum in den meisten EWWU-Ländern von den niedrigen Zinsen profitierte, hatte das im Schnitt schwache Wachstum in Deutschland primär strukturelle Gründe. Dass Deutschland 2006/7 und erneut 2010 auf den Wachstumspfad zurückkehrte und zeitweise als Lokomotive für Europa wirkte, ist der – späten – Wirkung von Strukturreformen (zum Beispiel auf dem Arbeitsmarkt) sowie massiven Restrukturierungen der Unternehmen und einer jahrelangen Lohnzurückhaltung zu verdanken. Dies hat die globale Wettbewerbsfähigkeit Deutschlands nachhaltig gestärkt.

Das export- und marktgetriebene Wachstumsmodell Deutschlands hat gerade in der Krise seine Bewährungsprobe bestanden. Hingegen werden Länder, deren wirtschaftliche Expansion in der Vergangenheit auf einem von niedrigen Zinsen befeuerten Kreditwachstum bei Staatsschulden oder bei Privatschulden im Konsum- oder Immobiliensektor basierte, ihr Wachstumsmodell neu justieren müssen. Es dürfte bei Verbleib in der Währungsunion keine Alternative zu dem mühsamen deutschen Weg der vergangenen Dekade geben. In einer Anpassungs- und Übergangszeit wird dies in den heutigen Problemländern wahrscheinlich erst einmal mit bescheidenen BIP-Zuwachsraten einhergehen. Erfahrungsgemäß kann man so aber nachhaltig Wettbewerbsfähigkeit wiedergewinnen.

Schwachstellen der Währungsunion

1. Wettbewerbsfähigkeit mehrerer Euroländer geschwächt. Die Wettbewerbsposition der vier von der Staatsschuldenkrise stark betroffenen Staaten (Griechenland, Irland, Spanien und Portugal), aber auch diejenige Italiens war seit der Einführung des Euro von Jahr zu Jahr schlechter geworden. Ein Grund war der Mangel an Strukturreformen, unter anderem in den Sozialsystemen und am Arbeitsmarkt. Hier wurden die Notwendigkeiten für die Wirtschafts- und Tarifpolitik in einer Währungsunion nicht ernst genommen. Deshalb sind die Lohnstückkosten in den genannten Ländern 2010 um bis zu 30 % höher als im Jahr 2000, wohingegen diese in Deutschland nur um 7 % gestiegen sind. Im Ergebnis hat sich die Wettbewerbsfähigkeit dieser Länder gegenüber Deutschland deutlich, in der Größenordnung von einem Fünftel, verschlechtert.

Das Problem liegt nicht in der unterschiedlichen Leistungsfähigkeit der einzelnen Volkswirtschaften, sondern in den über die Produktivitätsentwicklung hinausschießenden Nominallohnsteigerungen. Anders als in Italien wurde die Lohnentwicklung in den vier Problemländern durch Inflationsraten in die Höhe getrieben, die bis 2008 zumeist deutlich über dem EWWU-Durchschnitt lagen. Als Folge erfuhren die genannten Länder, aber auch Italien, eine Wettbewerbsverschlechterung, wohingegen sich eine Wettbewerbsverbesserung zugunsten Deutschlands ergab.

Dies hat zu erheblichen Leistungsbilanz-Ungleichgewichten einzelner EWWU-Länder geführt. Deutschland, das 1999 mit einem Defizit in die EWWU startete, wies 2009 trotz des Exporteinbruchs immer noch ein Leistungsbilanzplus in Höhe von 5 % des BIP auf. Hingegen haben Preis- und Kostensteigerungen in den vier Problemländern die Leistungsbilanzdefizite anschwellen lassen. Diese waren selbst nach dem rezessionsbedingten Rückgang der Importe 2009 in Griechenland und Portugal in Prozent des BIP noch immer bei über 10 %. Währungspolitisch sind große Leistungsbilanzungleichgewichte einzelner Teilnehmerländer zwar kein Problem, da die EWWU-Leistungsbilanz in den letzten Jahren insgesamt nahezu ausgeglichen war. Realwirtschaftlich spielen hohe nationale Leistungsbilanzdefizite aber eine große Rolle, da sie für einzelne Euroländer mit dem Aufbau von externen Schulden einhergehen, die in der Zukunft bedient werden müssen. Exzessive Leistungsbilanzdefizite, die nicht einen Import hochproduktiver Investitionsgüter reflektieren, signalisieren also wirtschaftspolitischen Korrekturbedarf.

2. Mangelnde Budgetdisziplin löst Eurokrise aus.

Aufgabe des SWP ist es, durch eine regelmäßige Koordinierung und Überwachung der nationalen Budgetpolitik die Haushaltsdisziplin in der Währungsunion sicherzustellen und eine Überforderung der zentralen Geldpolitik durch eine zu laxe dezentrale Finanzpolitik in den Mitgliedstaaten zu vermeiden. Die Geschichte des SWP seit 1999 zeigt allerdings, dass die Regeln für Budgetdisziplin mit zunehmender Lebensdauer der Währungsunion immer mehr missachtet worden sind. Dies schlägt sich in der kräftigen Zunahme der Budgetfehlbeträge ab 2001 und erneut ab 2009 nieder. Es wurden die Regeln missachtet und sogar gelockert, nachdem es in den Jahren 2002 bis 2004 zu übermäßigen Budgetdefiziten von mehr als 3 % des BIP in mehreren EWWU-Ländern gekommen war. Deutschland und Frankreich waren ebenfalls betroffen und verweigerten die Einhaltung der festgelegten Regeln. Damit war ein Sünden- und Präzedenzfall geschaffen. Wenn schon Deutschland, auf dessen Initiative der SWP ja geschaffen wurde, diesen missachtet, ist es nicht verwunderlich, dass der Pakt von kaum einem Partnerland in der Eurozone noch richtig ernst genommen wurde.

Diese nicht bestandene erste Bewährungsprobe war der Auslöser für eine umfassende Reform des Stabilitätspaktes im Jahre 2005. Obwohl durch diese Reform sowohl die Prävention als auch die Korrektur von übermäßigen Budgetdefiziten nach ökonomischen Kriterien gestärkt und mehr finanzpolitische Flexibilität im Konjunkturzyklus vereinbart wurden, fehlte auch dem neuen Stabilitätspakt der notwendige »Biss«. Auch diese Reform konnte das Kernproblem einer zu geringen Konsolidierung in Phasen guter Konjunktur nicht beheben, da offensichtlich der politische Wille fehlte. Ein Bußgeld muss mit mindestens einer Zweidrittelmehrheit der Teilnehmerstaaten beschlossen werden, wobei das betroffene Land kein Stimmrecht hat. So ist es nicht verwunderlich, dass es trotz massiver Regelverletzungen nicht ein einziges Mal zur Verhängung von Sanktionen gekommen ist. Die vorbeugenden Überwachungs- und Koordinierungsmechanismen des SWP haben auch nach der Reform von 2005 versagt. Hierfür tragen die Budgetsünder die Hauptverantwortung, aber auch die »Weggucker« unter den übrigen Mitgliedstaaten des Euroraums haben Mitschuld, weil sie die Fehlentwicklungen geduldet haben. Hier behielten die Kritiker Recht, die von Anfang an das problematische Entscheidungsverfahren – Regierungen von potenziellen Sünderstaaten richten über aktuelle Sünderstaaten – angeprangert hatten.

Doch selbst große und anhaltende Budgetüberschüsse in Boomzeiten reichten in Spanien und Irland nicht aus, um die extrem hohen Belastungen der Finanz- und Wirtschaftskrise durch Wachstumseinbruch sowie Stabilisierungsprogramme für Konjunktur und Bankensysteme abzufedern. Seit 2009 weisen fast alle EWWU-Länder exzessive Budgetdefizite auf, mehrere sogar Fehlbeträge eines Mehrfachen der Marke von 3 % des BIP. Es darf freilich nicht unerwähnt bleiben, dass 2009 eine solche Überschreitung regelkonform war, gab es doch eine tiefe Rezession, für die im SWP eine Ausnahmeregelung vorgesehen ist. 2010 und 2011 sind die Defizitzahlen nicht SWP-konform. Entsprechend stieg die gesamtstaatliche Verschuldungsquote im Eurogebiet von 66,6 % des BIP Ende 2007 auf fast 85 % Ende 2010. Deutschland dürfte aber 2011 dank eines anhaltend guten Wachstums sein Budgetdefizit deutlich unter die 3 %-Marke drücken und 2012 hat es eine Perspektive auf Haushaltsausgleich.

Die Finanz- und Wirtschaftskrise in Europa ging Ende 2009 in die nächste Phase der Staatsschuldenkrise über. Vor allem die starke Dynamik der Staatsverschuldung ließ an den Finanzmärkten Zweifel an der Schuldentragfähigkeit in den genannten vier Problemländern aufkommen. Die Marktskepsis äußerte sich bereits im Jahresverlauf 2009 in höheren Zinsspreads der Staatsanleihen gegenüber Bundesanleihen. Auslöser war Griechenland, das im November 2009 erstmals ein sehr viel größeres Budgetdefizit für 2009 einräumte. Nach Monaten der Spekulation war es dann im April 2010 so weit und Griechenland bat seine EWWU-Partner offiziell um finanzielle Hilfe, die dann am 2. Mai 2010 ein Rettungspaket im Volumen von 110 Milliarden € schnürten.

Dieser Sündenfall der erstmaligen Aufweichung des Not-bail-out-Verbots löste an den Finanzmärkten starke Ansteckungseffekte bei anderen Euroländern aus, deren Budgetposition durch die Finanz- und Wirtschaftskrise ebenfalls stark geschwächt worden war. Die Märkte spekulierten darauf, dass auch hier EU-Hilfe notwendig werden würde.

Die Staatsanleihen von Irland, Portugal und Spanien kamen rasch unter erheblichen Verkaufsdruck, die Anleihenzinsen stiegen auch hier und der Wechselkurs des Euro schwächte sich ab. Damit trat erstmals der bis dahin nicht für möglich gehaltene Fall ein, dass die Budgetkrise eines relativ kleinen Landes wie Griechenland, das gerade mal einen Anteil von 2,7 % am BIP der EWWU hat, eine krisenhafte Entwicklung für die gesamte Eurozone heraufbeschwört.

Die Regierungen haben dann nochmals entschlossen gehandelt und bereits am 9. Mai 2010 zusammen mit dem IWF einen massiven Rettungsschirm in Höhe von insgesamt 750 Milliarden € aufgespannt. Auch die EZB ließ sich in diese Rettungsaktion durch den Ankauf von Staatsanleihen angeschlagener EWWU-Staaten einspannen, um die Märkte zu stabilisieren. Ungeachtet der Verletzung der Non-bail-out-Klausel waren diese Aktionen unvermeidlich, um der ersten ernsthaften Krise der EWWU entgegenzuwirken. Die Regierungen und die EZB haben in der Notsituation ihre Handlungsfähigkeit bewiesen.

Ist die Staatsschuldenkrise wirklich eine Eurokrise?

Die Staatsschuldenkrise wird seit 2010 in aller Regel mit einer Eurokrise gleichgesetzt. Als sichtbares Zeichen wurde die Abschwächung des Euro gegenüber dem US-Dollar gewertet. Der Wechselkurs bewegte sich in den vergangenen Jahren zumeist zwischen 1,20 und 1,45 USD/EUR (Ausnahme: Höchststand von 1,60 USD/EUR im Sommer 2008) und gilt auf Kaufkraftbasis eher als überbewertet. Eine solche Schwankungsbreite signalisiert keineswegs ein Währungsproblem. Dies gilt auch für die EWWU-Inflationsrate mit Werten unter 2 % in den Jahren 2009/2010. Vielmehr haben einzelne Mitgliedsländer Staatsschulden- und Bankenprobleme. Es ist mühsam, darüber zu spekulieren, ob die Alternative zum Rettungspakt für Griechenland – eine Umschuldung der Staatschulden des wirtschaftlich relativ unbedeutenden massiven Budgetsünders Griechenland mit einem Teilverlust der restrukturierten Forderungen – die Ansteckungseffekte hätte verhindern können. Das Problem war aber, dass das Hilfsversprechen für Griechenland offiziell mit dem Argument der engen Verflechtung im Euroraum und der exponierten Position von Banken aus den finanzstarken Euroländern begründet wurde. Damit wurden die Ansteckungseffekte an den Finanzmärkten erst richtig in Gang gebracht. Es kam zum Test der Märkte für die Hilfsbereitschaft der starken Euroländer, da die Märkte der Einhaltung der Non-bail-out-Klausel nun überhaupt keinen Glauben mehr schenkten.

Ungeachtet der Staatsschuldenkrise 2010/11 besteht keine ernst zu nehmende Gefahr eines Auseinanderbrechens der Währungsunion. Noch ist mit einem Austritt einzelner Mitgliedsländer zu rechnen. Dennoch stellt die Krise die währungspolitisch Verantwortlichen in Europa vor große Herausforderungen. Irland und Portugal haben Hilfen aus dem Rettungsschirm in Anspruch genommen. Dabei sollte nicht übersehen werden, dass die Problemländer mit externer finanzieller Hilfe nur Zeit für Reformen erkaufen können. Allerdings verursachen die notwendigen wirtschaftlichen Anpassungsprozesse im Falle externer Hilfe vermutlich weitaus weniger dramatische Wachstumseinbrüche als eine Anpassung ohne Rettungsprogramme von Partnern.

Mit der großen solidarischen Hilfe sollen die Finanzmärkte besänftigt werden und man will Zeit zur Sanierung gewinnen. Die immer wieder aufflammenden Spekulationen zum Beispiel um Spanien zeigen, dass dieses Ziel noch nicht wirklich erreicht worden ist, obwohl im Mai 2010 ein massiver temporärer Rettungsschirm aufgespannt worden ist, Irland und Portugal den Schirm als erste Länder in Anspruch nehmen und im März 2011 die dauerhafte Einrichtung eines noch gigantischeren effektiven Rettungsschirms durch den EU-Gipfel beschlossen wurde.

Richtig ist, dass es an den Märkten Übertreibungen und Spekulationen gibt. Hiermit allerdings die Staatsschuldenkrise zu erklären würde viel zu kurz greifen, da Ursachen und Wirkungen vertauscht werden. Ursache der Krise ist vielmehr, dass Budgetsünder die Krise ausgelöst und die Instrumentalisierung der beiden Rettungsprogramme vom Mai 2010 das Fundament der Währungsunion erheblich beschädigt haben. Dies gilt für die Budgetdisziplin und die Aushebelung der Non-bail-out-Klausel, aber auch die Unabhängigkeit der EZB. Um dem Euro

Stabilität zu verleihen, müssen die EWWU-Mitgliedsländer ihre Hausaufgaben machen. Der Euroclub braucht keine großen Reformen, sondern die Einhaltung der Spielregeln. Daher müssen die angegriffenen Pfeiler der EWWU möglichst rasch wieder errichtet werden, um das Vertrauen der Finanzmärkte wiederzugewinnen. Es besteht also Handlungsbedarf. Notwendig sind ein glaubwürdiger Konsolidierungspfad in allen EWWU-Ländern mit exzessiven Budgetdefiziten, unterstützt durch eine Stärkung des SWP, der erneut reformiert werden soll. Die Wettbewerbsfähigkeit der Problemländer ist im Rahmen des bereits beschlossenen Euro-Plus-Paktes wiederherzustellen. Auch die EZB braucht für ihre Geldpolitik eine überzeugende Ausstiegsstrategie aus der exzessiven monetären Expansion, sie muss sich aus der Akzeptanz von minderwertigen Anleihen verabschieden.

Was ist notwendig, um die Herausforderungen der EWWU zu meistern?

Budgetdisziplin braucht politischen Willen

Eine forcierte Budgetkonsolidierung ist angesichts der angespannten Haushaltslage in den meisten Euroländern im Jahre 2011 nicht nur notwendig, um die Tragfähigkeit der Staatshaushalte wiederherzustellen und die Geldpolitik zu flankieren. Künftig werden auch neue finanzpolitische Spielräume benötigt, um im Falle eines Konjunktureinbruchs eine antizyklische Finanzpolitik betreiben zu können, die Lasten der demografischen Entwicklung zu schultern und Raum für das Wachstum fördernde Steuersenkungen zu schaffen. Die bei der SWP-Reform 2005 vereinbarte größere Flexibilität – beispielsweise beim Abbau übermäßiger Budgetdefizite – hat zwar der Kritik einer zu großen Rigidität im Konjunkturzyklus Rechnung getragen. Gleichzeitig hat sie aber auch der Willkür Tür und Tor geöffnet. Der Europäische Rat will auf der Basis der guten Vorschläge der Arbeitsgruppe »Wirtschaftspolitische Steuerung« eine weitere Reform des SWP beschließen.

Die debattierten Reformvorschläge umfassen unter anderem verschärfte Sanktionen bei Budgetsünden und eine Umkehr der Beweislast bei einem übermäßigen Budgetdefizit. Letzteres bedeutet, dass die Europäische Kommission für Budgetsünder eine zügige Verhängung von Sanktionen vorschlägt, die nur durch eine qualifizierte Mehrheit im Europäischen Rat abgelehnt werden könnten. Der Vorschlag, dass ein Land im Sündenfall den Beweis der Unschuld antreten muss, hat einen gewissen Charme, weil er die Anreize zu mehr Budgetdisziplin stärkt. Sanktionen können aber nur wirken, wenn sie in einem frühen Stadium eines Sündenfalls erfolgen. Kommen sie zu spät, dann fehlen dem Land einfach die Mittel, um eine Strafe zu zahlen, und die Sanktionswirkung wird verfehlt. Ein Anreiz zu mehr Budgetdisziplin wird auch dadurch geschaffen, dass ein Budgetsünder in einem frühen Stadium des Defizitverfahrens eine Geldeinlage leisten muss, diese aber im Falle der Besserung der Budgetlage wieder zurückerhält. Darüber hinaus könnte auch die 2009 im Grundgesetz verankerte deutsche Schuldenbremse die europäische Reformdebatte bereichern.

Die bisherige Reformdiskussion beim SWP lässt vermuten, dass eine effektive Reform des SWP trotz Schuldenkrise politisch sehr schwierig ist, da viele Länder ihre Budgetsouveränität gefährdet sehen, insbesondere wenn es zu quasiautomatischen frühen Sanktionen kommen soll. Die bisherigen Erfahrungen mit dem Pakt zeigen, dass auch noch so gute Budgetregeln nichts ausrichten können, wenn der politische Wille fehlt, sie umzusetzen. Daher ist es nicht auszuschließen, dass effektive Sanktionen als Anreiz für Budgetdisziplin wegen politischer Rücksichtnahme auch künftig unterbleiben. Für die Stabilität des Euro wäre ein solches Vorgehen sehr problematisch.

*Dauerhafter Rettungsschirm im Konflikt
mit der Non-bail-out-Klausel*

Der Vertrauensschaden, den Budgetsünder und die Aushebelung der Non-bail-out-Klausel verursacht haben, kann nicht einfach dadurch ungeschehen gemacht werden, dass die temporären Rettungsprogramme vom Mai 2010 effektiv aufgestockt und zu einer Dauereinrichtung über das Jahr 2013 hinaus gemacht werden. In einer als Stabilitätsunion konzipierten Währungsunion kommt es auf Solidität an, um Vertrauen zu schaffen. Das Solidaritätsprinzip darf in der Währungspolitik allenfalls in einer akuten Notsituation das Handeln bestimmen. Das Problem ist, dass ein Zuviel an Solidarität, sprich die Perpetuierung des Rettungsschirms, für den Zusammenhalt der EWWU und damit für den Euro eine erhebliche Sprengkraft birgt. Die Gewissheit, unter einem dauerhaften Rettungsschirm in jedem Fall bei exzessiver Staatsverschuldung gerettet zu werden, dürfte auf der Ebene der Euroländer den Anreiz zu einem soliden wirtschafts- und finanzpolitischen Verhalten in der Zukunft erheblich schwächen. Und dieses Problem bleibt selbst dann, wenn ein Rettungsprogramm mit strikten wirtschafts- und finanzpolitischen Auflagen verbunden ist. Hier kann es leicht zu der Einstellung »Nach mir die Sintflut« kommen. Welche Regierung kann der Versuchung widerstehen, weiter kräftig Schulden zu machen, wenn erst die nächste Regierung im Falle von Problemen die notwendigen Konsolidierungsmaßnahmen ergreifen muss? Jede Fremdhilfe mit Auflagen – auch innerhalb der EWWU – wird als unerwünschte Einmischung von außen verteufelt und mit politischem Undank aufgenommen, wie zum Beispiel die Finanzhilfen für Griechenland und Irland 2010 gezeigt haben. Zudem kann die massive Inanspruchnahme eines dauerhaften Rettungsschirms die starken Partnerländer in der EWWU – übrigens nicht nur Deutschland, sondern auch Frankreich und eine Reihe kleinerer Staaten – ökonomisch und politisch überfordern und damit die EWWU insgesamt schwächen. Schließlich ist zu bedenken, dass die dauerhafte Installierung und fallweise Nutzung eines massiven Rettungsschirms die Gefahr birgt, dass die potenziellen Geberländer politisch erpressbar werden. Dies gilt vor allem dann, wenn aus Rücksicht auf mögliche Gefährdungen im Bankensystem der starken EWWU-Länder auf die Option einer Umschuldung der Staatsschulden verzichtet wird. Die geplanten zwei neuen Sätze im Lissabon-Vertrag können diese Bedenken nicht ausräumen.

Aber auch auf der Ebene der Investoren gibt es ein moralisches Problem. Die Gewissheit, dass ein EWWU-Mitgliedsland mit übermäßigem

Budgetdefizit auf jeden Fall auf die Unterstützung der starken Partnerländer zählen kann, ist ein Anreiz zum Eingehen höherer Risiken, da eine höhere Rendite winkt. Daher war es nur richtig, dass der Europäische Rat eine Mithaftung von Investoren bei Staatsschuldenkrisen anstrebte. Da die Anleger nicht mehr sicher sein können, in jedem Fall bedient zu werden, fordern die Finanzmarktteilnehmer seit einiger Zeit höhere Zinsen für Neuemissionen angeschlagener Euroländer. Dies ist wünschenswert, weil damit von den Finanzmärkten mehr Druck zur Einhaltung von Haushaltsdisziplin ausgeübt wird, nachdem sich in den Jahren zuvor die Erwartung eines disziplinierenden Markteinflusses auf Budgetsünder nicht bewahrheitet hatte. Letzteres wurde in den ersten zehn Jahren auch als Indiz dafür gewertet, dass die Märkte nicht an die Einhaltung der Non-bail-out-Klausel glaubten. Dass diese Ahnung nicht ohne Relevanz war, zeigen die Griechenland-Hilfe und der Rettungsschirm von Mai 2010 einschließlich der Hilfsmaßnahmen für Irland und Portugal nur zu deutlich. Selbst viele einstmals überzeugte Euroanhänger müssen vor dem Hintergrund der stark veränderten EWWU-Grundlagen zugeben, dass die EWWU-Regierungen mit der Etablierung eines permanenten Rettungsschirms der EWWU einen Bärendienst erwiesen haben, weil damit der Grundsatz des Non-bail-outs eines Budgetsünders aufgegeben wurde und damit die Solidität der EWWU erheblich geschwächt wurde. Wer diese Konstruktion zur erfolgreichen Gewinnung von Zeit verteidigen will, hat die Beweislast, diesen Ansatz, sobald die Ansteckungsgefahr gebannt ist, wieder außer Kraft zu setzen. Darauf kommt es an. Nicht nur zur dauerhaften Sicherung des Euro und des politischen Zusammenhalts in Europa, sondern auch als Vorbild für ähnliche Regeln des Währungsverbundes in anderen Teilen der Welt.

Geldpolitik: Zurück zur Normalität

Die Geldpolitik der EZB ist nach der Finanz- und Wirtschaftskrise ab 2010 auch noch durch die Staatsschuldenkrise in Mitleidenschaft gezogen worden. Daher wurde der 2009 eingeleitete Ausstieg aus der

Expansionsstrategie zur Krisenbewältigung zunächst bis auf wenige Schritte auf Eis gelegt, das heißt, die Politik der niedrigen Zinsen und reichlichen Liquiditätsversorgung wurde fortgesetzt. Außerdem hat die EZB ab Mai 2010 wegen der Griechenland-Krise und möglicher Ansteckungseffekte auf andere EWWU-Länder erstmals Staatsanleihen der Europroblemländer angekauft, um die Märkte zu stabilisieren. Darin wurde vielfach eine Verletzung der Unabhängigkeit der EZB gesehen, die Inflationssorgen weckte. Dies sollte jedoch nicht überbewertet werden, auch wenn das angekaufte Volumen mit über 70 Milliarden € bis Ende 2010 nicht unerheblich und mit dem Risiko von Wertberichtigungen behaftet ist. Der Vertrauensschaden konnte aber bislang in Grenzen gehalten werden, da die Ankäufe von Staatspapieren transparent blieben und durch Liquidität absorbierende Maßnahmen weitgehend sterilisiert wurden. Die Staatsschuldenkrise in Europa hat vor allem zwei geldpolitische Sorgen aufkommen lassen, nämlich dass die übermäßige Staatsverschuldung angesichts der sehr expansiven Geldpolitik Inflationsprozesse auslösen und ein geschwächtes Bankensystem die Umsetzung einer restriktiven Geldpolitik erschweren könnte.

Dass von einer hohen Neuverschuldung der EWWU-Staaten auf kurze und mittlere Sicht Inflationsgefahren drohen, ist angesichts der moderaten Konjunktur in der Eurozone insgesamt und freier Kapazitätsreserven nicht zu erwarten. Langfristig gilt aber immer noch der Satz von Nobelpreisträger Milton Friedman: »Inflation ist immer und überall ein monetäres Phänomen«, das von der Geldmengenentwicklung abhängt, die im Wesentlichen von der EZB bestimmt wird. Zwar hängt die Inflationsrate nicht allein von der Entwicklung der Geldmenge, sondern von vielen Faktoren wie der Nachfrage, der Kapazitätsauslastung, der Entwicklung von Löhnen und Rohstoffpreisen und so weiter ab. Die EZB hat aber – ungeachtet der Höhe der Staatsschulden – mit ihrem marktorientierten Instrumentarium erheblichen Einfluss auf die Entwicklung der Inflationsrate. Aus Regierungssicht mag die Option einer »kalten Entschuldung« des Staates über ein paar Prozente mehr Inflation pro Jahr von Vorteil erscheinen, da sie wie die Besteuerung ohne Gesetzgebung ist. Die Wirksamkeit einer Politik, die auf

Geldillusion setzt, ist jedoch wegen der monetären Innovationen (etwa inflationsindexierten Anleihen) und des Gewerkschaftsverhaltens weit vermindert. Entscheidend sind jedoch das klare Mandat der EZB und ihre unabhängige Position gegenüber den Regierungen. Die EZB wird ihre Verpflichtung zur Preisstabilität auch künftig sehr ernst nehmen.

Zweitens ist ein solides Bankensystem Voraussetzung für die effektive Umsetzung einer stabilitätsorientierten Geldpolitik der EZB. Gerade in einer Phase restriktiver Geldpolitik mit hohen Zinsen muss das Bankensystem die Aufgabe der Transformation von monetären Impulsen der EZB auf die reale Wirtschaft erfüllen können. Die Gewährleistung von Finanzstabilität gilt daher ausdrücklich als Nebenziel der Geldpolitik. Die EZB unterstreicht dies, indem sie seit 1999 regelmäßig Berichte zur Finanzmarktstabilität veröffentlicht. Bei der Gründung der EWWU hat man ein stabiles Bankensystem als selbstverständlich vorausgesetzt. Von dieser Annahme kann aber nach der globalen Finanz- und Wirtschaftskrise sowie der Staatsschuldenkrise in Europa nicht mehr ohne Weiteres ausgegangen werden. Allerdings wurde die Schwächung der Bankensysteme in der EWWU von der 2007 ausgebrochenen US-Subprime-Krise ausgelöst, also einem Faktor, der von außen auf Europa einwirkte und schon gar nicht bei der EWWU-Gründung erkennbar war.

Inzwischen sind allerdings vielfältige Maßnahmen zur Stärkung der Bankensysteme in Europa ergriffen und auf den Weg gebracht worden, nachdem 2008/9 das Krisenmanagement und das kurzfristige Schnüren von Bankensanierungspaketen im Mittelpunkt standen. In der EU wurde beispielsweise mit dem Aufbau von zentralen Aufsichtsbehörden für die Banken-, Versicherungs- und Wertpapieraufsicht ab 2011 der Grundstein für eine künftig effektivere Finanzmarktregulierung gelegt. Auf globaler Ebene sind beispielsweise die Basel-III-Vereinbarungen der G-20 vom Oktober 2010 ein wichtiger Baustein zur Stärkung der Eigenkapitalbasis der Banken und damit ihrer Risikotragfähigkeit auch in Europa. Insgesamt werden die neuen Regeln und Maßnahmen das Bankensystem robuster machen. Wenn den EWWU-Regierungen aber so sehr an der Stärkung der Banken gelegen ist, so müssen sie sich auch fragen lassen, warum die Banken die Käufe von Staatsanleihen von Europroblemländern nicht mit Eigenkapital unterlegen müssen, um besser gegen eventuelle Verluste gewappnet zu sein. Wer freilich mit Rettungsschirmen eine Umschuldung kategorisch vermeiden will, handelt insofern lediglich konsistent.

Der Test für die Stabilität der Bankensysteme wird kommen, wenn Inflationsgefahren bei fortschreitender Konjunkturbelebung eine restriktive Geldpolitik erfordern. Auf die Inflationsgefahren, die seit Mitte 2010 durch den globalen Anstieg vieler Rohstoff- und Lebensmittelpreise ausgehen, hat die EZB im April 2011 mit einer ersten kleinen Leitzinsanhebung reagiert. Der grundsätzliche Ausstieg der EZB aus dem Krisenmanagement steht allerdings noch aus.

Wirtschaftspolitik: Wettbewerbsfähigkeit und Wachstum stärken

Angesichts der anhaltend hohen Leistungsbilanzdefizite in den Europroblemstaaten und der Störungen bei ihrer Haushaltsfinanzierung wird die künftige Bedienung der Staatsschulden dieser Länder unter sonst gleichen Umständen die Bereitstellung von mehr Ressourcen für den Schuldendienst erfordern, da die Staatsschulden – gemessen an der Schuldenquote – seit 2007 massiv zugenommen haben und höhere Marktzinsen zu entrichten sind. Daher sind allein schon mit Blick auf den Schuldendienst Maßnahmen zur Verbesserung der Wettbewerbsfähigkeit unausweichlich. Diesem Problem trägt der auf dem EU-Gipfel im März 2011 vereinbarte Euro-Plus-Pakt Rechnung.

Dieser Pakt verpflichtet die Mitglieder, ausgehend von bestimmten Indikatoren wie den Lohnstückkosten, jedes Jahr ein Paket konkreter Maßnahmen zur Stärkung seiner Wirtschaftsstruktur anzukündigen, die binnen Jahresfrist umgesetzt werden müssen. Mit Blick auf die Verbesserung der Budgetsituation wird das »Europäische Semester«, nach dem sich die Mitgliedstaaten in ihrer jährlichen Haushaltsplanung früher und stärker mit der Europäischen Kommission abstimmen, in den Euro-Plus-Pakt übernommen. Damit sollen die Auswirkungen der einzelnen nationalen Etats auf die gesamte Gemeinschaft verdeutlicht werden. Ob die wirtschaftspolitische Koordinierung durch den Euro-Plus-

Pakt die erwartete neue Qualität erhält, bleibt allerdings abzuwarten. So sind zum Beispiel die ursprünglich vorgesehenen Sanktionen, mit denen mangelnde Reformmaßnahmen geahndet werden sollten, nicht mehr Bestandteil des Euro-Plus-Paktes. Damit ist der Pakt zu wenig verbindlich.

Am unproblematischsten wäre es freilich, wenn die angeschlagenen EWWU-Länder aus den Schulden herauswachsen könnten, um ihre Schuldenquote zu senken. Das wird allerdings schwierig, weil die bisherigen Wachstumsmodelle einer kreditfinanzierten Binnennachfrage alles andere als nachhaltig waren. Eine temporäre Dämpfung der Binnennachfrage (Bau und Konsum) und forcierte Exportanstrengungen sind daher angezeigt. Hilfreich ist hier natürlich, wenn Deutschland als die größte Volkswirtschaft der Eurozone auch noch 2011 und danach als Wachstumslokomotive fungieren würde. Das wird aber bei Weitem nicht ausreichend sein. Die klassische Option, Wettbewerbseinbußen durch eine Abwertung zu korrigieren, steht in der EWWU nicht mehr zur Verfügung. Ein Austritt aus der EWWU und die Wiedereinführung einer nationalen Währung werden zwar immer wieder debattiert, stellen jedoch keine realistische Option dar, weil angesichts der engen Verflechtung mit erheblichen wirtschaftlichen und politischen Nachteilen zu rechnen ist.

Hingegen können Wettbewerbsverbesserungen durch Inflationsunterschiede über einen längeren Zeitraum erzielt werden. Man spricht hier vom realen Wettbewerbskanal. Dieser Anpassungsmechanismus ist zwar mühsam und langwierig, hat aber Bedeutung, weil beispielsweise Deutschland seit der zweiten Hälfte der neunziger Jahre seine Wettbewerbsposition durch eine Mischung aus massiver Restrukturierung der Unternehmen, Lohnzurückhaltung und moderaten Strukturreformen nachhaltig gestärkt hat. Da die Inflationsrate in Deutschland bis 2006 zwischen einem halben und einem Prozentpunkt unter dem EWWU-Schnitt lag, kam es zu einer realen Abwertung zugunsten Deutschlands und damit zu einer Wettbewerbsverbesserung.

Ansatzpunkt für die künftige Wachstumspolitik der Problemländer der Eurozone muss die Korrektur von Fehlentwicklungen sein, die bei der Kapitalverwendung in der Vergangenheit entstanden sind.

So wurden unter anderem die Kapitalzuflüsse in Griechenland zur Finanzierung immenser Staatsdefizite verwendet, während in Irland und Spanien die Immobilienmärkte boomten, bis die Immobilienblase zerplatzte, Probleme im Bankensektor verursachte und in Portugal die staatliche und private Verschuldung bei geringer Reformneigung und schwachem Wachstum stark zunahm. Die Wiederherstellung der Tragfähigkeit der Staatsfinanzen ist eine notwendige Voraussetzung für nachhaltiges Wachstum. Wichtig bleibt auch, Wettbewerbsfähigkeit und Wachstum durch länderspezifische Strukturreformen zu stärken, vor allem in den Sozialsystemen (zum Beispiel durch ein demografieverträgliches Renteneintrittsalter flankiert mit effektiven Maßnahmen der Weiterbildung) und am Arbeitsmarkt, wo mehr Flexibilität den notwendigen Strukturwandel erleichtern kann.

*Den Finanzmärkten Orientierung geben –
die Finanzmärkte geben Orientierung*

Mit der Finanzkrise sind die geltenden Sichtweisen über den Haufen geworfen worden. In den letzten drei Dekaden des 20. Jahrhunderts war die Rolle der Finanzmärkte in immer mehr Ländern – auch den Schwellenländern – immer stärker geworden. Privatisierung, Deregulierung, Verbriefung von Forderungen und permanente Marktbewertung waren das neue Mantra. Mit der Finanzmarktkrise sind diese Orientierungen und die Dominanz der privaten Akteure infrage gestellt worden. Die Lösungskapazität der Märkte blieb hinter den zuvor gemachten Behauptungen zurück, Zentralbanken, Regierungen und Parlamente wurden zum Retter. Die Schuld wurde in der Debatte um die Finanzmarktkrise fast exklusiv an der Gier, der kurzfristigen Orientierung und den Kompetenzdefiziten der Marktteilnehmer festgemacht. Viele Zuschreibungen sind zutreffend. Es ist jedoch offenkundig, dass mangelnde Sorgfalt bei der makroökonomischen Steuerung, also bei der Geld- und Finanzpolitik, vorlag und dass es an Klugheit bei der staatlichen Regulierung der Finanzmärkte fehlte. Es gab sowohl Markt- als auch Staatsversagen zu beobachten.

Bei der Betrachtung der Krise sollte freilich nicht übersehen werden, dass an den Finanzmärkten eine Vielzahl von institutionellen Investoren operieren – neben Banken und Versicherungen auch Investment- und Pensionsfonds, die weiterhin solide Geldanlagen beispielsweise für die Altervorsorge managen. Sie müssen, wie auch die vielen kleinen und großen Privatanleger, die Qualität ihrer Anlagen kritisch einschätzen, die Risiken bewerten und gegebenenfalls absichern. Die Finanzmarktakteure haben daher auch eine wichtige Rolle bei der Beurteilung der Finanzpolitik, insbesondere von Staaten mit hoher Verschuldung. Es ist deshalb weder überraschend noch verwerflich, dass die Anleger auch das Länderrisiko ständig neu bewerten. Dass erhöhte Risiken in einem höheren Zins »eingepreist« werden, ist die sachgerechte Reaktion. Was freilich am Markt nicht sachgerecht war, ist die Bewertung der Risiken der Finanzpolitik in der letzten Dekade. Diese waren in einer Reihe von Ländern wegen des Staatsschuldenstandes, aber auch der Verschuldung des privaten Sektors für Vermögensgegenstände, deren Werte mehrheitlich als überhöht anzusehen waren (Immobilienpreise etwa in Spanien), deutlich gestiegen, fanden sich aber in den Finanzierungskonditionen nicht abgebildet. Diese Vermögensillusionen sind nicht nur makroökonomischer Fehlsteuerung, sondern auch privater Fehlerhaftigkeit bei der Risikoanalyse zuzurechnen. Zur Verunsicherung der Finanzmärkte hat zuletzt auch die kontroverse Debatte über die verschiedenen Modelle zur Linderung der Schuldenprobleme von Eurostaaten beigetragen.

Die Finanzmärkte brauchen bei ihren Finanzanlagen Orientierung und Planungssicherheit. Erhalten sie diese nicht, wird die marktmäßige Finanzierung der Staatsdefizite von Problemstaaten zu tragbaren Konditionen gefährdet. Diesen Zusammenhang konnte man bei der Kapitalmarktfinanzierung Griechenlands seit 2010 geradezu klassisch beobachten. Das Risiko, dass es im Zuge der Griechenland-Krise zu Ansteckungseffekten für weitere Länder der EWWU kommt, ist hoch. Die Finanzmärkte erwarten neben dem Einschwenken auf einen glaubwürdigen Konsolidierungspfad vor allem auch Garantien und Umschuldungsregelungen für Euroländer, die ihre Staatsschulden künftig nicht in den Griff bekommen. Für die bis 2013 laufenden Rettungsprogramme ist zwar keine Beteiligung von Anlegern vorgesehen, wohl aber für die Zeit danach, laut den Beschlüssen des Europäischen Rates, der allerdings viele Details offenlässt. Anleger wollen natürlich mehr Klarheit darüber, wie sie künftig bei Alt- und Neuanleihen, bei Zins- und Rückzahlungsstörungen am Risiko beteiligt werden sollen.

Geordnete Umschuldungen sollten kein Tabu sein

Die Umschuldung von aufgelaufenen Staatsschulden angeschlagener Euroländer ist bisher mit dem Hinweis auf die enge Verflechtung in Europa zum Tabu erklärt worden. Ein geordnetes Umschuldungsverfahren stellt aber im Notfall sehr wohl eine Option dar. Es ist zu vermuten, dass dies langfristig die Budgetdisziplin und damit das Fundament der EWWU viel mehr stärken würde als noch so üppig bemessene permanente Rettungsschirme. Klug wäre es mit Blick auf die über 2013 hinausgehende Zukunft, auf den Ernstfall einer Staatsinsolvenz vorbreitet zu sein und die »hohe Kunst der Umschuldung« wieder zu erlernen – aufbauend auch auf den Erfahrungen der lateinamerikanischen Schuldenkrise in den achtziger Jahren. Ein Staatsbankrott sollte vermieden werden, eine geordnete Umschuldung, die ihrerseits allerdings Regeln, Institutionen und Strukturen erfordert, ist das, was zustande gebracht werden sollte. Das Know-how ist vorhanden, es muss nur für Euroländer entsprechend aufbereitet werden.

Traditionell verhandeln überschuldete Länder im sogenannten Pariser Club mit ihren staatlichen Gläubigern und im sogenannten Londoner Club mit den privaten (institutionellen) Gläubigern, vorrangig Banken. In den Verhandlungen mit beiden Clubs ist der Internationale Währungsfonds (IWF) üblicherweise mit einem auflagengebundenen Sanierungsprogramm eingeschaltet. Der IWF sollte beteiligt werden, da er die notwendige Expertise (zum Beispiel zur Gestaltung von Konsolidierungsprogrammen) und erhebliche Finanzmittel bereitstellen kann, um Zeit für eine geordnete Anpassung der Volkswirtschaften zu gewinnen.

Umstritten ist aber, ob die Restrukturierung staatlicher Schulden in Europa im Rahmen der oben beschriebenen traditionellen Strukturen oder im Wege eines neu zu schaffenden Europäischen Währungsfonds (EWF) erfolgen soll. Ein EWF ist allerdings kritisch zu sehen, da hier mit hohen Kosten eine neue Institution geschaffen werden müsste, die genau die Dinge leisten müsste, die man den bewährten Institutionen wie Pariser und Londoner Club sowie dem IWF offensichtlich nicht zutraut (Stichwort: Umschuldungen) und die die europäischen Institutionen wie der Rat, die Eurogruppe und die Kommission mangels politischen Willens nicht geschafft haben (Stichwort: Sicherung der Budgetdisziplin). Die bewährte Expertise und die finanziellen Mittel des IWF sind bei wirtschafts- und finanzpolitischen Anpassungsprozessen in Europa – wie auch sonst – unverzichtbar, wie bei den Sanierungsprogrammen für Griechenland, Irland und Portugal deutlich wird.

Zu einem geordneten Umschuldungsverfahren gehört auch die geplante Einführung von Umschuldungsklauseln (Collective Action Clauses, CACs). In allen neuen Verträgen für Staatsanleihen von Euroländern sollten diese ab 2013 vorgesehen werden. Während CACs in einem unbelasteten Marktumfeld reibungslos eingeführt werden können, würden sie in der Phase einer Staatsschuldenkrise wahrscheinlich merkliche Risikoaufschläge für die angeschlagenen Euroländer bewirken. Wenn höhere Risikoprämien für weniger gut wirtschaftende Staatsadressen in der Eurozone künftig mehr Budgetdisziplin erwirken würden, wäre damit ein wichtiges Ziel gefördert. Aber auch hier besteht wieder das Risiko einer Übertreibung der Marktzinsen für Staatsanleihen diesmal nach oben – ebenso wie es in den ersten zehn Jahren der EWWU hier nur geringe Aufschläge gegenüber Bundesanleihen gegeben hat, was sicherlich eine »Übertreibung nach unten« war.

Die Überforderungsrisiken für Problem- und Geberländer wachsen

Die in den Rettungsprogrammen vom Mai 2010 gegebenen Garantien für die Aufnahme von Marktmitteln haben den Steuerzahler in Deutschland und den anderer beteiligter Länder bisher nicht belastet. Die Schuldnerländer müssen für die Inanspruchnahme von finanziellen Hilfen marktnahe Zinsen zahlen. Die Schuldnerländer sollen damit

Zeit gewinnen, um ihren Staatshaushalt zu sanieren und ihre Wettbewerbsfähigkeit wiederherzustellen. Wenn allerdings eine Umschuldung als Handlungsoption außen vor bleibt und noch das eine oder andere Konsolidierungsprogramm eines Problemlandes unter einem perpetuierten Rettungsschirm scheitert, dann können auch die finanzstarken Mitgliedsländer fiskalisch belastet werden, zumal es hier – anders als beim EU-Budget – keine Obergrenze für Hilfsleistungen gibt. Im schlimmsten anzunehmenden Fall (»worst case«) – starke Inanspruchnahme des Rettungsschirms bei gleichzeitigem Fehlschlagen großer oder aller Konsolidierungsprogramme – könnten die starken Mitgliedsländer auch überfordert werden.

Der »worst case« ist aus heutiger Sicht zwar eher unwahrscheinlich, falls er aber doch eintreten sollte, käme es zu einer immer stärkeren Inanspruchnahme des Rettungsschirms, der dann eines Tages auch noch aufgestockt werden müsste. Dann könnten aber auch die Geberländer – insbesondere Deutschland und Frankreich – an die Grenzen ihrer finanziellen und politischen Möglichkeiten stoßen. Unabhängig davon, ob die helfenden Länder Garantien übernehmen oder direkt Mittel für notleidende Länder zur Verfügung stellen würden, kämen zusätzliche Belastungen auf den Steuerzahler der Geberstaaten zu. Dies würde sich in Form von höheren Steuern oder höheren Zinsen für die Finanzierung der eigenen Staatsschuld oder in beidem äußern. In der modernen Informationsgesellschaft würde eine derartige Belastung dem Steuerbürger nicht verborgen bleiben. Damit würden die Kosten für Europa in der Wahrnehmung der Bürger und die Europaverdrossenheit weiter steigen. Dem Europagedanken würde damit Schaden zugefügt. Mit einer solchen Schwächung der Starken wäre in einer EWWU auf Dauer auch den Schwachen nicht gedient.

Ausblick

Die EWWU ist heute das Feld, in dem die Integration am weitesten fortgeschritten ist. Hier verwirklicht sich Europa und hier dürfte Europa auch in den kommenden Jahren sichtbar werden. Trotz der

Staatschuldenkrise kann der Euro auch nach zwölf Jahren als Erfolgsgeschichte angesehen werden. Die meisten Vorteile des Euro wie zum Beispiel Preisstabilität, niedrige Zinsen (für die soliden Länder), mehr Planungssicherheit für Unternehmen sowie die Eliminierung wechselkursbedingter Konjunkturrisiken in Europa gelten fort. Die Eurokritiker wurden in vielerlei Hinsicht widerlegt. Die Währungsunion hat sich als Katalysator der Integration und als Klammer für den Zusammenhalt in Europa bewährt. Europa und der Euro können auch künftig auf der Basis einer intergouvernementalen Kooperation und Koordination bei zentraler Geldpolitik funktionieren, vorausgesetzt, die Regeln der EWWU werden wieder eingehalten.

Zweifellos gab und gibt es aber auch Enttäuschungen und Mängel, vor allem die gravierenden Fehlentwicklungen bei den Wettbewerbspositionen und in der Finanzpolitik. Exzessive Budgetdefizite haben die finanzielle Tragfähigkeit einiger Staaten unterspült. Die Staatsschuldenkrise 2010/11 sollte aber nicht als Problem des Euro dargestellt werden. Das Auseinanderbrechen der Währungsunion ist deshalb auch nicht angezeigt. Es ist das Gegenteil einer sachgerechten Lösung. Die enormen Budgetsünden und die Aushebelung der Non-bail-out-Klausel durch die Rettungspakete haben die Fundamente der Währungsunion aber erheblich beschädigt. Dies schafft wirtschafts- und finanzpolitischen Handlungs- und Reparaturbedarf. An der Wiederherstellung der Tragfähigkeit der Budgetposition und der Wettbewerbsfähigkeit aller Eurostaaten muss gearbeitet werden, am besten mit einem reformierten SWP, der »Biss« hat.

Falls die Wiederherstellung solider Staatsfinanzen in den Problemländern und anderswo in der EWWU nicht gelingen sollte, wäre der Ausweg hieraus angesichts des hohen Grades der wirtschaftlichen und finanziellen Integration wahrscheinlich nicht ein Zerbrechen der EWWU und die Einführung neuer nationaler Währungen, sondern eher eine Schuldenunion mit einem wachsenden Risiko einer Transfergemeinschaft. Die Debatte über eine politische Union, bestehend aus einer europäischen Regierung, einem vollwertigen Europaparlament und einem großen EU-Budget, könnte über diesen Umweg ungewollt beflügelt werden. Dann wäre es politisch konsequent, Schritte in Richtung einer politischen Union zu gehen. Hierfür ist aber die Zeit in Europa so lange nicht reif, wie jedes Land und jede Regierung die eigenen Interessen am besten auf der nationalen Seite aufgehoben sieht. Letzteres wird wohl noch einige Zeit so sein.

Daher erscheint es politisch zweckmäßiger, zum alten Fundament der EWWU zurückzukehren und die EU weiterhin als ein Gebilde sui generis zwischen Bundesstaat und Staatenbund zu behandeln. Denn die europäische Integration ist – mit der großen Ausnahme der einheitlichen Geldpolitik der EZB – im Wesentlichen dem Prinzip der Subsidiarität gefolgt. Dabei hat sich die Europäische Union seit ihrer Gründung zu einer neuen Form einer supranationalen »governance« entwickelt.

Mit der Europäischen Union ist, beflügelt durch die gemeinsame Währung Euro, etwas völlig Neues kreiert worden, das über die klassische Vorstellung vom Nationalstaat hinausgeht. Das Regelungsmonopol des Nationalstaates ist durchbrochen und durch vielfältige gemeinsame Regulierungen eines größeren politischen und wirtschaftlichen Raums ersetzt worden. Dabei wurde allerdings nicht vergessen, dass das, was national und regional zu lösen ist, auch dort belassen werden sollte. Der klassische Nationalstaat ist passé, der moderne Nationalstaat auf der Basis des Subsidiaritätsprinzips lebt aber definitiv weiter. Es ist ein richtiger Ansatz, die politisch-institutionellen Herausforderungen im Zeitalter der Globalisierung im 21. Jahrhundert in Europa mit der wirtschaftlicher Integration und einer gemeinsamen Währung bewältigen zu wollen. Vermutlich ist das einer der Gründe, warum das spezifische europäische Modell im Allgemeinen und die Währungsunion im Besonderen in anderen Teilen der Welt, etwa in Asien, auf beachtliches Interesse stoßen. Es ist schon eigentümlich zu beobachten, wie häufig man im Integrationsraum Europa die Nettovorteile der EU und der EWWU übersieht und gleichzeitig die Bewunderung für die Fähigkeit Europas zur Integration wahrnimmt, die es insbesondere im Nahen Osten und in Asien gibt.

Kapitel 3

Der blaue Kontinent – Retter des blauen Planeten?

Umweltschutz ist ein vergleichsweise neuer Begriff. Allgegenwärtig ist er gerade einmal seit einer guten Generation. Doch der Gedanke, die Haltung, Ehrfurcht vor der Schöpfung zu haben, ist viel älter. In vielen religiös begründeten, vor allem aber in agrarisch orientierten Gesellschaften ist die Bewahrung der Natur ein selbstverständliches Anliegen. Technischer Fortschritt, die Nutzung von Feuer und Wasser, haben aus dem Befehl »Macht Euch die Erde untertan« zuweilen eine Haltung gemäß dem Motto »how to beat nature« – im doppelten Wortsinne – gemacht. Besonders machtvoll wurde dieses menschliche Wirken im Zuge der Industrialisierung. Mit der Dampfmaschine, der Elektrizität, dem Auto, dem Kunstdünger und den Pestiziden, dem Öl, der Atomspaltung, den Ergebnissen der Genom-Forschung wurden die Hebel des Menschen immer größer, den Planeten nach seinem Willen zu gestalten. Ein Warnruf wie Hans Jonas' Buch *Das Prinzip Verantwortung*[1] lag damit in der Luft. Aber die zugrunde liegende Idee ist schon viel älter. Die amerikanischen Urweinwohner haben dieses Prinzip schon lange vorher gelebt: Sie haben die Natur als Partner begriffen. Der Respekt für die Natur im Sinne der Indianer ist beispielhaft für eine intuitive Ausrichtung an der Idee der Nachhaltigkeit.

Nachhaltigkeit in der Landwirtschaft

Das Wort »Ausbeutung« in Bezug auf Rohstoffe, auf den Boden, später aber auch, wie bei Marx, auf Arbeitskräfte hat schon immer den Finger auf die Wunde eines Wirtschaftssystems gelegt, dem der Gedanke der Nachhaltigkeit fremd ist. Indessen haben diejenigen hierzulande, die sich schon sehr früh mit solchen Vorstellungen identifizierten, etwa in der Forstwirtschaft, oft vom Kreislauf, von Kreislaufwirtschaft gesprochen: Die Bewirtschaftung der Natur war so zu organisieren, dass dem System keine unersetzlichen Ressourcen verloren gingen. Wer den Boden ausmergelte, zerstörte seine Basis für zukünftige Erträge. Damit waren Konzepte wie die Drei-Felder-Wirtschaft begründet. Die Sequenz solcher Fruchtfolgen sorgte für die Regeneration der Ertragskraft des Bodens durch die entsprechende Nährstoff- und Bodenbildung der vorausgehenden Frucht.

Aber Nachhaltigkeit wurde auch schon immer mit Einflüssen von außen gedacht und konzipiert. So etwa wurde die Bodenqualität in Flusstälern durch die im jahreszeitlichen Rhythmus wiederkehrenden Überschwemmungen gesichert. Früh wurde erkannt, dass die Nachhaltigkeit der Nahrungsmittelversorgung von ausreichender Bewässerung abhängt. Ansiedelung in der Nähe natürlicher Wasserläufe, der Bau von Bewässerungsanlagen – Aquädukten in römischer Zeit, Stauseen und Wasserversorgung durch Röhrensysteme in der Neuzeit – sind Ansätze zur Lösung dieses Grundproblems. Viele der skizzierten Ideen sind überall auf der Welt unabhängig voneinander entstanden und entwickelt worden. Europa war freilich ein höchst diverses Labor mit einem schier unerschöpflichen Schatz an Erfahrung.

Eigentumsordnung als konstitutiver Faktor für Nachhaltigkeit

Für Landwirtschaft und Manufakturwesen waren die Klöster oft die Brutstätten für neue Ideen und für deren musterhafte Umsetzung. Innerhalb der Klostermauern konnte sich die Arbeitsteilung entwickeln und war eine in sich schlüssige Ordnung etabliert, weshalb selten Probleme der Externalisierung von internen Kosten entstanden. Man konnte die Früchte der eigenen Anstrengung sichern, man konnte aber auch die selbst verursachten Kosten keinem Dritten aufbürden. Verzerrende Effekte blieben also weitgehend aus.

Das Beispiel des sich selbst versorgenden Klosters zeigt auf, wie anfällig andere Wirtschafts- und Eigentumsformen für bestimmte negative Rückkopplungen sind. Ein Bauer, der Eigentümer seiner Böden und Teiche ist, hat jeden Anreiz, die Ausbeutung seiner Ressourcen zu unterlassen: Er würde nur sein eigenes Morgen gefährden. Wer aber nur kurzzeitiger Pächter oder Verwalter ist, der mag geneigt sein, das »Jetzt« über das »Künftig« zu stellen. Eine solch differenzierte Betrachtung der positiven Wirkung des unmittelbaren Privateigentums an Produktionsmitteln kommt in der oberflächlichen Kapitalismusdebatte von heute kaum vor. Da es aber für die Nachhaltigkeit der Wirtschaft auf solche Ordnungsentscheidungen entscheidend ankommt, muss diese Debatte vertieft geführt werden. Die Geschichte zeigt, dass feudale Systeme ebenso wie kommunistische Systeme weit weniger effektiv darin waren, die Nahrungsmittelknappheit zu überwinden und den Raubbau gegenüber der Natur zu vermeiden, als dies Systeme freier Bauern vermochten. Diese These wird durch die heutige Wirklichkeit in vielen Ländern mannigfaltig bestätigt. Dies gilt in Lateinamerika wegen der noch immer weitgehend feudalen Besitzverhältnisse für das Land, wie auch in Russland, weil dort die Tradition des freien, unternehmerischen Bauerntums nicht existiert. Die Antwort des Kommunismus, die Aberkennung des Privateigentums an Produktionsmitteln, hat weder den Hunger noch die Ausbeutung der Natur überwunden. Praktisch alle Langzeitversuche mit einer solchen Ordnung haben zu enttäuschenden Ergebnissen geführt. Noch gravierender als die Defizite bei der Ernährungslage waren im Kommunismus die Zerstörung der natürlichen Grundlage der Landwirtschaft, also von Böden und Gewässern.

Deutschland war in Bezug auf die Landreform schon früh besonders erfolgreich. Dies lag wohl vor allem an der Landreform des Freiherrn vom Stein, die durch einen aufgeklärten König von Preußen initiiert wurde. Die Privatisierung von oben erwies sich hier als besonders effektiv. Freilich ist jede vereinfachte, monokausale These sehr gefährlich.

Eine differenzierte, undogmatische Betrachtungsweise ist angezeigt, will man den Erfahrungsreichtum ausschöpfen.

Scheinbare Nachteile können zum Vorteil werden: Kleine Höfe machen erfinderisch

So ist etwa klar, dass technischer Fortschritt oft eine bestimmte Größe des Wirtschaftsbetriebs voraussetzt. Arbeitsteilung, effektiver Kapitaleinsatz und Mittel für Forschung erfordern große Betriebe. Aber hin und wieder ist Fortschritt für eine Region ein komplexerer Prozess, als eine allein auf die Landwirtschaft bezogene Betrachtung nahelegen würde. So hatten die deutschen Länder beispielsweise ganz unterschiedliche Erbgesetze. Während in Schleswig-Holstein der Erstgeborene den Hof erbte, gab es in Franken und Schwaben eine Erbteilung des Landes. Bei einer Vielzahl von Kindern wurde das Land längsgeteilt. Die Felder wurden immer schmaler; in deren Mitte standen Obstbäume, um die umfassende Ernährungsgrundlage für die Familie zu sichern. Damit aber war die Maschineneffizienz solcher landwirtschaftlicher Betriebe reduziert. Die Versorgung allein auf der Basis der Landwirtschaft konnte nicht gelingen. Weitere Fähigkeiten und Tätigkeiten mussten erworben und ausgeführt werden. Die Nebenerwerbslandwirtschaft war geboren. Als diese Regionen mit ihren breiten Fähigkeiten durch weltwirtschaftliche Arbeitsteilung ihre Kompetenz in handwerkliche, aber besonders industrielle Innovationen ummünzen und zum Exportmotor werden konnten, stellte sich ihre aus der Not entstandene Diversifikation als der Mono-Agrarstruktur überlegen heraus. Was also in einem umfassenden, langfristigen Sinn nachhaltig ist, kann nicht so leicht durch logische Ableitung herausgefunden werden. Offenheit, Neugier, Unbefangenheit gegenüber Neuem oder nur Anderem kann die Zielfindung verbessern.

Regional unterschiedliche Verhaltensweisen gegenüber der Natur

Es gibt freilich auch Verhaltensweisen, die für den Schutz der Natur von Bedeutung sind, ihren Ursprung jedoch außerhalb gesetzlicher Regelungen haben. Solche Verhaltensweisen sind regional oft sehr unterschiedlich. Wenn Gäste etwa in die Schweiz reisen, vermuten jene, die von weit her kommen, hier handele es sich um einen höchst gepflegten Park. Kommt man als europäischer Bergsteiger indes auf die Gipfel bedeutender Berge in Indonesien, fühlt man sich wie auf einer Müllkippe. Nähert man sich auf den Philippinen, Thailand oder Indien einem Fluss, so hat man den Eindruck einer Kombination aus Jauchegrube, Ölwanne und Plastikmüllkippe. In den USA, vor allem in den Teilen, in denen die Natur sich selbst überlassen wird, entsteht der Eindruck, dass alles, was man nicht mehr braucht, einfach liegengelassen wird und man wartet, bis die Natur den Unrat wieder überwuchert. Vor allem Nord- und Mitteleuropa gehen anders mit ihrer Umwelt um. Die beschriebenen Unterschiede im Verhalten sind frappierend. Und Erklärungen liegen nur zu einem kleinen Teil auf der Hand. Nirgendwo ist die Welt wirklich noch eine Welt von Nomaden, die gleichsam im Wechsel der Jahreszeiten kommen und gehen. Und die, die ihre Umwelt hegen, haben oft weniger Zeit frei als jene, die ihrer Umwelt gegenüber unachtsam oder gar grob sind. Wenn wir schon der Erklärung der Unterschiede nicht wirklich auf den Grund kommen, so kann es uns doch weiterbringen, diese europäische Haltung der Natur gegenüber durch die Augen großer Dichter zu betrachten.

Die Natur in den Augen der Dichter – ein Exkurs

Naturschutz heißt nicht einfach, einen (ohnehin kaum mehr vorfindbaren) Urzustand zu belassen und zu beschützen. Vielmehr verlangt der Begriff bewusstes Leben mit und in der Natur. Es ist das Studieren und Genießen der Natur, wozu sie – wenn auch nicht ganz – erhalten werden kann und muss. So betrachtet wird offenkundig, wie viele herausragende Vertreter der europäischen Kultur die Natur begriffen und sich ihr näherten, darunter viele Dichter.

Ich bitte den Leser, für die nächsten ein, zwei Seiten alle Ungeduld abzustreifen. Bitte bestehen Sie an dieser Stelle nicht auf schnellen Gedankenfortschritt, sondern genießen Sie in den Werken der europäischen Dichter deren Liebe zur Natur. Nur wenn wir mit ihnen zur Kontemplation fähig werden, erschließt sich uns die Natur und wird unser Wesen von Natur umschlossen und beseelt.

Nicht immer war der Blick auf die Natur schwärmerisch. Da ist etwa Theodor Storms Liebeserklärung an die Stadt, seine Stadt: Husum.

Die Stadt

Am grauen Strand, am grauen Meer
Und seitab liegt die Stadt;
Der Nebel drückt die Dächer schwer,
Und durch die Stille braust das Meer
Eintönig um die Stadt.

Es rauscht kein Wald, es schlägt im Mai
Kein Vogel ohn Unterlaß;
Die Wandergans mit hartem Schrei
Nur fliegt in Herbstesnacht vorbei,
Am Strande weht das Gras.

Doch hängt mein ganzes Herz an dir,
Du graue Stadt am Meer;
Der Jugend Zauber für und für
Ruht lächelnd doch auf dir, auf dir,
Du graue Stadt am Meer.

Ganz im Gegensatz im Äußeren und doch von der gleichen Haltung geprägt ist ein Stück, das ich wieder und wieder mit Erbauung lese. Jean Pauls Beschreibung des Lago Maggiore in seinem »Titan«. Er dramatisiert dies im Gespräch zweier Freunde, die den Blick auf dieses Naturereignis in der Morgensonne richten, die Stufen der Isola bella hinaufsteigend:

»... aber er behielt standhaft die Binde und stieg blind von Terrasse zu Terrasse, von Orangendüften durchzogen, von höhern freiern Winden erfrischt, von Lorbeerzweigen umflattert – und als sie endlich die höchste Terrasse erstiegen hatten, unter der der See 60 Ellen tief seine grünen Wellen schlägt, so sagte Schoppe: »Jetzt! Jetzt!« – Aber Cesara sagte: »Nein! Erst die Sonne!« Und der Morgenwind warf die Sonne leuchtend durchs dunkle Gezweig empor, und sie flammte frei auf den Gipfeln – und Dian zerriss kräftig die Binde und sagte: »Schau umher!« – »O Gott!«, rief er selig erschrocken, als alle Türen des neuen Himmels aufsprangen und der Olymp der Natur mit seinen tausend ruhenden Göttern um ihn stand. Welch eine Welt! Die Alpen standen wie verbrüderte Riesen der Vorwelt fern in der Vergangenheit verbunden beisammen und hielten hoch der Sonne die glänzenden Schilde der Eisberge entgegen – die Riesen trugen blaue Gürtel aus Wäldern – und zu ihren Füßen lagen Hügel und Weinberge – und zwischen den Gewölben aus Reben spielten die Morgenwinde mit Kaskaden wie mit wassertaftnen Bändern – und an den Bändern hing der überfüllte Wasserspiegel des Sees von den Bergen nieder, und sie flatterten in den Spiegel, und ein Laubwerk aus Kastanienwäldern fasste ihn ein ... Albano drehte sich langsam im Kreise um und blickte in die Höhe, in die Tiefe, in die Sonne, in die Blüten; und auf allen Höhen brannten Lärmfeuer der gewaltigen Natur und in allen Tiefen ihr Widerschein – ein schöpferisches Erdbeben schlug wie ein Herz unter der Erde und trieb Gebirge und Meere hervor.«[2]

Und wieder anders und doch aus gleicher Grundhaltung schreibt Goethe (1779) über Wasser und Wind:

Gesang der Geister über den Wassern

Des Menschen Seele
Gleicht dem Wasser:
Vom Himmel kommt es,
Zum Himmel steigt es,
Und wieder nieder

Zur Erde muß es,
Ewig wechselnd.

Strömt von der hohen,
Steilen Felswand
Der reine Strahl,
Dann stäubt er lieblich
In Wolkenwellen
Zum glatten Fels,
Und leicht empfangen
Wallt er verschleiernd,
Leisrauschend
Zur Tiefe nieder.

Ragen Klippen
Dem Sturz entgegen,
Schäumt er unmutig
Stufenweise
Zum Abgrund.

Im flachen Bette
Schleicht er das Wiesental hin,
Und in dem glatten See
Weiden ihr Antlitz
Alle Gestirne.

Wind ist der Welle
Lieblicher Buhler;
Wind mischt vom Grund aus
Schäumende Wogen.

Seele des Menschen,
Wie gleichst du dem Wasser!
Schicksal des Menschen,
Wie gleichst du dem Wind!

Und wie nun richtete sich ein solcher Gigant, der Natur verbunden, Johann Wolfgang von Goethe, ein? Er hatte in Weimar nicht nur sein

Stadthaus – und selbst dies mit einem bezaubernden Garten –, sondern eben auch sein Gartenhaus im Ilmpark in Weimar. Weimar, dieses Kleinod von Stadt, hat durch seine Fürsten, mehr noch durch seine Bürger, die ganze Fülle der europäischen Stadt erhalten: Wohnen und Arbeiten, kultureller Genuss im Gebäude, aber auch auf öffentlichen Plätzen und in Parks. Und Kunstsinnige haben diesem Ensemble Gestalt gegeben und jene Hintergründe gewählt, die eine reiche Natur in bezaubernder Landschaft bereithält.

Die Natur, in öffentlichen Räumen wie in den Parks der Städte, wurde wegen ihrer Schönheit und der Gesundheit der Bürger in Europa immer ernst genommen. Aber diese Natur war ein Kulturprodukt. So hat die Liebe zu anderen Teilen der Welt etwa durch Goethe den Gingkobaum nach Weimar gebracht. Und ein europäischer Wald ist kein Urwald, er ist ein Wald mit Wegen, die natürlich befestigt sind. Der deutsche Wald ist begehbar, er ist wie ein großer Park. Seine Förster waren schon »Grüne«, bevor sich mit dem Begriff eine politische Partei verband. Und so erklärt sich auch der Spaziergang als Ritual, der zugleich Symbol der Nachhaltigkeit und Instrument der Regeneration ist – und eine Quelle der Inspiration. Und wieder ist man magisch von Goethe und seinem Osterspaziergang angezogen...

Umweltschutz undogmatisch betrachtet

Mir lag sehr daran, die vielfältigen, die tiefen und sehr diversen Wurzeln dieser Umweltorientierung darzulegen. Ohne diesen historischen, kulturellen Resonanzboden könnten die heutigen Regeln nicht so wirkungsvoll sein, wäre die grüne Bewegung, die wir seit gut einer Generation in Europa beobachten, nicht so machtvoll geworden.

Nach diesem romantischen, fast schwärmerischen Teil, der freilich für das Phänomen Umweltschutz wesensmäßig konstitutiv ist, sollen in den folgenden Abschnitten einzelne Felder des Umweltschutzes in ihren Zielrichtungen, Methoden und ihrer Wirksamkeit und leider auch in ihrer gelegentlichen Fehlorientierung beschrieben werden.

Ohne Anspruch auf Vollständigkeit will ich darlegen, wie Umweltschutz in der Kraftfahrzeugindustrie und im Bereich der Immobilien umgesetzt wird. Des Weiteren will ich die Umwelteffekte verschiedener Energiequellen und -träger beleuchten. Das Vorgehen soll hierbei von Neugier getrieben, von assoziativer Ausrichtung sein, die Methoden sind undogmatisch gewählt. Diese Vorgehensweise hat damit zu tun, dass das Menschenbild, das ich für realistisch halte, weder zu den Sichtweisen fundamentalistischer Aufklärer noch zu Konzepten der reinen Staatsgläubigkeit passt. Am ehesten fühle ich mich dem Menschenbild verbunden, das Adam Smith in seiner *Theorie der ethischen Gefühle* zeichnet. Der Mensch ist gut und böse. Er bedarf, um seinen starken Antrieb, die Eigenliebe, zu steuern, einer Fülle von Schranken, die mit Mitgefühl, Ethik, Gesetzen und Wettbewerb das bessere System etablieren.[3] Diese Grundüberzeugung leitet mich bei meinen Überlegungen und Interpretationen der Ereignisse. Ständig den mündigen, rationalen Bürger schlicht vorauszusetzen halte ich für ebenso wenig realitätsbezogen wie die Annahme, der Staat besitze überlegenes Wissen und überlegene Moral. Ein offenes, wettbewerbsorientiertes System, freilich mit Standardsetzung durch staatliche Instanzen, die hinterfragt werden können und sollen, bietet – so vermute ich – den geeigneten Rahmen für sinnvolles Handeln in Politik und Gesellschaft.

Umweltschutz im Kraftfahrzeugbereich: Internationale Diversität

Die regulatorische Behandlung von Verkehr und Kraftfahrzeugindustrie bietet ein ausgedehntes Labor für eine Reihe von Zielsetzungen, insbesondere aber für die Sicherung der Rohstoffversorgung und den Umweltschutz. Realistischere Zeitgenossen würden wohl insistieren, dass die wirkliche Begründung für die staatlichen Eingriffe wohl eher das Interesse an (hohen) Steuereinnahmen ist. Dabei sind die Methoden in diesem Bereich international von beachtlichen Unterschieden gekennzeichnet. Die europäischen Länder haben sich in starkem Maß für eine

Lenkung durch die Mineralölsteuer und damit für eine Erhöhung der Betriebskosten entschieden. Andere Länder, so etwa Singapur, agieren bevorzugt über die begrenzte Zulassung von Kraftfahrzeugen, teilweise administrativ, teilweise über Zulassungsgebühren. Die Innenstadtnutzung wird zusätzlich durch Straßennutzungsgebühren gesteuert, so etwa in London durch die City-Maut. Verkehrsvermeidung für Individualverkehr beziehungsweise dessen zeitliche Lenkung sind die damit verbundenen Absichten. Zu behaupten, die Erhebung der Mineralölsteuer habe sich von Anfang an an umweltpolitischen Gesichtspunkten orientiert, ist vermutlich falsch. Das fiskalische Interesse des Staates, die administrative Einfachheit der Steuererhebung an der Zapfsäule und die gleichzeitig gesicherte Steuereffizienz – es gibt wenige Ausweichmöglichkeiten – waren mindestens ebenso bedeutende Gründe für ihre Nutzung.

Damit ist allerdings eine wichtige Bedingungskonstellation angesprochen: Die Größe der Ausweichreaktionen ist deshalb so begrenzt, weil im europäischen Raum, was Methode und Höhe der Steuerbelastung angeht, eine große Ähnlichkeit vorliegt. Denn bei langen gemeinsamen Grenzen und dichter Besiedelung an den Grenzen liegen Ausweichreaktionen eigentlich nahe. Bedeutender sind solche Ausweichreaktionen bei Lastkraftwagen im Fernverkehr. Viele Lastkraftwagen können bei transnationalen Transporten in Europa wegen ihrer großen Tankinhalte die Niedrigsteuerplätze nutzen. Trotz der Bemühungen der EU-Kommission sind auch heute noch beträchtliche Differenzen bei der Diesel- und Benzinsteuer zu beobachten.[4] Bei der Dieselsteuer sind die europäischen Differenzen noch größer als beim Ottokraftstoff. Die Differenzierung hat teilweise mit den unterschiedlichen Einkommensniveaus der Länder zu tun (niedrige Steuer bei niedriger Kaufkraft), aber auch mit Unterschieden bei der Umweltorientierung und der präferierten Steuerstruktur. Besonders schwer vertretbar erscheint aus Wettbewerbsgründen und wegen der fehlenden Umweltorientierung der niedrige Steuersatz in Luxemburg, dem Kleinstaat inmitten von Ländern mit vergleichsweise hoher Mineralölsteuerbelastung. Die zahlreichen Grenzgänger spülen dem luxemburgischen Finanzminister einen überproportionalen Steuereinnahmesegen in die Kasse.

Wie aber ist die Lenkungsfunktion der Mineralölsteuer zu beurteilen? Gibt es hier die richtigen Differenzierungen und Ergebnisse? Zum Teil: Ja. Da etwa pro Liter Diesel größere Reichweiten gegeben sind, ist die niedrigere Besteuerung von Diesel in Bezug auf die Ergebniseffizienz sachgerecht. Deshalb ist die Differenzierung in allen europäischen Ländern (mit Ausnahme Großbritanniens) richtig.[5] Die zweite Frage lautet: Wird durch die hohe Mineralölsteuer bewirkt, dass es weniger Individualverkehr gibt und dass durch die Wahl der Autos, insbesondere der Motoren, der Energieeinsatz pro gefahrenen Kilometer besonders gering ist? Die Antwort darauf ist empirisch nicht ohne Weiteres zu geben, weil eine Betrachtung ceteris paribus nicht möglich ist. Mit der Erhöhung der Steuern hätte man vermutet, dass energiesparende Autos bevorzugt angeboten und gekauft würden. Da aber gleichzeitig Sicherheitswünsche und eine hohe Präferenz für sportliche Autos bestanden, sind die technologischen Verbesserungen bei der Motorentechnologie oder der Gewichtsverminderung durch Verwendung leichterer Materialien in Bezug auf den Verbrauch pro Kilometer teilweise kompensiert worden, indem die Fahrzeuge größer und leistungsstärker wurden.[6]

Dadurch, dass Autos mit höherer Effizienz oft technisch anspruchsvoller und damit deutlich teurer sind, haben die Gesamtkosten eines Autos sich trotz sinkender spezifischer Betriebskosten durch energiesparende Motoren nicht vermindert. Damit ist auch bei der Wahl der Autos eine beachtliche Zögerlichkeit zu beobachten. Ein altes Auto bis zum technischen Ende zu fahren ist aufgrund der gegen Ende der Nutzungsdauer niedrigen Restwerte selbst dann wirtschaftlich, wenn die Betriebskosten durch hohe (ökologisch bedingte) Steuern heraufgesetzt sind.

Wie sehr deshalb auch andere Instrumente zur Umweltorientierung notwendig sind, soll an einigen Beispielen ausgeführt werden.

Mit der Abwrackprämie aus der Krise

Die von vielen Bürgern und insbesondere Ökonomen kritisierte Abwrackprämie für Alt-Pkw im Jahr 2009 war ökologisch höchst effektiv.

Dabei war diese Maßnahme eigentlich vor allem konjunkturpolitisch motiviert. Die ökologische Effektivität war deshalb so groß, weil alte, energieineffiziente Autos verschrottet werden mussten, wollte man die Prämie erhalten. Gleichzeitig zeigte sich, dass die Käufe neuer Autos höchst selektiv erfolgten: Die bevorzugten Autos waren nicht die großen Luxuslimousinen, sondern vergleichsweise kleine Wagen auch nicht-deutscher Produzenten. Und trotz der bei Kleinwagen eher typischen Ausstattung als Benziner betrug der Anteil der Diesel-Pkw bei den Neuzulassungen 2009 gut 30 %.

Die Kilometerpauschale konterkariert umweltbewusste Entscheidungen

Ein anderes Detail zeigt, wie es bei der Orientierung an Nachhaltigkeit darauf ankommt, die komplexe Natur von Entscheidungen zu erkennen und daraus sachgerechte Schlussfolgerungen zu ziehen. Wer beispielsweise eine umfassende steuerliche Berücksichtigung der Kosten für das Pendeln mit dem Auto vom Wohnort zum Arbeitsplatz gewährt, sorgt gleich auf doppelte Weise dafür, dass der Umweltschutz ignoriert wird. Weder werden Bürger dann ihre Entscheidung für die Entfernung von Wohn- und Arbeitsplatz ökologisch optimieren, noch werden sie ernsthaft die Option der (zumindest teilweisen) Nutzung des öffentlichen Verkehrs erwägen. Stattdessen förderte die Kilometerpauschale die Zersiedelung und damit den Individualverkehr über eine lange Zeit. Erst durch den Einfluss der Grünen hat sich der Gesetzgeber in Deutschland auf die Gewährung einer Entfernungspauschale geeinigt, welche die einseitige Subventionierung des Individualverkehrs beendet.

Kein Parkplatz – kein Auto!

Interessant ist, wie selbst unter solch ungünstigen Rahmenbedingungen eine Optimierung in Bezug auf Nutzung des eigenen Autos korrigiert werden kann. So hat die Stadt Frankfurt am Main den Erbauern von Bürohäusern lediglich für jeden fünften Arbeitsplatz genehmigt, einen Parkplatz zu bauen. Dies bedeutet, dass vier von fünf Mitarbeitern keinen Parkplatz haben. Das führt dann zur intensiveren Nutzung des öffentlichen Personennahverkehrs (ÖPNV) und möglicherweise zur gemeinsamen Nutzung von Autos in Fahrgemeinschaften. Die Verlagerung des Verkehrs auf den ÖPNV erlaubt eine höhere Frequenz und größere Wirtschaftlichkeit der öffentlichen Verkehrsmittel und wegen der verminderten Dichte des Individualverkehrs einen besseren Verkehrsfluss, weniger Staus und damit weit weniger schädliche Emissionen.

Mit diesen wenigen Beispielen aus Deutschland wird deutlich, dass nicht nur preisliche Signale eine Wirkung auf zielgerechtes Verhalten haben, sondern auch regulatorische Maßnahmen mit Gebots- oder Verbotscharakter immer wieder nachhaltige Effekte zeitigen.

Es zeigt sich freilich in Europa und weit mehr noch in anderen Teilen des Globus (oft in Entwicklungsländern), dass Differenzierung etwa aus sozialen Gründen, wie die relativ preisgünstige Bereitstellung von Grundbedürfnissen wie Brot oder Benzin, zu höchst zweifelhaften Ergebnissen führt. Nirgendwo ist das Fahren mit Geländewagen billiger als in Ländern mit Niedrigsteinkommen oder in der Nähe der Energiequellen, etwa Kairo oder Qatar. Und dementsprechend sind Agglomerationen wie Kairo dann verstopft und verpestet.

Ein anderes Beispiel: Die Abgabe von Brot in der DDR zu Preisen unterhalb des Getreidepreises sorgte dafür, dass das Brot zur Fütterung von Tieren verwendet wurde. Es ist also offensichtlich, dass solche Steuerungen als Fehlsteuerungen in Bezug auf Ökonomie und Ökologie erkannt und abgeschafft werden müssen.

Raumordnungs- und Verkehrskonzepte überdenken

Im ersten Kapitel des vorliegenden Buches,»»Europa – Inkarnation von Urbanität«, wurde bereits von den komplexen Bezügen in sozialer und wirtschaftlicher Hinsicht gesprochen, die von der Organisation»Stadt« ausgehen. Will man eine große Zahl von Menschen mit guten und finanzierbaren Produkten und Diensten versorgen und ihrem Mobilitätswunsch im Einklang mit Umwelterfordernissen entsprechen, dann ist ein Raumordnungsverfahren unerlässlich. Dabei ist klar, dass eine mehrgeschossige Bebauung in den Innenräumen der Städte dafür unverzichtbar ist. Nur eine solche Bebauungsdichte ermöglicht einen ausreichend hochfrequenten, finanzierbaren und sicheren ÖPNV. Ansonsten ist dem Mobilitätswunsch wegen der Zersiedelung faktisch nur mit Individualverkehr zu entsprechen. Dieser aber sorgt dann für Staus und für Umweltbelastungen, die allen Ansprüchen an die Nachhaltigkeit zuwiderlaufen. Diese Verzahnung von Stadtplanung, öffentlichem Verkehr und umweltsichernder Politik zur Verminderung von Lärm und Luftbelastung gilt es zustande zu bringen. Hierfür gibt es in Europa vielfältige Ansätze. Und es gab auch immer wieder beachtliche Korrekturen in den Raumordnungs- und Verkehrskonzepten. Schon sehr früh haben die Metropolen durch öffentlichen Nahverkehr diese Optimierung zu erreichen versucht. Der frühe Bau von Untergrundbahnen in Metropolen sowie die Einführung der Straßenbahn sind Modelle, die ihrer Zeit weit voraus waren. Städte ohne eine solche Raumplanung wuchern oft chaotisch.[7] Sie führen oft zu einer Bebauung, die öffentlichen Verkehr als Lösung für das Mobilitätsproblem wegen zu geringer Nutzung nicht ökonomisch werden lässt. Der Individualverkehr wiederum verursacht Verstopfung und ist damit weder ökonomisch noch ökologisch sinnvoll.

Verzahnung der Verkehre: Fracht auf die Schiene!

Das Stichwort »Raumordnung und Verkehr« verlangt geradezu nach der Beschäftigung mit der Verzahnung der Verkehrsträger, also mit den intermodalen Schnittstellen. Deren Konfiguration entwickelt sich selbstverständlich mit der Entwicklung der Technologie: Elektrifizierung, Hochgeschwindigkeitszüge und Flugverkehr sind einige der Schlagworte aus den letzten Dekaden. Mobilitätskomfort, Kosteneffizienz und Umweltoptimierung hängen von der Organisation der verschiedenen Schnittstellen für Personen- und Güterverkehr ab. Nicht allein die räumliche Anordnung, auch die organisatorischen, serviceorientierten Lösungen sind entscheidend für die Effizienz. Unter Umweltgesichtspunkten kommt es hier neben der Ressourcenschonung auch auf die Lärmbelästigung durch die gefundenen Lösungen für Schnittstellen an. Ein Flughafen, der weit von der Großstadt entfernt liegt, ist gut für die Vermeidung von Lärmbelästigung, aber nur dann effizient und gut für den weiteren Umweltschutz, wenn effektive Verbindungen zur Innenstadt vorhanden sind. Damit ist über Standorte, Trassen, Einflugschneisen zu reden. Ihre Optimierung ist keine Nebensache, da zum Beispiel systematisch staatliche Verkehrsträger (etwa die Bahn) mit privaten Lösungen beim Gütertransport auf der Straße (Lkw) zusammenzubringen sind. Mehr Fracht auf die Bahn zu bringen macht faktisch notwendig, dass der öffentliche Sektor die »just in time delivery«-Philosophie von Firmen und privaten Logistikunternehmen verinnerlicht. Denn die letzte Meile ist bei sehr vielen Lieferungen mit der Bahn nicht zu leisten. Hier bedarf es enormer zeitlicher und organisatorischer Effizienz, um den Übergang mit minimalem Zeitverlust und organisatorischer Sicherheit zu gestalten. Gelingt dies nicht, so gelingt auch der für Energieeffizienz und Umweltschutz optimale intermodale Mix – Bahn für die lange, Lkw für die kurze Strecke – nicht. Deutlich gesagt: Die Fracht bleibt dann auch auf längeren Strecke auf der Straße – mit allen Stau- und Emissionsfolgen.[8]

Straßennutzungsgebühren und günstige, schnelle Züge bringen den Umweltschutz voran

Europa hat dieser Herausforderung oft mit Straßennutzungsgebühren zu begegnen versucht. Das österreichische Pickerl oder die Schweizer Vignette haben freilich die Verhaltensweisen nicht wirklich verändert. Österreichische und Schweizer Fahrverbote waren zu unsystematisch, um nachhaltig zu wirken. Dennoch hat die Schweiz mit ihrer besonderen Affinität zum Bahnverkehr und der Bereitschaft zu großen staatlichen Infrastrukturinvestitionen es besser vermocht als praktisch alle anderen Länder, große Teile des Verkehrs auf die Bahn umzuleiten. Technische

Lösungen für die intermodale Verschränkung (Huckepackverkehr für Trailer), aber auch tarifliche Lösungen wie attraktive langfristige Verbilligung der Fahrkarten (Halbtax) lösen Verhaltensänderungen aus. Vieles spricht dafür, dass die Bahncard in Deutschland, verbunden mit der Einführung komfortabler ICE-Züge, und die Zunahme von Hochgeschwindigkeitszügen die Verkehrsströme auf die Bahn umlenken. So haben sich in den fünf Jahren bis 2009 die Verkehrsleistungen im Schienenfernverkehr um 6,5 Prozent gesteigert, während der gesamte motorisierte Individualverkehr sich nur um 2 Prozent pro Jahr erhöhte. Jubelarien sind freilich nicht angebracht: Noch immer macht der Schienenfernverkehr lediglich 4 Prozent der Gesamtverkehrsleistung aus.

Es sollte auch nicht übersehen werden, dass einige dieser Schritte auch neue Verkehrsaufkommen erzeugen. Unter solchen Umständen können metropolferne »Schlafstädte« gedeihen. Die schnellen Verbindungen zwischen Köln und Frankfurt oder zwischen Berlin und Leipzig mit Halt in Städten wie Limburg oder Wittenberg erlauben in vielen Fällen ein Wohnen weit weg vom Arbeitsplatz, schaffen also auch zusätzlichen Verkehr. Dies ist in Bezug auf Energieeffizienz und Umweltoptimierung vermutlich so lange unbedenklich, wie keine Subventionierung vorliegt, das heißt Nutzer und Anbieter die betriebswirtschaftlichen und volkswirtschaftlichen Kosten ihrer Allokations- und Transportentscheidungen selbst bezahlen müssen. Da aber diese Bedingungen nicht erfüllt sind – ein Teil der Kosten fällt erfahrungsgemäß nicht beim Verursacher an –, ist die Fehllenkung in unserem System offenkundig: Wir verschwenden durch suboptimale Entscheidungen in Bezug auf Wohnen und Arbeiten Energie und belasten die Umwelt unnötig.

Vieles wurde schon auf den Weg gebracht

Europas Experimente zur Sicherung der Umweltqualität im Verkehrsbereich sind damit freilich nur in begrenzter, oberflächlicher Weise skizziert. Da gab es in den siebziger Jahren während der ersten Ölpreiskrise dramatische Eingriffe wie den autofreien Sonntag, freilich nur für vier Sonntage. Da gab es in London die Einführung und die Erhöhung der

City-Maut. Da ist auf die europaweite Durchsetzung des Katalysators im Verbrennungsmotor hinzuweisen. Jüngst wurde bei den Dieselmotoren der Rußfilter obligatorisch gemacht. Und zuletzt hat man zur Sicherung einer geringeren Feinstaubbelastung in den Städten Umweltzonen eingerichtet, für deren Befahren bestimmte, mit Plaketten dokumentierte Emissionswerte der Fahrzeuge nicht überschritten werden durften. Diese Maßnahmen haben im Wesentlichen eine gesundheitspolitische Orientierung. Die hierdurch intendierte Verminderung von Emissionen soll insbesondere das Krebsrisiko reduzieren. Dennoch hat sich die Umweltplakette nach einer ersten Prüfung wohl als eine Maßnahme mit viel Aufwand und sehr geringer Wirkung erwiesen.

Deutschland hat schließlich mit dem System Toll Collect die nutzungsabhängige, elektronisch erfasste Maut für Lkw auf deutschen Autobahnen und einigen Ausweichstrecken eingeführt. Dieses System hat auch nach einigen Jahren reibungsloser Durchführung eine Verbreitung in Europa nicht geschafft, obwohl hier mehrere Kriterien für eine zielorientierte Steuerung von Verkehrsströmen mit Energieeffizienz und umweltoptimierender Orientierung erfüllt sind. Mit dem System Toll Collect ist es prinzipiell möglich, Straßenbenutzungsgebühren zur räumlichen und zeitlichen Verkehrslenkung einzusetzen. Viel befahrene Strecken und stark frequentierte Zeiten könnten teurer, die anderen billiger sein. Auf diese Weise würden die vorhandenen Straßenkapazitäten besser genutzt. Staus und der damit verbundene Ärger sowie Energie- und Umweltkosten könnten vermindert werden. Diese Option wird nicht hinreichend eingesetzt. Das ist bedauerlich. Ebenso bedauerlich ist es, dass die technisch und ökologisch weniger zielführenden Lösungen wie Mauthäuschen und nur zeitabhängige Autobahngebühren fortbestehen, obwohl die europäischen Institutionen das deutsche Toll Collect sichtbar als bessere Lösung unterstützen.[9]

Erneuerbare Energien im Tank – bisher keine Erfolgsgeschichte

Die Umweltdebatte hat dem Individualverkehr weitere Herausforderungen beschert. Mein eigener erster Kontakt mit einem Auto im

Jahr 1948 war verbunden mit dem Beschaffen von Holz für den Holzvergasermotor des Autos. Biomasse als eine erneuerbare Energiequelle ist eine der Ideen, die eine höchst wechselvolle Geschichte in Deutschland erfuhren. Dabei hätte die Nutzung von in Brasilien, einem wichtigen Standort der deutschen Automobilindustrie, aus Zuckerrohr gewonnenem Ethanol zu einem raschen und problemfreien Zugang für deutsche Automobilproduzenten zu dieser Kraftstoffquelle führen müssen. Die Zusammenarbeit der Automobil- und Kraftstoffindustrien mit dem Regulator zur Definition von Kraftstoffen aus Biomasse und deren steuerlicher und administrativer Behandlung hat nicht funktioniert.

Die Nutzung der Biomasse als Kraftstoff hat mehrere Zielsetzungen. Eine ist die Versorgungssicherheit, die zweite ist die Klimabilanz. Biomasse ist prinzipiell eine erneuerbare Energiequelle, die nur das CO_2 bei der Verbrennung freisetzt, das wir gleichzeitig durch das Wachstum der Biomasse binden. Biomasse ist also in diesem Sinne CO_2-neutral. Dies gilt freilich nicht unter allen Bedingungen. Wird Getreide verwendet, das durch den Einsatz von Mineraldüngern erzeugt wurde, verschlechtert sich diese Bilanz. Freilich gilt bei der Nutzung von Abfallstoffen der Biomasse für Kraftstoff, dass dies in jedem Fall aus energetischen Gründen und Umweltzielen wünschenswert ist. Leider ist die Debatte zu diesem Thema bisher nicht gründlich genug geführt worden, und vor allem die Zusammenarbeit von Kunden, privaten Produzenten und dem Regulator ist alles andere als optimal verlaufen. Auch die offenkundig nützliche internationale Abstimmung – schließlich ist die Automobilindustrie international und das Energie- und Umweltproblem global – fand kaum statt. Europa sollte auch nach seinen eigenen Fehlstarts in diesem Feld, wie Raps-Monokulturen, steuerliche Subventionen und die Beimischungspflicht zum normalen Mineralölkraftstoff, eine internationale Führungsrolle übernehmen und die unzweifelhaft fruchtbare Nische einer Biomasse, die möglichst nicht in Nutzungskonkurrenz zu Nahrungsmitteln steht, zügig voranbringen. Die Automobilindustrie könnte hier federführend wirken.

Eine umfassende Energie- und Umweltbilanz ist für die Wahl der Kraftstoffquelle nötig

Die energetische Nutzung von agrarischen Produkten ist ein kompliziertes Thema. Entsprechend waren auch die wirtschaftlichen und politischen Entscheidungen ungewöhnlich zaghaft. Dies hat der Akzeptanz dieser Energiequelle erheblich geschadet. So wird in der Öffentlichkeit jede energetische Nutzung von Biomasse undifferenziert als im Konflikt mit der Ernährung der Menschen befindlich angesehen. Dies ist jedoch nicht durchgängig der Fall. So befinden sich Abfallstoffe wie Restholz, Stroh, Abgase oder Müll keineswegs in Konflikt mit der Ernährung. Zudem gibt es selbst bei der Nahrungsmittelproduktion Übererntemengen, die ebenfalls energetisch verwendet werden können. Daneben spricht viel dafür, dass der Zuckerverbrauch auch in Schwellen- und Entwicklungsländern deutlich über dem ernährungspolitischen Optimum liegt. Dies belegen die vielen Diabeteserkrankungen, oft schon im jugendlichen Alter. Wo freilich Mais oder Raps für die Produktion von Kraftstoffen verwendet werden, sind solche Konflikte real. Deshalb sind Beimischungsverpflichtungen von so definierten Biomassekraftstoffen oder steuerliche Erleichterungen für solche Kraftstoffe wie Biodiesel zu Recht einer kritischen Prüfung zu unterwerfen. Tatsächlich sind Letztere ja deshalb in Deutschland abgeschafft worden. Dies gilt umso mehr, als solche Produkte unter Einsatz von auf Mineralölbasis hergestellten Düngemitteln erstellt werden. Zu einer umfassenden Energie- und Umweltbilanz für die Wahl der Energiequelle gibt es keine Alternative. Unglücklicherweise wurden aber mit der zum Teil berechtigten Kritik auch oft undifferenziert jene Quellen regenerativer Kraftstoffe desavouiert, die dies wahrlich nicht verdient hätten. Einige Fälle nicht-konfliktärer Nutzung von Biomasse habe ich zuvor schon beschrieben. Aber die sorgfältige Prüfung von Flächennutzung und insbesondere die Forschung zur Produktion von Biomasse im Meer gilt es voranzutreiben. Es gibt viele Flächen, die zur Herstellung von Biomasse geeignet sind, sich aber als Ackerfläche nicht anbieten. Auch dort gibt es Spielraum für diese erneuerbare Energiequelle, die zudem durch ihre Dezentralität die Sicherheit und Effizienz der Energieversorgung steigern kann.

Geschwindigkeitsbegrenzung: in Deutschland unbeliebtes Instrument für Umweltschutz

Europa hat zu vielen Facetten der Debatte um »Auto und Umwelt« eine Menge beizutragen. Dies gilt auch beim Thema Geschwindigkeitsbegrenzung für Autos. Hier pflegt Deutschland nun eine sprichwörtlich »dynamische« Haltung in Bezug auf die Freiheit von Bürgern, die (mit Ausnahme der Grünen) über Parteigrenzen hinweg dadurch definiert wird, dass sie mit ihrem Auto so schnell fahren können, wie sie wollen. Überraschenderweise brauchen die demokratischen Schweizer dieses Recht ebenso wenig wie Frankreich, Wiege der Menschen- und Bürgerrechte, oder unsere nicht minder freiheitsliebenden britischen Freunde. Geschwindigkeitsbegrenzungen helfen nicht nur, unnötig hohe Spritkosten für den Einzelnen zu vermeiden, denn bei deutlich schnellerer Fahrt steigt der Verbrauch überproportional. Mit der Geschwindigkeitsbegrenzung vermeidet man auch die hohe Differenz bei den Geschwindigkeiten, was schwere Unfälle weniger wahrscheinlich macht und die Durchflussmengen für begrenzte Straßenkapazitäten erhöht. Vielleicht gäbe es in dieser Frage bessere Antworten als die ideologische Festlegung auf »Limit« versus »Freiheit«. So wäre etwa für die verkehrsarmen Nachtzeiten eine Geschwindigkeitsfreigabe für Pkw eine Variante, die mehreren Zielsetzungen entspräche. Das Problem der starken Zunahme des Energieeinsatzes pro gefahrenen Kilometer gälte allerdings als Gegenargument für eine solche Freigabe in der Nacht.

Europäische Autobauer haben die Nase vorn

Europäische Anbieter von Autos sind offenkundig nicht nur in der Premiumklasse (hier ragt Deutschland heraus) bis zum heutigen Tag international führend. Gegenüber der amerikanischen Autoindustrie haben die Europäer in nahezu allen Aspekten der Entwicklung die

Nase vorn. Sicherlich haben von den achtziger Jahren bis zum Beginn dieses Jahrzehnts die Japaner aufgeholt und in einigen Fragen, etwa bei der Entwicklung von Hybridantrieben, sogar eine Führungsrolle übernommen. Aber die Summe aus Änderung des Materialeinsatzes (dünnere Bleche, Aluminium, Kunststoffe, Carbon, umweltschonende Lacke), Erhöhung der passiven Sicherheit, virtuoser Weiterentwicklung des Diesel- und Benzinverbrennungsmotors (Einspritztechnik, Verkleinerung) und der Schübe bei der elektronischen Weiterentwicklung, inklusive der Telematik, ist beeindruckend. Diese europäische Kompetenz zeigt sich in der technologischen Führungsrolle, der Avantgarde im Design und in der Sicherung von Marktanteilen.

Bei einer Entwicklung aber scheint Europa sich nicht in der Führungsrolle zu befinden, und zwar beim Elektroauto. Vieles spricht indes dafür, dass diese neue Generation von Autos sich erst durchsetzt, wenn die Batterien technisch ausgereifter sind und wenn ein beträchtlicher Teil der elektrischen Ladung aus erneuerbarer Energie stammt. Eine regulatorische Unterstützung für den Einsatz dieser Technologie in Automobilen erscheint wahrscheinlich und zu ihrer Durchsetzung erforderlich. Die Ballungsräume und Metropolen bieten sich hier als geeignete Erprobungsfelder an.

Es sieht so aus, als ob das Elektroauto die Öffentlichkeit, die Politik und die Automobilbranche »elektrisiert« hätte. Doch ich selbst gehöre bei dieser Technologie eher zu den Skeptikern. Ich glaube nicht, dass die nächsten 15 Jahre den Siegeszug dieses Antriebs bringen werden. Ich würde vielmehr darauf wetten, dass weitere Effizienzsteigerungen bei den verschiedenen Varianten des Verbrennungsmotors ihm die Märkte für mehr als ein weiteres Jahrzehnt sichern.[10] Meine Skepsis gegenüber dem Elektroauto hängt mit den »Kinderkrankheiten« der Batterie zusammen. Sie ist (noch) teuer, schwer und für große Energiemengen und lange Strecken nicht geeignet. Damit sind Hybridantriebe erforderlich, die hohe Kapitalkosten für zwei Antriebssysteme erfordern. Die Rohstoffe für die (heutigen) Batterien sind knapp und global ungleichmäßig verteilt und sorgen so für eine weitere Abhängigkeit. Die Umweltentlastung – eines der zentralen Argumente – wird erst bei Elektrizität aus erneuerbaren Energieträgern erreicht. Dies steht bestenfalls in einer halben Generation zu erwarten.

Mir scheint zudem, dass das Elektroauto statt der heutigen Erwartungen an ein Auto, alle Funktionen der individuellen Mobilität zu erfüllen, eine neue Vision erfordert. Für verschiedene Funktionen braucht eine Person oder Familie in Zukunft verschiedene Autos: Für die kurze Fahrt in der Stadt oder zum Arbeitsplatz bietet sich das Elektroauto an. Seine Aufladung kann dann vor allem in der Garage erfolgen. Für lange, komfortable Fahrten ist möglicherweise ein anderes Auto, etwa ein Leihwagen oder durch Teilnahme am Carsharing zur Verfügung gestelltes, sinnvoll. Über die Frage, welche Batterieinfrastruktur dafür geeignet ist, wäre zu diskutieren. Beispielsweise wäre über einen Austausch der Batterien an einer Batterienleihstelle nachzudenken. Die Batterie würde dann nicht dem Autobesitzer gehören, sondern dem Batterieanbieter.

Umwelt und Immobilien: Auch hier liegt großes Potenzial!

Der Fokus der Umweltdebatte lag bisher fast ausschließlich auf dem Verkehr. Es wäre aber ein Versäumnis, sich allein auf »Mobilien« zu beschränken. Die Umweltbelastung durch die Herstellung von Immobilien ist ebenfalls riesig. Vor allem die laufenden Energieaufwendungen für Immobilien sind gewaltig. Dies gilt beispielsweise für Fahrstühle, aber natürlich vor allem für Heizung und Kühlung. Besonders unangemessen ist der Fokus der Umweltdebatte auf den Verkehr aber deshalb, weil die Vermeidungskosten für die Umweltbelastung bei Gebäuden weit niedriger liegen als bei Mobilien. Jeder investierte Euro ist in diesem Bereich weit wirksamer für Energieschonung und Umweltentlastung als bei den Verkehrsmitteln. Dem wurde durch privates Verhalten und durch staatliche Steuerung bisher nicht entsprochen. Auch in der Forschung und der Beratung sind hier, verglichen mit anderen Feldern der Umweltdebatte weltweit, aber auch in Europa, Defizite zu konstatieren.

Umweltschonende Materialien auswählen

Wie oben schon angedeutet, kommt es auch im Bereich der Immobilien auf eine umfassende Betrachtung an. Es beginnt bei den verwendeten Materialien: Sie sollten ressourcenschonend und unter dem Blickpunkt einer möglichst geringen Umweltbelastung gewählt werden. Recycling und die Verwendung nachwachsender Rohstoffe, etwa Holz, statt der Benutzung knapper, nicht erneuerbarer Ressourcen, gilt es vorzuziehen. Die Rohstoffe sollten sparsam verwendet werden. Energieintensive Baustoffe wie Stahl oder Zement sollten umweltbewusst hergestellt werden. Das beginnt mit der Wahl des Produktionsstandortes. Ein Produktionsstandort an der Küste, mindestens aber an Wasserwegen, ist wegen der energieeffizienten Transportmöglichkeit für Energieträger (Kohle) oder Erze, aber auch für den Abtransport der Endprodukte, eindeutig vorzuziehen.

In dieser Hinsicht ist Europa nicht einzigartig, vielmehr haben hier eher andere Kontinente traditionelle und natürliche Vorteile. Aber Europa war und ist auch hier ein Vorreiter, beispielsweise bei der Wahl des Energieinputs bei der Zementproduktion. Die weitgehende Verwendung natürlicher Abfallstoffe für diesen Prozess ist weit fortgeschritten. Müll und Gülle sind wichtige Energierohstoffe in diesem Produktionsprozess. Die thermische Nutzung der Biomasse hat die Naturgefährdung durch andere Entsorgungsverfahren wie die Müllkippe oder die Ausbringung der Gülle auf Felder mit folgender Überdüngung, vor allem der Gewässer, stark vermindert. Europa hat auch durch die Experimentierfreude etwa der Holländer und Skandinavier zur vielseitigen Verwendung von Holz am Bau beigetragen.

Material sparen

Große Fortschritte bei der Materialersparnis haben sich im Baugewerbe durch die Wiederverwendung von Material ergeben. Besonders eindrucksvoll vorgeführt wird dies beim Straßenbau. Dort wird heute durch unmittelbare Wiederverwertung des abgetragenen Materials (etwa Kies) Ressourcenschonung erreicht, aber auch am Transport gespart. Hier verbindet sich konzeptioneller mit technischem Fortschritt im Abtrag und in der Zerkleinerungstechnik für Beton- oder Teerdecken. Die Ressourcenschonung, die sich aus der technologischen Innovation und der effizienten organisatorischen Umsetzung ergibt, die zudem Transporte und Zeit erspart, ist im Straßenbau am augenfälligsten. Die oftmals in der Nacht oder am Wochenende erfolgende Ersetzung von mit Spurrillen durchzogenen Fahrbahnen auf Autobahnen beeindruckt enorm. Noch beeindruckender war, wie 2006 und 2007 in Nachtschichten die Rollbahn des Frankfurter Flughafens ohne irgendeine Störung des Flugbetriebs bewerkstelligt wurde; das ist technischer Fortschritt in Vollendung. Aber diese Kompetenz ist nicht auf den Tiefbau beschränkt. Der Umbau der Zwillingstürme der Deutschen Bank in Frankfurt wurde ebenfalls in diesem Sinne ressourcenschonend verwirklicht.

Ähnliche Konzepte werden auch zunehmend bei der Wiederverwertung von Glas oder Metall zur Anwendung gebracht. Auch die Zweit- und Drittverwertung von Kunststoffen ist weit fortgeschritten, ebenso die Wiederverwertung von Papier. Damit sind insbesondere die Schonung von Wasserreserven und die Verminderung des Einsatzes von Chemikalien verbunden.

Die Standortfrage umweltbewusst lösen

Beim Gebäudemanagement ist freilich in Bezug auf Umweltschutz die Ersparnis bei der Klimatechnik weit bedeutender. Die beginnt schon bei der prinzipiellen Raumordnungsfrage. Wer dort baut, wo besonders viel zu heizen oder zu kühlen ist, hilft nicht, das Problem zu lösen. In Regionen zu wohnen, die ein gemäßigtes Klima aufweisen, ist zu bevorzugen. Unter dem Gesichtspunkt der Nachhaltigkeit ist eine Skipiste in der Golfregion so »un-indianisch« wie nur denkbar. Und die Errichtung von Hotels für den Sommerurlaub von mittleren Einkommensschichten aus Europa in Abu Dhabi ist wegen Hitze und Feuchtigkeit in der Region zwischen Mai und September keine gute Idee. Auch

Ballungsräume mitten in der Wüste wie Phoenix, Arizona oder Las Vegas sind aus Ressourcenschonungs- und Umweltgründen höchst problematisch. Wenn schon von dieser Orientierung an den natürlichen Gegebenheiten abgewichen wird, dann sollten bei der Klimatechnik wenigstens möglichst viele natürliche Lösungen bedacht werden. Wenn Erwärmung durch Sonneneinstrahlung erfolgt, ist Schatten durch Bäume, sind Fensterläden, kleinere Fenster, Fenster auf der sonnenabgewandten Seite und verspiegelte Fenster hilfreiche Anpassungen.

Selbstverständlich sind auch Fensterlösungen mit hohem Isolierungsgrad (Mehrfachverglasungen, Gasfüllungen in den Zwischenräumen mit hohem Isolierungswert) höchst wünschenswert. Diese konzeptionellen Lösungen gilt es auch auf die Fassaden auszuweiten. Beispielsweise können viele Gebäude zur Gewinnung erneuerbarer Energien oder zur Wiederverwendung von Abwärme ertüchtigt werden. Hierzu bieten Sonnenenergie, Erdwärme, Geothermie bedenkenswerte Möglichkeiten. Brennstoffzellen in Gebäudekomplexen können dezentrale Elektrizitätserzeugung und effiziente Wärmenutzung ideal kombinieren. Die Lösungen sollten hier jeweils den lokalen Gegebenheiten entsprechend gestaltet werden. Städte in den Sonnengürteln der Welt sind ein ideales Labor für Solarthermie und Fotovoltaik. Vulkanische Gegenden sind ideal für die Nutzung von Geothermie. Es ist liegt auf der Hand, dass Mietwohnungen oft ideale Einheiten für kleine Kraft-Wärme-Kopplungs-Einrichtungen sind. Und in der Landwirtschaft ist die Kombination mit Biogas eine naheliegende Variation dieses Themas.

Zudem sollte die preisgesteuerte Nutzung von Energie bei schwankender Energieproduktion – etwa dort, wo sie wind- und sonnenabhängig stattfindet – durch entsprechend gestaltete Immobilien ausgeweitet werden. Nachtspeicherheizungen böten hier eine mögliche Lösung. Der Betrieb von Kühlhäusern oder Eisschränken in Stromüberschusszeiten ist beispielsweise effizienter als die Lösung, mit Pumpkraftwerken Überschussstrommengen zu nutzen, schließlich ist mit dem Konversionsvorgang ein bedeutender Energieverlust verbunden. Erst wenn alle Möglichkeiten der Glättung der Energienutzungsmengen über ein

»smart grid« – also ein intelligentes Stromnetz, das die kommunikative Vernetzung und Steuerung von Stromerzeugern, Speichern, Verbrauchern und Netzbetriebsmitteln umfasst – erledigt sind und dann immer noch ein Stromüberschuss aus Wind und Sonne vorliegt, sind Aktivitäten, die Konversionskosten beinhalten, wie das Hochpumpen von Wasser in Stauseen, zu erwägen.

Energiefresser sichtbar machen – international koordiniert die Emissionen optimieren

Viele Lösungen dieser Art sind heute technologisch bereits verfügbar, werden aber nicht umgesetzt, weil ökonomische Anreize fehlen. So etwa steht die Mieterschutzgesetzgebung mit ihrem Fokus auf der Kaltmiete oft im Widerspruch zu einer energieeffizienten Investition in die Immobilie. Staatlich verordnete Energiepässe für Gebäude, die bei Transaktionen die variablen Kosten der Immobiliennutzung deutlicher machen, könnten hier zu einer Beschleunigung der ökonomischen und ökologischen Verbesserungen führen. Noch weiter gingen schließlich Konzepte, welche die Umweltgaseinträge der Gebäude in Emissionszertifikate und deren Handel einbringen würden. Damit würden die externen Kosten internalisiert. Wer die Umweltbelastung reduziert, wird durch Ersparnisse beim Kauf von Umweltzertifikaten entlastet. Solche Antworten sind freilich wenig sinnvoll, wenn nur einige europäische Länder die notwendigen Maßnahmen ergreifen. Eine Nachfolgelösung mit bindendem Charakter für das Kyoto-Protokoll wäre hierfür erforderlich. Ohne die USA und China an Bord verspricht eine solche Orientierung wenig Erfolg. Leider haben die Umweltkonferenzen in Kopenhagen und in Cancun keine verbindlichen Absprachen bezüglich der Einsparziele gebracht. Darauf sollte man bei den künftigen Treffen hinarbeiten.

Umweltschutz in anderen Bereichen: Wasser, Lärmvermeidung

Umweltschutz ist freilich weit mehr als Energieeinsparung. Beispielsweise kann im Immobilienbereich auch die Nutzung von Wasser mit sehr geringen Kosten erheblich verbessert werden. So könnte man Frisch- und Brauchwasser in getrennten Systemen führen. Dies würde die Mehrfachnutzung von Brauchwasser ermöglichen. Gleichzeitig könnte der Niederschlag, der in den Regenrinnen von Dächern ohnehin gesammelt wird, unmittelbar zweckmäßig verwendet werden. Solche Vorkehrungen sind besonders dort sinnvoll, wo Wasser knapp ist. Auf Hawaii würden solche Investitionen sich nicht rechnen, in Nordchina hingegen schon viel eher. In Europa ist Wassermangel eher ein Phänomen des Südens. Dort gibt es auch mehr Erfahrungen mit entsprechenden Anlagen. Naturgemäß sind die Kosten für solche Vorkehrungen dann besonders gering, wenn man eine Immobilie von Anfang an entsprechend plant. Der Umbau der Deutsche Bank Towers hat der effektiven Nutzung des Wassers im Gebäude und seiner unmittelbaren Umgebung auch besondere Aufmerksamkeit geschenkt.[11] Das Thema Frischwasser ist möglicherweise ein Mega-Thema des Umweltschutzes. Weit wichtiger ist das Thema wohl aber im Kontext der Bewässerung in der Landwirtschaft und der industriellen Nutzung des Frischwassers.

Ein anderer Aspekt des Umweltschutzes ist der Lärmschutz. Die Lösungen, die wir für den Lärmschutz einsetzen, sind oft teuer und wenig attraktiv. Zudem machen wir uns die sich anbietende Doppelnutzung von Lärmschutz und Energiegewinnung durch Fotovoltaik oder Solarthermie nicht zunutze. Statt teurer Rohstoffe – es werden teure Materialien wie Beton, Stein, Glas, Kunststoff und Holz für Lärmschutzbauten verwendet – wären Erdwälle zu bevorzugen. Die Lärmschutzflächen wären außerdem, zumal in den südlichen Ländern Europas, oft ideale Sonnenkollektoren.

Energiequellen und Energieträger: endliche Verfügbarkeit und Belastung der Umwelt

Unabhängig davon, wie die knappen Rohstoffe und Energiequellen verwendet werden, sollte ein Blick auf die Quellen selbst geworfen werden: Welche Energiequellen sind langfristig verfügbar und welche

Emissionen treten bereits bei ihrer Gewinnung oder später bei ihrer Benutzung auf?

Diese Frage ist äußerst komplex. Umweltorientierung heißt einerseits Nachhaltigkeit, also die Sorge, dass auch nachfolgenden Generationen noch eine faire Beteiligung an den Schätzen des blauen Planeten gesichert wird. Und da ist andererseits die mit Energienutzung häufig verbundene Belastung der Umwelt etwa durch CO_2, aber auch durch andere Treibhausgase. Zudem gilt es die Belastung der Umwelt mit Staub- und Rußpartikeln zu bedenken, ebenso die Verschmutzung durch SO_2- oder NOX-Emissionen.

Produktion von Primärenergie

Des Weiteren wird die Umwelt auch schon bei der Produktion von Primärenergie belastet. Man denke etwa an den Braunkohletagebau, der oft die komplette Umgestaltung der Landschaft mit dem Wegfall von Gemeinden, die auf den entsprechenden Gebieten siedelten, bedeutet. Oder man führe sich die vielfachen, oft langfristigen Gefährdungen durch den Bergbau in der Tiefe vor Augen, sowohl für die Menschen als auch für die geologische Stabilität. Aber auch bei erneuerbaren Quellen wie Wind und Sonne sind Landverbrauch für Windräder oder Panele und die daraus entstehende Landschaftsbeeinträchtigung relevante Umweltprobleme.

Effizienz- und Umweltüberlegungen bedeuten eine beachtliche Herausforderung. Europa und insbesondere Deutschland haben eine lange Forschungs-, Implementierungs- und Mediationsperiode in all diesen Fragen hinter sich. Staatliche Politik hat sich über Regulierung, Steuerpolitik und Genehmigungspraxis in diese Prozesse intensiv eingebracht. Viele Probleme und Herausforderungen in diesem Kontext sind lokal. Sie können auf der jeweils niedrigsten Stufe der politischen Verantwortung gesteuert werden. Wenn freilich das Floriansprinzip dominiert und keiner die Windräder, die Sonnenkollektoren und die Strom- und Gasleitungen in seiner Gemeinde haben will, brauchen wir ein politisches Abstimmungsverfahren auf einer höheren, in einigen

Fragen sogar auf der europäischen Ebene. Diese komplexen Fragen gilt es vorurteilsfrei und rasch anzugehen, bevor ein Blackout die hohen Kosten der Entscheidungsverzögerung offenbart.

Gefahren der Kernkraft als Primärenergiequelle

Andere Kategorien von Umweltüberlegungen sind bei der Kernkraft zu bedenken. So ist die Atomenergie im Falle von Störungen wegen der Strahlungsgefahr und insbesondere wegen der unsicheren Endlagerung von Abfallprodukten der Produktion problematisch.

Die theoretischen Erörterungen dieser Risiken sind Vergangenheit. Erst Harrisburg, dann Tschernobyl und nun Fukushima stehen für die verheerenden Folgen der Kernkraftnutzung. Es zeigt sich, dass verschiedene Arten der Störung zu unkontrollierten Reaktionen führen können. Nicht allein Naturkatastrophen unvorhersehbaren Ausmaßes, auch Unfälle und terroristische Aktionen können zum GAU, zur Kernschmelze, führen.

Es spricht viel dafür, dass nicht nur in Deutschland und mit Verzögerung in der Schweiz eine Energiewende stattfindet. Die Sicherheitsüberprüfung der Kernkraftwerke wird ihre Kapazität vermindern und ihre Betriebskosten beträchtlich erhöhen. Die Behandlung von Versicherungsrisiken durch Rückversicherungen wird hierauf einen bedeutenden Einfluss haben. Dass Länder wie Japan, China und die USA (besonders im erdbebengefährdeten Kalifornien) zu neuen Risikoeinschätzungen kommen werden, ist absehbar.

Die EU hat eine europaweite Risikoüberprüfung der Kernkraftwerke auf den Weg gebracht. Die derzeit wahrscheinliche, international nicht abgestimmte Strategie überzeugt ökonomisch und ökologisch nicht. Es gälte, die ältesten und am wenigsten sicheren Kraftwerke zuerst abzuschalten. Es gälte, zügig bezahlbare Energie global – auch durch entsprechende Neunutzung von Primärenergie und internationale Durchleitungen – sicherzustellen. Genau an dieser internationalen Abstimmung fehlt es aber. Die EU-Kommission und ihr Energiekommissar sind in einer guten Lage, diese Themen international in den Vordergrund zu stellen und Lösungen voranzubringen. Europa kann und sollte hier führen.

Negative Effekte anderer Primärenergiequellen

Die Verwendung von Wasserkraft, die mit Talsperren und Stauseen verbunden ist, hat oftmals Implikationen für den Lebensraum von Mensch und Tier, die mittlerweile als unakzeptabel erscheinen oder sogar katastrophale Gefahren bergen, etwa zerstörerische Flutwellen. Die Verwendung von Biomasse zur Energiegewinnung führt, wie zuvor bereits erläutert, im ungünstigsten Fall zu Monokulturen für Zuckerrohr, Ölpalmen oder Raps. Daneben steht die Nutzung von Biomasse für die Energieproduktion oft in potenzieller Konkurrenz zur Nahrungsmittelversorgung. Will man solche Bedenken zerstreuen, gilt es, Biomasse, die für solche Alternativnutzungen nicht zur Verfügung steht, zur Energiegewinnung einzusetzen. Dazu zählen Müll, Methangas aus tierischer Produktion, Stroh, Holzschnipsel oder Pflanzen, die dort wachsen, wo Nahrungsmittel nicht gedeihen. Für Müllverbrennung und Biogasanlagen ist Deutschland bei der Produktion und der Anwendung ein Pionier und kann international als Vorbild dienen. Bei der Verwendung von Holz ist unser Nachbar Österreich in vielfältiger Weise erfolgreich und kann anderen Ländern als Wegweiser dienen.

Transport von Energie

Aber nicht allein bei der Produktion von Primärenergie sind Umweltgesichtspunkte zu bedenken. Die Energieproduktion findet oft sehr weit entfernt von ihrer Nutzung statt. Damit muss Primärenergie über weite Strecken transportiert werden, bevor sie nutzbringend eingesetzt werden kann. Dies kann in der ursprünglichen physischen Form erfolgen, etwa durch Gas- oder Ölpipelines, oder aber nach einer Verwandlung, die den Transport beispielsweise in Stromleitungen ermöglicht. Damit ist die Errichtung der jeweils notwendigen Infrastruktur verbunden. Ob elektrische Leitungen oder Gaspipelines, ob Straße, Gleise oder schiffbare Flüsse für den direkten Transport der Primärenergieträger: Alle diese Transportformen belasten die Umwelt. In ganz Europa ist zu sehen, wie zahlreich die Bürgereinsprüche gegen Hochspannungsleitungen, Pipelines, neue Straßen oder Bahntrassen sind.

Die weitere Verstädterung, die Erhöhung der Energienachfrage, die Abwendung von der Atomenergie und anderen fossilen Quellen, die Hinwendung zu Erneuerbaren und die Dezentralisierung der Elektrizitätserzeugung machen viele Investitionen in Infrastruktur, Privatinvestitionen und Nutzerneuorientierungen erforderlich.

Ob demokratische, marktwirtschaftliche Lösungen solche komplexen Entscheidungen zügig genug voranbringen können, ist offen. Es sieht so aus, als ob präsidial geführte Länder gegenüber föderal strukturierten Entscheidungsvorteile besitzen. Es sieht leider auch so aus, als ob das Notwendige in Ländern ohne entwickelte Bürgerrechte, wie beispielsweise China, besser voranzubringen ist. Solche Überlegungen kann Europa nicht ignorieren, darf in ihnen aber auch keine Handlungsoption suchen. Es gilt mit den Bürgern und nicht ohne sie voranzukommen. Dazu sind effektive Mediationsverfahren wichtig, aber auch technologisch ausgereifte und kühne Antworten. Warum zum Beispiel sollte man die Trassen der Deutschen Bahn nicht auch als Stromtrassen nutzen?

Mutiges Entscheiden unter Unsicherheit vonnöten

Mit diesen wenigen Bemerkungen wird deutlich, dass Umwelt, Energiequellen und Energieträger ein vielseitiges Problemfeld bilden, das nach umfassenden, mutigen und originellen Antworten verlangt. Die Überlegungen bezüglich der Wechselwirkungen sind zudem nicht statisch. Die technologischen Entwicklungen verändern ständig die Optimalitäten. Dies macht die Investitionsrechnungen von Unternehmen unsicher, aber ebenso die Wahlentscheidungen der Nutzer und insbesondere die Handlungen derjenigen, die – ob öffentliche Hand oder privater Anbieter – die Infrastruktur für die Energiegewinnung und -verteilung bereitstellen. Jede getroffene Entscheidung ist eine die künftige Optimalität prägende Weichenstellung. Die irreversiblen »sunk costs«, also die bereits getätigten Investitionen, steuern, wie es mit dem Energiemix weitergeht. Die Option, alle Optionen gleichzeitig offenzuhalten, ist wegen der Knappheit an Forschungs-, Beratungs- und Finanzierungsressourcen nicht gegeben. Man muss unter Bedingungen der Unsicherheit entscheiden, aber man muss sich – bei entsprechendem Forschungs- und Entwicklungsfortschritt, auch unter Inkaufnahme beachtlicher Abschreibungen – zu einer Neuausrichtung durchringen. Bei der Bedeutung von Energie und Umwelt für die soziale und wirtschaftliche Entwicklung ist die Bereitschaft, Finanz- und Humankapital dafür in Reserve zu halten, durchaus vertretbar, ja erwünscht. Freilich heißt dies, dass dieses Kapital für andere Zwecke dann nicht verfügbar ist. Die gesellschaftliche und politische Vorliebe für das »Jetzt« und für den unmittelbaren »Konsum« lassen freilich solche Entscheidungen für das »Morgen« und die »Investition« wenig attraktiv erscheinen. Den Gürtel heute enger zu schnallen, um in Energie- und Umwelteffizienz investieren zu können, damit morgen höhere Effizienz und intakte Umwelt möglich sind, ist intellektuell vermittelbar. Aber es ist angesichts menschlicher Schwächen oft keine realistische Entwicklungsperspektive. Deshalb ist eine entsprechende Regulierung zugunsten des »Morgen«, zulasten des »Heute« angezeigt.[12]

Sicherheit und Wirtschaftlichkeit sind nicht immer Gegenspieler des Umweltschutzes

Neben der ökologischen Dimension des Energiethemas spielen freilich die Fragen der Sicherheit und der Wirtschaftlichkeit eine weitere wichtige Rolle. Da die Ressourcen weder global (zwischen den Ländern) noch personell (zwischen den Einkommensgruppen) gleichmäßig verteilt sind, sind diese Bedenken alles andere als nebensächlich. Vielmehr stehen sie zu Recht immer wieder im Mittelpunkt. Doch diese beiden anderen Ecken des Zieldreiecks müssen nicht im Gegensatz zum Umweltziel stehen. Es gibt durchaus eine beachtliche Zahl von Fällen, in denen zwei oder drei dieser Ziele nicht im Konflikt, sondern in Harmonie miteinander stehen. Es gilt, mit großer Aufmerksamkeit solche Fälle zu identifizieren und danach entsprechende Entscheidungen zu fördern. So etwa ist der Einsatz von Biogas ein Instrument zur Verminderung der CO_2-Einträge. Gleichzeitig macht diese Primärenergiequelle weniger abhängig von Öl- und Erdgasimporten und erhöht so die Versorgungssicherheit. Der wichtigste Grundsatz lautet, die gesamte Forschung auf diesem Gebiet sorgfältig wahrzunehmen und einzuordnen, um solche Optionen nicht zu verpassen. In letzter Zeit kamen aufgrund technologischer Innovationen neue Optionen hinzu. Einige davon werden im Folgenden dargestellt.

Gas in Schiefergestein – neue Technologien machen die Exploration bezahlbar

Gasvorkommen waren bis vor Kurzem nach gängiger Auffassung – wie bekanntlich das Erdöl – einseitig auf wenige Teile der Welt konzentriert, die zudem als politisch schwierig und unsicher gelten. Da Kohle breit gestreut auf dem Globus vorkommt, wurde lange aus Sicherheitsgründen die Verwendung von Kohle vorgezogen. Diese Option hat, bei der bisher verfügbaren Technologie (also ohne industriell umsetzbare CO_2-Abtrennung), den Nachteil, die Klimaproblematik zu verschärfen.[13]

Mit der neuen Explorations- und Förderungstechnologie haben sich nun Gasvorkommen, etwa in Schiefergestein, als regional weit weniger konzentriert erwiesen. Es existieren Vorkommen in den USA, die bereits ausgebeutet werden, in China, aber auch in Deutschland. Wegen der weit höheren Energieeffizienz und der relativ geringen CO_2-Emission von Erdgas im Vergleich zu Kohle ist diese Entwicklung gleichzeitig für Sicherheit, Ökonomie und Ökologie ein Pluspunkt. Wie relevant eine solche technologische Entwicklung ist, zeigt sich bei den Infrastrukturprojekten für Pipelines, Hafenanlagen oder Schiffen etwa zum Transport von Flüssigerdgas. Russland, Qatar und die Firmen, die strategisch auf solche Lösungen gesetzt haben, saßen vor Fukushima noch auf abschreibungsbedürftigen Investitionen.[14]

Langen Atem durch marktorientierte Konzepte sicherstellen

Die Liste der Beispiele, bei denen sich durch Preisentwicklungen oder technologische Durchbrüche die Qualität von Einsichten relativierte, ist lang.

An zwei Beispielen will ich deutlich machen, worum es hierbei geht. Das erste Beispiel soll die friedliche Nutzung der Atomenergie sein, eine Technologie, deren Anwendung wir weitgehend kennen. Das zweite Beispiel soll der Einsatz der Brennstoffzelle sein, eine Technologie, deren potenzieller Einsatz noch in der Zukunft liegt.

Als die Forschung die Beherrschbarkeit der Atomspaltung als Grundlage der Elektrizitätsproduktion demonstriert hatte, haben staatliche Forschung und staatliche Planung sowie privates Engagement den technisch aufwendigen Produktionsprozess und die (vorläufige) Verwahrung der strahlenden Reststoffe geplant und durchgeführt. Komplexe Standortentscheidungen, von der Verfügbarkeit von Kühlwasser bis zu Bürgerbedenken, waren zu treffen, Genehmigungsverfahren mit aufwendigen Sicherheitsüberprüfungen zu durchlaufen. Angesichts der Größe der Projekte – das Kernkraftwerk Krümmel in Schleswig-Holstein produziert mehr Strom, als ganz Schleswig-Holstein benötigt – musste für die Weiterleitung des Stroms in entsprechende Absatzgebiete gesorgt werden, wozu Leitungen installiert werden mussten. Solche Großinvestitionen haben die existierende Infrastruktur um die Kohlekraftwerke herum herausgefordert. Diese wurden nicht erneuert. Hätte es Stromproduzenten mit einer Kohlemonostruktur gegeben, hätte die Etablierung von Atomstromproduktion eine wirtschaftliche Schädigung der Kohlestromproduzenten mit wohl erforderlichen Entschädigungszahlungen bedeutet. Schließlich hatten die Firmen bei ihren Investitionen in Kohlestrom nicht wissen können, welcher Konkurrenz sie dereinst ausgesetzt sein würden. Da Strom auch importiert und exportiert wird, kam es nicht nur auf die deutsche Entscheidung bezüglich der Atomkraftwerke an. Auch Frankreich forcierte die Nutzung der Atomenergie zur Elektrizitätsgewinnung. Der Zeithorizont der Entscheidung ist bei Kraftwerken mit langer Lebensdauer oder bei

Stromleitungssystemen mit eher noch längerer Lebensdauer von großer wirtschaftlicher Bedeutung. Nur bei Planungssicherheit über einen langen Zeitraum werden solche Investitionen attraktiv. In Bezug auf die Länge der Investition für die Atommülllagerung hat wohl auch die staatliche Seite die natürlich bedingte extrem lange Strahlungs- und Lagerungszeit nicht wirklich konzeptionell bedacht. Hier hat man optimistisch auf den technischen Fortschritt zur Lösung des Problems gehofft, der allerdings ausgeblieben ist.

An einem zweiten Beispiel will ich deutlich machen, wie komplex die Kombination aus technologischen Durchbrüchen und dramatischen Preisveränderungen für das System der Energieversorgung sein kann.

Es sei unterstellt, dass Energie aus Öl und Gas wegen der politischen Risiken in den Hauptlieferländern teuer und unsicher wird und bleibt. Weiterhin sei unterstellt, dass das ökologische Bewusstsein zunimmt und die Klimaerwärmung als zu korrigierende Bedrohung begriffen wird. Dies würde CO_2-arme Primärenergie (vor allem aus erneuerbaren Energieträgern) ökonomisch und ökologisch präferabel werden lassen. Gäbe es gleichzeitig einen technologischen Durchbruch zum gefahrlosen und energiesparsamen Transport von Wasserstoffverbindungen,[15] so könnte die gesamte Energiearchitektur ökologisch und ökonomisch optimiert werden.

Erneuerbare Ernergie würde metropolfern gewonnen und an geeigneten Stellen, nahe an Sand und Wasser, in Wasserstoffderivate verwandelt. Diese Produkte würden in die Metropole geliefert, wo sie in stationären Brennstoffzellen zum Einsatz kämen. Dort würden dann lediglich Wasser und Sand als Reststoffe anfallen. Ein solches Konzept setzt einiges voraus: internationale Kooperation, Organisation der Transporte solcher Wasserstoffderivate – deren chemische und physikalische Eigenschaften lassen den Transport auf dieselbe Art und Weise zu wie bei Kohle beziehungsweise Kohlestaub – und den Einsatz von Brennstoffzellen in Gebäuden, die faktisch kleine Kraft-Wärme-Kopplungs-Kraftwerke sind. Damit wird die zentrale Elektrizitätsversorgung von einer dezentralen abgelöst. Traditionelle Stadtwerke, die traditionell hergestellten Strom verkaufen, bräuchte es nicht. Nötig wäre allerdings ein komplett anders gesteuertes und konfiguriertes Stromnetz. Hierfür braucht es einen Regulator und Investoren. Da es sich bei Strom um eine zentrale Größe für das Wohlergehen der Privatwirtschaft wie der Haushalte handelt, ist der Umbau mit Präzision und Sicherheitspuffern zu gestalten. Das gerade beschriebene Modell würde in einem wichtigen Teil – der Organisation des Transports von Wasserstoffderivaten – obsolet, wenn es einen Durchbruch bei der Superleitfähigkeit von Strom gäbe. Dann nämlich könnten die metropolfern geernteten Wind- und Solarstrommengen effizient in Superleitungen in die Metropolen gebracht werden.

Die Kosten von solchen Fehlinvestitionen sind in diesen Fällen von Interaktion großer privater Investitionen und Infrastrukturerfordernissen oftmals sehr hoch. Sie machen die Kooperation des privaten und öffentlichen Sektors fast immer erforderlich. Sie sind so kompliziert, weil die Bedeutung dieser Entscheidungen in vielen Fällen die Landesgrenzen überschreitet. Die Zeithorizonte der verschiedenen Mitspieler sind oft unterschiedlich. Für die hier angesprochenen Fragen ist freilich ein recht langer Zeithorizont der einzig angemessene. Dort, wo private Akteure eine ausgeprägte Gegenwartsorientierung haben, gilt es notfalls durch staatliche Regulierung, besser aber durch prinzipiell stärker marktorientierte Konzepte wie Emissionszertifikate und deren Handel, die Orientierung an einer längerfristigen Perspektive sicherzustellen.[16]

Europa hat Erfolge vorzuweisen

Europa war und ist ein interessantes Labor für Energiequellen und -träger. Europa hat Erfahrung mit Kohle, mit Öl (aus der Nordsee) und mit Gas (etwa in den Niederlanden). Europa hat virtuos die Wasserkraft als erneuerbare Energie eingesetzt, wofür Norwegen, aber auch die Alpenländer beispielhaft stehen. Europa hat aber auch schon seit Jahrhunderten, wenn auch erst nach einer Zeit des Raubbaus, von einer Forstwirtschaft profitiert, die Wirtschaftlichkeit als Nachhaltigkeit interpretiert hat. Österreich hat in Bezug auf moderne Formen der

Nutzung von Holz als Biomasse eine Menge vorzuweisen. Die Nutzung von Holzpellets ist dort konzeptionell und praktisch weit vorangetrieben worden. Europa hat in Bezug auf andere Formen der Nutzung der Biomasse beachtliche Pionierarbeit geleistet. Die thermische Verwertung von Müll ist weit fortgeschritten und hat Umweltprobleme, wie sie früher durch Deponien entstanden, weitgehend gelöst. Auch der private Sektor hat Weichen gestellt. Energieintensive Sektoren, wie etwa die Zementproduktion, haben in ihrer Energiebilanz Wirtschaftlichkeit, Sicherheit und Ökologie entscheidend verbessert und sind mit ihren Ideen Vorreiter für den Sektor geworden. Hierbei hat natürlich die internationale Konsolidierung dieser Industrie eine wichtige Rolle gespielt.[17]

Landwirte als treibende Kraft

Aber auch in Sektoren mit völlig anderen Strukturen – bis hin zur Eigentümerstruktur – ist Europa ein Labor für die energetische Neuausrichtung. Die Landwirte sind ein bedeutender Träger solcher Prozesse. So etwa sind sie in der deutschen Windindustrie bedeutende Partner: nicht nur als Landbesitzer, die entsprechende Grundstücke zur Verfügung stellen, sondern oft auch als Eigentümer der Windräder. Für die gesellschaftliche Akzeptanz ist dies von nicht zu unterschätzender Bedeutung. Auch davon gilt es im internationalen Kontext zu berichten, erweist sich doch Bürgerprotest oftmals als eine wichtige Hürde bei Veränderungsprozessen. Landwirte sind auch in einer Reihe weiterer Prozesse für die Umgestaltung des Energiemix von enormer Bedeutung. Selbstverständlich ist ihr Beitrag bei der Bereitstellung und Nutzung der Biomasse von großer Bedeutung. Dadurch, dass die Landwirte seit Jahrhunderten gut (und die Landfrauen ebenso, wenn nicht besser)[18] organisiert sind, steht der Umstand kleiner Betriebsgrößen ihrem Einfluss auf Politik und Gesellschaft nicht entgegen. Dies gilt für die Lobbyarbeit. Es gilt aber auch für die Forschungsarbeit. Die Forschungsanstalten der Landwirtschaft haben große Tradition und weisen in vielen Feldern beachtliche Erfolge auf.[19] Mit der DLG hat der

Sektor eine beeindruckende Organisation für die Umsetzung und Verbreitung neuer Konzepte. Mit der Zuckerindustrie hat dieser Sektor gar seine Hand am industriellen Teil dieser Prozesse. So verwundert es nicht, wenn er bei der Gestaltung der Normierung von Kraftstoffen seine Mitwirkung deutlich macht.

Doch nicht alle Regulierungen auf diesem Feld können als erfolgreich gelten. Die 2011 eingeführten E10-Kraftstoffe, das Ergebnis einer Regulierung zur Beimischung von Biokraftstoffen zur Erreichung der CO_2-Einsparziele, die Deutschlands Regierung und die EU auf Umweltschutzkonferenzen zugesagt haben, haben sich als Flop erwiesen. Nicht, dass es für sie keine ökologischen Argumente gäbe. Aber an nahezu allen Stellen wurde bei der Kommunikation gepatzt. So etwa wurde die Information der Motorenverträglichkeit des neuen Kraftstoffs nicht rechtzeitig und verlässlich vermittelt. Aber auch sachgerechte Bedenken über die umfassende Energie- und Ökologiebilanz des Ansatzes fehlen. Vorwürfe, die Biomasse stünde in Zusammenhang mit der Rodung von Urwald, wurden nicht wirklich ausgeräumt. Es steht zu hoffen, dass hier das Kind nicht mit dem Bade ausgeschüttet wird und diesen Kraftstoffen doch noch eine Zukunft offensteht.

Biogas als lokaler Puffer

Eine wichtige Sparte der Biomasse, Biogas, bietet ebenfalls eine Vielzahl reizvoller Möglichkeiten, insbesondere für ländliche Räume. Biogas ist aber auch über die eigene Heimat hinaus, wegen der größeren Bedeutung der Landwirtschaft in den meisten Ländern, vor allem in Entwicklungsländern, von großer potenzieller Bedeutung. Biogasanlagen in den verschiedensten Dimensionierungen sind hierzulande entwickelt worden und tragen zu einer dezentralen Energie- inklusive Elektrizitätsversorgung bei. Biogas ist kostengünstig lagerfähig und lässt damit eine bedarfsentsprechende Abgabe der Energie zu. Das ist eine hochwillkommene Flexibilität, die umso bedeutender ist, als andere erneuerbare Quellen wie Fotovoltaik oder Wind großen natürlichen Schwankungen unterliegen. Könnten diese dezentral und bei den

Erneuerbaren nicht ausgeglichen werden, wären teure fossile Reserven vorzuhalten oder teure Leitungskapazitäten zum Ausgleich der ungedeckten Bedarfe erforderlich. Dies würde die erneuerbare Alternative vergleichsweise teuer machen. Wenn Biogas der lokale Puffer sein könnte, wären solche Gegenargumente entkräftet.

Deutschland: Ein führender Produzent von Biogasanlagen

Deutschland hat durch seinen Forschungs- und Entwicklungsvorsprung beachtliche Vorteile bei der Produktion und dem Export von Biogasanlagen. Sie stellen in aller Regel die günstigste Möglichkeit von Kraft-Wärme-Kopplung dar, die neben den genannten Vorteilen auch noch höhere Effizienzgrade für die Primärenergienutzung ermöglicht.

Solche Anlagen demonstrieren heute schon in Deutschland ihre Leistungsstärke. Sie sind in Kombination mit (der wohl nach wie vor unumgänglichen) Massentierhaltung eine wichtige Energiequelle und eine ideale Methode zur Vermeidung der Emission von Methan und zur Müllverwertung. Angesichts vieler ungelöster Probleme bei der Abfallentsorgung kann diese Technologie in Ländern mit hohem Hähnchen- und Schweinefleischverbrauch eine höchst nützliche Nische des Maschinenbaus sein. Thailand und China etwa haben die deutsche Kompetenz auf diesem Feld bereits entdeckt.

Transport und Speicherung der Energie – Erneuerbare haben auch Nachteile

Im Verlauf dieses Kapitels habe ich schon mehrmals auf die Bedeutung des technischen Fortschritts für die Optimalitätsüberlegungen bezüglich Energiequelle und -träger hingewiesen. Im Grunde besteht kein Streit darüber, dass wegen der Endlichkeit von Bodenschätzen erneuerbare Energien zu bevorzugen sind, sind doch letztlich nur sie nachhaltig verfügbar. Für die Gewinnung solch nachhaltiger Energie sind die Zentren des Energieverbrauchs, also die Metropolen, nicht der günstigste Ort. Damit kommt dem Transport und der Speicherung der Energie eine wichtige Rolle für das Kalkül zum Energiemix zu. Hätten wir verlustfreie oder wenigstens verlustarme Energietransportmöglichkeiten, würde die Energieversorgung mit Erneuerbaren ökonomisch attraktiver. Superleitfähigkeit für elektrischen Strom ist hierfür ein entscheidender Parameter. Aber auch andere Energieträger, wie etwa Wasserstoff, sind zu erwägen. Solange man jedoch diesen entweder nur sehr teuer (hochkomprimiert in Stahlflaschen) oder mit nennenswerten Verlusten über die Zeit (verflüssigt und tiefgekühlt) transportieren kann, ist die massenhafte Nutzung dieses Energieträgers nicht realistisch. Könnte indes Wasserstoff in Verbindungen gebracht werden, die chemisch und physisch stabil wie Kohle(staub) sind, wären die Transportprobleme ebenso wie die Abfallprobleme gelöst und die Distanz zwischen Gewinnung und Verwendungsplatz von Erneuerbaren wäre ein weit geringeres Problem.[20]

Eine bisher nicht angesprochene Energieform ist die Geothermie. Diese ist prinzipiell überall verfügbar; die Nutzung wird von der Entwicklung der Kosten für Tiefbohrungen abhängen. Natürlich ist diese Form der Energie bei in geringer Tiefe vorkommenden warmen Wasserquellen besonders leicht erschließbar. Plätze wie Island oder Indonesien, die auf Vulkanen sitzen, sind hier besonders begünstigt.

Eine weitere erneuerbare Energiequelle ist die Strömungsenergie im Meer. Überall, wo es Verengungen gibt, etwa in der Straße von Gibraltar, ist die Nutzung dieser Energieform prinzipiell leichter möglich. Ebbe, Flut und Wellen lassen sich so ebenfalls nutzen.

In all diesen Fällen von erneuerbarer Energie sind freilich Eingriffe in die Natur erforderlich, die teilweise Umweltbedenken, bezogen etwa auf den Artenschutz, auslösen. Hier gilt es, mit Umsicht vorzugehen. Aber da die Vorteile einer solchen Umorientierung auf Erneuerbare so bedeutend sind, sollten alle Anstrengungen unternommen werden, solche Bedenken auszuräumen und an der Vereinbarkeit mit dem Artenschutz zu arbeiten. Wenn man etwa die Strömungsenergie, die täglich viermal die Meerenge von Gibraltar passiert und die eine Energiemenge beinhaltet, die Spanien beinahe komplett mit Strom versorgen könnte, beispielsweise durch die Installation der Turbinen in einer Tiefe sichert, in der keine Fischschwärme ziehen, wäre der Sorge der Naturschützer entsprochen.

Zeitpfade für die Änderungen in Energienutzung und Energiemix

Die globalen Umweltkonferenzen sind wichtige Wegmarken für die Veränderungen bei Energienutzung und Energiemix. Das Kyoto-Protokoll hat durch die (Selbst-)Verpflichtung wichtiger Länder die Ziele zur Emissionsreduktion quantifiziert. Zu den vorhandenen Instrumenten, etwa der Ökosteuer, traten die Emissionszertifikate hinzu. Ihre Versteigerung ist nach wie vor nicht die Regel. Ab 2013 werden allerdings den Energieversorgern Emissionszertifikate nicht mehr kostenlos zugeteilt, sondern müssen über Auktionen erworben werden. Die Erfahrung mit der Teilnutzung dieses Instruments – etwa in der EU – waren nicht durchgängig gut, teils sogar enttäuschend. Die kostenlose Zuteilung von Emissionsrechten aus Konkurrenzgründen, mangelhafte Transparenz und die damit verbundene heftige Preisvolatilität haben den Nutzen des Instruments infrage gestellt. Die EU hat ihre Fehler bei der Nutzung des Instruments Emissionszertifikat verstanden und Regelungen getroffen, die wichtige Schwächen korrigieren. So wird, wie oben skizziert, den Versorgern ab 2013 die vollständige Ersteigerung der von ihnen benötigten Zertifikate abverlangt. Die Industrie muss im Zeitablauf einen steigenden Prozentsatz ihrer Emission mit erworbenen Emissionszertifikaten abdecken. Damit wettbewerbliche Ungereimtheiten zwischen den EU-Mitgliedsländern vermieden werden, hat die EU die nationalen Allokationspläne durch eine EU-Regelung ersetzt. Mit dieser wird versucht, im Zeitablauf über eine Verminderung der Emissionszertifikate das Ziel verminderter Treibhausgasemissionen sicherzustellen. Diese Regelungen sind ein beachtlicher Fortschritt. Und sie sind für andere Länder beispielgebend.

Die Umweltkonferenz in Kopenhagen 2009 war mit großen Erwartungen auf den Weg gebracht worden. Es galt, eine Perspektive für die Nachfolge des Kyoto-Protokolls zu entwickeln. Bundeskanzlerin

Angela Merkel machte diese Konferenz zu ihrer Sache. Und es schien, dass der neue US-Präsident eine ambitionierte und umweltorientierte Agenda besitze und kooperativ sei. All dies hat nicht ausgereicht, die Konferenz zu einem Erfolg zu machen. Im Vorfeld erschien es so, als ob insbesondere China dem Umweltschutzthema besondere Aufmerksamkeit widme und zum Mitstreiter für die Begrenzung der Klimaerwärmung auf (langfristig) 2°C werden würde. Diese Erwartung wurde enttäuscht. Die Schwellen- und Entwicklungsländer beanspruchten sogar Befreiungen von den Reduktionszielen bzw. die Berücksichtigung ihres weit geringeren Pro-Kopf-Eintrags in die Erdatmosphäre. Teilweise wurden auch internationale Fonds zur Finanzierung dieser Anstrengung in den armen Ländern gefordert.

2010 in Cancun gab es dann überraschend einen – freilich nicht bindenden – Konsens über all diese Elemente. Die Bausteine dieses Kompromisses sind also keine verpflichtenden internationalen Vereinbarungen, bewehrt mit Sanktionen und ausgestattet mit effektiven Umsetzungsinstrumenten, sondern nationale Absichtserklärungen zur Reduktion der Umwelteinträge. Selbst wenn man die ambitioniertesten Szenarien der einzelnen Länder ansetzt, wird das Ziel der Emissionsreduktion, das für die Begrenzung der Klimaerwärmung auf 2°C nötig wäre, erheblich verfehlt – bis 2020 um mindestens 5 Gigatonnen CO_2-Emission.[21] Zum Vergleich: Der heutige jährliche Eintrag Deutschlands liegt bei 0,7 Gigatonnen CO_2.[22]

Neben den nationalen Absichtserklärungen über die angestrebten Emissionsverminderungen hat man sich in Cancun im Prinzip auf die Etablierung eines »Green Climate Fund« geeinigt, der bis zum Jahr 2020 100 Milliarden Dollar für die Vermeidung von und die Anpassung an Klimaschäden bereitstellen soll. Durch ihre Bereitschaft, zum Green Climate Fund beizutragen, sorgt die EU auch für gleichgerichtete Bemühungen in den Entwicklungsländern. Dies war der Kompensationswunsch der Dritten Welt für ihre Bereitschaft, an diesem globalen Umweltschutzprojekt mitzuwirken. Diese Forderung ist verständlich, war doch ein Teil der wirtschaftlichen Entwicklung und damit ein nicht unbeträchtlicher Teil des heutigen Wohlstands der Alten Welt der nicht nachhaltigen Nutzung endlicher Ressourcen und somit der Belastung der Umwelt geschuldet. Die Schwellen- und Entwicklungsländer sollen nun auf diese Quelle der Wohlstandssteigerung aus Umweltschutzgründen verzichten. Das erscheint ihnen als nicht fair und begründete die Forderung nach dem »Green Climate Fund«.

Umweltziele erreichen durch weniger Energieverbrauch oder durch Nutzung umweltschonenderer Energiequellen

Es gibt zwei Pfade zur Sicherung der Umweltziele. Der eine ist die Verringerung der Energieintensität der Produktion und eine Lebensweise, die Energie und Rohstoffe schont. In den vorherigen Kapiteln sind viele der Möglichkeiten hierzu skizziert worden. Ganz sicher trüge auch eine Tendenz zu geringerem Fleischverbrauch oder zur komplett vegetarischen Ernährung beachtlich zu diesem Ziel bei. Wahrscheinlich ist eine solche Entwicklung aller menschlichen Erfahrung nach jedoch nicht.[23]

Der zweite wichtige Weg zur Sicherung der Umweltziele ist die Umsteuerung zu Energie-Inputs mit geringerer Treibhausgasemission, etwa die Substitution von Kohle durch Gas, oder – radikaler und konsequenter – der Umstieg von fossilen auf erneuerbare Energien.

Europa macht Versprechen, die nicht ganzheitlich abgestimmt sind

Europa signalisierte für die jüngsten Klimaschutzkonferenzen Reduktionen oberhalb der internationalen Vereinbarungen. Bei den Deklarationen wurde versprochen, bestimmte Prozentsätze bei der Produktion von Elektrizität aus Erneuerbaren in bestimmten Zeiträumen zu erreichen, und die Absicht erklärt, die CO_2-Emissionen deutlich zu reduzieren. Die EU hat zugesichert, bis 2020 die CO_2-Emisionen um 20 % zu reduzieren. Wenn andere diese Verpflichtung auch für sich akzeptieren, will die EU gar eine Verminderung um 30 % zusichern. Dabei wurden allerdings häufig die Voraussetzungen für diese Ergebnisse unterschätzt oder übersehen: Die Absichtserklärungen sind nicht operationalisiert mit den Migrationsplänen aus heutigen, oft fossil befeuerten, Kraftwerken in neue Kraftwerke, die auf Erneuerbaren basieren. Weder sind die Finanzierungen noch die Anreize für die angekündigten Veränderungen etabliert. Die Daten für die CO_2-Emissionsentwicklung im Jahr 2010 (dem Jahr nach der Rezession) lassen nichts Gutes für die Zielerreichung dieser CO_2-Versprechen hoffen.

Will man die ehrgeizigen Einsparziele erreichen, sind rasche Investitionen in erneuerbare Produktion und die Etablierung leistungsstarker Leitungen dringend erforderlich. Die derzeitige Debatte etwa über die Notwendigkeit bestimmter Leitungssysteme, um Strom aus Offshore-Windanlagen in der Nordsee oder Solarstrom aus Afrikas Norden oder Europas Süden in europäische Metropolen zu transportieren, signalisiert weder breite Akzeptanz noch unternehmerische Bereitschaft für Investitionen in einen solchen Kapitalstock. Damit wird deutlich, auf welch wackeligen Beinen die hehren Umweltziele in Europa stehen. Diese Zögerlichkeit hat sehr unterschiedliche Ursachen: Die Sorge um politische Zustimmung der Lieferländer und um die operationale Sicherheit von Kraftwerken und Leitungen ist mit der aufflammenden politischen Unsicherheit in Nordafrika gewachsen. Aber auch die Angst vor elektromagnetischer Strahlung durch Stromleitungen steht der Trassenfreigabe in vielen Teilen Europas im Wege. Zudem ist die Kosteneffizienz solcher Leitungssysteme nicht wirklich geklärt, da viele Fragen des Energiemix und seiner Entwicklung offen sind. Somit ist privates Engagement derzeit sehr zurückhaltend. Die Debatte um die Erhebung der Brennelementesteuer auch nach der Rücknahme der Laufzeitverlängerung für Kernkraftwerke ermutigt die Energieanbieter nicht, offensiver an der Verbesserung des Leitungssystems zu arbeiten.

Trotzdem hat Europa hier die Führungsrolle inne

Andererseits sind die privaten Anstrengungen, die unternehmerischen Initiativen und die staatlichen Anreize in anderen Teilen der Welt bei Weitem nicht so entwickelt und erprobt wie in Europa. Zudem ist hier durch nicht-staatliche Organisationen und durch europäische Einrichtungen, insbesondere die EU-Kommission, ein Erfahrungsschatz entwickelt worden, der größer ist als selbst in einigen US-Bundesstaaten, etwa in Kalifornien. Dies gilt für Emissionszertifikate und ihren Handel,[24] aber auch für die Einspeisungsvergütung von aus Erneuerbaren erzeugter Elektrizität. Solche Kenntnisse über Verbesserungen von Energieeffizienz folgen aber auch aus regulatorischem Übereifer, wie er sich zuletzt in der Abschaffung der Glühbirne gezeigt hat, oder der direkten oder indirekten Wirkung von Ökosteuern. Auch hierzu gibt es eine breite wissenschaftliche Debatte und spezielle NGOs, die sich dieser Fragen annehmen.[25]

Der Umweltschutz wird zum Opfer der derzeitigen Wirtschafts- und Finanzkrise

Die Klimakonferenz in Kopenhagen hat, wie oben dargestellt, nahezu auf der ganzen Linie enttäuscht. Die Nachfolgeregelung für das Kyoto-Protokoll kam nicht zustande. Die großen Schwellenländer haben effektiv blockiert, während die USA Vereinbarungen zugestimmt haben, die eindeutig zu kurz griffen. Cancun 2010 wurde dementsprechend mit niedrigeren Erwartungen gehandelt. Doch die Ergebnisse wurden zu Recht als Überwindung des Stillstandes beurteilt. Weiterführende nationale Versprechen, Absichtserklärungen und die Bereitschaft, Mittel zur Ausrollung von Technologie zur Energieeffizienzsteigerung und zur Transformation der Energiewirtschaft in Richtung Erneuerbarer bereitzustellen, wurden glaubwürdig signalisiert.[26]

Freilich, sicher kann man nicht sein. Die nächste Klimakonferenz Ende 2011 in Durban dürfte eine ernüchternde Bilanz ziehen. Im Jahr 2010 waren die (alten) Staaten mit der Rettung von Finanzinstituten und der Stimulierung der Konjunktur vollauf beschäftigt. Staatliche Defizite und Staatsschulden stiegen auf dramatische Höhen. Staatsbankrotte werden zum immer häufiger angesprochenen Thema. Und dies nicht allein in Griechenland, Irland und Ungarn, sondern eben auch in den USA und Japan. Die Ratingagenturen werden kritischer und fordern Konsolidierung. Damit wird Politik zur Eindämmung der Umweltbelastung, die ja Geld kostet und zu Belastungen von Unternehmen und Haushalten führt, schwerer vermittelbar. Das langfristig wichtige Ziel des Umweltschutzes wird zum Opfer der akuten Wirtschafts- und Finanzkrise.

Dass »noch etwas geht«, auch wenn die Finanzsorgen von Finanzministern unübersehbar sind, hat man an den schnellen Reaktionen nach Fukushima gesehen. Das gilt nicht allein für Deutschland. Auch die Schweiz bewegt sich, und in Japan deutet sich ebenfalls eine Energiewende an. Ist etwa die Unterstützung, der sich die Partei der Grünen derzeit erfreut, ein Hinweis auf die Ernsthaftigkeit des privaten Interesses an Umweltfragen? Zeigen die neuen Zielsetzungen in vielen Unternehmen, die Umweltfragen zu einem weit über die bisherige Auffassung von »Corporate Social Responsibility« hinaus wichtigen Thema gemacht haben, eine echte Trendwende an? Hoffnung ist berechtigt, Sicherheit indes nicht gegeben.

Die Pionierrolle Europas im Umweltschutz lohnt sich auch wirtschaftlich

Je mehr feste Stützen einer umweltorientierten Politik intakt bleiben, desto besser. Und am Ende teile ich die Sichtweise von Adam Posen, der der Pionierrolle technologisch und gesellschaftlich führender Länder das Wort redet: Nicht allein, weil dies dem langfristigen, strategischen Ziel der Rettung des blauen Planeten entspricht, sondern weil ein solches Vorauslaufen bei einer unvermeidlichen Veränderung globaler Verhältnisse auch ein erfolgreiches Geschäftsmodell für Unternehmer, private Haushalte und Arbeitnehmer sein kann. Wer so handelt, wird mit Pioniergewinnen belohnt und nicht nur mit besonders hohen Investitionen zu Beginn des Prozesses belastet.[27]

Kapitel 4

Europa schrumpft und altert – mit seinen Antworten kann es der Welt ein Vorbild sein

Die demografische Geschichte Deutschlands und Europas

Die Bevölkerungsentwicklung hängt von drei wichtigen Säulen ab: von der Geburtenhäufigkeit, der Lebenserwartung und der Zu- und Abwanderung im jeweiligen Land.

Europa hat eine sehr wechselhafte demografische Geschichte. Große Völkerwanderungen, Kriege, Krankheiten und Hungersnöte haben vielfache, tiefe Veränderungen ausgelöst. Keine Epoche war nachhaltiger für die Bevölkerungsentwicklung wirksam als die Industrialisierung des 19. Jahrhunderts, wie Abbildung 1 zeigt. Sie war mit einem dramatischen Bevölkerungswachstum verbunden. Nach dem Zweiten Weltkrieg haben der Nachkriegsbabyboom und die politisch bedingten Wanderungen Europas demografischen Fußabdruck geprägt. Das deutsche Wirtschaftswunder hatte mit der Einführung der Marktwirtschaft, aber eben auch dem Zustrom von Flüchtlingen aus deutschen Ostgebieten und der Zuwanderung von Gastarbeitern zu tun.

Diese demografischen Bedingungen fanden in der zweiten Hälfte der sechziger Jahre weitgehend ihr Ende. Insbesondere die Geburtenhäufigkeit sackte ab. Die Zuwanderung – zuvor vor allem in den Arbeitsmarkt – änderte mit dem Anwerbestopp Mitte der siebziger Jahre ihren Charakter. Familienzusammenführung und Asylsuche wurden zur wichtigsten Motivation für Einwanderung, die entsprechend zur Steigerung von Sozialausgaben führte.

Deutschlands demografische Nachkriegsgeschichte war nicht ein-

Abbildung 1 Historische Entwicklung der Bevölkerung in Europa seit 1650 (in Millionen)

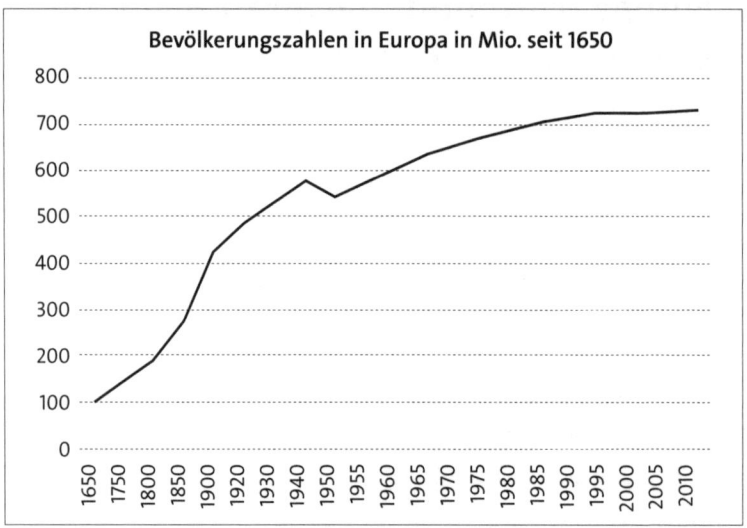

Quellen: 1650–1950 aus http://www.vaughns-1-1pagers.com/hostry/world-population-growth.htm, ab 1950 aus Population Division of the Department of Economic and Social Affairs of the United Nations Secretariat, World Population Prospects, http: //esa.un.org/unpp

zigartig. Auch andere europäische Länder hatten durch Gebietsveränderungen beträchtliche Wanderungen zu bewältigen, so etwa Polen. In Bezug auf den Nachkriegsbabyboom war sogar weltweit eine große Gleichförmigkeit zu beobachten. In Europa startete er im Vergleich zu den USA und Japan wegen der Zerstörung und der mühsamen Überwindung existenzieller Not mit einem etwa fünfjährigen Verzug.

Lebenserwartung steigt und steigt

Im Trend also sank die Geburtenhäufigkeit, freilich nicht ohne Schwankungen, die zum Beispiel mit Nachholeffekten nach Kriegen zu tun hatten. Diese Prozesse fanden wegen politischer und wirtschaftlicher Unterschiede nicht zeitgleich statt.

Die Entwicklung der Lebenserwartung war dagegen noch viel stetiger. Sie stieg, seit wir sie messen (hier dokumentiert ist die Entwicklung seit 1900), an, und zwar in unvermindertem Tempo, wie Abbildung 2 beispielhaft für Deutschland zeigt. Da diese Tendenz anhalten dürfte, werden Kinder im Jahre 2060 in Japan, Europa und den USA bei Geburt eine fast doppelt so hohe Lebenserwartung (Männer 85 Jahre, Frauen 89 Jahre) haben wie im Jahre 1900 (etwa 50 Jahre).

International weichen Länder mit besonderer Gefährdung durch Krankheiten wie Aids oder Malaria von diesem Lebenserwartungsmuster ab, aber auch Länder mit exzessivem Alkoholkonsum wie etwa Russland. In Russland steigt – abweichend von den anderen entwickel-

Abbildung 2   Entwicklung der Lebenserwartung bei Geburt in Deutschland

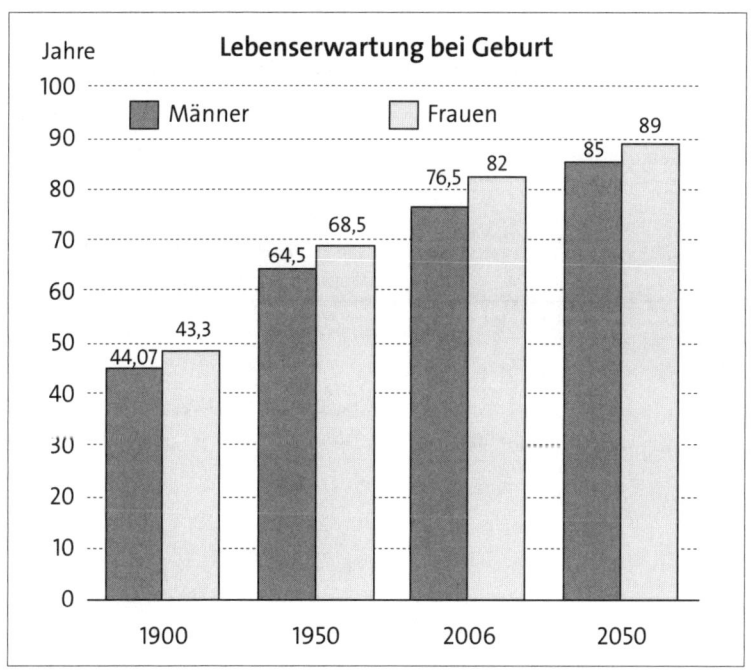

Quelle: DB Research

ten Ländern – die Lebenserwartung nicht an, auch nicht in der Altersgruppe der 20- bis 25-jährigen Männer. Diese so nachhaltige und fast gleichförmige Erhöhung der Lebenserwartung hat kaum irgendwo zu einer entsprechenden Veränderung bei der Ausbildung oder der Ausbildungszeit, der Lebensarbeitszeit und dem Renteneintrittsalter geführt. Die Lebens- und Arbeitsgewohnheiten haben sich der deutlich erhöhten Lebenserwartung nur sehr begrenzt, jedenfalls nicht in dem erforderlichen Maße, angepasst.

Fertilitätsraten variieren erheblich

Die Fertilitätsrate, also die durchschnittliche Zahl der Kinder, die eine Frau im Laufe ihres Lebens bekommt, ist zwischen verschiedenen Epochen durchaus variabel und sie unterscheidet sich auch markant von Land zu Land, sogar regional in den Ländern.

Abbildung 3   Entwicklung der Geburtenrate in Deutschland

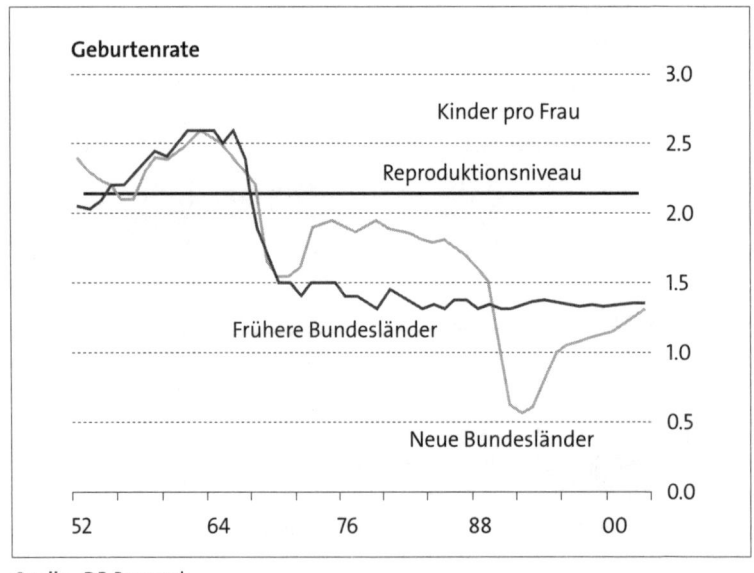

Quelle: DB Research

Innerhalb dieser Epochen, in Deutschland etwa die als Babyboom, Pillenknick, Honeckerbuckel und Einigungstal bezeichneten Zeiträume, weist die Fertilitätsrate jedoch eine größere Gleichförmigkeit auf, sie hat keine heftigen kurzfristigen Schwankungen. Damit ist eine gewisse Vorhersehbarkeit gegeben. Ihre Auswirkungen auf Bevölkerungsgröße und -struktur sowie auf entsprechende Entwicklungen des Arbeitskräftepotenzials sind deshalb abschätzbar.

Die internationalen Unterschiede in der demografischen Entwicklung entstehen durch die beträchtlichen Unterschiede bei der Geburtenhäufigkeit. Für diese Muster gibt es keine einfache Erklärung. Weder hohes Kindergeld noch entsprechende steuerliche Hilfe noch Ausstattung mit staatlichen Kinderbetreuungsplätzen erklären sie zufriedenstellend. Eine beachtliche Übereinstimmung gibt es zwischen den Beschäftigungsmöglichkeiten für Frauen und der Kinderhäufigkeit. Höhere Erwerbstätigkeit der Frauen geht oft mit höherer Kinderzahl einher. So haben etwa Frankreich, England und die meisten skandinavischen Länder hohe Frauenerwerbsquoten und Fertilitätsraten von fast zwei Kindern pro gebärfähiger Frau. Sie erreichen damit ein Reproduktionsniveau von fast 100 Prozent. Deutschland, Spanien, Italien und Russland haben dagegen Fertilitätsraten von unter 1,5 Kindern. Sie reproduzieren sich in der nächsten Generation nur zu zwei Dritteln und weisen gleichzeitig eine wesentlich niedrigere Erwerbsquote der Frauen auf, jedenfalls wenn man die erwerbstätigen Frauen im Vollzeitäquivalent misst. Unter den alten, reichen Ländern sind es allein die USA, die ihre Bevölkerungszahl und ihr Arbeitskräftepotenzial aus eigener Reproduktion rasch steigern. Auch hier ist die Frauenerwerbsquote verhältnismäßig hoch.

Die Reproduktionsraten unterscheiden sich in den genannten Ländern regional, und was einzelne Bevölkerungsgruppen (etwa im Hinblick auf Bildung, Ethnie und Religion) anbelangt, beträchtlich. Dies hat wichtige Implikationen für die gesellschaftliche Stabilität und die ökonomische Dynamik. Stefan Bergheim fand in einer Studie heraus, dass alle »glücklichen« Länder und Regionen hohes Vertrauen in die Mitmenschen aufweisen, niedrige Korruption, niedrige Arbeitslosigkeit, ein hohes Bildungsniveau, hohes Einkommen, hohe Beschäftigungsraten Älterer, kaum Schattenwirtschaft, hohe wirtschaftliche Freiheit, niedrigen Arbeitsplatzschutz. Diese Merkmale gehen einher mit einer hohen Geburtenrate. In Deutschland stehen laut seinen Studien die Regionen Donau-Iller, Ostwürttemberg, Osnabrück und Hamburg-Umland-Süd besonders gut da. Diese Raumordnungsregionen führen die Rangliste des Wohlfühlens in Deutschland an. Ballungsräume finden sich nicht unter den ersten Plätzen. Die ostdeutschen Regionen stehen am Ende der Rangliste. Niedrige Lebenszufriedenheit geht einher mit niedrigem Vertrauen in die Mitmenschen, einem schlechten Gesundheitszustand, hoher Arbeitslosigkeit und niedrigem Einkommen. Und all das ist verbunden mit einer niedrigen Geburtenrate.

Diese sichtbaren regionalen Unterschiede deuten darauf hin, dass dezentrale politische und gesellschaftliche Bedingungen und Veränderungen wichtig sind. Hohe Geburtenraten sind wenig wahrscheinlich bei hoher Arbeitslosigkeit und niedrigem Vertrauen in die Mitmenschen. Um hierauf Einfluss zu nehmen, reicht es nicht aus, dass der Staat Mittel und Gelder bereitstellt. Der enge Zusammenhang zwischen den für das Wohlergehen der Menschen relevanten Größen legt einen ganzheitlichen Politikansatz nahe: Viele Krippenplätze reichen allein nicht aus, es bedarf weiterer Maßnahmen etwa in den Bereichen gesellschaftliche und soziale Stabilität (Patenschaften für prekäre Familien) sowie kreative, situationsgerechte Arbeitsplatzbereitstellung für unterschiedliche familiäre Situationen durch die Betriebe und das Angebot von Ganztagsschulen.[1]

Auswirkungen der Geburtenrate auf die Produktivität

Die eindrucksvolle Wettbewerbsstärke Deutschlands ist das Verdienst seiner außergewöhnlich erfolgreichen Ingenieure. Sie beruht also auf Arbeitskräften mit besonders hoher und qualifizierter Ausbildung. Nun ist jedoch in Deutschland die Bildungskarriere eines Menschen stärker als in anderen Ländern vom Bildungsstand seiner Eltern abhängig. Weil die Kinderhäufigkeit bei Bildungsbürgern in Deutschland besonders niedrig ist, reduziert sich das Produktivitätspotenzial des Landes – und zwar noch stärker, als es durch das Schrumpfen des gesamten Erwerbspersonenpotenzials infolge der demografischen Entwicklung ohnehin der Fall ist.

Deutschland droht ein besonders großer Absturz, weil es einen ausgeprägten Kindermangel bei akademisch ausgebildeten Eltern hat. 40 Prozent der deutschen akademisch ausgebildeten Männer und 35 Prozent der akademisch ausgebildeten Frauen haben keine Kinder. Dieser Sachverhalt hat die Ergebnisse der diversen Pisa-Studien entscheidend beeinflusst. Es sind nicht so sehr die Schultypen oder die Qualität und die Bereitschaft der Lehrer, die die ungünstigen Ergebnisse der Studien auslösten, sondern der Kindermangel bei den deutschen Bildungsbürgern. Mit entsprechend höheren Gebärquoten in prekären Familien, zum Teil Familien mit Migrationshintergrund, wächst der Anteil der Menschen in Deutschland, denen Berufsabschlüsse mitunter ganz fehlen, jedenfalls aber solche im sekundären und tertiären Bildungsbereich. So entsteht ein ausgeprägter Mangel an Fachkräften.

Vielerorts wird vermutet, dass diese Perspektive eine – noch gestaltbare – Prognose sei. Da das generative Verhalten in Deutschland aber bereits seit über einer Generation auf diesem niedrigen Niveau liegt und die skizzierte Struktur hat, kann über die Zahl der (Bildungs-)Kinder, die in der nächsten Generation Eltern werden, nicht mehr spekuliert werden; sie sind bereits geboren und dem Namen nach bekannt! Verändert sich das generative Verhalten nicht, wäre in 25 Jahren in Deutschland nur noch die Hälfte der Arbeitskräfte (aus eigenem Nachwuchs) vorhanden, die Zahl der Qualifizierten wäre weit unter die Hälfte abgesunken. Dieser seit einer Generation angelegte Prozess beginnt jetzt, mit einem Fachkräftemangel, mit Schüler- und bald Gymnasiasten- und Studentenmangel, seine ganze Dramatik zu zeigen.

Über viele Jahre war die Debatte über diese Entwicklung in Deutschland auf demografisch Interessierte beschränkt. Das veränderte sich dramatisch im Zuge der Diskussionen über das Buch *Deutschland schafft sich ab* von Thilo Sarrazin. Bereits zuvor jedoch hatte eine andere gesellschaftliche Gruppe erkannt, welche Bedeutung die demografische Entwicklung für die Wettbewerbsfähigkeit hat: In der tiefsten Nachkriegsrezession in Deutschland, mit einem Rückgang des Sozialproduktes um fast 5 Prozent im Jahr 2009 und einem Rückgang der Industrieproduktion um rund 15 Prozent haben die deutschen Unternehmen anders als etwa amerikanische oder spanische Unternehmen praktisch niemanden entlassen. Die Arbeitslosigkeit stieg entsprechend kaum an. Mit flexiblen Arbeitszeiten und (staatlich geförderter) Kurzarbeit überbrückte man die Nachfrageschwäche. 2010 stieg die Zahl der Beschäftigten (auch die der sozialversicherungspflichtig Beschäftigten) bereits wieder und die Arbeitslosigkeit sank markant. Im Wesentlichen hat dies mit der Erkenntnis der Unternehmer zu tun, dass nunmehr für Jahrzehnte ein Mangel an fachlich Qualifizierten auf sie zukommen wird.

Eine Möglichkeit, diesem gesamtwirtschaftlichen Mangel für das eigene Unternehmen entgegenzuwirken, ist natürlich, die verfügbaren Arbeitskräfte fest an die Firma zu binden. Weitere Optionen für Gesamtwirtschaft und die Unternehmer stellen höhere Erwerbsquoten bei älteren Arbeitnehmern und bei Frauen sowie eine Förderung gezielter Zuwanderung dar. Prinzipiell gibt es auch die Möglichkeit, die Produktivität durch bessere Qualifikation der vorhandenen jungen Menschen, ja auch der Älteren zu steigern. Ersterem stehen die sozialen Umfeldbedingungen im bildungsfernen Bereich entgegen, Letzterem, dass viele in der Gesellschaft die Notwendigkeit solcher Neujustierungen noch immer nicht erkennen.

Wanderungsbewegungen in ihrer ganzen Breite diskutieren

Weit schwankender als die Fertilitätsrate und manchmal nicht abschätzbar sind die Wanderungsbewegungen. Meist wird nur debattiert, welche Wanderungen über nationale Grenzen hinweg stattfinden, jedoch nicht die Wanderung innerhalb eines Landes. Zudem wird statistisch und wirtschaftspolitisch nur über die Zahl der Nettowanderung gesprochen (Zuwanderung abzüglich Auswanderung). Beides greift zu kurz. Gesellschaftliche, soziale und wirtschaftliche Prozesse werden von allen Formen der Wanderung ausgelöst. Auch das Pendeln, ob täglich oder am Wochenende, und die Saisonarbeit gilt es zu erfassen und einzubeziehen. Wanderung kann motiviert sein von der Absicht, entfernt vom Wohnort zu lernen oder zu arbeiten, ohne dauerhaft den Wohnort wechseln zu wollen. Der Wanderung im Binnenland und international kann freilich auch der Wunsch nach dauerhafter Veränderung des Lebensmittelpunktes zugrunde liegen. Die meisten Wanderungsbewegungen fallen aber nicht unter diesen zuletzt beschriebenen Begriff.

Meist geschieht Wanderung mit der Absicht, die Optionen für den einzelnen Wandernden oder seine persönliche oder wirtschaftliche Gemeinschaft zu vermehren. Regelungen, die solche Optionsvermehrungen fördern, sind folglich höchst wünschenswert, verbessern sie doch die sozialen und ökonomischen Möglichkeiten für Einzelne und Gemeinschaften. Eine nur auf die »Netto«-Wanderung über Landesgrenzen hinweg beschränkte Debatte führt zu unzureichenden, verkürzten Antworten.

Facetten der Wanderung wie zum Beispiel der Austausch von Schülern und Studenten, internationale Karrieren in Unternehmen sowie die zeitweise Arbeit in internationalen Organisationen werden mit dem Konzept der Nettowanderung nicht oder nur unangemessen erfasst. Aber auch die Arbeit von Wanderarbeitern im Baugewerbe, von Erntehelfern, von Sportlern und von Musikern wird von einer Nettowanderungsstatistik verzerrt, mindestens aber in ihrem sozialen und ökonomischen Gehalt nur sehr ungenau widergespiegelt. Reflektiert eine Wanderungsbewegung den Wunsch nach zusätzlicher Ausbildung, so geht beispielsweise der Begriff des »brain drain« vollkommen fehl. Vielmehr sind hier mit der Wanderung eine zu erwartende Rückkehr und damit auf Dauer ein Gewinn an Humankapital für das sendende Land verbunden, eine Assoziation, die beim Begriff »brain drain« wahrlich nicht naheliegt.

Wanderungskontinent Europa

Europa hat einen großen Reichtum an Erfahrung mit vielen Aspekten der genannten Formen der Wanderung, und dies bereits seit Jahrhunderten. Die Expansionsphasen der griechischen oder römischen Herrschaft etwa oder die Entwicklung der Hanse brachten vielfältige Prozesse dieser Art in Gang. An der europäischen Architektur beispielsweise ist die Wanderung von Architekten, Bauleitern und Handwerkern durch viele Teile Europas abzulesen. Die sakrale Kunst des christlichen Abendlandes als einigender Faktor ist offensichtlich von der Mobilität der Künstler geprägt. In eine ähnliche Richtung wirkten die europäischen Fürstenhäuser mit ihren vielen transnationalen Verbindungen.

Aber auch die dunkleren Seiten der europäischen Vergangenheit, die Kriege und Vertreibungen, haben beträchtliche Wanderungsbewegungen ausgelöst. Auch die zum Teil enorm unterschiedliche wirtschaftliche Entwicklung hat hier eine bedeutende Rolle gespielt. Dabei gab es Wechselwirkungen zwischen Sog (wirtschaftliche Prosperität) und Druck (zum Beispiel Hungersnöte), die Wanderung auslösten. Wanderung half, die Not zu lindern beziehungsweise die Chancen besser zu verteilen. Europas Wesen und Gesicht sind von Wanderung geprägt. Umso mehr überrascht es, dass die Diskurse zum Thema Wanderung eher national sind, dass es in Europa kein Land gibt, das etwa wie Kanada, Australien, Brasilien oder die USA eine Kultur der Integration von Zuwanderern besitzt. Selbst vielsprachige Länder wie die Schweiz oder Belgien haben mit der Integration ihrer Landesteile trotz jahrhundertelanger Erfahrungen noch immer Schwierigkeiten. Wie sehr die soziale und ökonomische Realität in Europa von Wanderung beeinflusst ist, soll im Folgenden beispielhaft an Deutschland nach dem Zweiten Weltkrieg skizziert werden. Dieses Phänomen lässt sich anhand der vorliegenden Daten jedoch nur unzureichend darstellen. Deshalb wird man sich oftmals mit einer rein qualitativen Beschreibung begnügen müssen.

Deutschland hat im Gegensatz zu vielen anderen Nationen weder eine lange Geschichte als Nationalstaat, noch lässt es sich historisch als territorial geschlossenes Gebilde bezeichnen. Das Elsass, das Saarland oder Schlesien gehörten zeitweise dazu, zeitweise nicht. Aber auch ein anderer Sachverhalt macht die quantitative Beschreibung Deutschlands im Vergleich etwa zu England, den USA oder Japan schwer. Die Deutschen haben ein gespanntes Verhältnis zu ihrer Erfassung, zur Statistik. Solche Vorhaben werden bereits als der erste Schritt in eine Planwirtschaft, gar in den totalitären Überwachungsstaat, empfunden. Aus dem linken und rechten Spektrum, aber auch aus der Mitte der Gesellschaft gibt es Widerstand gegen Volkszählungen. Während es in den USA seit fast zwei Jahrhunderten einen regelmäßigen, alle zehn Jahre stattfindenden Zensus gibt, sind sie in Deutschland höchst selten und unregelmäßig. Und gerade wenn dramatische Entwicklungen in Deutschland stattfanden, wurde keine Volkszählung durchgeführt. So auch bei der deutschen Einigung: Die letzte Volkszählung vor der des Jahres 2011 fand 1987 statt.

Deutschland – ein Einwanderungsland?

Bis zur Industrialisierung war Deutschland Auswanderungsland. Aus meinem Heimatort im Odenwald sind in der ersten Hälfte des 19. Jahrhunderts etwa zwei Drittel der Bewohner ausgewandert, weil der Hunger sie vertrieb und Amerika Hoffnung auf ein besseres Leben versprach. Dies war keineswegs die Ausnahme: Knapp sechs Millionen Menschen aus dem deutschsprachigen Raum retteten sich im 19. Jahrhundert vor Armut, religiöser Unterdrückung und Willkürherrschaft per Schiff nach Amerika.

Mit der Industrialisierung wurden günstigere Lebensverhältnisse für die in Deutschland lebenden Menschen begründet. Die frühe Einwanderung aus Polen, vor allem in das Ruhrgebiet, manifestiert diesen Zusammenhang. In der Zeit ab der Wende zum 20. Jahrhundert dominierten Politik und Militär die Ereignisse. Die Bevölkerungsentwicklung wurde durch die Flucht und Ermordung der jüdischen Bevölkerung, die Toten zweier Weltkriege, Einbrüche bei den Geburten, Pandemien wie die Spanische Grippe und schließlich durch Vertreibungen geprägt. Nach dem Zweiten Weltkrieg betraf dies, mehr als andere Länder, Deutschland, Polen und die Tschechoslowakei. Deutschland wurde in Besatzungszonen aufgeteilt. Die drei Westzonen bildeten bald eine in sich geschlossene, prosperierende Region, während die sowjetisch besetzte Zone mehr und mehr isoliert wurde. Ihr relativer Nachteil durch die repressive Politik der Sowjetunion, die auch die Demontagen wichtiger Industrieanlagen einschloss, auf der einen Seite und die Unterstützung der westdeutschen Zonen durch den Marshallplan auf der anderen Seite sorgten für Flüchtlingsströme. Die Flüchtlinge aus dem Sudetenland und den Polen übertragenen Gebieten waren die Hauptursache für die Einwanderungsbewegung in die westdeutschen Zonen. Mehr als 12 Millionen Menschen übersiedelten aus östlichen Gebieten nach Westdeutschland, ein Gebiet mit zuvor rund 45 Millionen Menschen. In einem vom Krieg zerstörten Teil Deutschlands musste also für eine Zuwanderung von fast einem Drittel der bisherigen Wohnbevölkerung Platz gemacht und deren Existenzsicherung mit Nahrung, Bildung und Gesundheitsvorsorge geschaffen werden. Diese Wanderung bedeutete aber auch, dass gut ausgebildete Menschen in die ländlichen Räume Westdeutschlands wanderten, so etwa nach Schleswig-Holstein, Niedersachsen oder Bayern, was auch eine vitalisierende Wirkung auf diese Gebiete hatte

Die nächste Einwanderungswelle: Gastarbeiter

Die zweite große Welle von Einwanderung nach (West-)Deutschland erfolgte durch die Gastarbeiter, die zumeist aus Südeuropa kamen. Wie prägend dies war, zeigt sich daran, dass selbst die Schlager jener Zeit das Thema aufnahmen: »Zwei kleine Italiener«, gesungen von Conny Froboess, schaffte es hoch in die Charts. Die Einwanderung war vor allem eine in die aufstrebende deutsche Industrie. Aber auch viele kleine Selbstständige etablierten sich, zum Beispiel in der Gastronomie: Pizzerien und Eisdielen sind aus den meisten deutschen Gemeinden nicht mehr wegzudenken. Auch aus Spanien und Griechenland kamen zahlreiche Zuwanderer, wie später Gastarbeiter aus Jugoslawien. Die Zuwanderung aus Südeuropa nahm ihr Ende, als die wirtschaftlichen Aufholprozesse in diesen Ländern durch die Integration in die europäischen Institutionen, insbesondere in den europäischen Wirtschaftsraum, an Schwung gewannen. Mehr Freizügigkeit durch die EU-Integration führte also nicht zu stärkerer Auswanderung aus den sich anschließenden Ländern. Stattdessen verlagerte sich die Wanderungsbewegung auf andere Regionen und nahm neue Muster an. Die letzte große Welle von Einwanderung in den Arbeitsmarkt war die Zuwanderung von eher gering qualifizierten Türken aus dem ländlichen Anatolien, erneut vor allem in die deutsche Industrie. Diese Wanderung wurde durch die Wirtschafts-, Wechselkurs- und Ölkrisen zu Anfang der siebziger Jahre jäh gestoppt. Daraufhin stieg in Europa die Arbeitslosigkeit. Zu den Gründen dafür gehörten neben falscher Lohnpolitik der Eintritt der Nachkriegsbabyboom-Generation in den Arbeitsmarkt und die kräftig steigenden Partizipationsraten von Frauen. Dies führte im Zuge der Ölkrisen vielerorts zu einem Anwerbestopp. Da Deutschland aber aus humanitären Gründen die Familienzusammenführung garantierte und das Asylrecht großzügig auslegte, setzte sich die Einwanderung fort, diesmal aber vor allem in das Sozialsystem. Damit erhöhte sich die Belastung für die Sozialbudgets beträchtlich. Wie man in Abbildung 4 erkennen kann, stiegen die Sozialausgaben in Prozent des Bruttoinlandsprodukts in diesem Zeitraum (von 1970 bis 1980) um 21 Prozent.

In den achtziger Jahren kam, infolge der mit der Ostpolitik begonnenen Entspannung und später mit dem Umbruch in der Sowjetunion, die Einwanderung von Auslandsdeutschen aus Rumänien und Russland hinzu.

In den neunziger Jahren setzte eine Einwanderungswelle von Kriegsflüchtlingen aus Jugoslawien ein. Deutschland hat, in absoluten Zahlen betrachtet, die meisten Bürgerkriegsflüchtlinge aus den Gebieten des ehemaligen Jugoslawien aufgenommen (bis 1995 rund 350 000 Menschen). Kleinere europäische Länder wie Österreich, die Niederlande,

Abbildung 4   Nettomigration und Sozialleistungsquote in Deutschland

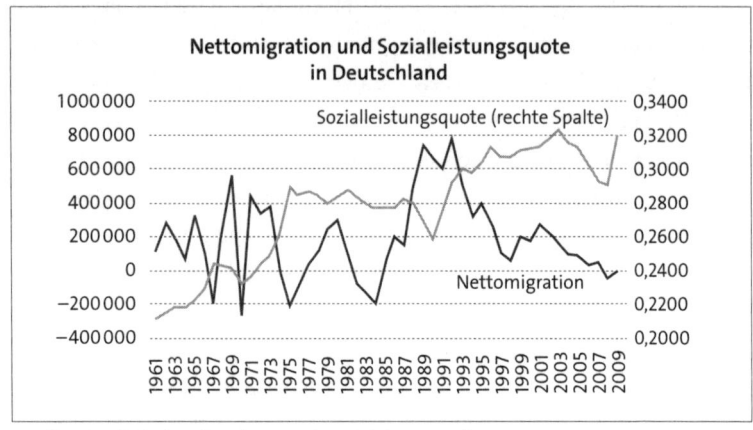

Quelle: Statistisches Bundesamt, BMAS, DB Research

Schweden und die Schweiz haben jeweils mehr Flüchtlingen Schutz geboten als Frankreich und Großbritannien, immerhin Länder mit »liberalerer« Einwanderungspolitik, zusammen. Betrachtet man die Bevölkerungsgröße dieser Staaten, so zeigt sich das Engagement der »Kleinen« noch deutlicher: Österreich hat mit sechs Flüchtlingen pro tausend Einwohner relativ die meisten Menschen aufgenommen, in Schweden und in der Schweiz kommen auf tausend Einwohner jeweils circa fünf Flüchtlinge vom Balkan, in der Bundesrepublik Deutschland sind es etwas mehr als vier Flüchtlinge.[2]

Schon Ende der achtziger Jahre und vor allem nach der deutschen Einigung setzte eine große Binnenwanderung von Bewohnern der früheren DDR in die Bundesrepublik ein. Diese Wanderung beschränkte sich zum Teil auf das Pendeln (ob täglich oder am Wochenende), fand aber zu einem beträchtlichen Teil auch als Übersiedelung statt. Es gab freilich auch eine Bewegung in die umgekehrte Richtung: Insbesondere Unternehmer und Berater aus Westdeutschland sowie Wissenschaftler gingen in die neuen Bundesländer und beschleunigten damit den Anpassungsprozess. Da ich zu jener Zeit im Bankensektor beschäftigt war, kenne ich für diesen Bereich die Verhältnisse besonders gut. Als sehr hilfreich hat sich die Einrichtung von Patenschaften erwiesen. Ostdeutsche Filialen erhielten eine westdeutsche Patenfiliale. Manager aus der Westfiliale leisteten Aufbauarbeit im Osten. Lehrlinge aus dem Osten wurden in der Partnerfiliale im Westen ausgebildet. Die Wanderung verkürzte und verbesserte so unmittelbar die Lernprozesse. Oftmals wurden sogar die Wochenendheimfahrten gegenseitig unterstützt: Das Auto nahm in eine Richtung die Lehrlinge, in die andere die Manager mit. Damit blieben die alten Bindungen, etwa an die eigene Familie, erhalten. Und durch die Patenschaften entstanden sehr lebenskräftige neue Bindungen.

Diese Wanderungswellen waren bislang die letzten. Seither ebbt der Strom von Zuwanderern ab. Wegen der befürchteten Verminderung ökonomischer Chancen ist teilweise sogar eine Erhöhung der Auswanderung von Qualifizierten eingetreten. Der Einwanderungsüberschuss nach Deutschland ist deutlich zurückgegangen. Schon seit fast einem

Abbildung 5 Nettozuwanderung in den USA, der EU-15 und in Deutschland (1960 bis 2009 pro 1000 Einwohner p. a.)

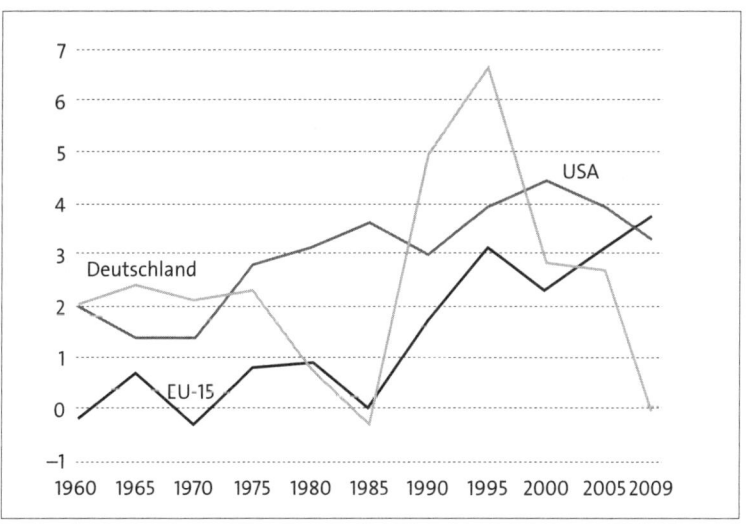

Quellen: Statistisches Bundesamt, Eurostat, US Bureau of Census und eigene Berechnungen

Jahrzehnt ist der Durchschnittswert der letzten 60 Jahre (Nettozuwanderung von 180 000 Menschen pro Jahr) nicht mehr erreicht worden. Abbildung 5 macht deutlich, wie unbeständig die Nettowanderung nach Deutschland ist und wie sie sich darin deutlich von der Tendenz in den USA oder Europa insgesamt abhebt. Dort ist die Zuwanderung weit stabiler und nimmt tendenziell eher zu.

Der schon seit Anfang der siebziger Jahre in Deutschland zu beobachtende Sterbeüberschuss (Abbildung 6) konnte bereits seit 2003 nicht mehr durch die Nettowanderung ausgeglichen beziehungsweise übertroffen werden. Entsprechend sinken seither die Bevölkerungszahlen.

Abbildung 6   Sterbeüberschuss in Deutschland

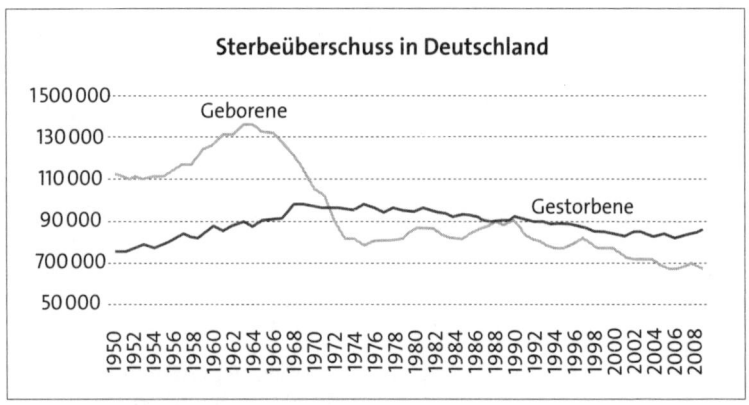

Quellen: Statistisches Bundesamt, Statistisches Jahrbuch 2010

Wie geht es nun weiter? Skizze der demografischen Entwicklung in Europa

Die Skizze der demografischen Entwicklung Europas und insbesondere Deutschlands weist über die Zeit eine höchst uneinheitliche Entwicklung auf. Die einzige Konstante für fast alle Länder ist die stetige

Erhöhung der Lebenserwartung. Es sollte deshalb selbstverständlich erscheinen, deren Implikationen in künftige Szenarien einzubauen. Das ist es aber nicht. Wenige Prozesse sind so robust wie die Steigerung der Lebenserwartung. Die Erwartungen für deren Steigerung wurden seit Langem immer wieder übertroffen. Faktisch waren damit die Projektionen von Lebensversicherungen oder Pensionsfonds nachbesserungsbedürftig. Gleiches gilt für die Alterslast von Krankenversicherungen. Es sollte damit klar sein, dass sich Unternehmen und Politik auf die Nachhaltigkeit der Steigerung einstellen müssen. Diese Wahrscheinlichkeiten für höhere Auszahlungsverpflichtungen in den genannten Systemen gilt es zu berücksichtigen. Aber aus diesem projektierbaren Alterungsprozess ergeben sich auch wirtschaftliche Chancen etwa für die Anbieter von seniorengerechten Wohnungen, der Weiterbildung Älterer, altersgerechter Ernährung oder der Deckung spezieller Bedürfnisse bei der Gesundheitsvorsorge.

Die zweite wichtige Determinante demografischer Entwicklung, die Fertilität, ist innerhalb bestimmter Epochen stabil. Markante gesellschaftliche oder politische Umbrüche sowie neue Verhütungsmethoden wie die Pille in den sechziger Jahren führten aber zu beachtlichen Veränderungen der Fertilitätsrate. Da die Einführung der Pille in Europa über 40 Jahre zurückliegt, ist die heutige Müttergeneration ihrer Zahl nach bereits durch diese und andere Verhütungsmethoden geprägt, das heißt, sie ist praktisch überall kleiner als die vorausgegangene Müttergeneration. Dies erkennt man besonders deutlich an den Geburtenzahlen in Europa. Die Zahl der Kindergarten- und Schulkinder sinkt. In Ländern wie Deutschland, Spanien oder Italien stellen lediglich die Zuzugsgebiete eine Ausnahme dar. Auch die Zahl der Auszubildenden geht zurück. Bereits jetzt müssen viele Ausbildungsbetriebe darum kämpfen, genügend Bewerber anzuziehen. Diese Tendenz wird sich dramatisch verstärken. Bald werden in den Schulen der Sekundarstufe die Einschulungszahlen sinken. An den Universitäten kommt es derzeit zum letzten Mal zu einem Ansturm von (deutschen) Studenten. Dies ist teilweise der Verkürzung der Gymnasialzeit, teils dem Ende der Wehrpflicht, genauso aber auch der Tendenz zu vermehrter tertiärer

Bildung geschuldet. Letzteres wird die Rückgänge bei den Studentenzahlen in der nächsten Dekade noch bremsen, danach aber auch dort die Schrumpfung nicht mehr aufhalten – es sei denn, deutsche Universitäten werden wieder in ihrer gesamten Breite attraktiv für internationale Studierende. Danach sieht es derzeit nicht aus. Nur mit einer drastischen Veränderung von Verhaltensweisen und Anreizen ist dies zu ändern.

Entwicklung der Fertilität

Wie wird sich nun aber die Fertilität selbst entwickeln? Gibt es eine Perspektive, eine neue gesellschaftliche und politische Orientierung in der Frage von Partnerschaft und Kinderzahl? Meine Interpretation der aktuellen Debatten und der Haltung der jungen Generation ist, dass in Deutschland die Verhaltensweisen der letzten 40 Jahre in diesen Fragen nicht als maßgeblich betrachtet werden. Wir befinden uns diesbezüglich in einem Umbruch. Für mich spricht sehr viel mehr für eine Erhöhung der durchschnittlichen Kinderzahl als für die fortgesetzt niedrige von 1,35 Kindern pro gebärfähige Frau. Ich bin überzeugt, dass ein beträchtlicher Teil der Erhöhung der Fertilität im Bildungsbürgertum stattfinden wird. Auch bin ich sicher, dass Deutsche die Muster in Frankreich oder Skandinavien mit höherer Erwerbstätigkeit der Frauen als Modell ansehen, das mit einer höheren Bereitschaft junger Frauen, Kinder zu haben, einhergeht. Das bedürfte freilich einer höheren gesellschaftlichen und betrieblichen Bereitschaft zur Unterstützung von Partnerschaft, Kind und Karriere. Natürlich ist nicht alles nachahmungswürdig, so etwa die viel zu kurze Zeit des Mutterschutzes in Frankreich, die kaum die natürliche Stillzeit zulässt. Was Deutschland betrifft, halte ich die Erhöhung der Geburtenhäufigkeit auf zwei Kinder innerhalb der nächsten Generation für nicht wahrscheinlich; indes ist eine Fertilität von 1,6 Kindern pro gebärfähige Frau ab 2020 durchaus ein plausibles Szenario. Da die Zahl der Mütter aber weit stärker geschrumpft ist, als in diesem Szenario die Fertilität steigt, ist auch klar, dass die Zahl der Geburten dennoch das derzeitige Niveau von annähernd 700 000 pro

Jahr nicht wird halten können. Für den Arbeitsmarkt hat die Erhöhung der Kinderzahl bei Bildungsbürgern kurzfristig Implikationen, die vermutlich unerwünscht sind: Diese qualifizierten jungen Menschen werden dann wegen der jahrelangen Betreuung ihrer Kinder nur für eine wesentlich kürzere Zeit dem Arbeitsmarkt zur Verfügung stehen.

Wer wandert in Zukunft wohin?

Die dritte Weiche für die demografische Perspektive, die Wanderung, ist, wie oben schon dargestellt, besonders unbeständig. Dies gilt auch schon von Jahr zu Jahr, es gilt umso stärker bei oder nach einschneidenden strukturellen Änderungen. Viele haben in der Erweiterung der EU einen wichtigen Faktor für die vermehrte Einwanderung nach Westeuropa vermutet. Der politische Widerstand gegen kürzere Übergangsfristen bei der vollen Freizügigkeit für Arbeitnehmer etwa signalisiert solche Befürchtungen. Doch die Erfahrungen mit Erweiterungsrunden der EU sprechen eine andere Sprache. Fast immer kam es *vor* dem Integrationszeitpunkt zu einer stärkeren Auswanderung. Mit der Mitgliedschaft in der EU änderten und verbesserten sich die Investitions- und Beschäftigungsperspektiven in den Beitrittsländern, und die Emigration war keine so attraktive oder auch drängende Option mehr. Die Entwicklung nach der großen Osterweiterung gegen Ende der neunziger Jahre ist eine weitere Bestätigung für diesen Zusammenhang. Diese Erfahrung sollte bei Debatten über zukünftige EU-Erweiterungsrunden und über Wirtschaftsunionen auch in anderen Teilen der Welt ernsthafter beachtet werden. Manches von der Hitzigkeit der Auseinandersetzung etwa um die NAFTA hätte man sich so ersparen können.

Zudem wird in der europäischen Debatte um die Wanderung innerhalb der jetzt auf fast 30 Mitgliedsländer erweiterten EU übersehen, dass fast überall in Mittel- und Osteuropa die demografische Perspektive derjenigen in Deutschland, Spanien und Italien sehr ähnelt. Mit einer Verzögerung von etwa einer Dekade gab es auch dort einen Einbruch bei der Geburtenhäufigkeit. Das Ende der Sowjetunion hat den Lebenswandel in Richtung Materialismus und Gegenwartskonsum verändert, damit wurde die Geburtenzahl deutlich gedrückt. Somit ist das Phänomen steigender Bevölkerungszahlen auch hier vorüber. Wanderung aus Mittel- und Osteuropa dürfte deshalb – politische Wirrnisse ausgeschlossen – kaum noch Bedeutung haben.

Daher wird deutlich, dass Zuwanderung – falls sie ein bedeutendes Phänomen für europäische Länder werden soll – aus anderen Kulturräumen stammen müsste. Erfahrungen mit verschiedenen Phasen der Wanderung und eine Reihe von politischen Ansätzen signalisieren, dass diese sich nicht erzwingen lässt, sondern vielmehr bestimmten Verhaltensmustern folgt. Das Vorhandensein etablierter Diasporen bietet verlässliche Hinweise darauf, aus welchen Ländern Wanderung wahrscheinlich zukünftig erfolgen wird und aus welchen nicht.

Demgemäß dürfte die Hoffnung auf die Zuwanderung indischer Computerspezialisten in Deutschland wenig realistisch sein. Dagegen sind Erwartungen, dass iranische Mediziner den deutschen Gesundheitsmarkt entlasten, ebenso realistisch wie der Eintritt ägyptischer Ingenieure in deutsche Unternehmen. Arbeitnehmer und Unternehmer aus der Türkei dürften dem deutschen Mittelstand eine echte Zukunftschance bereithalten. Das Kleinunternehmertum ist in Deutschlands Großstädten heute bereits oft türkisch. So sind Frankfurts Kioske weitgehend in ihrer (Familien-)Hand. Die drei genannten Länder – Iran, Ägypten, Türkei – haben jeweils etwa die Bevölkerungsgröße von Deutschland, aber eine viel jüngere Bevölkerungsstruktur, und sie verfügen jeweils über die dreifache Kinderzahl wie Deutschland.

Die hier genannten Einwanderungsperspektiven erscheinen jedoch alles andere als realistisch, wenn man die Tendenzen der Wanderung nach Deutschland innerhalb der letzten 25 Jahre betrachtet. Seit der Phase starker Zuwanderung aus politischen und wirtschaftlichen Motiven in den Jahren 1987 bis 1996 sinkt die Zuwanderung, wenn auch mit kleineren konjunkturellen Schwankungen. Die Auswanderung, auch die von Qualifizierten, zeigt dagegen eine (schwache) Tendenz zum Anstieg (Abbildung 7).

Abbildung 7   Wanderung zwischen Deutschland und dem Ausland
(in Tausend) 1991–2008

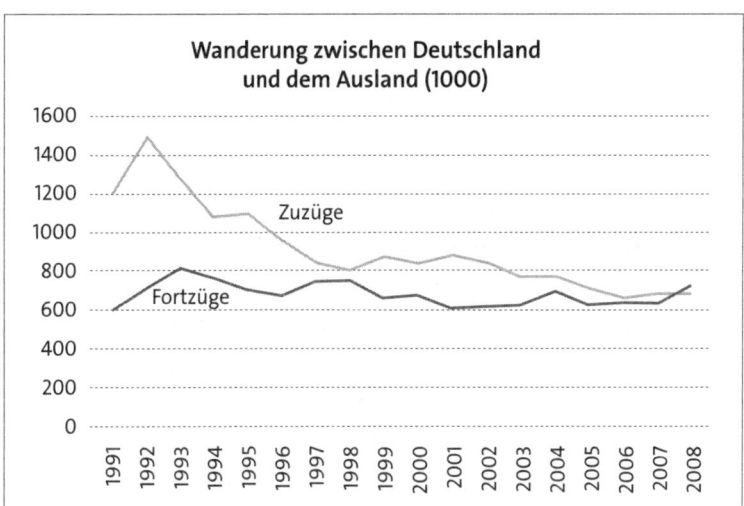

Quelle: Statistisches Bundesamt, Statistisches Jahrbuch 2010

Die Entwicklungen auf dem Arbeitsmarkt im Jahr 2009, mehr noch aber 2010 mit der Verbesserung der Beschäftigungschancen, ist ein Frühindikator für die Wende bei der wirtschaftlich begründeten Zuwanderung. Die Wirtschaft klagt immer öfter über einen Arbeitskräftemangel. Dies gilt nicht nur für die Industrie. Es ist auch bei Betreuungsaufgaben offenkundig. Die halblegale temporäre Einwanderung aus Osteuropa mit Touristenvisa in den Betreuungsmarkt ist seit einigen Jahren Realität, ohne die die Versorgung dauerhaft pflegebedürftiger Menschen schon heute nicht mehr gelingen könnte. Diese Wanderungsströme werden zunehmen. Inwieweit die volle Freizügigkeit für Arbeitnehmer einer Reihe von mittel- und osteuropäischen Beitrittsländern diesen Prozess ab Jahresmitte 2011 beschleunigen wird, bleibt abzuwarten. Meine Erwartung ist, dass es nicht zu dem vielfach erwarteten oder auch befürchteten Zustrom kommt. Die Wachstumsperspektiven in den Beitrittsländern sind deutlich günstiger als in Westeuropa. Dies gilt selbst im Vergleich mit dem derzeit sehr dynamischen Deutschland.

Alterung und Schrumpfung der Bevölkerung – Schrumpfen auch Konsum und Investitionen?

Die Wohnbevölkerung in Deutschland wird wohl weiter schrumpfen – nach 2025 sogar beschleunigt. Zur Mitte des Jahrhunderts wird in Deutschland die 65-Millionen-Grenze wohl unterschritten. Eine fortgesetzt unverminderte Erhöhung der Lebenserwartung, ein rascher Anstieg der Fertilität auf 1,6 Kinder pro gebärfähiger Frau und eine Zuwanderung von 100 000 Menschen pro Jahr werden einen stärkeren Bevölkerungsrückgang vermeiden. Hierbei wurde unterstellt, dass als Ergebnis der Volkszählung der derzeitige Bevölkerungsstand um rund 2 Millionen unter dem bislang ausgewiesenen liegt. Die von mir für plausibel gehaltene Entwicklung ist freilich kein Selbstläufer, sie erfordert einige Verhaltens- und Politikänderungen, die ich – abweichend von der vorherrschenden Meinung – aber für wahrscheinlich halte. Diese sollen im weiteren Verlauf des Kapitels noch dargestellt werden.

Effekte der Schrumpfung

Für viele Bereiche der Daseinsvorsorge ändert die Schrumpfung der Bevölkerung die Nachfrageperspektiven. Die Infrastruktur, insbesondere die Verkehrsdienstleistungen, werden mit geringeren Kapazitäten auskommen. Die Schrumpfung der Nachfrage nach Infrastrukturkapazitäten ist aber nicht proportional, weil die verschiedenen Altersklassen unterschiedliche Trends aufweisen. Alte und vor allem sehr alte Bürger nehmen zahlenmäßig sogar sehr stark zu. Deshalb muss etwa die Ausstattung mit Alters- und Pflegeheimen steigen.

Auch die Verkehrsbeteiligung ist abhängig vom Alter: Die Gruppe der Älteren (61 Jahre und mehr) reist nach den Zahlen des Mobilitätspanels 2005 weniger als die jungen Leute, auch wenn die Verkehrsleistung der Älteren in den letzten Jahren angestiegen ist. Damit dürfte der Bedarf an Verkehrsinfrastruktur abnehmen. Die Schrumpfung der

Infrastruktur erfolgt jedoch nicht zeitgleich mit der Schrumpfung der Bevölkerung, vielmehr gibt es Verzögerungen.

Jeder Mensch benötigt nur *ein* Dach über dem Kopf: Die Nachfrage nach Wohnraum hängt also direkt mit der Entwicklung der Bevölkerungszahl zusammen.[3] Allerdings gibt es einige Effekte, die diesen Zusammenhang auflockern. Beispielsweise treten am Wohnungsmarkt nicht Einzelpersonen, sondern Haushalte als Nachfrager auf. Die Zahl der Haushalte steigt aber seit Jahren deutlich stärker als die Zahl der Einwohner. In den Haushalten leben immer weniger Kinder, ältere Menschen leben in ihren eigenen Ein- oder Zwei-Personen-Haushalten. Diese Struktureffekte werden auch in den nächsten Jahren noch für eine steigende Zahl von Haushalten sorgen. Ein weiterer Effekt, der die Nachfrage nach Immobilien auch bei einer schrumpfenden Bevölkerung hoch hält, sind die Beharrungstendenzen der Menschen, die auch dann in ihrer zu groß gewordenen Wohnung bleiben, wenn die Kinder ausgezogen, der Partner gestorben oder das Haushaltseinkommen durch den Renteneintritt gesunken ist. Hier spielen die vertraute Umgebung, aber auch ökonomische Faktoren wie hohe Kosten durch einen möglichen Umzug oder die sichere Miethöhe in der alten Wohnung eine Rolle. Diese Argumente haben in den strukturschwachen und deshalb durch Abwanderung noch schneller vergreisenden Gebieten Nord- und Ostdeutschlands besonders großes Gewicht.

Weit weniger Kinder bedeuten auch weniger Bedarf an Kinderbetreuung, an Grundschulen und weiterführenden Schulen. Doch die steigende Tertiarisierung der Bildung, die Anziehung internationaler Studenten und die systematische Etablierung der Weiterbildung Älterer werden die Kapazitäten deutscher Universitäten auslasten und langfristig erhalten. Für ein solches Resultat sind freilich dramatische Neuorientierungen der Universitäten und der Studienfinanzierung erforderlich. Die Zahl der Studierenden pro Lehrkraft muss sinken, wozu in Deutschland Studiengebühren akzeptiert werden sowie Stipendien und Studienkredite eine Selbstverständlichkeit werden müssen. Die Bildungseinrichtungen müssen lernen, ihre Leistungen im Wettbewerb erfolgversprechend anzubieten. Hier gilt es, an frühere deutsche Qualitätsmaßstäbe anzuknüpfen und insbesondere angelsächsische Kompetenz beim Vermarkten dieser Stärken zu erlernen oder einzukaufen.

Effekte der Alterung

Für die Nachfragestruktur wird die Alterung bedeutender sein als die Schrumpfung der Bevölkerung. Das Durchschnittsalter der deutschen Bevölkerung wird von 2010 bis 2060 bei dem oben als wahrscheinlich skizzierten Szenario um gut zehn Jahre auf rund 55 Jahre steigen. Die Zahl der Kinder sinkt, und die Zahl der Jugendlichen sinkt dramatisch. Dagegen nimmt die Zahl der über 65-Jährigen zu. Die Zahl der über 80-Jährigen wird sich in den nächsten 50 Jahren verdreifachen. Die über 100-Jährigen sind dann keine Ausnahme mehr, und die Bürgermeister können sie beim 100. Geburtstag nicht mehr alle persönlich beglückwünschen.

Darin ist für viele Wirtschaftsbereiche eine umfassende Strukturänderung angelegt. Der Bedarf an altersgerechten Wohnungen, die angepasste Portionsgröße bei Lebensmitteln und Mahlzeiten, die Anpassung von Mode für die nun vorherrschenden Altersgruppen, die Neugestaltung der IT-Peripherie für weniger sensitive Fingerkuppen (Spracherkennung statt Maus und Tastatur) sind nur einige mögliche Beispiele.[4]

Da es typische altersbedingte Krankheiten gibt, sind Wachstumsmärkte für die Behandlung von Bluthochdruck, hohem Cholesterinspiegel, Diabetes und Krebserkrankungen auszumachen. Eine vermehrte Pflegebedürftigkeit wird die Nachfrage auf dem Betreuungsmarkt vervielfachen, auch weil demografisch bedingt die Verfügbarkeit von betreuenden Familienangehörigen dramatisch abnimmt. Wegen der verbreiteten Kinderlosigkeit und der Tendenz zu Kleinfamilien reduziert sich das familiäre Pflegepotenzial häufig auf den Ehepartner. Stirbt dieser, ist das Problem der erforderlichen Pflege durch Dritte besonders drängend und bei der heutigen finanziellen (Nicht-)Absicherung damit problematisch. Auf die gesellschaftliche Solidarität und die Bereitschaft der eigenen Kinder zur Pflege kann man sich immer weniger verlassen.

Der selbstverständliche Rückgriff des Staates auf Vermögen und Einkommen von Kindern für die Leistungen an Älteren, deren Einkünfte zur Sicherung des Lebensunterhalts nicht ausreichen, lässt ein Gerechtigkeitsproblem entstehen: Jene, die keine Kinder haben und somit auch nicht für nachwachsende Beitragszahler ins staatliche System gesorgt haben, werden über staatliche Transfers finanziert. Für jene, die sich bei ihrer Lebensplanung bewusst gegen Kinder entschieden haben, hätte es eine ausreichende obligatorische Versicherung für die Alters- und Krankheitsvorsorge geben müssen. Die Kinderlosigkeit ist feststellbar, die Gründe und Motive dafür sind es – jedenfalls in einem Staat, der keine Orwell'sche Schreckenvison verkörpert – aber nicht. So bleibt ein Trittbrettfahrer-Problem bestehen.

Weiterbildung als Zukunftssektor

Durch Schrumpfung und Alterung wird eine weitere dramatische Veränderung im Bildungssektor notwendig. Die Zahl der Kinder ist gering, die Zahl der (jungen) Alten ist, als Spätfolge des Nachkriegsbabybooms, groß. Da die Lebenserwartung ständig steigt und immer mehr Menschen das übliche Renteneintrittsalter in bemerkenswerter Vitalität erreichen, ist deren Potenzial, weiter erwerbstätig zu sein, offenkundig gegeben. Weil aber gleichzeitig die Halbwertszeit von Wissen immer kürzer wird – sie liegt derzeit im Durchschnitt bereits deutlich unter fünf Jahren und ist selbstverständlich etwa im IT-Bereich oder in den modernen Medien noch weit kürzer –, ist die typische Bildungskarriere mit einer sehr lange dauernden Erstausbildung und dem Ausbleiben von ernst zu nehmender Weiterbildung komplett unangemessen. Bei solchen Veränderungen ist es ersichtlich, dass auch die Weiterbildung, neben dem Gesundheitsmarkt, einen Sektor mit enormem Wachstumspotenzial darstellt. Dieser Sektor sollte wohl, auch wegen der notwendigen raschen Anpassung, nicht alleine vom öffentlichen Sektor bereitgestellt werden. Somit stehen auch private Anbieter in der Pflicht, das Angebot an Weiterbildungsmaßnahmen zu erweitern.

Alterung und Schrumpfung der Bevölkerung – Implikationen für das Arbeitskräfteangebot

Durch die demografisch angelegten Prozesse wird das Arbeitskräftepotenzial beträchtlich kleiner. Zwar hat in Deutschland die Erwerbsbeteiligung von Älteren in den vergangenen Jahren kontinuierlich zugenommen, das Beschäftigungsniveau der 55- bis 64-Jährigen blieb 2009 aber insgesamt sowie im Verhältnis zur Erwerbsbeteiligung in der Gesamtwirtschaft hinter der Spitzengruppe in der OECD zurück. So waren in Deutschland von den 25- bis 55-Jährigen gut 80 Prozent erwerbstätig. Das waren etwa sechs Prozentpunkte weniger als beim Spitzenreiter Schweiz. Bei den 55- bis 64-Jährigen lag die Beschäftigungsquote in Deutschland bei 56 Prozent. In der Schweiz waren es dagegen 68 Prozent. In Norwegen, Schweden oder Neuseeland lag die Beschäftigungsquote der Älteren sogar noch höher.

Dabei ist auffällig, dass in Deutschland im Vergleich zu Norwegen, Schweden oder der Schweiz bei Menschen mit abgeschlossener Berufsausbildung die Erwerbsquote der Älteren besonders deutlich unter der der »Prime Age«-Gruppe der 25- bis 54-Jährigen liegt. Ein Grund dafür dürfte sein, dass sich in Deutschland berufliche Qualifikationen mit zunehmendem Alter stärker entwerten als in den Ländern, in denen auch Menschen in höherem Alter hohe Erwerbsquoten aufweisen.[5]

Das Erwerbspersonenpotenzial wird also qualitativ weniger ergiebig, da es älter wird – zwar mit mehr Erfahrung, aber mit geringerem gut verwertbaren Wissen und weniger zeitgemäßen Qualifikationen. Dazu zählen auch Anpassungsfähigkeit und die Bereitschaft, Risiken zu übernehmen – zum Beispiel als Unternehmer tätig zu werden. Der Umstand, dass Bildungsbürger nur wenige Kinder haben, wird zu einem besonderen Mangel an tertiär Qualifizierten führen, insbesondere in den MINT-Berufen (Mathematik, Informatik, Naturwissenschaft und Technik). Ein solcher Mangel an jungen qualifizierten Mitarbeitern wird zudem dafür sorgen, dass Unternehmen eher zurückhaltend sein werden, neue moderne Produktionskapazitäten in

Ländern mit wenig junger Bevölkerung aufzubauen. Mit der Alterung und damit verbundenen geringeren Qualifikationen des Arbeitskräftepotenzials dürfte deshalb faktisch einhergehen, dass auch das Produktionspotenzial veraltet. Alte Mitarbeiter, alte Fabriken mit der unweigerlichen Implikation niedriger Produktivität dürften daraus resultieren. Diese pessimistische Implikation des demografischen Prozesses wird selten in der Debatte thematisiert. Ökonomen halten es sogar für besonders plausibel, dass, wenn Arbeitskräfte knapp sind, Kapital in besonders starker Weise eingesetzt wird. Während über die Wünschbarkeit einer solchen Reaktion kein Zweifel besteht, ist angesichts der Globalisierung und der damit verbundenen Optionen für Unternehmen eine solche neoklassische Reaktion nicht so plausibel, wie Wirtschaftswissenschaftler meinen.

Mit »warmer Hand« Vermögen weitergeben

Dieser Mangel an Verjüngung wird auch durch die Art und Weise der Weitergabe von Vermögen verfestigt. In Deutschland wird praktisch ausschließlich im Todesfall vererbt. Eine Weitergabe zu Lebzeiten ist eher unüblich, hingegen in den USA, wo von »warm glow« die Rede ist, weit verbreiteter. In Deutschland wird aufgrund der höheren Lebenserwartung heute mehrheitlich durch Frauen vererbt, und das eher nach dem 85. Lebensjahr. Begünstigt werden dadurch vor allem die etwa 55-Jährigen, also Menschen in einer Altersgruppe, die selten die idealen Gründer von neuen Unternehmen sind.

Will man die Gründung von Start-ups und anderen Unternehmen fördern, gilt es, das Verhalten bei der Weitergabe von Vermögen umzustellen. Man muss diejenige Altersgruppe, die die Ideen und die Risikobereitschaft dafür besitzt, also die 25- bis 45-Jährigen, finanziell in die Lage versetzen, ein Unternehmen zu gründen. Dazu bedarf es in Deutschland der Entwicklung einer Schenkkultur zu Lebzeiten. Dies könnte man durch eine aufkommensneutrale Variation von Schenkungssteuer (Senkung) und Erbschaftsteuer (Erhöhung) fördern.

Schlussfolgerungen für alternde Länder – was ist wann in welchem Bereich zu tun?

Es bringt aber nichts, über verschüttete Milch zu klagen. Es ist offenkundig, dass man Mitte der siebziger Jahre die sich abzeichnende demografische Problematik vieler europäischer Länder an der Wurzel hätte anpacken können. Diese Generation von Europäern, die »Achtundsechziger«, hat jedoch – aus welchen Gründen auch immer – eine solche Lösung, also mehr Kinder zu bekommen, versäumt. Doch was kann man jetzt, zu Beginn der zweiten Dekade des neuen Jahrtausends, tun? Was muss jetzt unmittelbar geschehen, und was hat jetzt vermutlich den höchsten Effektivitätsgrad?

Eine große Möglichkeit stellt derzeit die Weiterqualifizierung der Menschen aus dem Nachkriegsbabyboom dar. Warum? Zunächst handelt es sich um eine recht große Gruppe. Die Anfang der sechziger Jahre Geborenen sind jetzt um die 50 Jahre alt, sie haben oft eine gute Qualifikation, und ihre Berufskarriere ist zumeist intakt. Ihre geistige und körperliche Leistungsfähigkeit ist in der Regel recht gut. Das einzige Problem ist: Wirtschaft und Bürger stellen sich in diesem Alter auf die Verabschiedung vom Erwerbsleben ein, statt sich mithilfe einer neu qualifizierenden Weiterbildung für eine weitere Karriere mit einer den altersspezifischen Kompetenzen gemäßen Ausrichtung auszustatten. Diese Aussage gilt zwar allgemein, ist aber für bestimmte Berufe besonders relevant. Die reichliche Ausstattung der deutschen Wirtschaft mit qualifizierten Ingenieuren bis zum Jahr 2025 kann durch keine andere Maßnahme ähnlich gut und umfangreich bewerkstelligt werden wie durch Weiterbildung und Längerbeschäftigung um zehn Jahre. Würden jetzt alle Beteiligten – die Nachkriegsbabyboomer selbst, die Unternehmen, die Tarifparteien und die Weiterbildungseinrichtungen – alle Hebel auf Neuausstattung mit relevantem Wissen und entsprechende Anreizgestaltung richten, wäre noch vieles zu retten. Statt Lohnerhöhungen für diese Gruppe sollte es Bildungsgutscheine für sie geben, die Universitäten sollten gegen Studiengebühren forciert Weiterbildungscurricula entwickeln. Unternehmen sollten Jobbeschreibungen altersgerecht weiterentwickeln. Wo Kundenbeziehungen und Erfahrungswissen gefragt sind, ist genau diese Gruppe von Mitarbeitern geeignet, die Wettbewerbsfähigkeit der Unternehmen voranzubringen.

Die Beschäftigung Älterer muss ökonomisch sinnvoll sein

Neben der Weiterbildung wären freilich auch noch einige Anpassungen bei der Besoldung und den Anreizen durch Altersruhegeldzusagen durchzuführen. Wer durch Weiterbildung seine Produktivität nicht entsprechend anheben kann, sollte bereit sein, auf das Senioritätsprinzip bei der Bezahlung zu verzichten. Es muss für einen Betrieb ökonomisch sinnvoll sein, Ältere zu beschäftigen. Dies kann durch Produktivitätssteigerungen oder aber durch Lohnabschläge bewirkt werden. Vermutlich wird nur eine Kombination von beidem erfolgversprechend sein. Solange es freilich Anreize gibt, früh aus dem Erwerbsleben auszuscheiden, weil eine entsprechende Altersruhegeldregelung existiert, sind solche »Opfer« (wie Weiterbildung oder Lohnabschlag) von den Älteren nicht zu erwarten. Da das Selbstwertgefühl der Menschen – gerade das der Älteren – zu einem guten Teil davon abhängig ist, gebraucht zu werden, ist die Weiterbeschäftigung für Ältere nicht nur eine Last. Deshalb wäre es in einer umverteilungsorientierten Gesellschaft politisch höchst wirkungsvoll, wenn Ältere selbst die Vorschläge für die Verlängerung der Lebensarbeitszeit machten (wie zum Beispiel durch Franz Müntefering geschehen) und wenn die Vorschläge zur Weiterqualifizierung der Älteren durch die Gewerkschaften gemacht würden. Wenn nun auch noch die älteren Mitarbeiter von sich aus dem Unternehmen anböten, zu produktivitätsorientierten Abschlägen weiter im Unternehmen zu arbeiten, wären die politischen Hürden für solche Prozesse leichter zu nehmen.

Machen die Professoren den Anfang?

Es gibt Dinge, die einem unbeteiligten Beobachter sofort ins Auge springen: Wenn beispielsweise durch die Neuorganisation der gymnasialen Ausbildung (acht statt neun Jahre bis zum Abitur) in einem Jahr statt nur eines Schülerjahrgangs gleich zwei an den Hochschulen ankommen und dort im Durchschnitt fünf Jahre bis zu ihrem (dann hoffentlich bestandenen) Examen verbleiben, ist eine temporäre Verstärkung des Lehrkörpers erforderlich, soll die Qualität der Ausbildung nicht leiden. Hochschullehrer sind nun kaum massenhaft verfügbar, ihre Ausbildung dauert lange. Damit ist klar, dass eine zusätzliche Neueinstellung weder praktikabel noch wünschbar ist. Deshalb wäre es ideal, für diesen Anpassungszeitraum die Emeritierung von Hochschullehrern auszusetzen. Damit könnte eine hoch angesehene Gruppe der Gesellschaft beispielgebend für die allgemeine Erhöhung der Lebensarbeitszeit werben. Es wäre sinnvoll und richtig, diese Extraleistung zu belohnen. Wo aber staatliche Budgets bereits überstrapaziert sind, ist eine Erhöhung der Staatsausgaben nicht machbar. So wären Lösungen mit Pensionsleistungsbegrenzungen für jene, die keine Verlängerung ihrer Leistungszeit anbieten, zu planen.

Qualifizierung von Kindern aus prekären Familienverhältnissen

Das zweite große und unmittelbar mobilisierbare Potenzial für eine Verbesserung der demografischen Situation in Deutschland, das aktuell besteht, liegt in der effektiveren Ausbildung und Förderung von Kindern aus prekären oder schlicht weniger wohlhabenden Familienverhältnissen. Natürlich wäre es wundervoll, alle Kinder, die in der Schule hinterherhinken, mit Tutoren und besonderer erzieherischer Unterstützung zu einem Schulabschluss zu führen und in eine gute Berufskarriere zu begleiten. Eine solche Anstrengung wäre zweifelsohne sehr wünschenswert, allerdings auch schwierig umzusetzen und sehr teuer, weil in der Sozialisierung dieser Jugendlichen bereits so viele Fehler passiert sein können. Um die Kosten im Rahmen zu halten und die Erfolgschancen der Maßnahmen zu erhöhen, ist es indes viel wichtiger, in Zukunft eine Wiederholung der alten Fehler bei den jüngeren Kindern zu vermeiden. Wir brauchen eine obligatorische Vorschule ab dem Alter von vier Jahren, um sicherzustellen, dass alle Kinder zum Start der Grundschule fit genug sind, um erfolgreich an ihr zu partizipieren.

Eine solche Strategie hätte eine Reihe sozialer, finanzieller und wirtschaftlicher Implikationen, die alle höchst wünschenswert sind. Die verbesserte Bildung erhöht die Teilhabechancen und das Selbstwertgefühl und reduziert so die Gefahr eines Abdriftens in die Kriminalität. Gleichzeitig entlastet es die Sozialbudgets, weil Arbeitslosigkeit, vor allem Langzeitarbeitslosigkeit, auf diese Weise vermieden wird. Und schließlich hilft es den Firmen, konkurrenzfähige Anbieter im internationalen Wettbewerb zu bleiben, weil sie weiterhin genügend gut ausgebildete Arbeitskräfte finden. Bei offenem internationalen Wettbewerb sind Arbeitskräfte ohne Ausbildung in einem Hochlohnland wie Deutschland kaum zu beschäftigen, jedenfalls nicht ohne höchst komplizierte staatliche Regeln und Hilfen. Die Versuche, dieses Problem mit Mindestlohnmodellen oder Kombilöhnen zu entschärfen, sind keineswegs als Erfolge zu beschreiben. Mindestlöhne erfordern in vielen Fällen kaum leistbare protektionistische Maßnahmen. Denn wenn Güter und Dienste in Deutschland nur zu hohen Gestehungskosten erbracht werden können, dann wird in einer offenen, globalisierten Welt die Produktion auswandern, und die Güter und Dienste werden aus Niedriglohnländern importiert. So geschah dies etwa bei der Fleischverwertung, die zu beträchtlichen Teilen aus deutschen Betrieben ausgewandert ist. Aber auch Kombilöhne sind teuer, provozieren Mitnahmeeffekte und Marktverzerrungen. Letztlich lassen sich solche Maßnahmen nur als temporäre Unterstützung rechtfertigen. Doch ihre spätere Abschaffung erweist sich als politisch kaum durchsetzbar. Die Hoffnung auf »learning by doing« ist nur in Ausnahmefällen realistisch.

Erstausbildung früher beenden

Will man dem bald eintretenden Mangel an qualifizierten Arbeitskräften begegnen, wäre gerade in Deutschland eine frühere Beendigung der im internationalen Vergleich sehr langen Erstausbildung zu wünschen.

Dies könnte durch Regeln, durch Anreize oder durch entsprechende Bewusstseinsbildung geschehen. Die wichtigste Begründung für einen solchen Orientierungswechsel ist indes die immer kürzere Halbwertszeit von Wissen. Diese macht die mehrfache »Runderneuerung« während des Arbeitslebens zu einem Muss. Statt durch fortgesetzte Verlängerung der Erstausbildung den Qualifizierungserfordernissen entsprechen zu wollen, sollte eine zügige Erstausbildung vor allem in Methodenkompetenz mit vielen Runden der Weiterqualifizierung zum Bildungsmodell werden. Gerade für Berufe, bei denen die benötigten »skills« vor allem in jungen Jahren ausgeprägt sind, wie etwa in der Softwareentwicklung oder in Werbung und Gestaltung, wäre eine solche Reorganisation von großer Bedeutung. Würde Deutschland bei der Länge der tertiären Erstausbildung den anderen westlichen Länder auf halbem Wege entgegenkommen, kämen Universitätsabsolventen zwei Jahre früher in die Betriebe. Dies würde quantitativ und qualitativ eine bedeutende Erhöhung des Arbeitskräftepotenzials für Deutschland bewirken.

Die Maßnahmen hierzu reichen teilweise bis in die Qualifizierung in der Vorschule, sie erfordern begleitendes Tutoring für Schüler mit Lernhemmnissen, sie sind teilweise aber auch nur durch Studiengebühren zu finanzieren. Zudem sollte das Potenzial des Bologna-Prozesses kreativ genutzt werden. Der Bachelor sollte in Wirtschaft und Gesellschaft als universitärer Abschluss, der für die Wirtschaft qualifiziert, akzeptiert werden. Der Master sollte die erste »Runderneuerung« und Spezialisierung nach einem Abschnitt beruflicher Tätigkeit sein und nicht – wie heute in vielen Fällen üblich – die quasi automatische Verlängerung des Studiums am gleichen Ort, im gleichen Fach, unmittelbar nach dem Bachelor.

Stärkere berufliche Integration in der Sozialisierungsphase

Deutschland rühmt sich seines besonderen dualen Ausbildungsmodells der Lehrlingsausbildung und betrachtet es als Exportschlager. Aber es ist ein immer kleinerer Teil der jungen Menschen, der heute noch eine Lehrlingsausbildung macht. Ein ständig steigender Teil der

Jugendlichen verlässt die weiterführenden Schulen direkt in den Beruf. Und in vielen Fällen sind berufliche Praktika nicht obligatorisch. Auch ist die Gepflogenheit vieler angelsächsischer Länder, dass Schulferien zum Teil für Praktika oder Ferienjobs genutzt werden, in Deutschland in vielen Fällen keine gesellschaftliche Wirklichkeit. Damit werden Gewohnheiten wie sehr lange Urlaubszeiten geprägt, und es fehlen Erfahrungen mit eigenem Geldverdienen. Es fehlt der Kontakt zu Erwachsenen in Geschäftsbezügen, es fehlt die Chance, »den Kunden« kennenzulernen. Es werden berufliche Teambildungs- und Netzwerkbildungschancen nicht genutzt. Damit setzt sich eine Tendenz in der Sozialisierung fort, die bereits durch den Mangel an Geschwistern, den Mangel an Teambildung in Orchestern, Chören oder Sportmannschaften angelegt ist. Stattdessen sind Konzentration auf Individualsportarten wie Tennis, häufiges Alleinsein mit dem Computer oder der Spielkonsole die Regel. So gerät die Entwicklung von Wettbewerbsorientierung und das Erlernen von Kooperation sowie das Sich-Einstellen auf Dritte aus den Augen. Eine große Gruppe künftiger Leistungsträger übt sich so weder in wettbewerblicher Orientierung noch in Marktbezug. Dies reduziert die Qualität dieser Arbeitnehmer, aber macht mindestens deren spätere Qualifizierung teurer, wenn nicht wegen der Prägung im Ich-Modus unmöglich. Deshalb sollte es in weit mehr Bildungsgängen obligatorische Praktika geben. Eltern und Betriebe sollten darauf hinwirken, dass Schüler etwa ein Drittel ihrer Schulferien für Praktika einsetzen. Dies ist sowohl im Interesse der Entwicklung der Fähigkeiten junger Menschen für ihre berufliche Perspektive als auch im Interesse der Betriebe, weil es deren Nähe zu den künftigen Mitarbeitern erheblich verbessert. Ob ein Mitarbeiter geeignet ist oder gut in ein Team passt, ob er Neigung und Kompetenz für eine Aufgabe besitzt, lässt sich kaum besser als durch Ausprobieren herausfinden.

Die Diffamierung eines solchen Modells durch den Begriff »Generation Praktikum« hilft niemandem. Der vermeintlichen Ausbeutung junger Menschen stehen die künftigen Knappheitsverhältnisse am Arbeitsmarkt sehr effektiv entgegen. Es gibt eine gesellschaftliche Debatte, in der die Vermutung zum Ausdruck kommt, Praktika seien vor allem ein Mittel, mit dem ausbeuterische Unternehmer leistungsstarke junge Menschen ohne angemessene Bezahlung ausnutzten. Solche Fälle gibt es natürlich. Zu Zeiten hoher Arbeitslosigkeit und heftiger internationaler Konkurrenz mit Niedriglohnländern ist deren Zahl möglicherweise nicht gering. Doch die Mehrzahl der Fälle spiegelt diese vermeintliche Realität nicht wider. Die Chancen für junge Menschen überwiegen bei Weitem. Und durch die weltweite Verknappung an qualifizierten Kräften werden Unternehmen, die sich ausbeuterisch verhalten, bald leer ausgehen: Junge Leute haben Alternativen und kennen sie dank ihrer Netzwerke. Die Diffamierung des Modells Praktikum gilt es also rasch zu überwinden.

Frauenerwerbsquote in Deutschland: Raum nach oben!

Im Verlauf der letzten Jahrzehnte wurde die Ausbildung der Mädchen und jungen Frauen immer besser. Die Zahl der Abschlüsse stieg, und die Noten lagen zumeist vor denen der Jungen. Bei der Auszeichnung der Besten nahmen immer öfter Schülerinnen die Podeste ein. Dieser Qualifizierung haben bislang nur wenige Wirtschaftsbereiche durch entsprechende Einstellungspolitik und Personalbegleitung entsprochen.

> Zwar ist die Zahl berufstätiger Frauen seit 1991 deutlich angestiegen, ihr Arbeitsvolumen hat allerdings insgesamt nicht zugenommen. Laut Institut für Arbeitsmarkt und Berufsforschung verteilt es sich lediglich auf mehr Personen. Anders ausgedrückt: Die Zahl der Vollzeitstellen ist gesunken, dafür haben viele Frauen eine Teilzeitstelle oder einen Minijob gefunden. Inzwischen liegt die Teilzeitquote bei den Frauen im Westen bei 51,1 Prozent, im Osten sind es 38,1 Prozent (2004). Die meisten Frauen reduzieren die Arbeitszeit, zumindest im Westen, freiwillig. Dort geben ganze 11 Prozent der Teilzeitkräfte an, dass sie gern mehr arbeiten würden. Im Osten dagegen sind es 54 Prozent, die nur auf einer Teilzeitstelle sitzen, weil sie keinen vollen Arbeitsplatz finden.[6]

Frauen messen noch immer der Work-Life-Balance größere Bedeutung zu als Männer. Wenn Firmen also das weibliche Arbeitskräftepotenzial für sich gewinnen wollen, so müssen sie ermöglichen, dass Karriereplanung mit der Planung von Partnerschaft und Familie zu koordinieren sind. Solche Lösungen sind heute, da viele Arbeitsplatzwirklichkeiten weder dem Bild vom Fließband noch dem der Kaserne entsprechen, in sehr vielen Fällen gestaltbar. Arbeit von zu Hause oder unterwegs sowie Teilzeittätigkeit sind mit moderner IT möglich, ja oft sogar betriebswirtschaftlich angezeigt, wenn man die Kosten von Büros und Zeitaufwand für den Weg zum Arbeitsplatz einrechnet. Betrachtet man das gesamtwirtschaftliche Arbeitsvolumen, das in Frankreich oder Schweden von Frauen erwirtschaftet wurde, als Benchmark, so liegt in der Frauenerwerbsquote in Deutschland rein quantitativ ein riesiges Potenzial für höhere Leistung. Bedenkt man die oben beschriebene überproportionale Qualität dieser Gruppe, sollte der Wertschöpfungseffekt noch stärker sein. Hinzu kommt, dass die Globalisierung die eher als weiblichen geltenden Kompetenzen wie Sprache, Marketing oder Kundenorientierung stärker erfordert und so mögliches Angebot und offenkundige Nachfrage ideal zusammenpassen.

Die Erwerbsbeteiligung von Frauen lag 2009 in Deutschland bei rund 65 Prozent und damit deutlich über dem OECD-Mittel von 56 Prozent. In den nordischen Ländern, aber auch in den Niederlanden, Österreich und der Schweiz, liegt die Erwerbsbeteiligung von Frauen allerdings noch höher als in Deutschland. Charakteristisch für die Erwerbstätigkeit von Frauen in Deutschland ist der hohe Teilzeitanteil. Innerhalb der OECD arbeitet nur in den Niederlanden und in der Schweiz ein größerer Anteil der Frauen in Teilzeit. Nur rund 40 Prozent der Frauen (15 bis 64 Jahre) in Deutschland arbeiten in Vollzeit. In 19 der 31 OECD-Länder liegt die Vollzeiterwerbsquote bei Frauen höher.

Besonders verheiratete Frauen haben in Deutschland kürzere Arbeitszeiten als im OECD-Schnitt, und das unabhängig davon, ob sie Kinder betreuen oder nicht. Ein Grund dafür dürfte sein, dass in Deutschland durch

> Ehegattensplitting, beitragsfreie Mitversicherung in der Krankenkasse und die Subventionierung von Minijobs für den Zweitverdiener nur geringe finanzielle Anreize bestehen, eine Vollzeitbeschäftigung aufzunehmen. In der Tat macht es in kaum einem anderen OECD-Land einen geringeren Nettohinzuverdienst aus, wenn in einem Paarhaushalt ein Zweitverdiener mit geringem Stundenverdienst von Teilzeit auf Vollzeit wechselt.[7]

Die wöchentliche und jährliche Arbeitszeit kann ausgeweitet werden

Diese These dürfte in der deutschen Gesellschaft stärker bestritten werden als die zuvor vertretenen. In vielen Fällen wird der heutigen beruflichen Wirklichkeit attestiert, übermäßig Stress zu erzeugen und damit gesundheitsgefährdend zu sein. Eine noch intensivere Berufstätigkeit trüge demnach nicht zu Wohlgefühl und Glück bei.

Die Arbeitswirklichkeit in Deutschland ist einem ständigen raschen Wandel unterworfen. Schlagzeilen und Begrifflichkeiten passen häufig nicht zu den Wirklichkeiten, die oft sehr differenziert sind und den klassenkämpferischen Debatten nicht entsprechen. Im 20. Jahrhundert kam es in Deutschland zu einer nachhaltigen Verkürzung der tariflichen Wochenarbeitszeit. 1900 wurde der Zehn-Stunden-Arbeitstag und 1918/19 der Acht-Stunden-Arbeitstag (jeweils in einer Sechs-Tage-Woche) gesetzlich geregelt. 1955/56 wurde in der Bundesrepublik die Fünf-Tage-Woche verwirklicht, 1965 die 40-Stunden-Woche. Ab 1990 wurde in einigen Branchen eine 35-Stunden-Woche eingeführt. Diese war in Deutschland freilich zumeist ein Etikettenschwindel. In der Regel lag die Arbeitszeit für Vollzeitkräfte nach wie vor bei 40 Stunden pro Woche (fünf mal acht Stunden). Die tariflich vereinbarte 35-Stunden-Woche wurde durch flexible freie Tage erzielt, oftmals durch sogenannte Brückentage, bevorzugt im Mai und Juni, wo es mehrere Feiertage an Donnerstagen gibt, und in der Nähe von Feiertagen wie Ostern oder Weihnachten. Das hat betrieblichen Erfordernissen ebenso entsprochen wie den privaten Wünschen nach Kurzurlaub. Damit ist die Arbeitswirklichkeit in Deutschland gekennzeichnet durch lange Urlaubszeiten (siehe Abbildung 8).

Abbildung 8   Anzahl der Urlaubstage in Deutschland

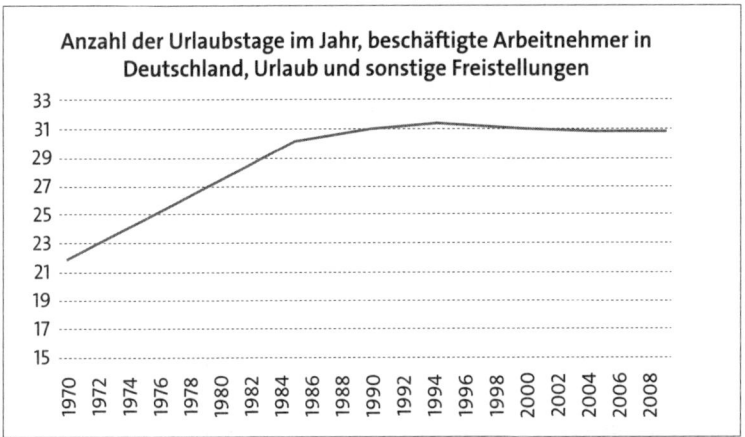

Quelle: IAB, Statistisches Bundesamt

Diese Tendenz hat sich seit Ende der neunziger Jahre nicht fortgesetzt. Es wurden teilweise Arbeitszeitverkürzungen zurückgenommen. So etwa wurde die Arbeitszeit für Beamte in Bayern, Thüringen und Hessen auf bis zu 42 Stunden pro Woche verlängert (siehe Abbildung 9).

Eine andere Debatte, die früher in Deutschland und heute noch immer in anderen Ländern eine große Rolle spielt, ist die Diskussion um die Überstunden. Dieses Phänomen ist hierzulande durch flexible Regelungen über Mehrjahresarbeitszeitkonten in sehr vielen Fällen als überholt anzusehen. Diese Regelung erlaubt den Unternehmen, Betriebszeiten flexibel an die Nachfrageschwankungen anzupassen. Auch die Mitarbeiter können Vorteile aus dieser Regelung ziehen.

Als Ergebnis all dieser Änderungen liegt die durchschnittliche Jahresarbeitszeit in Deutschland bei rund 1600 Stunden und damit etwa 300 Stunden unter der Zahl von vor 40 Jahren und etwa 700 Stunden

Abbildung 9 Entwicklung der tariflichen* und tatsächlichen durchschnittlichen Wochenarbeitszeiten von in Vollzeit Beschäftigten in Deutschland (1984–2006)

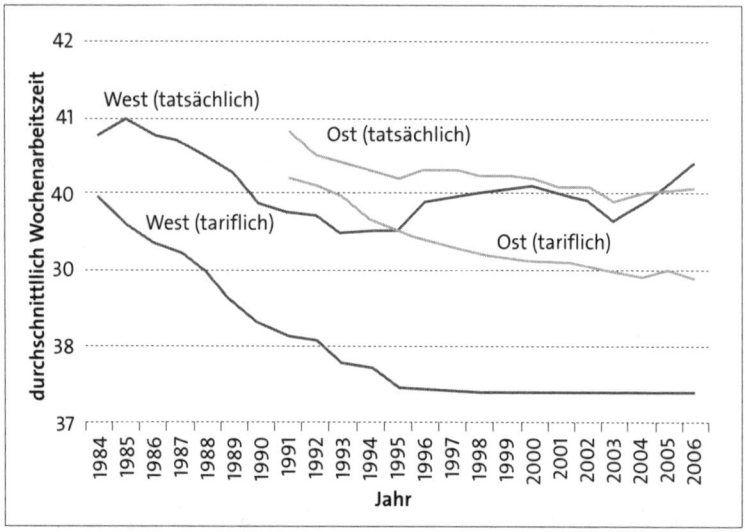

Quelle: Mikrozensus und ELFS Sonderauswertung IAQ, WSI-Tarifarchiv

unter der Zahl von 1950. Der Rückgang in den letzten 40 Jahren resultiert vor allem aus der Erhöhung der Zahl der Urlaubstage, die von 20 auf 30 stieg, und aus einer kürzeren Wochenarbeitszeit (siehe Abbildung 10).

Der Blick zurück ebenso wie der Blick über die Landesgrenzen zeigt, dass in der Arbeitszeit ein beachtliches Reservoir an Reaktionsmöglichkeiten liegt. Würden die Deutschen die Jahresarbeitszeit der Schweiz oder der USA anvisieren (circa 1900, beziehungsweise 1800 Stunden), so könnte alleine hieraus – bei einer Anpassung über einen Zeitraum von 15 Jahren – im gesamten Zeitraum ein Zusatzwachstum von 1 % pro Jahr entstehen. Würde man gar die Benchmark der Arbeitszeit für Selbständige ins Auge fassen (60 Stunden pro Woche), wäre ein Vielfaches dieser Wachstumsreserven mobilisierbar. Damit will ich kein realistisches Szenario andeuten, vielmehr aber beleuchten, welche Relevanz die Entscheidung junger Leute, Unternehmer zu werden, haben könnte.

Abbildung 10   Jahresarbeitszeit in Stunden, Vollzeit, Beschäftigte Arbeitnehmer

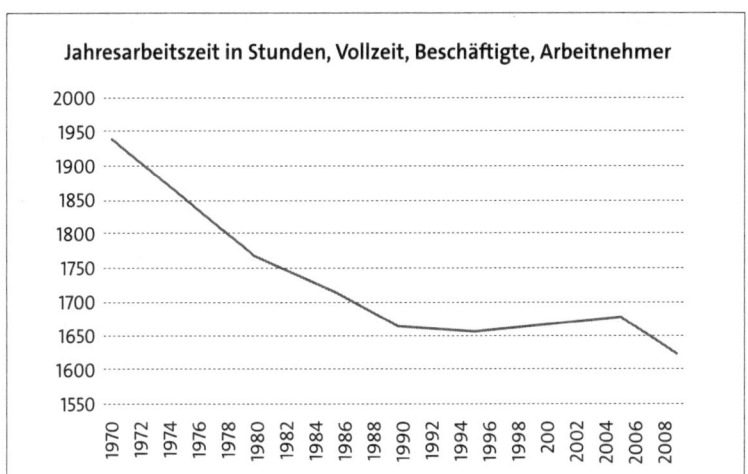

Quelle: IAB, Statistisches Bundesamt

Dies würde selbstverständlich über den Effekt des zusätzlichen Arbeitsangebots hinaus wirksam sein, weil auf diese Weise Produkt- und Produktionsinnovationen angeregt würden und so weitere Wachstumsimpulse entstünden.

Flexiblere Zeiteinteilung für Bildung, Erwerbs- und Betreuungstätigkeiten

Eine realistische Debatte über Veränderungen der Arbeitszeit sollte die integrale Veränderung der Berufs- und Lebenswelt in den Blick nehmen. Bei mehr Aufmerksamkeit für die nachhaltige »work-life-balance« werden sich die Einsatzzeiten für Menschen künftig flexibler auf Bildung, Erwerbs- und Betreuungszeiten verteilen. Für 25- bis 60-Jährige sind Einsatzzeiten von 60 Stunden pro Woche für diese drei Komponenten durchaus gestaltbar. Solche Stundenzahlen entsprechen den Lebenswirklichkeiten von heute in vielen Fällen. Für 15- bis 25-Jährige und über 60-Jährige sollte mit einem Einsatz von 40 Stunden für die drei Aktivitätsarten gerechnet werden können. Soll die wichtige Zeit für Freunde, Hobbys oder Sport nicht beschnitten werden, so muss für das beschriebene Szenario wohl der Medienkonsum eingeschränkt werden: Insbesondere den Fernsehkonsum gilt es drastisch zu reduzieren. Eine Halbierung würde pro Tag zwei Stunden verfügbar machen. Dies ist eine ausreichende Reserve für die skizzierten kombinierten Ansprüche auf Mehreinsatz für Arbeit, Bildung und Betreuung. Zudem lassen sich die gewünschten Effekte zur Erhöhung des Arbeitsangebots nur erreichen, wenn man in Deutschland beim Urlaub im Durchschnitt auf das Niveau von 1970 (also etwa 20 Tage im Jahr) zurückkommt. Das erscheint sehr viel verlangt, ist es im internationalen Vergleich aber wohl nicht.

Nettoeinwanderung in den Arbeitsmarkt

Da die Reduktion der arbeitsfähigen Bevölkerung so dramatisch ist, werden die aufgezeigten Handlungsschritte der vorhergehenden Kapitel wohl nicht ausreichen, um das Arbeitskräftepotenzial konstant zu halten. Insbesondere im Bereich der MINT-Fächer und im Wachstumssektor Gesundheit werden, auch wenn alle oben beschriebenen Register gezogen werden, die Fach- und Betreuungskräfte nicht ausreichen. Hier wäre es sehr hilfreich, wenn Nettoeinwanderung gezielt in den Mangelbereichen stattfinden würde. Dazu käme es auf die genaue Identifikation der Qualifizierung an und auf die Verbesserung der Attraktivität Deutschlands als Einwanderungsland. Zudem müsste Deutschland verhindern, dass es in diesen Knappheitsbereichen Arbeitnehmer und Unternehmer verliert.

Die Entwicklung aller Bruttogrößen bei der Wanderung im Verlauf der letzten 20 Jahre ermutigt nicht zur Annahme, dass dies gelingt. Der Tendenz nach hat die Dynamik der Fortzüge von Deutschen zugenommen. Zu hoffen wäre, dass dies Menschen in Ausbildung oder beruflicher Aktivität sind, die zurückzukommen beabsichtigen. Zudem hat die Dynamik von Zuzügen von Ausländern nach Deutschland ab-

Abbildung 11   Nettozuwanderung im internationalen Vergleich

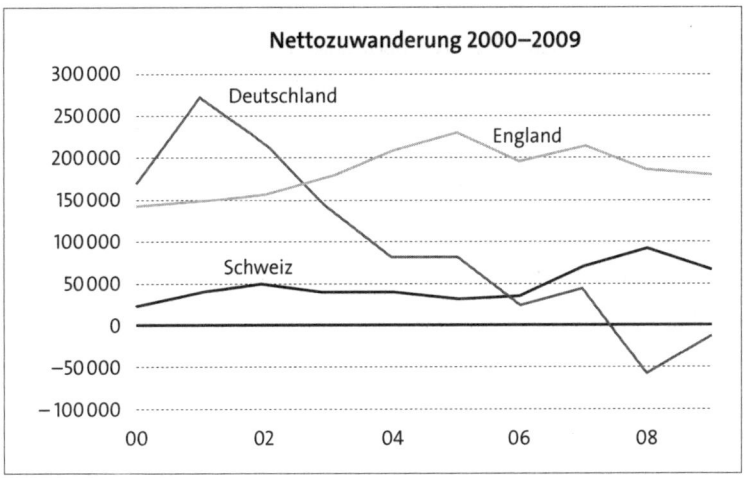

Quelle: Eurostat

genommen. Diese Tendenzen stehen in auffälligem Kontrast etwa zu England und zur Schweiz (siehe Abbildung 11).

Damit erscheint die Perspektive, die Defizite in Deutschland über die Erhöhung der Nettozuwanderung zu kompensieren, derzeit ungünstig. Sog- und Druckfaktoren scheinen solche Prozesse nicht zu befördern. Es dürfte klar sein, dass ohne Verhaltensänderungen die Wanderung unsere Arbeitsangebotsprobleme nicht verkleinern wird.

Ermutigend ist allerdings, dass die Unternehmer dieses Thema aufgreifen und eine gesellschaftliche und politische Debatte anstoßen. Zudem hat nach dem 11. September 2001 die US-Politik zur strikten Kontrolle von Einwanderung anderen entwickelten Länder ein »window of opportunity« geöffnet. Anscheinend hat dies aber nicht gereicht, um Deutschland aus Sicht der möglichen Einwanderer in eine günstigere Position zu bringen. Damit wird deutlich, dass es hierzulande einer starken Initiative bedarf und wohl auch eine Reihe von Jahren dauern wird, bis die gewünschte Einwanderung stattfindet.

Einwanderung in das Ausbildungssystem

Wenn schon günstige internationale Rahmenbedingungen nicht helfen, einen positiven Einwanderungssaldo in den deutschen Arbeitsmarkt auszulösen, gilt es tiefer anzusetzen. Einwanderung muss über das deutsche Ausbildungssystem initiiert werden, auch wenn dieser Weg erst mit einer Zeitverzögerung die erwünschten Effekte auf das Arbeitsangebot haben dürfte und von dem Umfang abhängt, in dem hier ausgebildete Ausländer im hiesigen Arbeitsmarkt bleiben. Derzeit machen Regelungen, wonach eine unbefristete Arbeitserlaubnis erst ab einem Arbeitseinkommen von 66 000 Euro ohne weitere Bedingungen ausgestellt wird, selbst solche erwünschten Entscheidungen von ausländischen Absolventen deutscher Bildungseinrichtungen schwierig.

2009 haben 18 500 Studierende aus Nicht-EU-Ländern an deutschen Hochschulen ihren Abschluss gemacht: Mediziner, Ingenieure, Lehrer und andere Akademiker, in deren Ausbildung der deutsche Staat Millionen Euro an Steuergeldern investiert hat. Es sind darunter auch junge Menschen aus der Türkei, aus Indien oder aus Russland, nach denen die hiesige Wirtschaft angesichts des prognostizierten Fachkräftemangels ruft. Von diesen gut ausgebildeten ausländischen Studierenden haben laut dem Deutschen Akademischen Austauschdienst im Jahr 2010 allerdings 13 680 das Land wieder verlassen, das sind fast 75 Prozent. Über deren Gründe gibt keine Statistik Auskunft, aber es ist ein so großer Prozentsatz, dass wohl kaum alle aus purer Liebe zu ihrer alten Heimat Deutschland den Rücken kehren. Als größte Hürde neben der viel zu hohen 66 000-Euro-Grenze für eine unbefristete Aufenthaltserlaubnis erweist sich für Nicht-EU-Ausländer die Auflage, innerhalb eines Jahres nach dem Abschluss eine Stelle zu finden. Zieht sich die Jobsuche länger hin, droht die Abschiebung.[8] Besser als Abschiebung wäre die schrittweise, deutliche Verminderung der Transferzahlungen.

Eine kleine Verbesserung hat die Bundesregierung allerdings richtigerweise bereits umgesetzt. Seit 2007 entfällt zumindest die Vorrangigkeitsprüfung für die Arbeitserlaubnis, die Deutschen, EU-Bürgern und privilegierten Migranten einen Vorrang bei der Besetzung von Arbeitsplätzen gab.

Die Einwanderung von ausländischen Studierenden in das deutsche Bildungssystem liegt nicht nahe: So sind die internationalen Rankings deutscher Bildungseinrichtungen nicht besonders hoch, bis auf einige wichtige Ausnahmen bei der Musikausbildung und Teilen der Naturwissenschaften. In der Medizin und den Geisteswissenschaften hat Deutschland über die Jahrzehnte an Rang verloren. Die seit einer Generation zu beobachtende Wirklichkeit der Massenuniversität macht Deutschland wenig attraktiv. 2009 rangierten auf den ersten zehn Plätzen des World University Ranking der britischen Hochschulzeitschrift *Times Higher Education Supplement* ausschließlich Universitäten aus den USA und Großbritannien. Nur vier deutsche Unis schafften es überhaupt unter die hundert Besten.[9]

Trotz der »schwierigen« deutschen Sprache[10] und oftmals fehlender Offenheit gegenüber anderen Kulturen hat sich die Zahl der ausländischen Absolventen an deutschen Universitäten (gezählt wurden hier nur die Ausländer, die ihre Hochschulreife im Ausland erworben hatten) in den letzten zehn Jahren dennoch verdreifacht, auf 25 000 im Jahr 2008. Die Perspektive rückläufiger deutscher Studierendenzahlen in der nächsten Dekade sollte dennoch bereits jetzt bedacht werden, um noch offensiver ausländische Studenten anzuwerben.

Diese Erörterung zeigt bereits, dass Hilfe für den Arbeitsmarkt über die Integration von Ausländern durch das Bildungssystem unter den günstigsten Umständen eine Aussicht erst für die Zeit nach 2020 ist. Dies ist bedauerlich, ist doch ein solcher Weg qualitativ ein höchst attraktiver, weil Personen mit kultureller Affinität und einer für die deutsche Wirtschaft und Gesellschaft gut zu beurteilenden Qualifikation gewonnen würden. Deshalb lohnt eine gezielte Aktion zur Mobilisierung dieses Potenzials noch immer. Hoffentlich sind Bürger, Wirtschaft und Politik mit genügend Einsicht und einem langen Atem ausgestattet, um diesen Prozess zu fördern.

Export von deutschen Bildungsinvestitionen in Länder mit potenziellem Bevölkerungsüberschuss

Ähnliche Effekte wie beim Import von ausländischen Schülern und Studenten in Ausbildungseinrichtungen in Deutschland könnten – möglicherweise sogar kosteneffizienter – erzielt werden, indem Deutschland Ausbildungseinrichtungen in Länder exportiert, die Potenzial für Auswanderung und eine Affinität zur deutschen Gesellschaft und Wirtschaft besitzen. Wie bereits skizziert, signalisieren Diasporen dieser Länder in Deutschland solche Potenziale. Private und staatliche Initiativen zur vermehrten Etablierung von Schulen und Hochschulen in solchen Ländern könnten eine beträchtliche Effektivität haben. Curricula und Lehrer zu exportieren, entsprechende Mittel zu investieren, könnte eine besonders rentable Zukunftsinvestition sein. Die Erweiterung des Netzwerks von Goethe-Instituten zur Sicherung der sprachlichen Kompetenz und der Vermittlung deutscher Kultur wäre hierfür eine besonders wichtige Maßnahme.

Aber auch ganz andere Wege gilt es zu erforschen. So haben etwa universitäre Einrichtungen aus England und den Vereinigten Staaten, die attraktiv für ausländische Studenten sind, internationale Initiativen eingerichtet. Ein Beispiel ist die Paul H. Nitze School of Advanced International Studies (SAIS) der Johns Hopkins University, die neben ihrem Campus in Washington, D. C., Dependancen in Bologna und Nanjing unterhält. Es ist also naheliegend, dass Universitäten von internationalem Rang geeignet sind, solche Anstrengungen auf den Weg zu bringen. Deutschland besitzt mit naturwissenschaftlichen Instituten, Einrichtungen im Umweltschutz oder den erneuerbaren Energien ähnlich gute »Exportmodelle« in Forschung und Bildung. Auch hier ist zweifelsfrei mit einer Bereicherung des deutschen Arbeitsmarktes zu rechnen, aber der Zeithorizont für einen signifikanten Zufluss an Kräften in den deutschen Arbeitsmarkt aus solchen Projekten liegt jenseits der Jahrzehntgrenze 2020.

Der Königsweg aus der Demografiefalle: Mehr Kinder!

Der frühere Ministerpräsident des Landes Nordrhein-Westfalen, Jürgen Rüttgers, hat im Jahr 2000 den Satz »Kinder statt Inder« geprägt. Dies tat er zu einer Zeit, als Bundeskanzler Schröder auf der CeBIT ankündigte, durch eine Art Greencard IT-Spezialisten aus Indien nach Deutschland holen zu wollen.

Wir wissen heute, dass dies eine Phantomdebatte war. Es sollte jedem klar sein, dass man weder Inder noch (deutsche) Kinder auf Knopfdruck bekommt. Es müsste auch jedem einleuchten, dass man für Kinder Eltern braucht, die Kinder haben wollen. Die Zahl der potenziellen Eltern ist unter uns Deutschen, aber auch bei den Spaniern, Italienern und (später) den Mittel- und Osteuropäern, 35 Jahre lang drastisch zurückgegangen. In einigen Jahren wird die Zahl der Mütter rund ein Drittel niedriger liegen als noch eine Generation zuvor. Rein rechnerisch wäre eine Erhöhung der Kinderzahl um die Hälfte pro gebärfähige Frau erforderlich, um die Verminderung der Geburten zu beenden. Und die ersten dieser aufgrund höherer Geburtenhäufigkeit Geborenen würden erst 2035 auf dem Arbeitsmarkt verfügbar sein. Für einen beträchtlichen Zeitraum würden durch die höheren Geburtenzahlen pro Frau höhere Betreuungsleistungen der Eltern (oder anderer) erforderlich. Damit wäre über eine Generation die Knappheit am Arbeitsmarkt ausgeprägter als im Fall niedriger Geburtenhäufigkeit. Die Anpassungsschritte, die in den vorangegangenen Abschnitten beschrieben wurden, müssten also beherzter vorgenommen werden, wollte Deutschland mehr Kinder, aber nicht weniger Wachstum haben. Es wäre sehr nützlich, wenn in Deutschland eine offensive und konstruktive Debatte dieser komplexen Fragen möglich wäre.

Hurra, wir (Deutschen) werden älter – Implikationen für die Partnerländer Deutschlands

In einem offenen Wirtschaftssystem können unterschiedliche Stärken einzelner Länder als einander ergänzend erkannt und zu neuen

Spezialisierungen genutzt werden. Damit steigt in der Regel die Produktivität und folglich das Wohlstandsergebnis für alle. Dies gilt für den Faktor Arbeit ebenso wie für den Faktor Kapital und den eingebundenen Faktor technischer Fortschritt. Wenn nun also den Deutschen die Kinder fehlen, sie Überschüsse in den Bildungskapazitäten haben und es Partnerländer mit reichlich Kindern und relativ knapper/ schlechter Bildungslandschaft gibt, so ist beispielsweise Einwanderung in das deutsche Bildungssystem eine Win-Win-Situation.

Eine andere Kategorie von Implikationen könnte es sein, wenn Länder, deren demografische Perspektiven jenen Deutschlands ähneln, von Deutschlands Fehlern oder von Deutschlands angemessener Antwort auf diese Herausforderung lernen würden.

Wer ähnelt Deutschland in der demografischen Perspektive?

Die demografische Debatte hinkt weit hinter den Fakten her. Die Liste der Länder mit zum Teil seit Jahren schrumpfender Bevölkerung ist viel länger, als man vermutet. Bereits in den achtziger Jahren schrumpften Ungarn und Bulgarien, in den neunziger Jahren kamen fast alle anderen ehemaligen Ostblockländer hinzu. Jeder hätte Japan in dieser Kategorie vermutet: Aber Japan folgte Deutschland (2006) erst 2008. Viele südosteuropäische Länder werden in der laufenden Dekade auf dieser Liste auftauchen. Auch Taiwan und Südkorea schließen sich demnächst dieser Gruppe an. China schließlich dürfte 2030 den Höchstpunkt seiner Bevölkerungszahlen überschreiten. Die Schrumpfung der Bevölkerung ist das eine Phänomen. Alterung ist das andere. Hier gibt es international viele Ähnlichkeiten, aber keinen Gleichlauf, insbesondere wegen der unterschiedlichen Bedeutung von Wanderung. In der Regel wandern junge Menschen. Daraus folgt (ceteris paribus) Alterung in Auswanderungs- und Verjüngung in Zuwanderungsregionen. Dies gilt für Binnen- und internationale Wanderung gleichermaßen.

Die Ähnlichkeiten der demografischen Perspektive mit Deutschland sind im südwesteuropäischen Kontext am ausgeprägtesten. Es hängt wohl mit der Ähnlichkeit im Politisch-Kulturellen zusammen, dass Lebenserwartung, Fertilität und Wanderung vergleichsweise große Ähnlichkeiten zeigen. Die Deutsche Einigung und die Rückführung von Auslandsdeutschen gegen Ende des letzten Jahrhunderts waren natürlich Ereignisse, für die es anderswo keine Entsprechung gab. Aber es ist offensichtlich, dass Deutschland in Bezug auf die infrastrukturellen Folgen einer schrumpfenden Bevölkerung eine Menge aus den Erfahrungen mittel- und osteuropäischer Länder seit den neunziger Jahren lernen kann, nicht nur aus seiner eigenen Erfahrung mit dem Bevölkerungsrückgang in Städten und Gemeinden in vielen Teilen Ostdeutschlands. Diese Prozesse sind teilweise dramatisch: Rückgänge der Bevölkerungszahlen um ein Drittel in 20 Jahren sind keine Ausnahme. Solche Entwicklungen sind beispielsweise anhand einer Reihe von Gemeinden des Landkreises Mansfeld-Südharz in Sachsen-Anhalt zu erkennen (siehe Tabelle 1).

Tabelle 1   Voraussichtliche Bevölkerungsveränderungen von 2009 bis 2025 in Prozent (Gebietsstand 1.1.2011)

Landkreis/Land	Spannweite der Einheitsgemeinden		Spalte 1
	von	bis	
Anhalt-Bitterfeld	−16,7	−23,0	
Mansfeld-Südharz	−25,7	−29,7	
Sachsen-Anhalt	−1,9	−29,2	

Quelle: Statistisches Monatsheft 09 / 2010, Statistisches Landesamt Sachsen-Anhalt

Wie in Tabelle 1 abzulesen ist, sind in vielen Gemeinden Rückgänge von einem Viertel oder einem Fünftel der Bevölkerung zu erwarten. Selbst in der Stadt Dessau ist ein solcher Rückgang angelegt (2009 bis 2025 zwischen 13,2 und 20,0 %). Wie aus Tabelle 2 zu ersehen ist, sind Rückgänge der Gesamtbevölkerung von einem Fünftel für das gesamte Bundesland Sachsen-Anhalt zu erwarten.

Und die volle Dramatik der Entwicklung wird erst deutlich, wenn

Tabelle 2 Entwicklung der Bevölkerung nach Kreisen 2008 / 2025
(5. Regionalisierte Bevölkerungsprognose Sachsen-Anhalt)

Kreisfreie Städte/Landkreise	Bevölkerungsveränderung 2008 bis 2025 in %
Dessau/Roßlau	−21,1
Halle (Saale)	−10,0
Magdeburg	−1,9
Altmarkkreis Salzwedel	−21,3
ÖK Anhalt-Bitterfeld	−21,0
LK Börde	−19,4
Burgenlandkreis	−21,6
LK Harz	−20,0
LK Jerichower Land	−21,8
LK Mansfeld-Südharz	−27,7
Saalekreis	−17,9
Salzlandkreis	−23,7
LK Stendal	−22,4
LK Wittenberg	−23,3
Sachsen-Anhalt	**−18,6**

Quelle: Statistisches Landesamt Sachsen-Anhalt

man sich vor Augen führt, welche Alters- und Geschlechtsgruppen diese Schrumpfung besonders betrifft: Es sind die jungen Menschen und insbesondere die Frauen. Dies zeigt sich in der Veränderung dessen, was wir fälschlicherweise immer noch Bevölkerungspyramide nennen (Abbildung 12).

Ganz besonders offenkundig ist aber, dass viele Länder am Mittelmeer Deutschland demografisch auf dem Fuße folgen. Das hat für Immobilienmärkte und Infrastruktur entsprechende Konsequenzen. Und auch die öffentlichen Finanzen werden in diesen Ländern ähnlich be-

Abbildung 12   Bevölkerungsentwicklung 2009 / 2025 für den Landkreis Mansfeld-Südharz

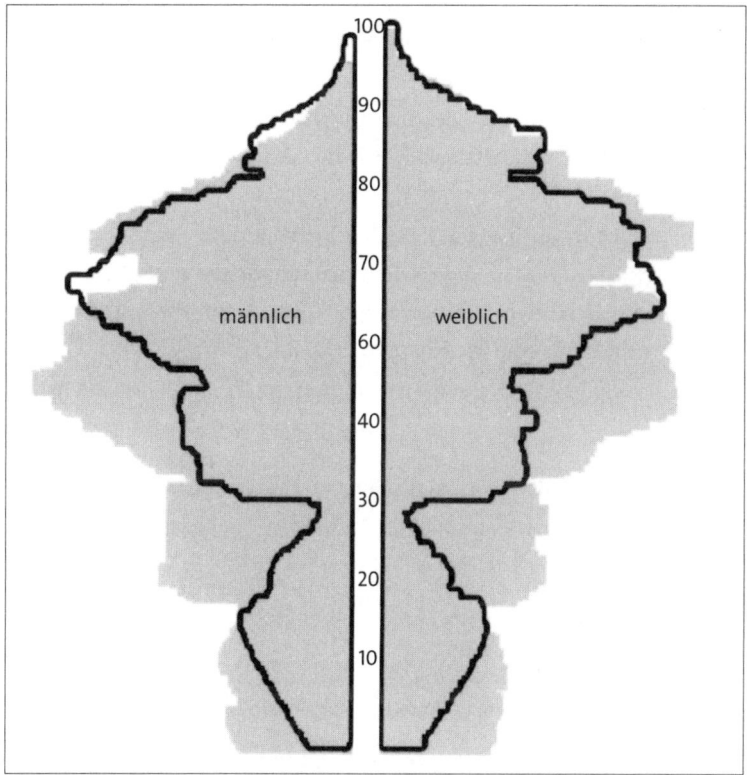

Quelle: Ministerium für Landesentwicklung und Verkehr Sachsen-Anhalt

troffen sein wie in Deutschland, sind doch in diesen Ländern Alters- und Gesundheitssysteme ähnlich umlagefinanziert wie in Deutschland.

Überraschender für die meisten Beobachter ist wohl, dass sich noch in dieser Dekade Taiwan und Südkorea dem Klub der schrumpfenden Nationen anschließen werden und dass das derzeit dynamischste Land der Welt, China, 2030 auch zu dieser Gruppe gehören wird. Damit wird deutlich, dass strategische Perspektiven, wie sie heute üblicherweise, gerade von Unternehmen mit einem Expansionsinteresse in diesen Märkten, skizziert werden, für die lange Frist zu hinterfragen sind. Diese Überlegungen werden noch relevanter, wenn man bedenkt, dass eine beachtliche Gruppe von reifen Volkswirtschaften mit hohem Pro-Kopf-Einkommen auch in einer Generation noch eine wachsende – und damit auch eine relativ junge – Bevölkerung haben wird. Dies gilt für England, für Frankreich, für Skandinavien und ganz ausgeprägt für die USA. Dies hat im Wesentlichen mit der höheren Fertilität zu tun, teils aber auch mit der Attraktivität als Einwanderungsland.

Ob freilich 2040 die USA noch als das größte englischsprachige Land angesehen werden kann, ist zweifelhaft, da dann etwa ein Viertel der Einwohner Hispanics sein werden. Texas, Kalifornien und Florida werden wohl sogar eine Mehrheit an Hispanics aufweisen.

Damit ist ein Hinweis auf die demografische Dynamik in Lateiname-

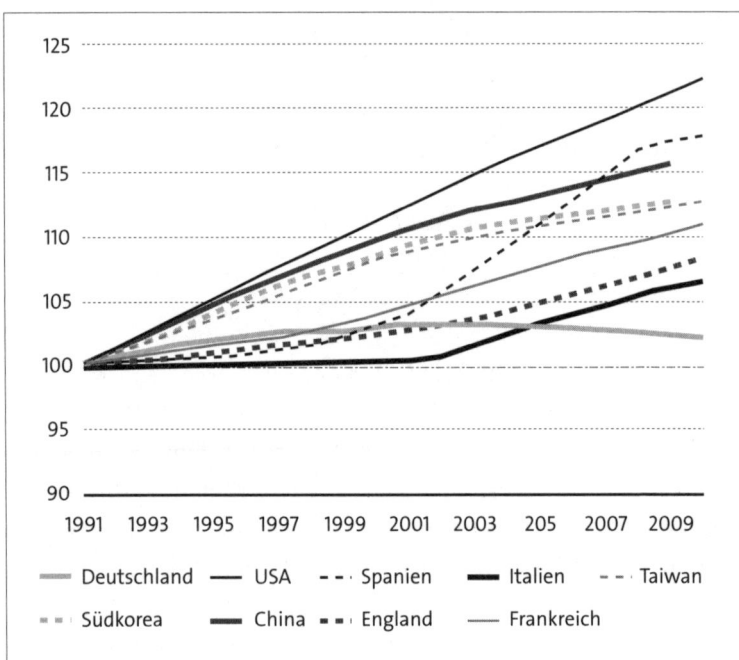

Abbildung 13 Bevölkerungsentwicklung ab 1991, Index 1991 = 100

Quelle: Eurostat, World Bank

rika gegeben. Würde sich dort allgemein, vor allem aber in Brasilien und Argentinien, wie schon in Chile, »good governance« durchsetzen, so wäre ein Wachstumszentrum der Welt wohl dort auszumachen, weil sowohl die natürlichen Lebensbedingungen als auch die Ausstattung mit Rohstoffen besonders günstig sind. Ähnliches könnte über Afrika und den Mittleren Osten gesagt werden, wenn dort »good governance« zu erwarten wäre. Ich bezweifle dies jedoch. Nach den Ereignissen zu Beginn des Jahres 2011 werden meiner These wahrscheinlich sehr viel mehr Beobachter zustimmen.

Die Umwälzungen in Ägypten, Tunesien, Libyen und Teilen des Nahen Ostens haben die Qualität der Revolution in Osteuropa vor 20 Jahren. Dass diese Revolutionen aber ebenso friedlich und erfolgreich verlaufen, ist unwahrscheinlich. Weder ist die Bevölkerung so gut ausgebildet, noch steht die EU als Auffangbecken zur Verfügung. Damit dürften diese Regionen Auswanderungsregionen bleiben – und nicht nur, weil extreme Hitze und Trockenheit widrige Lebensbedingungen für Mensch, Tier und Pflanze bieten.

Europas Korrespondenzraum: Nordafrika und der Nahe Osten

Damit ist wiederum der Aspekt der Komplementarität angesprochen. Europa war und ist der Korrespondenzraum für Nordafrika und den Nahen Osten. Die Geschichte der Phönizier, Perser, Griechen und Römer, der Fugger und der Hanse, der Franzosen und Engländer sind Belege dafür. Gegenseitige Prägung der Kultur und der Architektur in besonders sinnfälliger Weise sind unübersehbar. Istanbul ist ebenso lebendiges Zeichen dafür wie etwa die Alhambra in Granada. In dieser Komplementarität liegt eine große Chance, angesichts ethnischer und religiöser Unterschiede aber auch eine enorme Spannung.

Die EU braucht eine Mittelmeerpolitik. Die Defizite an Unternehmern und jungen, qualifizierten Kräften zur Nutzung der Wissensgesellschaft und zur Sicherung der Wettbewerbsfähigkeit unternehmerischer (auch mittelständischer) Strukturen in Europa, insbesondere in

Ländern wie Spanien, Italien und Deutschland, wird nur im Bildungsschulterschluss mit Nordafrika und dem Nahen Osten (unter Einschluss der Türkei) gelingen. Voraussetzung für das Gelingen dieses Projekts ist gesellschaftliche und religiöse Toleranz. Seit Samuel Huntingtons Prognose vom *Kampf der Kulturen* (so ein Buchtitel von 1996) ist die Zuversicht, dass dies gelingen könnte, erschüttert. Die Ereignisse nach dem 11. September 2001 scheinen die Zweifel zu bestätigen. Ich halte diese Vorurteile für überwindbar. Ich habe in Nordafrika, im Golf, in Asien über Jahrzehnte mit Muslimen zusammengearbeitet. Die Erfahrungen mit ihnen erinnern mich sehr stark an ein Wort eines Kollegen aus den neuen Bundesländern, der nach allzu viel »Wessi-Ossi«-Gestänkere ausrief: »Wir Ossis sind genauso Kommunisten, wie Ihr Wessis Christen seid!«. Die muslimischen Länder sind untereinander höchst vielfältig. Und wo Muslime sich in der Minderheit befinden, etwa in Sri Lanka, sind sie die Gruppe, die gegenüber den größeren, rivalisierenden Religionsgemeinschaften (hier der Hindus und Buddhisten) die Rolle des Mediators einnimmt. Die Emanzipation muslimischer Frauen in Malaysia muss nicht mehr erfunden werden. Der Respekt der Ägypter vor den Leistungen der Deutschen Schule in Kairo ist stadtbekannt, ihre ausgelassene Freude am Rosenmontag umwerfend. Die German University in Kairo praktiziert die Toleranz »pro und contra Kopftuch« zugunsten einer großen weiblichen Studentengemeinde. Die einzelnen Länder der EU sollten ihre jeweils spezifischen Beziehungen zu Nordafrika und dem Nahen Osten in diese Mittelmeerpolitik einbringen, um die demografischen Komplementaritäten in den kommenden Dekaden nachhaltig zu nutzen. Insbesondere die europäischen Mittelmeeranrainer haben historische Beziehungen zu verschiedenen Ländern Nordafrikas, die durch koloniale Erfahrungen besonders tief, aber auch belastet sind. Deutschlands Beziehungen hingegen sind zumeist ohne solche Belastungen und zu Ägypten und der Türkei durchaus tief. Es ist beschämend und bedauerlich, dass die Länder und die EU diese Nachbarschaft nicht besser pflegen.

Diese gegenseitige Hilfestellung ist freilich mit der Wanderung von Arbeitskräften nicht erschöpft. Denn Komplementarität heißt auch, dass Finanz- und Sachkapital aus wohlhabenderen europäischen Ländern in Länder auf der anderen Seite des Mittelmeeres fließen sollte, in denen diesbezüglich, einschließlich der Infrastruktur, ein Defizit besteht. Dabei wäre es hilfreich, die Fehler der Entwicklung in den reichen Ländern zu vermeiden, etwa bei der Energieversorgung. Diese sollte aus Sicherheitsgründen so dezentral, so kapital- und umweltschonend wie möglich sein. Die nationalen Alleingänge in solchen Energie- und Umweltfragen, ja selbst eine auf die EU isoliert ausgerichtete Strategie greift zu kurz: Die natürlichen Bedingungen für die Nutzung von Sonnen- und Windenergie sind in Nord- und Nordwestafrika ebenso wie im östlichen Mittelmeerraum um ein Vielfaches besser als im Norden Europas. Dies erfordert freilich eine Zusammenarbeit von Ländern und Unternehmen sowie funktionierende Verbundsysteme für die Räume südlich und nördlich des Mittelmeeres. Das Projekt Desertec zur Gewinnung von Solarstrom in der Sahara ist eine Initiative, die viele der nötigen Qualitäten für die Gestaltung einer solchen Zukunft besitzt. Dieses Projekt macht aber auch die hohen Ansprüche an die Qualität von »governance« in allen beteiligten Ländern deutlich. Die Energiesicherheit Europas ist dann von der politischen Stabilität in Libyen und Tunesien abhängig.

Aber nicht nur die Komplementaritäten gilt es zu erkennen und zu nutzen. Dort, wo Länder demografisch in einem Boot sitzen, sollten sie voneinander wissen und voneinander lernen, was man für eine tragfähige Bevölkerungsentwicklung tun sollte und was besser nicht. Aber selbst bei etwa gleichzeitiger und gleich starker Schrumpfung, selbst bei ähnlichen Fertilitätsraten gibt es Unterschiede zwischen den Ländern. Teilweise, weil kulturelle oder politische Faktoren bestimmten Lösungen, die andernorts funktionieren, im Wege stehen: So etwa ist die Option der Zuwanderung in einer zur Abschottung neigenden Inselkultur wie Japan nur eine mit begrenztem Potenzial. Dagegen sind wanderungserfahrene europäische Länder, wozu ich auch Deutschland rechne, hier mit beachtlichen Optionen ausgestattet. Spanien beispielsweise könnte wegen der Kultur- und Sprachaffinität von einer Rückwanderung aus Lateinamerika profitieren.

Korea und Deutschland – aus Fehlern, aber auch von guten Ansätzen lernen!

Korea könnte vom Studium Deutschlands in besonderer Weise profitieren. Nicht nur erwartet es mit Verzögerung ein ähnliches demografisches Schicksal. Auch muss Südkorea die Möglichkeit seiner Wiedervereinigung mit einem zuvor kommunistischen Teilstaat ins Auge fassen – übrigens mit ähnlichen oder gar (wirtschaftlich) ungünstigeren Proportionen wie bei der Integration Ostdeutschlands. Ein vereinigtes Korea könnte aus den deutschen Erfahrungen sicherlich eine Menge lernen: sowohl, indem sie unsere Fehler vermeiden, als auch indem sie gute Ansätze kopieren, etwa die rasche Privatisierung von Staatsunternehmen, die zügige Modernisierung der Infrastruktur und die Patenschaften zwischen Ost und West (bzw. Nord und Süd). Der vorübergehende Bedarf an Baukapazität und der vorübergehende Überschuss an Arbeitskräften mit geringer Qualifizierung sollten nicht, wie in Deutschland Mitte der neunziger Jahre, zu überhöhten Kapazitäten führen, weil sonst die Implosion der dabei entstehenden Blasen unvermeidlich ist und die Staatschulden unerträglich steigen würden. Die südkoreanischen Sozialleistungen beispielsweise können nicht auf den Norden ausgeweitet werden; sie müssen für das Land insgesamt sinken. Löhne dürfen im Norden nur steigen, wenn auch die Produktivität erhöht wird, denn sonst droht Deindustrialisierung und Arbeitslosigkeit – wie es dem Osten Deutschlands zum Schicksal wurde.

Produkte für die »Silver Generation«

Länder, die mit ähnlichen demografischen Entwicklungen wie Deutschland rechnen müssen, haben freilich nicht nur ähnliche Herausforderungen wie Deutschland zu bewältigen: Ebenso gilt es, die Chancen auf Dynamik und Umstrukturierung wahrzunehmen und möglicherweise international zu verbreiten.

Beispielsweise macht es sehr viel Sinn, dass jene, die früher als andere eine ältere Bevölkerung zu versorgen haben, Produkte und Prozesse entwickeln, die für diese Bevölkerungsgruppe angemessen sind. In alternden Gesellschaften mag es sinnvoller sein, die Lifte zu attraktiven Höhenwanderwegen auszubauen, als die Sitzkapazitäten für die Skilifte zu steilen Abfahrtspisten zu erhöhen. Rheingau und Südtirol könnten bei der Marktdurchsetzung der 0,375-Liter-Weißweinflasche Vorreiter sein, denn auch wer nur noch weniger trinkt, trinkt gerne gute, nicht zu lange offen stehende Weißweine. Die Zahl der »all-you-can-eat«-Angebote in Restaurants kann sicher zugunsten von Vollwertkost reduziert werden. Insgesamt ist der Gesundheitsbereich ein idealer Wachstumsmarkt für vergleichsweise reiche und alternde Gesellschaften. Um die Alpen herum könnte sich eine ganze Gesundheits- und Wellnesswirtschaft etablieren. Aber warum nicht auch, wegen des Klimawandels, ein neuer Schwerpunkt für Sommer- und Badeurlaub an der Ostsee: Die bequeme Anfahrt, reduzierter (Hitze-)Stress und eine Fülle von reisegeneigten älteren Bürgern mit einer Affinität zur Kombination von Freizeit und Kultur sollten den alten Hanseraum begünstigen.

Wer zu Hause angemessene Antworten auf solche neuen Herausforderungen entwickelt, dürfte damit gleichzeitig die Modelle für andere Teile der Welt mit ähnlichen demografischen Tendenzen in der Zukunft voranbringen. Solche Lösungen für die europäische »Silver Generation« könnten bald in Korea und in China gebraucht werden. Dies gilt nicht nur in Bezug auf den Wachstumssektor Gesundheit.

Alterung: Auftrag, Weiterbildung zu forcieren

Der andere Sektor mit Aufstiegschancen in alternden Gesellschaften ist der Weiterbildungsmarkt. Hier sind möglicherweise diejenigen im Vorteil, die den Bildungssektor nicht komplett in die öffentliche Hand gegeben haben. Flexible, fantasievolle Antworten auf neue Herausforderungen werden oft von kreativen Unternehmern erbracht und auch von Einrichtungen des bürgerschaftlichen Engagements. Adolph Kolping und Johann Heinrich Pestalozzi stehen in unserem Land für solche Initiativen: Kolping, katholischer Priester und Sozialreformer, gründete angesichts der Auflösung der sogenannten Meisterfamilien und des Verlustes familiärer und religiöser Bindungen Gesellenvereine und die Kolpinghäuser, die ein karitatives »Hospiziensystem« bildeten. Pestalozzi, ein Schweizer Pädagoge, verfolgte das Ziel einer ganzheitlichen Volksbildung zur Stärkung der Menschen für das selbständige und kooperative Wirken in einem demokratischen Gemeinwesen. Besonderes Augenmerk richtete Pestalozzi auf die Elementarbildung der Kinder, welche schon vor der Schule in der Familie beginnen sollte.

Private Universitäten und Stiftungseinrichtungen in englischsprachigen Ländern haben eine große Tradition der Weiterbildung. Die Schweiz ist aus vielfältigen Gründen oftmals ein Platz für qualitativ gute und problemspezifische Ausbildung. Weil sie allerdings so einwanderungsattraktiv ist, ist sie ein Land, das noch lange keine schrumpfende Bevölkerung haben wird. Alterung ist freilich auch dort eine unübersehbare Realität.

Bessere Alters- und Krankenversicherung durch kluge Kapitaldeckung

Am Ende dieses Kapitels soll noch einmal ein Feld skizziert werden, auf dem Länder, die Deutschland im Alterungsprozess nachfolgen werden, sich keinesfalls am deutschen Vorbild orientieren sollten. Es ist dies die Gestaltung der Finanzierung der Alters- und Krankenversorgung. Hier hat Deutschland kollektivistische und weitgehend auf dem Umlageverfahren basierende Lösungen gewählt, die alles andere als optimal sind. Andere Länder haben Systeme etabliert, die im Hinblick auf die demografische Entwicklung stabiler sind, indem sie größere Teile kapitalgedeckt finanziert haben. Wer historisch auf die Versorgung durch die Familien (das heißt die nachwachsende Generation) baut, der kann, wenn die Geburtenhäufigkeit dramatisch absinkt, nicht auf ein Umlageverfahren setzen. Er muss mehr arbeiten, mehr sparen und die Ersparnisse renditeorientiert investieren. Dann ist eine fundierte, ausgelagerte Alters- und Gesundheitsvorsorge das bessere Instrument. Viele Länder in Mittel- und Osteuropa oder auch in Lateinamerika haben auf diese Lösung gesetzt. Sie ist prinzipiell besser geeignet. Wer bei kapitalgedeckter Lösung dann freilich seine Altersversorgung auf Investitionen in schrumpfenden Ländern und Sektoren fokussiert, macht ein schlechtes Geschäft. Es gilt, wachsende Länder und Sektoren als Investitionsobjekt zu identifizieren. Lebensversicherungen, die Anleihen von überschuldeten Staaten kaufen, werden die Altersversorgung ihrer Kunden nicht sicherer machen, Pensionsfonds, die in Wohnimmobilien in schrumpfenden Ländern oder Regionen investieren, ebenfalls nicht. In den USA mit ihrer stärkeren Betonung der Kapitaldeckelung in den Systemen der Altersvorsorge und einer durch den Regulator betonten Pflicht, die Nachhaltigkeit der Anlage zu sichern, gibt es eine entwickelte Diskussion über die Risiken des demografischen Niedergangs für die Entwicklung der Preise für Wertpapiere und Immobilien. Wenn viele ihre Altersrente beziehen wollen und hierzu die Wertpapiere oder Immobilien verkaufen und deren Preis sinkt, verschlechtert sich die Versorgungsperspektive. Diese Diskussion gilt es sorgfältig zu bedenken, wenn in Europa in Richtung eines Kapitaldeckungsverfahrens umgesteuert wird. Es sollten dann Kapitalanlagen erworben werden, deren Erträge von Märkten mit vergleichsweise junger Bevölkerung geprägt sind.

Schlusswort

Eine Liebeserklärung an Europa

Die letzten Kapitel mit ihren anspruchsvollen Vorschlägen, was alles noch zu tun ist, will man Europa und Deutschland zur Renaissance verhelfen, lassen sich nur annehmen, wenn man an das Potenzial des Kontinents glaubt und wenn man sich des Erbes bewusst ist, das uns der Schöpfer und unsere Vorfahren übergeben haben.

Und mir ist auch bewusst, dass Reformvorschläge, die Liebgewonnenes, Bequemes infrage stellen, am besten von denen gemacht werden, deren Motive über naheliegende Zweifel erhaben sind. Wenn Ältere die Erhöhung des Renteneintrittsalters vertreten, ist das ebenso sachgerecht wie politisch hilfreich. Wenn Alte die Senkung der Schenkungssteuer zulasten der Erbschaftsbesteuerung im Todesfall anregen, wird dies auch nicht als billiges Vertreten von Eigeninteressen diffamiert werden können. Helfen Sie, liebe Leser, mit, überall nach den besten Paten für gute Reformideen zu suchen und diese zum politischen Einsatz zu motivieren.

So können wir aus der frühen Alterung in Kontinentaleuropa ein Modell für viele Teile der Welt machen, die uns in diesem Prozess nur mit kurzer Verzögerung folgen. So können wir auf dem Feld der Energie und des Umweltschutzes die zukunftsweisenden Standards setzen, damit auch unsere Enkel sich eines blauen Planeten erfreuen können. Und wenn wir von den aus Europa ausgewanderten Kanadiern und Brasilianern lernen, wie man Zuwanderer willkommen heißt, dann kann die EU ein Beispiel zur Überwindung des kleinkarierten Nationalen werden, ohne dass man seine kulturelle Identität aufgibt. Die Schweiz, ja ganz Europa, ist ein lebendiges Beispiel dafür, dass Vielfalt gepaart mit gegenseitiger Anerkennung das beste Lern- und damit das beste Erfolgsmodell ist. Und lassen Sie uns diese Arbeit mit der gut begründeten Freude verrichten, in wahrlich lebenswerten Städten zu Hause zu sein. Bewahren und entwickeln wir das urbane Europa, auch indem wir die Welt immer wieder zu uns einladen. Das »Sommermärchen« während der Fußballweltmeisterschaft war dafür nur ein Anfang.

Anmerkungen

Vorwort

1 Vergleiche dazu auch den von mir zitierten Text von Jean Paul über einen Morgen am Lago Maggiore, dem Nachbarsee des Lago di Como, im Kapitel über Urbanität, S. 140.

Kapitel 1

1 Selbst wenn man die Menschheitsgeschichte sehr konservativ erst mit dem Homo sapiens vor 200 000 Jahren beginnen lässt, ist die Stadtentwicklung immer noch ein sehr junges Phänomen. Die ersten Städte wurden überhaupt erst vor rund 10 000 Jahren gegründet.
2 Damit ist nicht gemeint, dass auf der Suche nach Wohlstand eine Abstimmung mit den Füßen zugunsten der Stadt erfolgt, sondern dass diejenigen, die dort hingekommen sind, das Leben in ihrer Stadt als gut und angenehm empfinden.
3 Hierzu bedarf es ebenso der Verlässlichkeit der Verwaltung (keine Korruption), da nur so Planungsrecht durchgesetzt werden kann. Dass Mexico City und zum Teil auch Istanbul so verbaut sind, hängt damit zusammen, dass korrupte Beamte sich durch »Genehmigungen« bereichert haben.
4 Dabei haben einige dieser Städte einmal so begonnen und haben sogar europäisch anmutende Kerne (das gilt sogar für São Paulo und Mexico City); doch mit dem Bevölkerungsdruck und der Ausdehnung der Stadt schrumpfte dieser »europäische« Kern zu einer quantité negliable.
5 Zitiert nach Tamar Shapiro/Thomas Legge, »Cities offer best hope for combating Climate Change«, The German Marshall Fund, 23.5.2011, http://blog.gmfus.org/2011/05/cities-offer-best-hope-for-combating-climate-change/.
6 Auch andere Innenstädte entdecken sich vielfach neu. Nehmen wir zum Beispiel Frankfurt: Das alte Bankenviertel in der Nähe des Hauptbahnhofs war einst sozialer Brennpunkt und wird nun langsam wieder zum Treffpunkt von

Kreativen und vielleicht irgendwann wieder auch von Wohlhabenden. Gleichzeitig hat sich der Westhafen zu einer Gegend gemausert, wo man gerne wohnt und auch flaniert. Auch der Osthafen ist auf einem ähnlichen Weg. In Hamburg (Altona) gibt es eine vergleichbare Neudefinition von Urbanität in der Hafengegend. Diese Prozesse gehen weit über die Architektur hinaus und sind für die gesellschaftliche und wirtschaftliche Entwicklung der Stadt sehr bedeutsam.

7 Walter Seibel, *Die europäische Stadt*, Frankfurt/Main 2004.
8 Zitiert ebd., S. 19.
9 Da schmerzt es erst recht, dass jüdische Friedhöfe oder auch Synagogen nie wirklich integraler Teil der europäischen Stadt werden durften – nicht nur in Deutschland.
10 Mark Twain, *Bummel durch Europa*, Köln 2009. Originalausgabe: *A Tramp Abroad*, Hartford, Conneticut 1880.
11 Solche Möglichkeiten waren Resultat der produktivitätssteigernden Wirkung der Arbeitsteilung. Und wegen dieser Verbesserung der Versorgung wurden Ressourcen frei für die höheren Güter, für Bildung und Kultur.
12 Damit war anfangs freilich oft verbunden, dass nur Eliten, das heißt nur ein kleiner Teil der Stadtbewohner, Bürger im eigentlichen Sinne sein konnten.
13 Zitiert nach Walter Seibel, Die europäische Stadt, S. 21.
14 Das gilt nicht allein, ja nicht einmal in erster Linie für den Individualverkehr. Der ÖPNV hat in die gleiche Richtung gewirkt.
15 Das gilt stärker für all diejenigen, die die Stadt verlassen, um auf dem Land zu leben. Diejenigen, die schon immer auf dem Land gelebt haben, tun dies nicht so oft.
16 Georg Simmel, »Die Großstädte und das Geistesleben«, in: Th. Petermann (Hg.), *Die Großstadt. Vorträge und Aufsätze zur Städteausstellung*, Jahrbuch der Gehe-Stiftung Dresden, Band 9, Dresden 1903, S. 185–206.
17 Noch vor wenigen Jahrzehnten war das öffentliche Leben sehr stark von religiösen Feiern in der Öffentlichkeit bestimmt. Die großen Kirchenfeste Ostern und Weihnachten, das Kirchweihfest, der Erntedank haben Kirchen und Liturgie in den öffentlichen Raum der Stadt gebracht, was durch Prozessionen wie etwa zu Fronleichnam besonders sinnfällig wurde. Diese Allgegenwart der Religion ist weitgehend Geschichte. Die Kirchen altern in Europa noch stärker als die Gesellschaft insgesamt. Sie zogen sich bis auf wenige Ereignisse in die kirchlichen Räume zurück. Rom und der Vatikan sind hier die Ausnahme. Die Reisen des Papstes und die Initiativen von Papst Johannes Paul II – etwa der Weltjugendtag – könnten diesen Trend korrigieren.
18 Washington, D.C., wurde angelegt nach den Plänen des französischen Architekten Pierre Charles L'Enfant.
19 Letztlich muss man nur an einem x-beliebigen Tag in Barcelona, Madrid, Flo-

renz oder Rom durch die Innenstadt gehen, um zu begreifen, dass das Internet das Stadtleben bisher nicht ersetzt hat. Solche alltäglichen Begegnungen sind typischer und nachhaltiger als die großen Events: Nach dem Festival war Woodstock eben wieder eine Kuhwiese, der Central Park war aber nach dem Konzert von Simon und Garfunkel weiterhin Begegnungsstätte.

20 Hartmut Häußermann, »Die europäische Stadt«, in: *Leviathan*, 29 (2001), S. 254.

21 Allerdings findet man zu dieser Aussage in Europa sicher auch eine Reihe von Beispielen, wo dies nicht gelingt und der Zerfall nicht aufgehalten wird.

22 Jeremy Rifkin, *Der Europäische Traum: Die Vision einer leisen Supermacht*, Frankfurt am Main/New York 2004.

23 Ebd., S. 381. Vergleiche dazu Kapitel 2 in diesem Buch.

24 Ebd., S. 409.

25 Das spiegelt sich etwa in den sozialen Sicherungssystemen für Alter, Krankheit und Arbeitslosigkeit.

26 Es soll hier nichts über die Notwendigkeit solchen Schutzes in Städten wie Manila, Naples (Florida), Mumbai oder São Paulo gesagt werden. Es soll lediglich darauf hingewiesen werden, dass Europas Städte durch ihre andere Verfasstheit den Versuch machen, durch soziale Durchmischung, staatliche Intervention und kollektive Hilfe das Erfordernis aggressiv betriebener Trennung so weit wie möglich zu vermeiden.

27 So haben die Banlieues in Paris oder die Trabantenstädte wie etwa Lichtenhagen in Rostock diese Reifeprüfung noch nicht bestanden.

28 Joan Clos, *The Endless City*, London 2007, S. 160.

29 Auch hier gibt es Ausnahmen. Schließlich braucht eine Stadt Wohnungen für Geringqualifizierte außerhalb der Industrie. Das Frankfurter Gallusviertel, der Frankfurter Berg und Niederrad oder Berlin-Marzahn und weite Teile Neuköllns sind nicht bevölkert von hoch qualifizierten Kreativen, sondern von Menschen, die, wenn sie arbeitstätig sind, arbeitsintensive Dienstleistungen verrichten.

30 So etwa musste man den grünen Ministerpräsidenten Kretschmann 2011 nicht auffordern, die Zukunft der Automobilindustrie ernst zu nehmen. Er tut es.

31 Wenn man die Entwicklung von Berlin und Shenzhen vergleicht, sieht man aber spannende Ähnlichkeiten in der Dynamik der Städte – mit einer Verzögerung von 100 Jahren und einer Skalierungsdifferenz.

32 Die Steuerung des Individualverkehrs auf ein verträgliches Niveau ist indes in Singapur und Oslo gelungen, in Peking nicht.

33 Hat nicht Angela Merkel bei ihrem jüngsten Besuch im Botanischen Garten Singapurs erleben dürfen, dass man eine neu gezüchtete Orchidee auf ihren Namen taufte? Das klingt wie eine Initiative, die anlässlich einer Bundesgartenschau in Deutschland hätte stattfinden können.

34 Von der Entstehung der Alfred Herrhausen Gesellschaft (AHG) bis zu meiner Pensionierung war ich deren Geschäftsführer.
35 Ricky Burdett/Deyan Sudjic (Hg.), The Endless City. *The Urban Age Project by the LSE and DB's AHG*, London 2007.
36 Ebd., S. 474 ff.
37 Ebd., S. 479.
38 Hanns Adrian, zitiert in *Zukunft Wohnen*, Verband der Wohnungswirtschaft in Niedersachsen und Bremen e.V., 2009, S. 1945, 2.

Kapitel 2

1 Dieses wichtige Kapitel europäischer Integration wird im zweiten Teil dieses Kapitels im Detail beschrieben und analysiert. Es werden dort Vorschläge für Auswege aus den derzeitigen Finanzmarkt- und Währungskrisen gegeben (siehe Seite 103 ff.).
2 Siehe auch Norbert Walter, »Globalisierung der Wirtschaft vs. Identifikation durch die Muttersprache«, in: Heiner Heseler/Jörg Huffschmid/Norbert Reuter/Axel Troost (Hg.), *Gegen die Markt-Orthodoxie – Perspektiven einer demokratischen und solidarischen Wirtschaft*. Festschrift zum 60. Geburtstag von Prof. Dr. Rudolf Hickel, Hamburg 2002.
3 Im Zuge der Flüchtlingsbewegung aus Nordafrika aufgrund der dortigen politischen Umwälzungen haben bestimmte Praktiken Italiens (rasche Einreisevisa-Erteilungen) zu einer Infragestellung der Schengen-Verabredungen geführt. Es wäre zu hoffen, dass der Schock erneuter Grenzkontrollen etwa durch Dänemark das Bewusstsein für die Bedeutung der Abschaffung der Binnengrenzen schärft.
4 Zitiert nach http://www.bundesregierung.de/Content/DE/Lexikon/EUGlossar/E/2006-07-27-erweiterung.html.

Kapitel 3

1 Hans Jonas, *Das Prinzip Verantwortung: Versuch einer Ethik für die technologische Zivilisation*. Frankfurt am Main 1979.
2 Jean Paul, *Titan*, Berlin 1800, S. 19 ff.
3 Siehe Norbert Walter/Astrid Rosenschon, *Ein Plädoyer für die Marktwirtschaft*, Landsberg 1996, Kapitel 1.
4 Wer sich für die Details interessiert, findet Zahlen unter www.mwv.de oder bei www.bgl-ev.org.
5 Bis auf Großbritannien haben alle europäischen Länder niedrigere Diesel- als Benzinsteuern. In Bezug auf die Ressourcennutzung ist dies also sachgerecht. Die CO_2-Emission je Liter Diesel ist freilich höher als die für den Liter Benzin.

Deshalb ist die EU bestrebt, die Bemessungsgrundlage auf den Energiegehalt umzustellen; dann würde Diesel höher besteuert.

6 Der Durchschnittsverbrauch der Flotte bzw. der Pkw-Neuzulassungen ist gesunken. Zahlen hierzu findet man bei www.kba.de oder www.vda.de

7 Dieses Verdikt trifft natürlich nicht zu auf solche Megacities, die allein wegen der knappen verfügbaren Grundstücksflächen nicht zur Zersiedelung neigen, wie etwa Hongkong. Aber der Wildwuchs ist typisch für viele Städte in den USA und in anderen Ländern, die große, weite Flächen zur Besiedelung haben, für Städte, in denen sich die Entwicklung wie in Lateinamerika oder Asien in Slums manifestiert, oder aber für Städte in Afrika, in denen weder von Grundstücksrechten noch von Bebauungsplänen eine Rede sein kann (Kairo ist hier nur ein besonders markantes Beispiel).

8 So wünschenswert diese Verkehrsverlagerung ist, es sollte bedacht werden, dass man, um 10 % des Güterverkehrsaufkommens der Straße auf die Schiene zu verlagern, das Aufkommen auf der Schiene verdoppeln müsste.

9 Eine umfassendere Verwendung des deutschen Systems »Toll Collect« und die zügige Senkung dessen betriebswirtschaftlicher Kosten könnten seinen Stärken zum Durchbruch verhelfen.

10 Siehe Norbert Walter, Aktuelle Themen 428, DB Research, Asien 2008, September 2008, S. 4 ff.

11 Siehe auch www.banking-on-green.de; dort stehen Zahlen und Fakten zu den Green Towers.

12 Dazu kann man beispielsweise den Energiekonsum verteuern oder die Emission von Treibhausgasen nur gegen den Kauf von Emissionszertifikaten zulassen.

13 Die industrielle Entwicklung von CO_2-Sequestrierung wäre wegen der reichlichen und in vielen Teilen der Welt verstreuten Kohlequellen eine bedeutende Erweiterung der Energieoptionen. Derzeit werden verschiedene Verfahren geprüft. Es spricht einiges dafür, dass durchaus komplexe Lagerprobleme auftreten können. Die Verpressung unter großem Druck könnte die geologische Stabilität gefährden. Die chemische Bindung, die Bindung im Plankton des Meerwassers, wäre sicherlich vorzuziehen. Bei der Einbringung in geologisch geeignete Formationen ist mit Bürgereinsprüchen zu rechnen. Doch zügige Forschung auf diesem Gebiet ist erforderlich. Die Initiative hierfür ist in den deutschen Ländern allerdings praktisch auf Grund gelaufen. Dies verstellt den Blick auf die interessante Option der stärkeren Kohlenutzung.

14 Kommt es jetzt zu einer internationalen Abwendung von der Atomkraft, könnten diese Flüssigerdgas-Investitionen wieder rentabel werden.

15 Vergleiche Norbert Auner/Gerd Lippold, »Von Sand und Sonne zu Elektrizität und Wasserstoff«, LIFIS ONLINE [29.08.08], Leibniz Institut, ISSN 1864–6972.

16 Und es dürfte bei so viel Unsicherheit nicht ausbleiben, dass ein beträchtlicher Teil der Risiken am Ende beim Staat bzw. bei der Staatengemeinschaft verbleibt.
17 Der Konzern HeidelbergCement hat einen so großen Energieverbrauch wie die Stadt São Paulo. Es gibt im Unternehmen einen eigens für dieses Problem zuständigen Vorstand. Die »grüne« Orientierung in einer solchen Industrie ist angesichts der Bedeutung der Energiekosten ein ökonomisches Muss (der Einsatz von Müll ist hier nicht mehr wegzudenken), aber auch wegen der Implikationen für den guten Ruf solcher Firmen.
18 Die Landfrauenorganisiation ist sehr groß, und ihr sozialer Einfluss reicht weit über den Bauernhof hinaus. Die Wirkung auf die Kommunalpolitik auf dem Land ist sprichwörtlich.
19 Viele der landwirtschaftlichen Forschungseinrichtungen haben bei der Entwicklung von verbessertem Saatgut hervorragende Arbeit geleistet.
20 Vergleiche Auner/Lippold, »Von Sand und Sonne zu Elektrizität und Wasserstoff«.
21 Kalkulationen der UNEP.
22 Siehe hierzu auch http://www.bmwi.de/BMWi/Navigation/Energie/Statistik-und-Prognosen/Energiedaten/energie-umwelt.html.
23 Vergleiche hierzu Dr. Claire Schaffnit-Chatterjee, »Lebensmittel – Eine Welt voller Spannung«, Aktuelle Themen 461, Deutsche Bank Research, September 2009.
24 Vergleiche dazu Sebastian Kubsch, »EU ETS und der Lieberman-Warner Climate Security Act«, Research Notes 33, Deutsche Bank Research, September 2009.
25 Der Autor ist Mitglied des Beirats des Forum Ökologisch-Soziale Marktwirtschaft (FÖS) e.V.
26 Siehe etwa Caio Koch-Weser, »Beyond Cancun«, Deutsche Bank Research, Januar 2011.
27 Adam Posen, »Deutschland als Schrittmacher der Energiewende«, in *Sichere Energie im 21. Jahrhundert*, Hg. von Jürgen Petermann, Homburg 2006, S. 375 ff.
28 Stefan Bergheim, »Deutschland zum Wohlfühlen«, Deutsche Bank Research, 14. November 2007.
29 Beauftragte der Bundesregierung für Auslanderfragen (Hg.). *Migration und Integration in Zahlen. Ein Handbuch*, Berlin 1997.
30 Siehe zum Folgenden auch Tobias Just, »Demografie lässt Immobilien wackeln«, Deutsche Bank Research, Nr. 283, 18. September 2003.
31 Siehe auch Magdalena Korb, »Japan's silver generation: an example for Europe?«, Deutsche Bank Research, 25. November 2002.
32 OECD-Beschäftigungsausblick 2010, http://www.oecd.org/document/31/0,3746,de_34968570_34968855_40930463_1_1_1_1,00.html.

33 Katja Barloschky (Hg.), Lust auf Arbeit. Vom Wert der Jahre, Bremen 2007.
34 OECD-Beschäftigungsausblick 2010, deutsche Zusammenfassung unter www.oecd.org/dataoecd/27/40/45591607.pdf.
35 Massimo Bognanni/Lenz Jacobsen, »Ausländische Studenten, Rausschmiss nach dem Uni-Abschluss«, in: *Uni-Spiegel*, 13. Januar 2011.
36 World University Ranking der britischen Hochschulzeitschrift *Times Higher Education Supplement* (Times-Ranking).
37 Die schönste und treffendste Charakterisierung dieses Phänomens stammt von Mark Twain, »Die schreckliche Deutsche Sprache«, in ders., *Bummel durch Europa*, Köln 2009, S. 443.

Register

»Abendland« 8, 190
Abhängigkeit
- gegenseitige 49, 75, 109
- vom US-Dollar 77
- von den USA 76
- von Rohstoffen 155
Abschottung Europas 51, 233
Abwrackprämie 145
Adenauer, Konrad 49, 51
Alfred Herrhausen Gesellschaft 42, 243
Alterung der Bevölkerung 13, 30, 37, 197, 202, 204 f., 206 f., 226, 235 f., 238
Amerikanisierung 18 f.
Amsterdamer Gipfel 71, 88
Anerkennung, gegenseitige 57, 59, 61, 68 f., 239
Anerkennungsprinzip 68
Ankerwährung
- D-Mark 105
- Euro 109
Ansteckungseffekte 116–118, 123, 128
Arbeitslosigkeit 53, 185 f., 188, 193, 211, 214, 234, 242
Arbeitsplatzsicherheit 32
Asien 35, 41, 52, 56 f., 112, 133, 232, 244
- Exportboom 112
Auslandsinvestitionen 56
Außengrenze, gemeinsame 60
Außenzölle, gemeinsame 67

Automobilcluster 38
Bankenprobleme 7, 117
Barroso, José Manuel 66
Basel III 108, 124
Begeisterung 7, 12, 51, 57, 67
Beihilfekontrolle 69
Beitrittspraxis 56
Bevölkerungsentwicklung 40, 181, 191, 229 f., 233
Bildungseinrichtungen 13, 203, 208, 222–224
Binnengrenzen 8, 59 f., 243
Binnenmarkt 8, 57, 61, 64, 67–70, 75, 77, 81–84, 108, 112
Binnennachfrage 126
Biogas 159, 164, 167, 172 f.
Biomasse 152 f., 157, 164, 171 f.
BIP (Bruttoinlandsprodukt) 66, 79 f., 96, 98, 102, 107, 110, 112–117
Blasiertheit 26
»Blauer Brief« 102
Bretton Woods 51, 76
Budgetdisziplin 70, 79–81, 83, 86, 102, 115, 118–120, 129 f.
Budgetrecht 8
Budgetsünder 80, 86, 102, 115, 117 f., 120, 122
Bundesbank 78, 80, 82, 87, 95, 98
Bundesverfassungsgericht 63, 83, 98, 102

247

Bürgerschaft, europäische 8, 50
Bush, George sen. 56
Chancengleichheit 32
China 11, 41, 52, 160 f., 163, 165, 167, 173, 176, 226, 229 f., 235
Christentum 44
Clos, Joan 36 f., 242
Daseinsvorsorge 32 f., 35, 202
Deindustrialisierung 43, 234
Delors, Jacques 61, 74, 78
Delors-Report 77–79, 83
Demografiefalle 225
Demokratie 8, 72
Denkmalschutz 18, 27
Desertec 233
Deutschland 10, 16, 22, 26, 29, 34, 47, 51, 53, 56, 58, 63, 66, 68, 75, 77, 80–84, 91, 93, 95 f., 98 f., 101–104, 107, 109, 112–116, 121, 126, 130 f., 136, 146 f., 150–154, 162–164, 167, 172 f., 176, 180 f., 183–188, 190–203, 206 f., 210–218, 220–230, 232–234, 236, 238
Dichte von Städten 36, 38, 43, 144, 147 f.
Direktinvestitionen 71
Distanziertheit 26
Diversität 23, 29 f., 34, 43, 45, 143
D-Mark 52 f., 76–78, 80 f., 85–87, 95, 102, 105, 109 f.
– Abschaffung 82
– als Ankerwährung 105
– als Stabilitätssymbol 101
– Aufwertung(en) 76, 109
– Rückkehr zur 104
Draghi, Mario 92
Drückebergerei 9
Durchmischung, soziale 35, 242
Durchsetzungswille 8
Effektivität 32, 57, 208, 224
– ökologische 146
EFTA (Freihandelszone) 50 f.

EIB (Europäische Investitionsbank) 72
Eigeninteressen 32, 238
Einwanderung 60, 181, 191–195, 199–201, 220–223, 226, 230, 236
Eiserner Vorhang 79
Emanzipation
– ökonomische 24 f.
– politische 24 f.
Emissionen 38, 147, 151, 160, 162, 175, 177
Emissionszertifikate 160, 170, 175, 179, 244
Energiefresser 160
Energiemix 166, 171, 174 f., 178
Energiepass 160
Energiequelle(n) 143, 147, 152 f., 161, 167, 170, 173 f., 177
Energieträger 156 f., 161, 165, 169, 174
Entwicklungsländer 15, 39, 41 f., 147, 153, 172, 176 f.
Entwicklungspolitik 56
Erhard, Ludwig 9, 48, 51
Erneuerbare Energien 39, 151–153, 155–157, 159, 162, 165, 169 f., 172–174, 177–179, 224
Eroberungskriege 47
Erstausbildung 205, 211 f.
Erweiterung Europas 7 f., 48–57, 67, 70, 75, 111, 199, 224
Erwerbschancen 26
Ethnien 29, 35, 44, 47
Eurobilanz 111
Eurokrise 103, 107, 110, 115, 117
Europabegeisterung 51, 67
Europäische Kommission 8, 50, 61, 64, 66, 69 f., 72–74, 78, 98, 120, 125, 130, 144, 163, 179
Europäisches Parlament 8, 50, 63, 71–74, 83, 91, 98, 132
Europaverdrossenheit 131
Euro-Plus-Pakt 119, 125 f.
»Eurosklerose« 67, 77

Eurozone 81, 84, 90, 106, 112, 115, 117, 123, 126, 130
EWG (Europäische Wirtschaftsgemeinschaft) 50 f., 69
EWI (Europäisches Währungsinstitut) 87, 89 f., 92, 98
EWWU (Europäische Wirtschafts- und Währungsunion) 70, 78–81, 83–91, 95–107, 109–117, 119, 121–124, 126, 128–133
EZB (Europäische Zentralbank) 71, 80, 82 f., 86 f., 89–95, 97, 102–105, 117–119, 122–125, 133
Fertilitätsraten 184 f., 188, 197, 233
Finanzkrise 7, 9, 94, 105, 111, 127, 179 f.
Finanzmärkte 78, 85–87, 90, 92, 95, 99 f., 104 f., 107–109, 116, 118 f., 122, 127 f.
Finanzmarktintegration 107
Finanzwirtschaft 58
Fotovoltaik 39, 159, 161, 172
Frauenerwerbsquote 185, 214 f.
Freihandelszone(n) 50, 53
Freizügigkeit 61, 73, 193, 199, 201
Freundschaft, französisch-deutsche 49
Friedenssicherung 75
Funktionsprinzipien der EU 62, 72 f.
GASP (Gemeinsame Außen- und Sicherheitspolitik) 71
Geburtenrate 184, 186
Gefährdung sozialer Funktionen 30
Geldpolitik 63, 70, 78 f., 83 f., 87, 89–91, 100, 102, 104, 115, 119, 122–125, 132 f.
Geldwertstabilität 71
Gesinnungsethik 34 f.
Ghettobildung 34, 36
Ghettoisierung 34 f.
Glasnost 56
Glaubwürdigkeit 100, 104 f.
Globalisierung 18, 65, 82, 107, 133, 207, 215, 243

Gorbatschow, Michail 56
»Green Capital« 20
Grenzkontrollen 60, 73, 243
Griechenland 44, 55, 98, 106, 111, 113 f., 116–118, 121–123, 127 f., 130, 179, 193
Großstädte 26, 40, 200
Grundrechte 57, 64
Handelshemmnisse 67
Handelsverflechtungen 59
Homogenisierung 19
Identität 10, 102
– doppelte 8
– Europas 44
– historische 56
– kulturelle 238
– nationale 64
Immobilienblase 127
Individualisierung 29
Individualverkehr 28, 37, 41, 144–148, 150 f., 241 f.
Industrialisierung 22, 37, 46, 134, 181, 191
Inflationsgefahr(en) 123, 125
Inflationsimpulse 104
Infrastruktur 15, 17, 27 f., 149, 164 f., 167 f., 170, 202 f., 228, 233 f.
Inselkultur 233
Integrationsmodell 54
Integrationsprinzipien 67, 73
Integrationsprojekte 7, 63, 67
Irland 98, 106, 111, 113, 116–118, 122, 127, 130, 179
Islam 44
IWF (Internationaler Währungsfonds) 82, 117, 129 f.
Jahresarbeitszeit 217–219
Johannes Paul II 56, 241
Judentum 44
Kapitalverkehr 51
– freier 78, 85, 89
– internationaler 84

- Liberalisierung 78, 84 f.
Kapitalverkehrskontrollen 51
Kernkraft
- als Primärenergiequelle 163
- Gefahren 163
Kernkraftwerke 163, 168, 178
Kernländer der europäischen
  Einigung 53, 75, 98
Kilometerpauschale 146
Klimaerwärmung 169, 176
Klimaschutzkonferenzen 177
Kommerzialisierung 18, 29
Komplexität 43
Konjunkturrisiken 81, 109, 132
Konsolidierungsphase 71
Konvergenztest 80, 86 f., 96 f., 80, 86 f., 96 f.
Kooperationsprinzip 63
Korea 234 f.
Kostendegression 68
Kostendisziplin 64
Kraft-Wärme-Kopplung 38, 159, 169, 173
Kreativität 23, 40
Kreditlinien 80
Krisenanfälligkeit 58
Kuhhandel 8, 66
Kulturleistungen 12
Kulturraum, europäischer 44
Kyoto-Protokoll 160, 175, 179
Landwirtschaft 134–137, 159, 161, 171 f., 245
Lateinamerika 12, 17, 27, 35, 41, 129, 136, 233, 237, 244
Lebenserwartung 181–184, 197, 202, 205, 207, 227
Lebensqualität 30
Lehman Brothers 104
Leitbild(er) 20, 33, 63
Leitzinsen 79, 97
Lernbereitschaft 38
Lingua Franca 46, 58

Lissabon-Agenda 57
Lissabon-Vertrag 71, 121
London School of Economics 42
Luftqualität 42
Maastricht-Vertrag 63, 65, 70 f., 83 f., 87, 89, 95, 97, 101 f.
Madrider Gipfel 87
Marktwirtschaft 48, 64, 165, 181, 243, 245
Marshall-Plan 48, 192, 240
Menschenrechte 30, 64
Metamorphose(n) 44
Metropolen 15 f., 19, 38, 42, 148, 155, 169 f., 173, 178
Mindestreserven 94 f.
Mindeststandards 68
Mineralölsteuer, Lenkungsfunktion 144 f.
MINT-Berufe 206, 220
Mittelmeerraum 7, 11, 45, 233
Mobilität 22, 25, 38, 101, 148, 156, 190, 202
Modernisierung 47, 56, 234
Montagsdemonstrationen 29
Montanunion für Kohle und Stahl 49 f., 75
Morgenthau-Plan 48
Nachhaltigkeit 30, 134–136, 142, 146, 148, 158, 162, 170, 197, 237
Nachkriegsjahre 48
NAFTA (North American Free Trade Agreement) 53, 55, 199
Naher Osten 8, 56, 133, 231 f.
Nahverkehr, öffentlicher 28, 33, 35, 38, 147 f.
Nationalstaaten 45 f., 49, 62 f., 64, 80
Naturschutz 138
Nettoeinwanderung/-zuwanderung 195 f., 220 f.
NGOs (Non-Govermental Organisation) 26, 179
Niederlassungsfreiheit 61, 68 f.

Nobelpreisträger 10, 123
Non-bail-out-Klausel 66, 80, 86, 116–118, 120, 132
Nordafrika 8, 17, 27, 178, 231 f., 243
Norderweiterung der EU 53
Normen 65, 68, 72
Notifizierungsverfahren 69
Offenheit 8, 59, 64, 70, 99, 137, 223
Offenmarktgeschäfte 94, 105
Ökosteuer 175, 179
Ölkrise(n) 76, 193
ÖPNV (Öffentlicher Personennahverkehr) 25, 41, 147, 241
Ostblock 55, 226
Osterweiterung der EU 55, 199
Osteuropa 8, 55 f., 199–201, 231, 237
Parallelwelten 26
Partizipation 30–32, 37, 193
Pax Americana 47
Perestroika 56
PJZS (Polizeiliche und Juristische Zusammenarbeit in Strafsachen) 71
Planwirtschaft 48, 191
Portugal 55, 98, 106, 111, 113 f., 117 f., 122, 127, 130
Preisabsprachen 65, 70
Preisstabilität 77–79, 81, 83, 92, 103–105, 124, 132
Primärenergie 38, 162–165, 167, 169, 173
Prinzip der Einstimmigkeit 58
Problemländer/-staaten 106, 109, 111, 113 f., 116, 118 f., 123, 125 f., 128, 132
Produktionsverflechtungen 59
Produktivität 38, 47, 61, 67, 114, 186–188, 207, 209, 226, 234, 241
Public-Private Partnership(s) 17, 33
Raumplanung 17 f., 27, 34, 148
Reagan, Ronald 55
Regulierung 31, 33, 59, 65–67, 106 f., 124, 127, 133, 162, 166, 170, 172
Regulierungswut 66

Religionen 23, 29, 35, 44, 47
Reproduktionsniveau 184 f.
Ressourcenschonung 149, 158 f.
Rettungspaket 116, 132
Rettungsprogramm(e) 8, 11, 118, 120 f., 130
Rettungsschirm 117 f., 120–122, 125, 129, 131
Revolutionen 28
– in Nordafrika 7, 29
– in Osteuropa 231
RGW (Rat für gegenseitige Wirtschaftshilfe) 56
Rifkin, Jeremy 30 f., 242
Römische Verträge 50, 53, 61, 66, 75
Römisches Reich 45, 135, 190
Rückschritte 7, 76, 86
Sanktionsmöglichkeiten 69
Sarrazin, Thilo 188
Schengen-Abkommen 8, 57, 59 f., 243
»Schengenland« 73
Schlüsselbranchen 67
Schrumpfung der Bevölkerung 13, 30, 198, 202–206, 226, 228, 233
Schuman, Robert 49
Schwachstellen 113
Schweiz 16, 54 f., 60, 138, 149, 154, 163, 180, 190, 194, 206, 215, 218, 221, 236, 238
Schwellenländer 15, 19, 107, 127, 179
Sechserclub 50
Selbstzerfleischung 47
Sen, Amartya 35
»Silver Generation« 234 f., 245
Slums 35, 244
Sozialsysteme 114, 127, 193
Sozialverantwortung 33
Spanien 8, 55, 98, 106, 111, 113, 116–118, 127 f., 174, 185, 193, 197, 199, 230, 232 f.
Spannungen 11, 62, 76, 81, 109

Sparzwänge 30
Sprachenvielfalt 54
Staatenbund 63, 133
Staatsanleihen 95 f., 105 f., 109, 116 f., 123 f., 130
Staatsbankrott(e) 7, 129, 179
Staatsinsolvenz 129
Staatsschuldenkrise 11, 71, 103 f., 106, 108, 112 f., 116 f., 130, 132
Staatsverschuldung 7, 97 f., 116, 121, 123
Steuerautonomie 54
Straßennutzungsgebühren 144, 149
Subsidiaritätsprinzip 30, 50, 65 f., 73, 133
Subventionierung 69, 146, 150, 216
Süderweiterung der EU 55
Südkorea 226, 229 f., 234
Südostasien 11 f.
SWP (Stabilitäts- und Wachstumspakt) 80, 102, 115 f., 119 f., 132
TARGET-System 90, 97
Toleranzmodell Europas 47
Toll Collect 39, 151, 244
Trabantenstädte 35, 242
»Trial and Error« 62
Trichet, Jean-Claude 92
Trittbrettfahrer 205
Überforderungsrisiken 130
Übergangsregelungen 71
Umschuldung(en) 117, 121, 125, 128 f., 130 f.
Umtauschkurse 99
Umweltschutz 12, 28, 62, 134, 142 f., 146, 149, 154, 158, 160 f., 166, 172, 176 f., 179 f., 224, 238
Umweltstandards 61
Unabhängigkeit
– der EZB 92, 103 f., 118, 123
– der Notenbank(en) 79, 87
– vom US-Dollar 93
– von Importen 62
– von den USA 51
– von nationalen Regierungen 89
Ungleichgewichte der Leistungsbilanzen 114
»Unionsbürger« 68
Urban Age 40, 42 f., 243
Urbanität 12, 15, 17 f., 21, 29, 36, 43, 147, 240 f.
Urlaubstage 217 f.
USA 10 f., 18, 20, 26, 36 f., 47, 51 f., 59, 74, 103, 110, 112, 138, 160, 163, 167, 179 f., 182 f., 185, 190 f., 195 f., 207, 218, 223, 230, 237, 244
US-Dollar 52, 76 f., 81, 85, 93, 100, 109 f., 117, 176
Verheugen, Günter 66
Verkehrsmittel, öffentliche 28, 147, 156
Vermischung von Ethnien 44
»Verschweizerung« 54
Verstädterung 15, 165
Vertiefung Europas 7, 48 f., 57, 59–61, 70, 74
Verzahnung 148
– der Märkte 59
– der Verkehre 148
Wachstumsdynamik 19
Wachstumseinbußen 53
Wahlvolk 8
Währungsraum 81, 88, 93, 97, 101, 109
Währungsrisiko 95, 97, 108
Währungsunion, europäische 7 f., 52, 84, 96–98, 100–102, 104–106, 108, 111, 113–115, 118, 121, 132 f.
Walesa, Lech 56
Wanderbewegungen 188
Wechselkursbänder 86
Weiterbildung 127, 197, 203, 205, 208 f., 235 f.
Welthandel 110
Weltkriege 12, 191
– Erster 47

- Zweiter 47–49, 67, 75, 101, 181, 190, 192
Wertschöpfung 38, 215
Wettbewerbsfähigkeit 88 f., 99, 108, 113 f., 119, 125, 127, 131 f., 188, 209, 231
Wettbewerbskontrolle 69
Wettbewerbsprinzip 64
Wettbewerbsverstöße 69
Wiederaufbau Europas 48 f., 75
Wiedervereinigung, deutsche 8, 35, 56, 79, 82
Wirtschaftskrise 7, 105 f., 108 f., 112, 116, 122, 124
Wirtschaftspolitik 9 f., 51, 89
Wirtschaftswachstum 70, 89, 112
Wirtschaftswunder, deutsches 49, 181
WKM (Wechselkursmechanismus) 85, 112

Wochenarbeitszeit 216, 218
Wohlstand 15, 56, 67, 73, 101, 176 f., 226, 240
Zeitströmungen 29
Zerreißprobe 7
Zersiedelung 25, 28, 37, 146, 148, 244
Zerstörungsprozesse 55 f.
Zinskonvergenz 95 f.
Zollgrenzen 60
Zollschranken 67
Zollunion 67, 75
Zukunftsfähigkeit 37
Zukunftsperspektiven 31
Zulieferindustrie 38
Zuwanderung 16, 181, 188 f., 192 f., 195 f., 200–202, 221, 226, 233
Zweisäulenstrategie 93 f.

Paul Allen
Idea Man
Die Autobiografie des Microsoft Mitgründers

2011. 430 Seiten, gebunden
ISBN 978-3-593-39539-5

E-Book:
ISBN 978-3-593-41252-8

Seine Ideen schufen Microsoft

Paul Allens Ideen begründeten einen Weltkonzern. Gemeinsam mit Bill Gates schuf er 1975 Microsoft. Der Erfolg des Softwarekonzerns beruht vor allem auf Allens einmaligem Gespür für technologische Trends. In seiner Autobiografie erzählt er zum ersten Mal die faszinierende Geschichte der Unternehmensgründung und seiner schwierigen Freundschaft mit Bill Gates. Ungeschminkt berichtet er von seinen Kämpfen mit Gates und seinem Abgang Anfang der achtziger Jahre, nachdem Gates mehrfach sein Vertrauen gebrochen hatte. Doch auch nach seinem Abschied von Microsoft blieb Allen als erfolgreicher Investor und technologischer Pionier aktiv. Es ist das faszinierende Porträt eines der reichsten Männer der Welt, eines technologischen Genies und begnadeten Geschäftsmanns.

Mehr Informationen unter
www.campus.de
facebook.com/campusverlag
twitter.com/campusverlag

campus
Frankfurt · New York